AF567556

DIE GEBURT DES LÖWEN

OM C. Parkin

OM C. Parkin

Die Geburt des Löwen

Dialoge zur Selbsterforschung

OM C. Parkin
DIE GEBURT DES LÖWEN
Dialoge zur Selbsterforschung

Neuausgabe

advaitaMedia – Weisheit aus der Stille
Am Gutspark 1, D-23996 Saunstorf
info@advaitmedia.com
www.advaitamedia.com

Deutsche Erstausgabe: Verlag Alf Lüchow 1998
Konzeption, Bearbeitung, Lektorat: Chandravali Schang
Cover & Satz: Katja Dorow-Schwart
Umschlagmotiv nach der Erstausgabe von Peter Krafft Designagentur
Druck und Bindung: CPI books GmbH, Leck

Bibliografische Informationen der Deutschen Nationalbibliothek
Die deutsche Nationalbibliothek verzeichnet diese Publikation in der Deutschen Nationalbibliografie; detaillierte bibliografische Daten sind im Internet über http://dnb.d-nb.de abrufbar.

ISBN 978-3-936718-54-6

Gewidmet in Liebe und Wahrheit

Gangaji,

meinem Selbst

Einmal griff eine Löwin eine Herde von Schafen an. Sie war trächtig, und während des Angriffs verlor sie ihr Junges und starb. Doch der junge Löwe überlebte und wuchs in der Schafherde auf. Die Schafe grasten auf den Wiesen, und der junge Löwe lernte, es ihnen gleichzutun. Sie blökten, und der junge Löwe versuchte, sie nachzuahmen. Im Laufe der Zeit wurde ein ausgewachsener Löwe aus ihm. Eines Tages tauchte ein anderer Löwe auf, um die Herde anzugreifen. Zu seinem Erstaunen erblickte er in der Herde den Löwen, der sich wie ein Schaf benahm. Er jagte ihn und als er ihn beim Genick packte, begann der andere Löwe ängstlich zu blöken wie ein Schaf. Unbeeindruckt zerrte er ihn zum nahe gelegenen See. Er zeigte ihm das Spiegelbild zweier Löwen auf der Wasseroberfläche und sagte: »Sieh', du bist auch ein Löwe, genauso wie ich selbst. Jetzt friss dieses Stück Fleisch.« Mit diesen Worten zwang er ihm das Fleisch in sein Maul. Doch der Schafs-Löwe weigerte sich. Er blökte verzweifelt und behauptete immer noch, er sei ein Schaf. Doch als er das Blut leckte, da wurde plötzlich sein schlafender Instinkt geweckt, und er begann, das Fleisch zu fressen. Da sagte der alte Löwe: »Hast du jetzt begriffen, dass du genauso wie ich bist? Komm mit mir in den Wald.« Auf diese Weise lässt der Lehrer den Schüler sein wahres Selbst erkennen.

Frei übersetzt aus:
Sayings of Sri Ramakrishna, Madras 1971

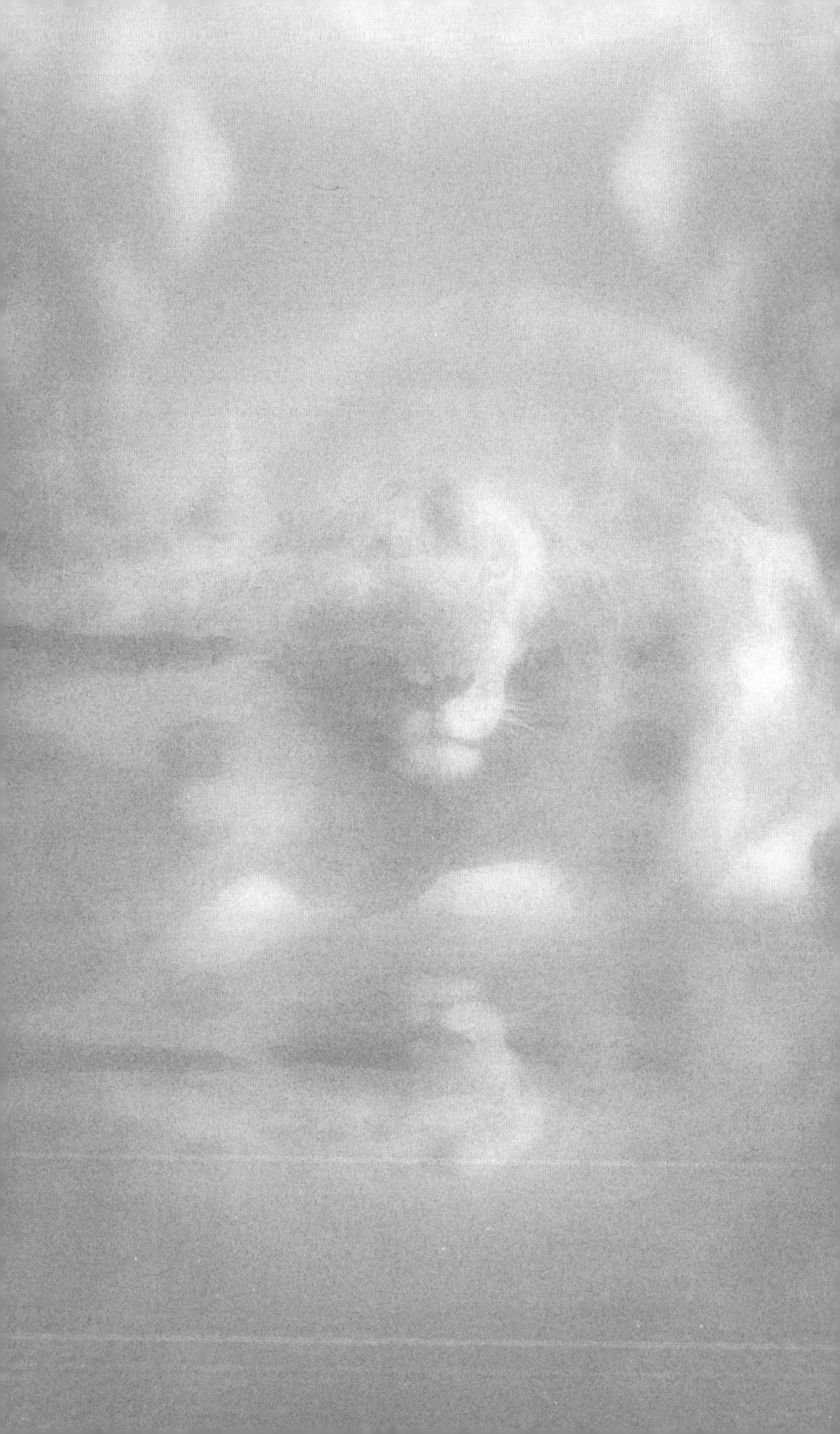

INHALT

Vorwort zur Neuauflage

Zwanzig Jahre nach der Erstveröffentlichung freuen wir uns, „Die Geburt des Löwen – Dialoge zur Selbsterforschung“ für die deutschsprachigen Leser jetzt im Verlag *advaitaMedia* wieder neu herausbringen zu können und damit alle Bücher von OM C. Parkin lieferbar in unserem Programm zu haben.

Der „Löwe“ hat nach seinem Erscheinen 1998 mehrere Auflagen erlebt, erschien dann gekürzt als Taschenbuchausgabe, und es folgten Ausgaben auf Englisch, Französisch und Spanisch. Seit dem Jahr 2017 ist es auch mit einer eigenen Ausgabe in den USA verfügbar.

Im Jahre des ersten Erscheinens war die sogenannte Satsang-Welle auf ihrem Höhepunkt, angetrieben von der Hoffnung vieler auf schnelle Erleuchtung. OM sagte später in einem Interview dazu:

„Die Satsang-Welle war ein Strohfeuer. Dieses Strohfeuer brannte vielleicht 15 Jahre. Und nachdem das Strohfeuer abgebrannt war, zeigte sich, dass sich die Jahrhunderte alten Bedingungen, unter denen Menschen einen Weisheitsweg zu gehen haben, durch dieses Strohfeuer nicht verändert haben. Es war für viele auch so etwas wie ein kurzer Rausch, in dem sie Erleuchtung für so nah hielten wie nie zuvor und dem naiven Glauben erlagen, auf ihre „Hausaufgaben“ der inneren Praxis verzichten zu können. Denn angeblich, so hatten sie im Satsang gehört, war doch alles nur eine große Illusion. Doch dann kehrte die große Ernüchterung ein. Die Party war vorbei. Übriggeblieben sind wenige, dafür umso ernsthaftere Schüler des Weges: Suchende, Findende, Erkennende.

Die Weisheitslehre lehrt menschliche Reifungsstufen, die universellen Gesetzmäßigkeiten der Bewusstseinsevolution unterliegen. … Es gibt eine universell zu beobachtende Reihenfolge von Stufen, oder Wellen, durch welche die Evolution in jedem Menschen fortschreitet. Niemand kann diese Gesetzmäßigkeiten aushebeln oder Stufen überspringen."

OM C. Parkin hat sich die Vermittlung der universellen Weisheitslehre, der philosophia perennis, zur Aufgabe gemacht. Die unermüdliche Lehrtätigkeit und die umfangreichen Schriften (siehe Bibliographie S. 474) zeugen von seinem tief gegründeten inneren Anliegen, den Suchenden auf dem inneren Weg zu begleiten. Zur Lehre selbst sagt er:

„Die reine Advaita-Lehre ist eine absolut radikale, anarchische Lehre, die jede Strukturierung einer Lehre, jede Konzeptlehre beendet. Eine Lehre, die alles zerstört, was zu zerstören ist, bis nichts mehr übrig bleibt, außer DEM. Advaita-Vedanta ist keine Lehre – es ist das Ende der Lehre, das Ende des Wissens. Eine Nicht-Lehre. Dass die Nicht-Lehre allerdings nicht das Gegenteil von Lehre ist, das ist dem Unwissenden genauso wenig deutlich, wie die Tatsache, dass die advaitsche Lehre keine reine Seins-Lehre sein kann, sondern nur eine SEINS-Lehre, in der Sein und Werden sich vereinigen. Die Vermittlung der gesamten Weisheitslehre, der philosophia perennis, enthält beides: strukturierte Lehrformen und vollständige Auflösung der Strukturen, Lehre und Nicht-Lehre, die absolute Wahrheit und relative Wahrheiten über kosmische Gesetze, die absolute Liebe und menschliche Liebe."

In seinem 2018 erschienenen Buch Spirituelle Meisterschaft beschreibt er die Weiterentwicklung von der klassisch indischen Advaita-Lehre zur Vollendung der paradoxen Vereinigungslehre, die er, wie auch Sri Aurobindo, als integralen Yoga bezeichnet.

Der zentrale Ort, an dem OM lehrt, ist das von ihm gegründete moderne Kloster *Gut Saunstorf – Ort der Stille.* Hier hat die in den 90er Jahren gegründete Mysterienschule ihren Sitz, in der der Weg des integralen Yoga gelehrt und praktiziert wird und hier sind Suchende eingeladen, OM im Darshan zu begegnen.

Der „Löwe“ – OMs erstes umfangreiches Werk – ist für viele Menschen die erste tiefere Berührung mit einem deutschsprachigen erwachten Weisheitslehrer gewesen, und auch noch heute geben viele Darshanbesucher dieses Buch als initialen Grund ihres Kommens an. Jetzt steht es allen interessierten Lesern wieder zur Verfügung.

Jürgen Stöhr
Saunstorf, im Sommer 2018

♌

Vorwort

»Aus Unwissenheit erscheint dieses Universum vielförmig, aber in Wirklichkeit ist all dieses Brahman, das bleibt, wenn alle mangelhaften Geisteszustände zurückgewiesen sind. Alles, was man von Brahman getrennt glaubt, hat keinen Seinsgrund. Das höchste Brahman ist die einzige Wirklichkeit, ohne ein Zweites.

Es ist reine Weisheit, makellos, vollkommener Friede ohne Anfang und ohne Ende, tatenlos und das Wesen unvergänglicher Seligkeit. Wenn alle Unterschiede, die von der Maya (Illusion) geschaffen werden, zurückgewiesen sind, dann bleibt etwas Selbst-Leuchtendes, das ewig ist, makellos, unermesslich und unzerstörbar: Die Weisen erkennen es als die höchste Wahrheit, die absolutes Bewusstsein ist, in dem der Erkennende, das Erkannte und das Erkennen vereinigt sind, unendlich und unwandelbar.

Gib die Vorstellung eines Ichs in Familie, Sippe, Name, Gestalt und Lebensstellung auf, die alle von diesem physischen Körper abhängen, und werde die wesenhafte Form, die absolute Seligkeit ist, nachdem du auch die Eigenschaften des feinen Körpers sowie das Gefühl, Täter zu sein, aufgegeben hast. Erst nach dem vollständigen Verschwinden des Ich-Gefühls und nach der Vernichtung all seiner trügerischen Kundgebungen entdeckt man die wesentliche Wahrheit ›DAS bin ich‹ durch die Unterscheidung zwischen dem falschen und dem wahren Selbst.«

Das Kleinod der Unterscheidung,
Shankara (788–820 n.Chr.)

Als jemand, der die Perlen der Verwirklichung, die in den Texten der Weisheitsliteratur zu finden sind, liebt, könnte ich obige Zitate mit endloser Begeisterung fortsetzen. Mit welcher Klarheit wird das Wesen von Erleuchtung trotz begrenzter sprachlicher Mittel, trotz der Übersetzung und trotz der Kluft von über tausend Jahren in diesen Versen zum Ausdruck gebracht!

Ich hatte in den vergangenen 25 Jahren das Glück gehabt, auch physisch solchen »Kennern des Absoluten« begegnet zu sein. Die Begegnung mit Anandamayi Ma z.B. war und ist für mich der lebendige Beweis dafür, wie sich Gottverwirklichung auch heute noch offenbaren kann. Nachdem ich viele Jahre lang eher der traditionellen Überlieferung der Bhakti (der liebenden Hingabe an ein erwähltes Ideal) gefolgt war, hatte in den letzten Jahren auch Jñana, der Weg der Erkenntnis und Selbsterforschung, an Bedeutung gewonnen. Die Lehren Shri Ramana Maharshis und Nisargadattas vermittelten tiefe Einsichten in das unvergängliche innere Wesen und bauten vor allen Dingen keine neuen Grenzen auf, wie sie sonst durch die Zugehörigkeit zu bestimmten Wegen und Traditionen allzuleicht entstehen. Vielleicht war ihre nackte Klarheit und die Unerbittlichkeit ihrer Erforschung der eher männliche Pol des Erkennens, welcher jetzt anstand.

1996 erzählte mir ein Bekannter von einem Deutschen, der nach einem Autounfall das Erwachen zu seinem wahren Selbst erfahren hatte. Die Broschüre »Mythos Erleuchtung« fiel mir in die Hände. Ich begann, sie beiläufig zu lesen, anfangs mit der Einstellung: »Aha, wieder ein neuer sogenannter Erleuchteter …« Schließlich waren die historisch glaubhaft Befreiten bisher eher in Indien angesiedelt und liefen einem hier nicht gerade zahlreich über den Weg. So ein Anspruch musste doch erst einmal kritisch beäugt werden …

Beim Lesen des Textes traten diese Überlegungen jedoch bald in den Hintergrund. Ich bekam Herzklopfen, und eine innere Beschleunigung trat ein, ein Gefühl, als ob das Kartenhaus aller zurechtgelegten Konstruktionen wie »das bin ich und das ist die Welt« zusammenbrach. Ein »Fall ins Bodenlose« geschah, in dem alle Stützen entzogen wurden und der illusorische Charakter von Chandravali und ihrer Welt bloßgelegt wurde. Das, was ich über »reines Bewusstsein« in den Schriften gelesen hatte, war plötzlich keine theoretische Aussage mehr.

Hatte dieses Erleben etwas mit OM C. Parkin zu tun, dessen Interview ich gerade gelesen hatte? Hatte »ich« etwas mit »ihm«

zu tun? Vom inneren Gefühl her war es eher ein Teilhaben an dem ohnehin immer präsenten, gleichen Hintergrund, der sonst wie eine Leinwand vom Geflimmer unseres Lebensdramas überschattet wird, aber niemandem »persönlich« gehört. Wie auch immer, ich fuhr einige Wochen später zu einem Satsang mit OM, doch die physische Begegnung war verglichen zur inneren Erfahrung nicht ausschlaggebend. Vielleicht diente sie eher dazu, »Werkzeuge« zu verbinden, in diesem Fall Lektorin, Autor und Verlag des Buches, das Sie gerade lesen. Kurz vor Weihnachten kam ein Anruf von OM, ob ich mir vorstellen könne, aus den Tonbandaufzeichnungen seiner bisher gehaltenen Satsangs ein Buch zusammenzustellen. Ich war begeistert, beinhaltete das doch Arbeit und Vertiefung spirituellen Erkennens in einem. Ich erinnere mich, als ich die ersten 50 Seiten von OM erhielt. Ein merkwürdiges Gefühl des Schwindels, als trete ich in leeren Raum, kam zuweilen auf.

Die etwa 500 Seiten Material stammten sowohl aus Satsangs, die OM zwischen Dezember 1994 und März 1997 gehalten hatte, als auch aus Interviews mit dem Journalisten Christian Salvesen, die zu speziellen Themen gemacht worden waren. In den Satsangs begleitet OM den fragenden Sucher in seinem eigenen Prozess der Erforschung, es wird also spontan die Ausgangssituation der jeweiligen Person einbezogen. Die Interviews behandeln auch übergreifende Fragen philosophischer Natur. Das Ordnen des Materials geschah wie das organische Wachstum einer Pflanze, es fügte sich nach einem inneren Gesetz. Wiederholungen und Überschneidungen waren nicht immer vermeidbar, um den Zusammenhang zu bewahren. Die Aussagekraft und Authentizität des Materials machte mich betroffen. Ungefiltert von einer Übersetzung lag hier ein Zeugnis des Erwachens und eine präzise Anleitung zur Selbsterforschung in deutscher Sprache vor, gepaart mit dem unbestechlichen Einfühlungsvermögen eines westlichen Psychologen in die falsche, hemmende Struktur des persönlichen Ich!

Die Lehre des Advaita, der Nicht-Dualität, ist nicht mit Ramana Maharshi versiegt oder in Indien geblieben. Unaufhaltsam strahlt ihre stille Kraft im Westen weiter, lädt zum Satsang ein und entblößt den Mythos, mit dem der Mensch des Westens Erleuchtung als fern vom Hier und Jetzt umgeben hat.

Weggefährten, die traditionellen Pfaden treu geblieben waren, blieben z.T. kritisch distanziert, zudem OM keineswegs darauf bedacht ist, ein traditionelles Heiligenbild zu untermauern. Eine Freundin jedoch meinte: »Vielleicht will Gott damit zeigen, dass Erleuchtung auch außerhalb der Tradition möglich ist.« Wie unwesentlich und blass diese Begriffe »außerhalb«, »innerhalb«, »traditionell«, »untraditionell« jedoch angesichts der grundlegenden Wahrheit sind. Sie haben letztlich keine Bedeutung. Die gesprochenen Worte sind nicht OM's persönliche Botschaft oder sein Auftrag für die Welt.

»Bist du dir sicher, dass ich das alles gesagt habe?« fragte OM mich einmal während der Woche, in der wir gemeinsam an dem Buch arbeiteten. Die Wildgänse fliegen über das Wasser und spiegeln sich. Es ist weder ihre Absicht, ein Spiegelbild zu erzeugen, noch die des Sees. Es geschieht.

OM ist der Klang des Absoluten. Er gehört niemandem, aber jeder darf ihn hören. In der Stille des Herzens offenbart sich, dass du DAS bist, was du suchst.

Chandravali Schang
Lohmar, im November 1997

TEIL I

Die Geburt des Löwen

Eine Autobiographie

Die Suche nach einer anderen Realität

Als ich 18 Jahre alt war, wurde es plötzlich ganz schlimm. Von außen betrachtet, schien es sich lediglich um die Krise eines Jugendlichen zu handeln, der sich mit den Unsicherheiten und Ängsten vor dem Eintritt ins Erwachsenenleben plagt. Bis zu diesem Zeitpunkt war mein Leben ganz normal verlaufen. Ich hatte eine behütete Kindheit erfahren und war in einer Mittelklassefamilie in einem wunderschönen Luftkurort in der Nordheide bei Hamburg großgeworden. Wir wohnten in einem geräumigen Landhaus mit einem herrlichen, großen Garten. Da das Haus direkt am Waldrand stand, konnten wir Kinder den Wald als einen großen Abenteuerspielplatz nutzen und uns austoben. Als Erstgeborener war ich das Wunschkind meiner Eltern gewesen. Natürlich gab es große Eifersuchtsszenen, als meine Geschwister geboren wurden und mir meinen Platz strittig machten. Doch insgesamt war es genau diese natürliche Dynamik des Familienlebens, die Ausdruck einer scheinbar relativ gesunden Familienstruktur war, welche mir Halt gab. Der gewohnheitsmäßige Tagesablauf, die Einbindung in schulische und familiäre Aktivitäten, in Sport und Spiel, hatten eine versteckte Unzufriedenheit und Freudlosigkeit aber nur mehr oder weniger erfolgreich verborgen. Rückblickend kann ich sagen, es war eine latente Depression.

Gerade hatte ich mit wenig Elan das Abitur bestanden, da tat sich plötzlich ein großes schwarzes Loch in mir auf, für das sich keine Ursache finden ließ. Gewiss, schon seit einigen Jahren hatte es dunkle Vorzeichen gegeben. Nichts hatte mir in der Schule so recht Freude bereitet, ich hatte begonnen, die ersten Drogenerfahrungen zu machen und war mit der Polizei in Konflikt geraten.

Erfahrungen mit halluzinogenen Drogen hatten meine Wahrnehmung für Bereiche geöffnet, in denen ich mich meinem Ursprung »irgendwie näher« fühlte als im Normalbewusstsein, und ich begann zu ahnen, dass mit der Wahrnehmung im täglichen Bewusstsein »irgendetwas nicht stimmte«. An diesem Punkt begegnete ich zum ersten Mal bewusst einer großen Macht, welche die Wahrnehmung bestimmte, sie auf eine bestimmte Realität fixierte: der Psyche. Das Tor zu einer anderen Realität, einer *inneren* Realität, war aufgetan worden. Was jedoch grausam war, war, dass der Zugang zu dieser *inneren* Welt in seiner Fülle und Vielfalt nur durch den Einfluss von Drogen möglich schien. Jedes Mal, wenn die Reise vorüber war, wurde ich erbarmungslos wieder hinausgestoßen aus den Toren des vermeintlichen Paradieses. Ich war gefangen. Ein Gefangener meiner Wahrnehmung. Unter diesen Umständen sah ich nur einen einzigen Ausweg. Ich musste mehr über diese Psyche erfahren. Ich hatte die Gewissheit gewonnen, dass es eine unsichtbare Macht gab, die sich hinter der Welt oder dem, was meine Wahrnehmung mir als »die Welt« weismachen wollte, verbarg. Ich wollte alles daransetzen, um herauszufinden, wer oder was das war. Das äußere Leben, Essen, Trinken, Arbeiten, ja selbst jugendliche Vergnügungen erschienen mir eher eine Bürde zu sein, ein notwendiges Übel. Es war mir lästig und bereitete mir selten wirkliche Freude.

Was lag jetzt näher als mich für einen Studienplatz in Psychologie zu bewerben? Ich hatte Glück. Über das Ausländerkontingent bekam ich trotz hohem Numerus clausus einen der heiß begehrten Studienplätze an der Uni Hamburg. Um es kurz zu machen: Ich lernte viel über Statistiken und über psychologische Tests, doch über das Wesen der Psyche selbst lernte ich wenig. Dennoch halfen mir das Studium und vor allen Dingen das »Drumherum«, die Begegnung mit anderen Studenten usw., in meiner Erforschung weiterzukommen. Nach drei Jahren brach ich das Studium unmotiviert ab. Zu diesem Zeitpunkt begegnete ich auf einer Messe für Gesundheit, Psychologie und Esoterik meinem ersten Lehrer. Er war Marokkaner und war in die Lehre nordafrikanischer Sufis gegangen. Diese haben ausgefeilte Techniken entwickelt, um durch monotone, rhythmische Bewegungen, Atemtechniken und das Wiederholen bestimmter Laute erweiterte Bewusstseinszustände zu erlangen, die er als *Trancen* bezeichnete. Die Möglichkeit, solche Zustände auch ohne Zuhilfenahme von Drogen zu erlangen, reizte mich ungemein. Ich befand mich auf einer verzweifelten Suche. Rückblickend muss ich allerdings sagen, dass mir weder bewusst war, was genau ich suchte, noch war mir die Verzweiflung wirklich bewusst.

In einem Moment der Klarheit schrieb ich in mein Tagebuch:

> »Mein Ziel ist der Heilsweg. Der Heilsweg ist der Weg der Einswerdung mit Gott. In diesem Leben wird es ein Ende ganz sicher nicht geben. Dafür sind die Bequemlichkeiten, die Ablenkungen zu groß, die Verlockungen zu unüberschaubar.«

Erst Jahre später, nachdem ich mich von meinem Lehrer längst wieder getrennt hatte, sollte ich erkennen, dass ich unterbewusst im Kontakt mit dem »Übersinnlichen« zunächst etwas ganz anderes gesucht hatte: die Erfüllung eines unbewussten Wunsches nach *Macht*. Ein folgenschweres Missverständnis, wie sich später herausstellen sollte ...

Der Pakt

Ende der 80er Jahre arbeitete ich eng mit einem Kreis von Wahrheitssuchenden in Österreich zusammen. Ein- bis zweimal im Jahr trafen wir uns zu gemeinsamen Nachtritualen, in denen wir uns gegenseitig auf Reisen nach innen begleiteten.

In jener Nacht hatte ich die Reise mit dem vermeintlich harmlosen Anliegen eröffnet, mehr darüber erfahren zu wollen, woher meine Grundangst gegenüber anderen Menschen und der ganzen Welt stammte.

Plötzlich fand ich mich in einem Kellergewölbe wieder. Unterirdische Gänge waren in den Fels geschlagen, welcher durch das Licht der Kerzen an den Wänden kupfern schimmerte. Eine festliche, eine erhabene Stimmung ging von diesen Gewölben aus, als ich mich durch die langen Gänge bewegte und in einen großen runden Saal mit einer Kuppel eintrat.

Der goldene Glanz der großen Altarkerzen erhellte den Raum nur spärlich. Es herrschte absolute Stille. Ich schaute in den Kreis. Sie waren zusammengekommen für dieses Ritual. Satan und seine Hohenpriester: die Herrscher der Unterwelt, zwölf an der Zahl, elf mächtige Gestalten in schwarzen, wallenden Gewändern, einer in Weiß. Ich wusste um meine innere Führung. Das gab mir absolutes Vertrauen. Der Ablauf eines jeden Bildes oder Gedankens geschah in der Präzision eines Schweizer Uhrwerks. Ich war gekommen, um den Pakt zu lösen. Ich wollte beginnen, mich umzuschauen, als der Bewusstseinsfaden riss und die Kontinuität der Wahrnehmung abbrach. Ein neues

Bild erschien: Ich sah die Seele auf ihrem Weg, in diese Welt zu inkarnieren. Als ich durch das Eingangstor hindurchschritt, hielt mich noch unter dem Torbogen ein Wächter an: Es war ein Engel von vollendeter Schönheit, seine blauen Augen wie aus Eis. Sein Name war Luzifer und er ließ sich mit »Seine Majestät« anreden. Die Menschen sprachen von ihm als der gefallene Engel, er selbst stellte sich jedoch als ein Abgesandter Gottes vor, beauftragt, die Teilnahmeregeln hier auf Erden festzulegen und über ihre Einhaltung zu wachen – und er ergoss sich in Schwärmereien über die Lebensbedingungen auf Erden.

In dem Moment, als wir den Handel besiegelten, geschah etwas Seltsames. Eine gewaltige Macht spaltete sich entzwei und ich vergaß. Ich vergaß den Engel, ich vergaß den Handel, ich vergaß, wer ICH BIN. Da dämmerte es mir, dass dieser Handel ein Pakt gewesen war. Ich nenne ihn »die Versuchung«, und sie begann, gnadenlos zu wirken von dem Moment an, wo der Pakt besiegelt worden war. Immer wieder von neuem manifestierte sich diese Versuchung, in tausend Masken, in unendlicher Vielfalt, maßlos, begierig.

Wie konnte das geschehen? Ich hatte vergessen. Und doch war der Pakt so etwas wie eine Eintrittskarte gewesen. Ich erkannte, es gibt keine Seele auf der ganzen Welt, die keinen Pakt mit dem Teufel eingegangen ist, denn ohne diese Eintrittskarte hat noch nie ein Mensch dieses Theater von innen gesehen. Die Macht dieses Wächters ist hier allgegenwärtig. Doch jeder glaubt, sich an ihm vorbeigeschlichen zu haben. Und er lacht sich ins Fäustchen, denn so lange sie das glauben, hat er sie fest im Griff.

Noch einmal kehrte ich bewusst zu dem Moment des Paktes zurück und da wusste ich plötzlich, dass ich trotz allem freiwillig gekommen war, ja dass noch nie eine Seele von Luzifer gefangengenommen worden war. Langsam kehrte meine Aufmerksamkeit in den Saal zurück, in dem der Kreis der Herrscher der Unterwelt zusammengekommen war. Sie taten nichts anderes, als meinen Auftrag zu erfüllen, meiner Absicht stattzugeben. So hart und unerbittlich die Lehrzeit auch gewesen sein mochte, alles funktionierte nach genau festgeschriebenen Gesetzen. Es waren göttliche Gesetze, denn es gibt keine anderen. Diesem illustren Kreis von Gottgesandten kam hier die besondere Aufgabe zu, die Seelen durch Versuchung ins Menschsein und damit in die Sünde, die Ab-Sonderung zu verführen, um ihnen somit durch Erkenntnis die Möglichkeit zur Rückerinnerung an Gott zu geben.

Luzifer bedeutet Bringer des Lichtes. Was für ein Spiel, das göttliche Spiel. Ich musste unweigerlich lachen. Wieder schweifte mein Blick durch die Runde: mächtige Männer, die Gesetze der Unterwelt schienen sie verhärmt zu haben. Strenge Lehrer, aus deren Gesichtern sich die Freuden des Lebens zurückgezogen hatten. Einer dieser Männer fiel gänzlich aus der Reihe. Er war in Weiß gekleidet. Ein schöner Jüngling von sanfter, lichter Ausstrahlung, wie in seinen Gesichtszügen zu lesen war. Nur die Harfe hätte das Bild zur Vollendung gebracht. Was hatte dieser schöne, venusgleiche Mann ausgerechnet in dieser Runde verloren? Ich erhielt die Antwort: »Der Engelsdämon.« Ich konnte es kaum fassen: Er verkörperte den Aspekt des Teufels, der sich in der Gestalt des Engels manifestierte. Erneuter Filmriss.

Plötzlich fand ich mich im Speisesaal eines Landhauses in Südspanien wieder; es war die Residenz einer Dame, die ich dort flüchtig kannte. Sylvia, eine Mittvierzigerin, war in der Umgebung als strahlende, großzügige Gastgeberin opulenter Mahle bekannt. Sie war sanft und von einer Anmut, wie ich sie nur von Märchenprinzessinnen her kenne. Ich sah nur eine Szene, es war die Szene aus einem Traum, den sie mir vor Wochen selbst geschildert hatte: Durch die großen, halbrunden Fenster aus handgeblasenem Glas schienen die letzten Sonnenstrahlen des sich verabschiedenden Tages und tauchten den Speisesaal in ein goldenes Licht. Die großzügige Tafel war von einer weißen, seidenen Tischdecke geziert. Fürstliche Speisen deckten den Tisch. An die 15 Gäste hatten sich an diesem Abend versammelt, um sich von der Gastgeberin, Sylvia, bewirten zu lassen. Sylvia, in Weiß und zartem Aquarellblau gekleidet, saß am Tischende und unterhielt sich angeregt mit einem älteren Herrn zu ihrer Linken. Ein stilvolles Ambiente schien sich mit der harmonischen Tafelrunde zu vereinen, als mein Blick unversehens unter den Tisch wanderte und gefror: Dort hockten lechzend Sylvias beide Afghanen, um mit gieriger Zunge das Blut vom Schwert zu lecken, welches sie in ihrer ausgestreckten Rechten unter dem Tisch hielt. »Der Engelsdämon« – noch einmal tauchte dieses Wort in meinem Bewusstsein auf, bevor meine Aufmerksamkeit zurück in die Katakomben taumelte, in denen ich mich aufhielt, zurück zu dem Schönling in der Runde der Zwölf. Da endlich begriff ich den Mephisto in Goethes Faust, der da verkündet: »Ich bin ein Teil von jener Kraft, die stets das Böse will und stets das Gute schafft.«

So nahm ich ihn wahr als eine Macht jenseits der Form von Gut und Böse. Er konnte sich jeder beliebigen Form bemächtigen oder anders: Er vermochte in jeder Form dieser Welt zu erscheinen. Die Teufelsvorstellungen des Christentums, insbesondere der Kirche entpuppten sich als bloße Schattenprojektionen abgespaltener, animalischer Kräfte im Menschen. Meine innere Führung ermahnte mich, mich wieder meines Auftrages zu erinnern:

Durch die Runde schweifend, wusste ich sofort, wer von den Zwölfen mein Vertragspartner war. Als ich ihm gegenübertrat, sah ich ihn das erste Mal lächeln, und mich berührte die Güte, die aus seinen Gesichtszügen sprach. Sein Name war Orwhan. »Ich bin gekommen, um den Pakt zu lösen. Die Zeit ist da. Lange Zeit habe ich gedient und viel gelernt«, sprach es aus mir. Das Geschenk der Erkenntnis über den Inhalt des Paktes, das Geschenk der Erinnerung, hatte diesen Moment erst möglich gemacht. Was hatte ich verkauft und was dafür empfangen?

»Die Qualität des warmen, mitfühlenden Herzens ist unnötig, ja geradezu hinderlich auf dem Weg der Macht«, hatte er mir offenbart und mir das Wissen als ein Instrument schmackhaft gemacht, welches geradezu dafür geschaffen sei, es zu benutzen, um mehr und mehr Macht anzusammeln. Die Macht zu herrschen, die Macht, sich andere untertan zu machen. »Du bekommst dein Herz zurück, denn hierher kehren nur diejenigen zurück, die erkannt haben, und glaube mir, es sind wenige. Der Pakt ist es, um den sich das ganze Erdendrama dreht. Der einzige Grund, warum er geschlossen wird, ist, ihn zu erkennen, zu lösen und sich damit an das zu erinnern, was jenseits des Paktes *ist*. Nur wenn Du jetzt glaubst, dass im nächsten Moment der Pakt seine Wirkung verliert, so irrst Du. Erinnere Dich an die Gesetze von Raum und Zeit auf dieser Erde. Die Materie ist träge und der Pakt schwingt nach. Das Opfer des Egos, welches Du zu bringen hast, ist gewaltig. Und so werden auch Deine Prüfungen, welche erst jetzt beginnen, gewaltig sein. Erst sie werden zeigen, ob Deine Entscheidung eine Ent-Scheidung war. So gehe und nutze Dein hier erlerntes Wissen im Dienste des Einen.«

Gedankenfetzen flogen vorüber, alles begann von innen her zu vibrieren, zunächst ganz fein, bald immer stärker. Und immer wieder wiederholte ich diesen Satz: »Wie lange habe ich auf diesen Moment gewartet?« Eine Freude breitete sich aus, ein inneres Tanzen und Juchzen, eine Leichtigkeit. Es war, als wäre eine tonnenschwere Last von mir abgefallen.

»Der Teufel ist böse. Gott ist gut«, sagte der Teufel, und das Himmelszelt erzitterte, als er in dröhnendes Gelächter ausbrach, und alle Engel und alle Dämonen stimmten mit ein.

Die Romantik des Todes

Juli 1990, Vorarlberg, Österreich, auf einer Almhütte.

Es war totenstill im Raum. Die Wirkung der Droge begann ganz unvermittelt mit den mir bereits bekannten Körperwahrnehmungen. Im Laufe meiner Experimente mit Halluzinogenen hatte ich gelernt, dass nur wenige der auf allen Wahrnehmungsebenen auftretenden Halluzinationen wesentliche Informationen enthielten. Die meisten boten zwar überaus angenehme Erfahrungen, lenkten jedoch vom eigentlichen Erkenntnispotential, das durch die Droge freigelegt wurde, ab. Ich betrachtete sie inzwischen als »Nebenwirkungen«, ähnlich der Nebenwirkung eines schulmedizinischen Medikamentes. Die meisten Drogenkonsumenten freilich nahmen halluzinogene Drogen gerade, um dieses schmückende Beiwerk zu genießen und sich daran zu berauschen. Es ist, als hätte Gott diesem machtvollen Erkenntnisinstrument noch einige verschlungene Irrwege vorangestellt, auf denen jeder Benutzer zunächst auf die Integrität seiner Absicht hin geprüft wird.

Ich schenkte den einsetzenden starken Sinneseindrücken keine Beachtung. Plötzlich erschien wie auf einer Großbildleinwand ein Bild in kristallener Klarheit und von einer beeindruckenden

Farbenpracht. Das Bild kam aus einer tieferen Schicht. Ich begann es meinem Begleiter unverzüglich zu beschreiben: Es zeigte eine weite Ebene, eine Prärielandschaft wie im Südwesten der Vereinigten Staaten. Das gesamte Feld war übersät mit Leichen. Niemand war mehr am Leben. Die Schlacht war vorüber. Nirgends gab es Vegetation, so dass der Blick frei über die weite Ebene schweifen konnte bis zu einer Bergkette in der Ferne, welche den Horizont säumte. Rechts im Bild, groß im Vordergrund, schien es einen Überlebenden zu geben. Auf einem Pferd saß jemand. Es war ein Skelett, welches ein Banner wie zum Triumph erhoben in der rechten Hand hielt. Nie war mir diese Figur zuvor bewusst begegnet, und auch in diesem Moment erkannte ich sie in ihrer Offensichtlichkeit nicht als die Personifikation des Todes. Hinter den Bergen ging die Sonne, ein riesiger, halbrunder Feuerball, unter und tauchte die gesamte Ebene in ein tieforangenes Licht. Eine gespenstische Stille lag über allem. Nichts lebte mehr. Doch ich empfand die Stille nicht als bedrohlich. Im Gegenteil. Auch die zum Teil grausam zugerichteten Körper strahlten einen tiefen Frieden aus.

Das ganze Bild übte eine derart starke Anziehung auf mich aus, dass ich glaubte, hineingesogen zu werden. Auch diese Kraft nahm ich *rein* wahr, ohne Interpretation. Meine Beschreibung war in gewisser Weise naiv und unschuldig, denn ich hatte keinerlei Zugang zum analytischen Denken. Ich drückte direkt und einfach das aus, was ich wahrnahm.

Und so fragte ich meinen Begleiter, nachdem ich meine Beschreibung beendet hatte, was das alles zu bedeuten habe. Er schwieg einen Moment und sagte dann trocken, dass es sich bei meiner Vision offensichtlich um eine Art Todessehnsucht handele, die sich darin ausdrücke. Das sagte mir nichts. Ich konnte seine Äußerung nicht in Bezug zu meinem Leben setzen. Ich war noch ganz im Bild versunken, als plötzlich ein Satz erschien – auch er unverschleiert und kristallklar:

Die Romantik des Todes

Augenscheinlich handelte es sich um die Überschrift des Bildes. Ich war nicht einmal erstaunt. In mir war lediglich so etwas wie ein Achselzucken, eine Verständnislosigkeit. Mit dem Satz wusste ich nichts anzufangen. So endete meine Erfahrung vorerst in dieser Verständnislosigkeit.

♌

Nur wenige Wochen danach, am späten Abend des 6. August 1990, kurz nach Mitternacht, stieg ich in Hamburg in meinen Wagen, um zu meinem Wohnort in die Heide zu fahren. Ein ohrenbetäubender Knall – dann riss der Film der Geschehnisse.

Gegen Baum geprallt

nm. HARMSTORF. Schwerer Unfall am Ortseingang Harmstorf: Ein aus Richtung Helmstorf auf der Landstraße 213 fahrender Mercedes-Kombi kam aus bisher ungeklärter Ursache von der Fahrbahn ab und prallte gegen einen Baum. Der 28jährige Fahrer, Cedric P., wurde lebensgefährlich verletzt in seinem Wagen eingeklemmt, mußte von Blauröcken der Feuerwehren Harmstorf und Bendestorf aus dem Unfall-Wrack befreit werden. Anschließend wurde der Verletzte mit Notarzt und Rettungswagen in das Buchholzer Krankenhaus gebracht. *Foto: nh*

Der Anfang vom Ende eines Traumes

Erste visuelle Eindrücke und Empfindungen setzten sich langsam wieder zu einem Bild zusammen. Ein Wahrnehmungsfluss begann: ein Zimmer, ein Bett, ein Körper, Intubationen, Schläuche, ein Krankenhaus. Der Moment des Erwachens war wie die Fortsetzung eines Films. Doch es schien niemanden zu geben, der erwachte, kein Ich. Aus vielen Wahrnehmungsmomenten fügte sich im Bewusstsein langsam wieder ein Körper zusammen, eine »Person« entstand, doch diese »Person« war nicht *Ich*, sondern lediglich ein Objekt meiner Wahrnehmung. Es war ein Schock, dass *Ich* ohne jeden Zweifel vollkommen existierte, ohne dass der Körper existierte, ja ohne dass die Welt existierte. Ich war unsterblich. Es war unfassbar.

Durch einen Wink Gottes war mir die Gnade zuteil geworden, die Unterbrechung des Wahrnehmungsstromes erfahren zu dürfen. So hatte die Zeit- und Raumdimension ausgesetzt, ja, der Ur-Dualismus zwischen Erfahrendem und Erfahrenem hatte aufgehört zu existieren. Zwei Tage war ich klinisch tot gewesen.

Aus unerfindlichen Gründen hatte ich, nur wenige Minuten von meinem Zielort entfernt, mit meinem Wagen die Fahrbahn verlassen und war mit ca. 60 Stundenkilometern ungebremst frontal gegen eine hundertjährige Eiche geprallt. Dass der Organismus überhaupt eine Überlebenschance hatte und der Körper schon bald nach dem Moment des Unfalls aus dem Wrack geschweißt und geborgen werden konnte, verdanke ich dem Zusammentreffen verschiedener glücklicher Umstände. Man könnte es auch als ein Wunder bezeichnen.

Meine Existenz als Individuum war erschüttert worden, und ich war unfähig, meine Erfahrungen anderen mitzuteilen. Der gesamte Organismus schien in einer Art Betäubungszustand zu sein, körperlich und emotional. Ich erlebte eine totale Gleichgültigkeit gegenüber dem, was ich bisher als »das Leben« angenommen hatte. Dieses »Leben« erschien mir plötzlich als ein Strom leerer, nichtssagender Phänomene, die aus *Dem* entstehen, was *Ich Bin* – ewiges Bewusstsein.

Ich war gerade aus dem Koma aufgewacht. Ein Freund stand an meinem Bett und fragte mich, was »ich« denn erlebt hätte. Ich musste an all die Berichte von sogenannten Nahtoderlebnissen denken, die ich bei Elisabeth Kübler-Ross gelesen hatte, Berichte von langen, dunklen Tunneln, an deren Ende gleißendes Licht erschien, oder an außerkörperliche Erfahrungen. Schmunzelnd fielen mir auch die Beschreibungen von Leuten ein, die von Entführungen durch Außerirdische berichteten. Was hatte »ich« erlebt? Nichts von alledem.

Ich hatte *Nichts* erlebt. Doch selbst dieser Ausdruck nähert sich der Erfahrung nicht, denn *Nichts* ist nicht »nichts«. Die Grenzen der Sprache als ein zutiefst dualistisches Instrument schienen erreicht. Es hatte kein »Ich« gegeben, um irgendetwas zu erleben, denn das würde ja bedeuten, dass die Trennung zwischen Subjekt und Objekt der Wahrnehmung existiert hätte. Nachdem die »Wellen« der Wahrnehmung abrupt zur Ruhe gekommen waren, war *Ich* ein Ozean grenzenlosen Bewusstseins, ohne Form und ohne Eigenschaften. Es war das reine *Ich Bin*. Auf unbeschreibliche Art und Weise war sich der Ozean seiner selbst bewusst, ohne dass es jemanden oder etwas gab, was sich des Ozeans gewahr war.

Nachdem »ich« wieder aufgewacht war, begann ein schleichender Prozess von Re-Identifikation mit »Ich«-Gedanken. Dennoch durchdrang das ozeanische Bewusstsein nach wie vor die gesamte Wahrnehmung. Gleichzeitig erlebte ich den Körper als eine leere Hülle, die für die vollkommene Existenz meiner Selbst ohne Belang war. Alles, was für mich zuvor Realität gewesen war und somit Bedeutung gehabt hatte, erschien mir plötzlich leer und ohne Sinn. Meine Familie und alte Freunde kamen mich im Krankenhaus besuchen, doch ich war unfähig, mit ihnen zu kommunizieren. Ich hatte auch gar kein wirkliches Interesse daran, denn sie *sahen* mich nicht. Sie vermuteten, ich stünde noch unter dem Schock des Unfalls oder unter Betäubungsmitteln. Ansonsten schien ich für sie ganz »normal« zu sein. Die Heilung des Körpers schritt sehr schnell voran. Außer einem Schädel-Hirn-Trauma, ein paar Rippenbrüchen und schweren Prellungen hatte ich keine gravierenden Verletzungen davongetragen, so schien es zunächst.

Schon wenige Tage nachdem ich aus dem Koma erwacht war, war ich wieder auf den Beinen. Ich saß eines Abends draußen auf dem Balkon, der an mein Zimmer angrenzte, und verspürte plötzlich das dringende Bedürfnis, einen Freund in Wien anzurufen. Er war der Organisator einer therapeutischen Ausbildung, die ich im vorigen Jahr angefangen hatte. Der zweite Teil dieser Ausbildung sollte nächste Woche in der Nähe von Wien auf einer Burg in den Bergen stattfinden. Am Telefon erzählte ich meinem Wiener Freund, was geschehen war und dass ich dennoch den dringenden Impuls verspürte, dorthin zu fahren. Ich wusste, dass es unmöglich für mich war, an der Ausbildung teilzunehmen, aber ich spürte, dass es für mich wesentlich war, dort zu sein, mit meiner Gruppe. Er hielt diese Absicht zunächst für verrückt und stimmte meinen Ärzten bei, die die Reise zu diesem Zeitpunkt für absolut verantwortungslos hielten.

Aber ich ließ mich nicht von meinem Impuls abbringen und reiste im Schwerbehindertenabteil der Bundesbahn nach Wien – auf eigene Verantwortung. Auf Burg Plankenstein angekommen, erkannte ich den Grund meiner Reise. Gangaji, die Frau meines Ausbildungsleiters Eli Jaxon-Bear, war mit nach Österreich gekommen und gab abends Satsang. Sie hatte bei einem indischen Meister Erleuchtung erlangt und von ihm den Auftrag bekommen, von »Tür zu Tür« zu gehen, um dieses Wissen weiterzugeben. Mit indischer Religion hatte ich mich noch nicht befasst, von indischen Meistern hatte ich nicht einmal Bücher gelesen. Dennoch, oder gerade deshalb, war es vollkommen natürlich, mit Gangaji in Satsang zu sein – so als wäre ich es schon immer gewesen.

Gleich im ersten Satsang erkannte ich sie als meine letzte Lehrerin. Durch alles, was sie sagte und durch alles, was sie nicht sagte, deutete sie direkt auf die Erfahrung meines unsterblichen Selbst. Ich hätte zu diesem Zeitpunkt, als die gesamte Identifikation mit meiner Person wie ein Kartenhaus zusammengebrochen war, nicht offener sein können, um diese Botschaft zu hören. Es entstand ein enger Kontakt zu Gangaji, dem ich in meinen Briefen an sie Ausdruck verlieh.

Die kommenden zwei Monate verbrachte ich in einem Zustand, geprägt von Sorglosigkeit und Gleichgültigkeit. Ich empfand weder direkten Kontakt zum Körper, noch erfuhr ich Emotionen irgendwelcher Art. Manchmal ging ich in Hamburg auf der Straße spazieren und stellte mir vor, wie jemand meinen Körper mit einem Messer ersticht. Ich war dem Tod gegenüber vollkommen indifferent, denn ich lebte in der Erkenntnis, dass der Tod nur in der Vorstellung existierte, nicht aber in Wirklichkeit. Mein Zustand ließ es nicht zu, einer täglichen Arbeit nachzugehen. So schnell die Heilung der »groben« Wunden und Verletzungen des Unfalls auch vonstattenging, so deutlich zeigte sich doch auch eine tiefe Verletzung des zentralen Nervensystems. Die Selektion der millionenfachen Reizimpulse, die besonders über das Sehen und Hören in jedem Moment auf das Gehirn einströmen, schien nicht mehr zu funktionieren. Die Folge war ein totaler »Overload«, sobald die Anzahl der Reize ein bestimmtes Niveau erreicht hatte. Es war mir unmöglich, mich in einem Café oder Restaurant aufzuhalten, und selbst der Einkauf im Supermarkt wurde zur Tortur. Kopfschmerzen, erhöhter Augendruck, verschwommenes Sehen, Nackensteifheit und totale Schwäche waren nur einige der Symptome.

Ich erinnere mich noch genau an den regnerischen Novembertag im Jahre 1990, als ich an meinem Schreibtisch saß. Mir wurde klar, dass ich mich wieder um meine Einkünfte kümmern musste. Gedanken über Verpflichtungen durch laufende Kosten und das leere Bankkonto führten zu einer aufsteigenden Woge von Angst. Seit dem Unfall hatte ich keine Gefühle mehr gehabt. Nun kam die Angst überraschend und – anders als jemals zuvor. Sie war rein und ohne begleitende Gedanken. Die Intensität dieses Gefühls wurde immer stärker und erreichte ein nie gekanntes Ausmaß. Irgendwann kam der Impuls, »auszurasten« und auf die Straße zu laufen. Der Gedanke »Das muss es sein, was ›Paranoia‹ genannt wird« tauchte auf. Gleichzeitig saß ich in vollkommener Ruhe und war stiller Zeuge des Geschehens. Ich bezeugte die Welle und griff zum ersten Mal nicht ein. Niemand tat etwas. So konnte ich das erstaunliche Schauspiel beobachten, dass die Angst zu einer gigantischen, bedrohlichen Welle anschwoll, nur um dann wieder im Nichts zu versinken. Minuten später war alles vorbei. Ich war tief beeindruckt von der Erfahrung, dass die Macht und Intensität dieses negativen Gefühls mich, das Selbst, nicht berührte. Von diesem Zeitpunkt an tauchten täglich Angstzustände auf, die ohne Vorwarnung und meistens ohne Bezug zu Gedanken oder Geschehnissen über mich hereinbrachen. Später verstand ich durch Gangaji, dass das gesamte unterdrückte Material der Vergangenheit aus dem Unterbewusstsein in das Bewusstsein gespült wird, um dort zu »verbrennen«, sobald das ständige »Damit Umgehen« in Gedanken zur Ruhe kommt und der Geist sich der Meditation hingibt.

Noch im selben Monat erhielt ich einen Brief von Gangaji:

> »Ich weiß, dass es eine starke Erfahrung sein muss, materielles Leben zu verlassen, denn du siehst die Lüge so viel klarer. Du erklärtest, dass Du seit dem Unfall das Gefühl hast, nicht mehr Teil dieses Lebens zu sein. Das ist die Wahrheit! ... Du bist Leben. Erforsche, wer Du wirklich bist, indem Du entdeckst, was sich nie verändert.«

Ich hatte zwar eine einschneidende Einheitserfahrung jenseits aller Phänomene gemacht, den eigentlichen Kern des Leidens aber nicht vollkommen realisiert, denn in bewussten und unbewussten Gedanken hatte sich auf subtileren Ebenen eine Identifikation mit der Person, die damals noch »Dervish« hieß, wieder zusammengesetzt. Ich erfuhr wieder eine Form von Abtrennung.

In meinem Leben war nichts mehr von Bedeutung. Gangaji war der einzige Mensch, dem ich mich offenbaren konnte. Ein einziger Wunsch begann von mir gänzlich Besitz zu ergreifen: der Wunsch nach vollkommener Befreiung von der dem menschlichen Zustand innewohnenden Abtrennung vom göttlichen Selbst, dem Ursprung.

Dinge, die mir früher wichtig gewesen waren, wie soziale Kontakte zu Freunden, bedeuteten mir plötzlich nichts mehr. Ich begann, mich mehr und mehr zurückzuziehen. Ich erlebte andere Menschen, darunter auch meine alten Freunde, als wären sie in einer Art schlafwandlerischem Zustand. Ich sah auch, dass sie nicht wirklich miteinander kommunizierten, sondern dass sie mit selbsterzeugten Bildern aus der Vergangenheit kommunizierten, die sie auf ihr jeweiliges Gegenüber projizierten: Niemand kommunizierte mit Mir, jetzt. Deshalb löste ich mich aus alten »Beziehungen«. Das Alleinsein auch äußerlich zu suchen unterstützte einen inneren Prozess, den ich als Abnabelung von der Illusion, die der menschliche Geist als »die Welt« bezeichnete, erlebte. Es war, als würde ich, getragen vom Wasser des Ozeans, in diesem langsam tiefer sinken. Nichts konnte getan werden, um dieses Hinabsinken zu beschleunigen. Vielmehr mussten all die Gewohnheiten des Denkens, Fühlens und Handelns, durch die ich immer wieder die Tendenz hatte, aufzutauchen, zurückgewiesen werden. Es war niederschmetternd, feststellen zu müssen, dass mein gesamtes, eingeprägtes Denken, welches sich mir als ein Versuch dargestellt hatte, das Glücklichsein auf Erden zu erreichen, welches mir Verstehen, Wissen und Sicherheit vorgegaukelt hatte, zielstrebig genau das Gegenteil erzeugte, nämlich Leiden.

Zum ersten Mal erfasste ich Leiden in seiner ganzen Dimension. Zum ersten Mal wurde Leiden offen-sichtlich. Wie hatte es sich bloß verstecken können? Wie war es möglich, dass ich mir dieses Leidens nicht vollkommen bewusst gewesen war und daher auch nie den Wunsch gehabt hatte, mich davon zu trennen? Mir wurde mit einem Male die grenzenlose Ignoranz der Menschen bewusst, die in der Hölle schmoren und glauben, im Paradies zu sein. Das schien insbesondere auf Menschen der westlichen Zivilisation zuzutreffen, die »alles haben« – Geld, Erfolg, Partner, Vergnügen aller Art, ein bequemes Leben ohne den Überlebenskampf vergangener Zeiten. Doch wie soll einem Blinden das Sehen beschrieben werden? Was für eine Täuschung von Glückseligkeit! Ich begann zu ahnen, warum große Meister das Leiden als einen Schlaf bezeichneten. Das wesentliche Merkmal des Leidens ist, dass der menschliche Geist sich seines Leidens nur am Rande bewusst ist, wenn überhaupt. Das ist das eigentlich Fatale am Sündenfall. In diesem Moment wird die Blindheit blind gegenüber der Blindheit und das Unbewusstsein des Unbewusstseins wird zum menschlichen Zustand, eine fast perfekte Illusion von relativem Glück und vermeintlicher Liebe, die mit Komfort, Wohlbehagen und vorübergehender Befriedigung durch Hochgefühle verwechselt werden.

In den Monaten nach dem ersten Zusammentreffen mit Gangaji traf ich mehrfach mit einem Therapeuten zusammen, um in medialen Zuständen das Unfallgeschehen nachträglich auf seine Hintergründe hin zu erforschen. Zu unser beider Erstaunen war der Unfall selbst in keiner Weise spannungsbelastet. So oft ich auch zum Unfallgeschehen selbst zurückkehrte, der Geist blieb still und es zeigte sich keine Reaktion. Dass der Unfall selbst keinerlei Trauma, keine Spur im Geiste hinterlassen hatte, zeigte sich schon an der Tatsache, dass ich bereits zehn Tage nach dem Erwachen aus dem Zustand des klinischen Todes wieder entspannt im Auto gesessen hatte und sogar selbst gefahren war. Schließlich empfahl mir mein Begleiter, den Vorgang noch einmal ganz bewusst und in Zeitlupe nachzuvollziehen, von dem Moment an, wo ich ins Auto stieg. Als ich mich dann an die Empfindung erinnerte, die ich hatte, während ich mit aufgedrehter Stereoanlage in meinem Mercedes durch Hamburgs nächtliche Straßen fuhr, geschah es: Der Geist reagierte mit heftiger Erregung, und aus der Tiefe schoss ein schneidender Satz empor: »*Ich* entscheide hier, wann ich sterbe.« Es war schockierend. – Es entstand ein Moment von betretenem Schweigen. Dann kam der trockene Kommentar meines Begleiters, der in dem Moment nur bedingt humorvoll gemeint war: »Da hast Du dem alten Herrn ja ganz schön in die Suppe gespuckt.« Das war natürlich eine Verharmlosung eines unfassbaren Größenwahns.

Ich empfand eine seltene Mischung aus Abscheu und Leichtigkeit des Herzens. Denn in diesem Moment wusste ich, dass die Versuchung jenes alten, irregeleiteten Machtwunsches, der mit den Mitteln der Schwarzen Magie durchgesetzt werden sollte, endgültig gebrochen war. Die Lösung des Paktes war der erste Schritt gewesen, und die Realisation nach dem Unfall hatte jenen Wunsch lächerlich gemacht, ja ad absurdum geführt.

Diese Erfahrung setzte in der Folgezeit tiefste Erkenntnisse über die Rolle der Schuld in der persönlichen Leidensgeschichte von Dervish frei. Das Konzept von Schuld erwies sich als das Urtrauma des Geistes. Es war mir nie zugänglich gewesen, und ich war erstaunt, als sich mir zeigte, dass der Terror, die ungreifbare, dumpfe Angst, die mein ständiger Begleiter gewesen war, auf der tieferliegenden Schuld aufbaute.

Ich berichtete an Gangaji in einem Brief:

> »Eine Idee namens ›Dervish‹ hatte den Wunsch nach Macht, um sich über das Göttliche zu stellen. Das Gefühl von Scham angesichts des Allmächtigen ließ den Wunsch nach Demut entstehen.«

Unter dem Aspekt der Schuld zeigte sich der Lebensfilm von »Dervish« in einem neuen Licht: Es wurde klar, dass jede Motivation in seinem Leben unbewusst darin bestanden hatte, der Schuld zu entfliehen. Verbunden durch dieses unsichtbare Band der Schuld waren plötzlich Ereignisse aus seinem Leben im Bewusstsein aufgetaucht. Schon als kleiner Junge hatte er sich oft zutiefst schuldig gefühlt. Die konkreten Ereignisse, an denen die Schuld sich festmachte, waren unerheblich.

Selbst das Gehen eines spirituellen Weges, die Suche, erwies sich im Nachhinein als ein verzweifelter Versuch, sich der tonnenschweren Last der Schuld zu entledigen. Die Idee der Selbstreinigung hatte Dervish's Arbeit mit einem nordafrikanischen Sufi bestimmt, seinem ersten Lehrer. In einem alten Tagebuch fand sich eine Eintragung aus jener Zeit:

> »… dafür ist es wichtig, dass ich konsequent und schonungslos weiter an meiner Selbstreinigung arbeite. Mit ›Selbstreinigung‹ ist gemeint:
>
> 1. die Reinigung meines Herzens anhand von Sufi-Methoden und Gebeten
> 2. die Arbeit an all meinen Schwächen, negativen Seiten, … Begierden auf der materiellen Ebene, an emotionalen Unruhezonen
> 3. körperliche Reinigung durch Fasten, … durch yogische Methoden.«

Beinahe im gleichen Atemzug hatte er jedoch die Schuld geleugnet:

> »Empfinde ich Schuld mir gegenüber? Nein. Ein übersteigerter Schuldkomplex ist eigentlich nie mein Problem gewesen.«

Dadurch, dass die Leugnung der Schuld jetzt aufgegeben worden war, hatte ich das Gefühl, direkt in die Schichten der Urschuld hineinzufallen.

Ungefähr ein Jahr nach dem Unfall, kurz vor meinem erneuten Zusammentreffen mit Gangaji, begegnete ich der Schuld auf einer inneren Forschungsreise ein letztes Mal: Diesmal war sie nicht mehr an konkrete, innere Bilder gebunden, sondern erschien als ein tiefgreifendes, unbestimmtes Gefühl von Schuld an der Ursünde, der Ab-Sonderung vom göttlichen Selbst. Der Urgrund des Schuldkonzeptes schien erreicht und verbrannte ohne Identifikation im Bewusstsein. Daraus eröffnete sich zum ersten Mal die Blüte der Un-Schuld und ich ahnte, dass niemals jemand schuldig geworden war.

Die Geburt des Löwen

Im August 1991 fuhr ich wieder nach Lunz am See in Österreich, um mit Gangaji zusammenzutreffen, die dort Satsangs abhielt. Tagsüber nahm ich an einer therapeutischen Fortbildung teil, abends saß ich mit Gangaji im Satsang. Seitdem ich Gangaji vor einem Jahr begegnet war, hatte ich in ständigem schriftlichen Kontakt mit ihr gestanden. Die Tatsache, dass ich gleich nach dem Unfall zu ihr geführt worden war, hatte in mir eine tiefe Ahnung, ja eine Gewissheit wachgerufen, die eine immense Erregung in mir erzeugte: Meine Chance schien gekommen! Vielleicht zum ersten Mal seit Jahrmillionen. Ich wusste, dass ich sie nutzen musste. Jetzt oder nie. Ein Sog zog mich zu Gangaji. Mein Zuhause, mein Herz, es schien so greifbar nahe zu sein. Hier wurde ich zum ersten Mal, aus der Sicht des Schülers, der Bedingungslosigkeit gewahr, die das wahre Verhältnis zum Lehrer erfordert. Mein Leben oder vielmehr das, was davon übriggeblieben war, hatte sich zu diesem Zeitpunkt bereits im Wesentlichen auf dieses Verhältnis reduziert. Ich begriff, Gangaji IST Das, was ich suchte. Doch es tauchte auch Angst auf, nackte Angst. Es schien eine Kraft zu geben, die um einen unvorstellbaren Verlust fürchtete, einen Abgrund ahnte, der sich auftat. Etwas in mir fühlte sich stark bedroht. In einem Satsang hatte Gangaji von der Notwendigkeit gesprochen, sich ganz der *Shakti* zu überlassen. »Sie wird sich um alles kümmern«, hatte sie gesagt. Zum Abschluss des Satsangs hatte ich die Arroganz besessen, ihr mitzuteilen, ich hoffte, dass sich Shakti auch meiner Wünsche annehmen werde. Am nächsten Morgen hatte Gangaji mir gegenüber ihre tiefe Betroffenheit über diese Arroganz ausgedrückt.

Abgrundtiefe Verlustängste waren in mir berührt worden und tief eingeprägte Konzepte über Erleuchtung tauchten in diesem Zusammenhang auf. Sie skizzierten Erleuchtung als einen asketischen, weltabgewandten Zustand, der jede Form sinnlicher Genüsse verbot. Vergangene Mönchsinkarnationen drängten an die Oberfläche. Die Macht blinder Identifikation war zwar diesen Ängsten und Bildern entzogen, dennoch blieb ein scheinbar unauflösbarer Rest an Identifikation, und die Bedrohung war unleugbar.

Körperlich ging es mir nach wie vor sehr schlecht. Die äußeren Wunden waren zwar schnell verheilt und ich hatte keine inneren Verletzungen davongetragen, aber das ganze energetische System des Organismus war kollabiert. Es stand zeitweise kaum physische Energie zur Verfügung, was sich in andauernden Schwäche- und Erschöpfungszuständen ausdrückte. Die Nervenschaltzentrale im Gehirn funktionierte nicht. Kleinste körperliche oder mentale Anstrengungen überlasteten sofort das System, was mich immer wieder zur Ruhe und zum Nichtstun zwang. Es war frustrierend, und doch war im Hintergrund das Wissen, dass dies wesentlich war, um meine gesamte Aufmerksamkeit der einzig wahren Sehnsucht zu widmen: der Sehnsucht nach endgültiger Freiheit. Der Satsang mit Gangaji machte den Zustand, in dem ich mich befand, sehr deutlich:

Das Bewusstsein hatte sich von der Anhaftung am Körperlichen befreit. Auch mit Emotionen schien es kaum noch Identifikationen zu geben. Ich hatte einen Zustand beständiger Dissoziation erreicht, in dem ich alles, was an Phänomenen auftrat, beobachtete, ohne sie als »Ich« zu identifizieren. Dissoziiert beobachtete ich den Körper, wie er sich bewegte und agierte. Ich war Zeuge von Gefühlszuständen und von Gedanken. Ihnen galt meine größte Aufmerksamkeit. Die Spaltung des Geistes in Ober- und Unterbewusstsein schien aufgelöst zu sein, und ich war mir eines jeden Gedankens bewusst, der auftauchte und wieder verschwand. All diese Erscheinungen waren von einer großen Klarheit, sie waren nicht mehr verschwommen, verzerrt oder dumpf, wie ich es von früher her kannte. Die Selbstbetäubung des Geistes schien nicht mehr zu funktionieren, und so gab es kein »Versteck« mehr in meinem Bewusstsein, weder für Gefühle, noch für Gedanken. Diese Nacktheit war zuweilen äußerst unbequem. Dennoch fühlte ich mich in der Fixierung dieser Beobachterhaltung gefangen und besonders die scheinbare Realität von Ich-Gedanken, die immer wieder schmerzlich war, löste sich nicht auf. Es schien auf einer mir nicht zugänglichen Ebene eine Identifikation mit Ich-Gedanken zu geben, die durch diese Distanz nicht aufgelöst wurde.

Nach etwa zwei Wochen mit Gangaji passierte plötzlich etwas Unvorhergesehenes. Der Ort, den ich bis dahin als den »Ort der Wahrnehmung« angesehen hatte, sank plötzlich vom Kopf ins Herzzentrum. Ich schien die Welt mit einem Mal von dort aus wahrzunehmen. Diese Art der Wahrnehmung schien *direkter* zu sein als die vorige. Ich fühlte eine tiefe Liebe zu Allem, und in Momenten schien alles zu verschmelzen. Es war ein Feuer der Sehnsucht in meiner Brust entfacht, welches sich immer mehr zu einer wahren Feuersbrunst entwickelte. Sie war wie ein gewaltiger Sog, der Gedanken, Gefühle, selbst den Körper und die Außenwelt an sich riss und verschlang. Alles begann, in diese Sehnsucht hineinzuschmelzen. Die Frage »Was will Ich?« hatte als Gedanke keine Bedeutung mehr. Kein Gedanke hatte mehr

Bedeutung. Ich war nur noch diese Sehnsucht. Sie war übermächtig. Doch diese Sehnsucht war nicht wie die Sehnsucht, die ich kannte. Es war eine Sehnsucht, die sich nach nichts sehnte, reine Sehnsucht, in der Schmerz und Glückseligkeit nicht mehr voneinander zu trennen waren.

Drei Tage und drei Nächte hatte das Feuer gebrannt. Ich erklärte den Ausbildungsteilnehmern, dass ich nicht mehr an der Gruppe teilnehmen könne, da mich jede therapeutische Übung, ja selbst das Gespräch mit anderen Gruppenteilnehmern von dem Gewahrsein dieses Feuers wegbringen würde.

An jenem lauwarmen Sommerabend im August 1991 gab Gangaji auf einer Bergwiese Satsang unter einer riesigen, alten Linde. Von diesem Ort aus hatte man einen atemberaubenden Blick auf den Lunzer See, der in seiner stillen Pracht, majestätisch in die Berge eingebettet, eine perfekte, meditative Kulisse für Satsang abgab. Ich war im Satsang häufig zu scheu, um Fragen zu stellen und es kostete mich Überwindung, vor der Gruppe mit Gangaji in Dialog zu treten. Schließlich schilderte ich ihr die Resultate meiner Selbsterforschung: Ich könne zwar alle Gedanken beobachten, aber das würde mir letztlich auch nicht weiterhelfen, denn ich sei auch in dieser Position ein Gefangener. Ich-Gedanken würden auftauchen und Leiden verursachen. Ich müsse erkennen, dass Nicht-Identifikation noch nicht das Ende von Leiden sei.

Gangaji forderte mich auf, mir die Frage zu stellen, wer denn derjenige sei, der sich der Gedanken bewusst ist. Ich war einen Moment still, da wurde ich plötzlich von einem unendlichen Erstaunen erfasst. In einem zeitlosen Moment der Gnade erkannte ich das absurde Schauspiel der Ideen, die sich ständig selbst bewahrheiten. Die Realität des Ich-Gedankens platzte wie eine Seifenblase und die ganze Welt implodierte. Aus der

Tiefe meiner selbst stieg ein unbändiges Gelächter empor, das nicht enden wollte. Noch am selben Abend schrieb ich Gangaji in einem Brief:

> »Alle Versuchungen kristallisieren sich in einer einzigen: der Idee selbst.«

Das Wesen von Ideen hatte sich mir offenbart. Die ganze Welt wird nur durch den Ich-Gedanken zusammengehalten und mit der Ent-Wurzelung dieses Gedankens, der nie eine wirkliche Wurzel gehabt hatte, war die ganze Welt ent-wurzelt worden. Es gab keine Beziehung mehr zwischen »mir« und »der Welt«. Ich war sprachlos angesichts der Unfassbarkeit dieses grotesken Schauspiels. Ein Meer von Glückseligkeit öffnete sich, und ich verbrachte die folgenden Tage in vollkommener Stille versunken, ohne einen einzigen Gedanken.

Tage später erhielt ich die Information, dass ich jetzt nach Indien reisen solle, um dort Gangajis Lehrer Shri Poonjaji zu treffen und die Realisation zu vertiefen. Am 6. September 1991 traf ich in Delhi ein, um am darauffolgenden Tag nach Lucknow weiterzufliegen. Es war meine erste Indienreise. Zuvor hatte mich nie etwas nach Indien gezogen.

In Lucknow angekommen, quartierte ich mich in einem heruntergekommenen, ehemaligen Nobelhotel im englischen Kolonialstil ein. Die Hälfte der Gäste waren Besucher aus westlichen Ländern, die gekommen waren, um Poonjaji zu sehen. Am nächsten Morgen ging es mit der Riksha zu Poonjajis Haus. Auf der Straße herrschte Chaos. Kühe, Schafe und andere, für mich nicht erkennbare Gegenstände lagen ruhig auf der Mitte der Fahrbahn. Fußgänger, Rikshas und Autofahrer teilten sich die Hauptstraße scheinbar gleichberechtigt. Erstaunlicherweise funktionierte dieses Chaos.

Ich trat in die Stille von Shri Poonjajis Wohnzimmer ein, wo er Satsang abhielt. Die etwa fünfzig anwesenden Personen füllten den Raum bis in die letzte Ecke. Bis vor kurzem war Shri Poonjaji ein unbekannter indischer Meister gewesen, der viele Jahre lang Satsang vor zehn und weniger Schülern gegeben hatte. Doch dann war er von Osho-Schülern aus Poona entdeckt worden, die nach Oshos Tod nach einem neuen Lehrer Ausschau hielten. Während Oshos Lehren bei vielen den Eindruck hinterlassen hatten, Erleuchtung sei praktisch unerreichbar, war hier auf einmal ein Lehrer, der den Suchern mitteilte, dass sie in Wirklichkeit schon erleuchtet seien, und dass es möglich sei, die Suche *jetzt* aufzugeben. Diese Botschaft kam natürlich vielen Osho-Schülern entgegen, die Erleuchtung als ein Spiel betrachteten, bei dem es darum geht, möglichst viel Spaß zu haben. Unter den ersten Besuchern Shri Poonjajis waren aber auch einige Osho-Sannyasins, die das Erleuchtungsspiel bereits hinter sich gelassen hatten, »ES« erkannten (engl.: »who got it …«) und völlig verändert in Poona wieder auftauchten, um bald darauf dem Ashram den Rücken zu kehren.

Diese Vorkommnisse hatten in Poona viele Gerüchte freigesetzt. Das Management des Ashrams, tief beunruhigt über die Tatsache, dass es jetzt einige Erleuchtete zu geben schien, die »ES« erlangt hatten, sah offensichtlich seinen Machtbereich gefährdet und versuchte, Osho-Schüler am Besuch von Shri Poonjaji zu hindern, indem es offiziell verlauten ließ, dass es unerwünscht sei, Shri Poonjaji aufzusuchen. Es half nichts. In dem weltweit gut funktionierenden Netzwerk der Osho-Sannyasins breitete sich die Kunde des Meisters, der »Erleuchtung verfügbar machte«, wie ein Lauffeuer aus. So waren auch an diesem Tag viele der anwesenden Sucher Schüler Oshos.

Ich setzte mich still auf ein Meditationskissen in den hinteren

Reihen des Raumes, nachdem ich zuvor Poonjaji begrüßt und ihm einen langen Brief ausgehändigt hatte. Die Begegnung mit Shri Poonjaji, den ich sofort als mein *Selbst* erkannte, war wenig spektakulär. Sie fand *in der Form* eigentlich gar nicht statt, da ich in der Form nicht mehr anwesend war. Seit dem Moment der Realisation bei Gangaji war ich Zeuge eines inneren Prozesses, in dem alles, was Name und Form hatte, als Nicht-Wirklichkeit zurückgewiesen wurde. Die ganze Welt, alles, was im Bewusstsein als Objekt erschien, und das war zu diesem Zeitpunkt primär das »Außen«, war leer und somit ohne Bedeutung für mich. Dazu zählten natürlich auch »andere Menschen«, denn auch sie entpuppten sich als von meinem Geist geschaffene Traumwesen ohne jede Wirklichkeit. Die Welt war wie ein Geister-Theater, Körper wandelten als leere Hüllen und hinter der Kulisse war: Nichts.

»Ich« hatte zu nichts und niemandem mehr eine Beziehung, alles war mir gleichgültig, oder besser: gleich ungültig. Leben oder Tod, es bedeutete nichts mehr. Der Impuls, den Körper aufrechtzuerhalten, war zu diesem Zeitpunkt sehr schwach geworden, der Selbsterhaltungstrieb zog sich zurück. Es war, als würde sich die Energie aus diesem Lichterspiel, das ich bisher für die Wirklichkeit gehalten hatte, nach innen zurückziehen. Ohne den Impuls zu haben, mit Poonjajis Person Kontakt aufzunehmen, erfuhr ich die Quelle tiefster Erkenntnis in mir, die zu sprudeln begann, als nicht getrennt vom Wissen, das aus seinem Munde sprach.

In meinem Brief an ihn hatte ich am Abend zuvor den Verlauf der Ereignisse und das Erwachen benannt und beschrieben. Während des folgenden Satsangs las Poonjaji den Brief vor:

> »Dervish konnte jedem beliebigen Gedanken Leben schenken, denn er selbst entschied über ›wahr‹ oder ›nicht wahr‹.

Dies ist der Geist (mind), der den Geist bewahrheitet, die Schlange, die in ihren eigenen Schwanz beißt.

Ich erkannte auch, dass innerhalb des Traums jede Wahrnehmung an einen Gedanken geknüpft ist. Gleichgültig, ob es sich um ›innere‹ oder ›äußere‹ Wahrnehmung handelt, die Blase der Wahrnehmung kann zu einem initialen Gedanken zurückverfolgt werden. Diese Blase der Wahrnehmung ist es, die Dervish ›Realität‹ nannte, ein Selbst-Bild, das überall reflektiert wurde. Dervish hatte es immer für selbstverständlich gehalten, da er nie hinterfragt hatte, wer diese ›Realität‹ geschaffen hatte.

In diesem Licht könnte der Satz aus der Bibel Am Anfang war das Wort verstanden werden. Genaugenommen war es nicht das Wort, sondern der Gedanke – der Ich-Gedanke – aber das Wort ist nur der gesprochene Gedanke.«

Poonjajis Kommentar: »Das verlangte nach Bestätigung.« Tatsächlich war die Bestätigung wesentlich, die Bestätigung aus meinem eigenen Herzen, welches sich in der Form von Shri Poonjaji zeigte. Der Geist oder die Realität, die davon übriggeblieben war, konnte »ES« kaum glauben, und in den beiden darauffolgenden Tagen schien ich in tiefste Zweifel und Verwirrung zu stürzen. Poonjajis Präsenz brachte den »Bodensatz« des Geistes aus dem Schatten schonungslos ans Tageslicht.

Am 3. Tag schrieb ich in einem Brief an Gangaji:

»Die ersten drei Tage hier waren wirklich hart. Die Verwirrung war so komplett, dass ich überhaupt nicht mehr wusste, was vor sich ging. Das Spektrum der Charakterfixierung zeigte sich in seiner ganzen Pracht. Dämonen erschienen in allen Facetten des Regenbogens. Letzte Nacht kam die Erkenntnis plötzlich aus dem Nichts und der Knoten, der so unauflösbar schien, löste sich plötzlich auf. Die ganze komplizierte Geschichte offenbarte sich als bloße Wiederholung

> der einen Versuchung: Die Versuchung zu suchen. Hier: Die Suche nach Erleuchtung. Der Dämon des Zweifels versuchte, mich vergessen zu machen, dass ich gefunden hatte.«

Wenn ich feststellte, dass für mich nichts mehr Gültigkeit oder Wert besaß, so ist dies nicht ganz korrekt. Genauer gesagt erlebte ich den Rückzugs-Prozess von der Welt wie einen Rückzug von Lebensenergie zunächst aus äußeren Phänomenen, doch sodann auch aus »inneren« Erscheinungen wie Gedanken, Gefühlen und Körperempfindungen. Im Kern des verbleibenden inneren Prozesses stand die Vertiefung der Realisation. Alles schien sich darauf zurückzuziehen und diesem Kern zu dienen.

Am Ende der ersten Woche hatte ich einen Traum. Ich stand mit einem Freund Angesicht zu Angesicht an einem Abgrund und sprang mit ihm in die Tiefe. Während ich fiel, erkannte ich, dass es ein Fall ins Bodenlose war. Wellen von Angst durchströmten mich, und ich wiederholte wie ein ständiges Mantra: »Ich bin, Ich bin, Ich bin …«, so, als müsse ich der Angst versichern, dass Ich ins Nichts, in die Leere fallen kann und trotzdem BIN.

Poonjaji ließ mich in sein Schlafzimmer holen, um mir mitzuteilen, dass ich jetzt zu seiner Familie gehöre. Auf eine seltsame Weise war ich für »äußere Kommunikation« nicht aufnahmefähig. Ich empfand keine Freude oder Leidenschaft für irgendetwas, auch nicht für Poonjajis Person, Gefühle schienen betäubt zu sein. Ohne das Bedürfnis zu empfinden, Poonjajis Person nahe zu sein, war ich ihm näher als nah. Doch es war keine emotionale Nähe, sondern die Absorbierung in dem *einen* Bewusstsein.

In der darauffolgenden Zeit wurde der Körper sehr krank. Er bekam Bronchitis und hohes Fieber. Der Körper brannte und wurde zunehmend schwächer. Ich konnte kein »Ich« mehr finden, welches an dem Prozess in irgendeiner Form beteiligt war. Es passierte einfach, ohne das Zutun eines »Ich«. Am letzten Tag vor meiner Abreise übergab ich Poonjaji einen Brief, den er während des Satsangs öffnete. Er zog ein leeres Blatt Papier aus dem Umschlag heraus. Das Gelächter unter den Anwesenden war groß, und Poonjaji hatte seine helle Freude. »Diese Sprache kann ich sehr gut verstehen«, war sein Kommentar, und er wiederholte diesen Satz mehrmals. Mit diesem Satz der Verabschiedung im Herzen verließ ich Lucknow, wohl wissend, dass es kein Abschied von meinem Lehrer war.

Brennen im Nichts

Im Oktober 1991 kehrte ich nach Deutschland zurück. Alles war verändert, auch wenn es noch genauso aussah wie vorher. Die Realität eines Zeitstromes gab es nicht mehr. Die Entwurzelung des Ich-Gedankens hatte alles mit sich gerissen. Erinnerung war aus der Verankerung gerissen worden. Die gesamte Zeitdimension war nur ein Konstrukt dieses Ich-Gedankens gewesen. Alle Objekte meiner Wahrnehmung existierten nur im Moment ihrer Wahrnehmung. Schon im nächsten Augenblick war nichts Reales mehr davon übrig. Dinge aus der Vergangenheit oder alte Freunde und Bekannte waren für mich wie Phantombilder. Dennoch geschahen diese Begegnungen ganz natürlich und spontan aus dem Moment heraus, aus dem alles durchdringenden ICH BIN. Ich sah, dass andere Menschen meist vollständig in der Vergangenheit lebten und im Moment unserer Begegnung nicht *Mir* begegneten, sondern ihren eigenen Projektionen auf meine Person (lat. persona: Maske).

Es war wie ein Spuk. Es gab niemanden mehr, der meinen Körper bewohnte, kein angebliches »Ich«, keine angebliche Seele. Und natürlich hatte es nie jemanden gegeben. Ich war weder innerhalb noch außerhalb des Körpers und erfuhr die machtvolle Stille und die Selbstverständlichkeit des allumfassenden ICH BIN. An Gangaji schrieb ich:

> »Innerhalb dieses Traumes, der sich ›Dervish‹ nannte, geschah, so scheint es, die folgende Geschichte: Als diese Idee von Dervish geboren wurde, hob er mit einem Flugzeug ab. Er schien der Pilot zu sein. Plötzlich, wer weiß warum, realisierte er, dass er nicht der Pilot war. Schlimmer noch: Dieser ›er‹ war nur eine Idee gewesen. Eine Idee, die sich ihre Wahrheit selbst bestätigte. Nun, der gesamte Flug entpuppte sich als Traum. ›Ich‹ kehrte dorthin zurück, von wo ich nie gestartet war.
>
> Im Traum setzt sich der Flug nun fort und das Flugzeug fliegt von selbst. Der neue ›Eigner‹ ist gleichzeitig der Flieger, das Geflogene und der Flug. Die Richtung des Flugzeugs mag sich ändern, niemand weiß das.«

Kommunikation zwischen Menschen entpuppte sich als eine vollkommene Groteske, die mich an einen Monty-Python-Film erinnerte. Jeder Mensch tut so, als kenne er sein Selbst, er spricht ganz selbstverständlich von »Ich« und projiziert dieses Pseudowissen nach außen. Die Umkehrung, also »Negative« von beliebigen Vorstellungen über sich selbst, erscheinen dann im »Außen« als der »Andere«, mit dem kommuniziert wird. Dieser Prozess wird dann als »Beziehung« oder als »Kommunikation« bezeichnet. Kurz gesagt: Die »Beziehung« zwischen zwei Menschen ist in Wirklichkeit eine Beziehung zwischen zwei Vorstellungen.

Jeder Mensch lebt in einer Ich-Vorstellung wie in einem persönlichen Traum, wie in einer Seifenblase, deren Grenzen durch das Maß an Unwissenheit, durch den Grad an Realitätsverlust, definiert sind. Begegnung findet meist nur innerhalb dieser Seifenblase statt. Tatsächlich weiß niemand, wer eigentlich mit wem kommuniziert. Mein Interesse, an diesem Spiel ernsthaft teilzunehmen, erlahmte völlig, auch wenn es manchmal unterhaltsam, komisch und dadurch liebenswert erschien.

Ich erkannte, dass menschliche Charaktere ein Sammelsurium von größtenteils unterbewussten Bildern sind, die aus der Erinnerung heraus festgehalten werden und das So-Sein des Momentes überlagern. Manchmal schien diese Wolkendecke aus Bildern und Vorstellungen einfach aufzureißen und ich sah, wie Menschen ohne jede Erkenntnis ganz natürlich im So-Sein verweilten. Dies geschah z.B. in Momenten echter Situationskomik. In so einem Moment von *No-mind* geschieht wahre Kommunikation im Sinne der communio, des Austausches von Herz zu Herz, von Selbst zu Selbst. Poonjaji hatte immer betont, wie wichtig es sei zu lachen. Im Moment des Lachens hat der Geist keine Chance.

In meiner Erfahrung hatte »ich« keine festgelegte Identität als ein »Jemand« mehr. Ich konnte nichts mehr darüber aussagen, »wie ich bin«, welche Eigenschaften oder Qualitäten »ich« habe, wie »ich« mich verhalten kann und wie nicht. Alles, was früher meine fixierte Identität ausgemacht hatte, war dem Unbekannten ausgeliefert und dadurch unvorhersehbar. Nie gekannte Facetten des Innenlebens tauchten auf. In schneller Reihenfolge wechselten sich Gefühlszustände, Bilder und Gedanken ab, nur um im Bewusstsein zu »verbrennen«, ohne Spuren zu hinterlassen. Negative Zustände waren genauso ein Teil des Erlebens wie positive. Im Unterschied zu früher wurden sie jedoch nie lange aufrechterhalten. Der Kerndualismus des Geistes, seine Spaltung in Ober- und Unterbewusstsein, funktionierte nicht mehr, so dass jeder Gedanke, auch jedes unangenehme Gefühl, nackt und unverzerrt im Bewusstsein erschien. Ihnen war ihr Versteck genommen worden. Dadurch wurden Momente von Leiden durch subtil einsetzende Identifikation mit Gedanken sofort offensichtlich und schmerzhaft. Die Momente von Identifikation waren äußerst filigran geworden. Es waren Momente nicht vollkommener Wachheit, in denen eine energetische Verbindung, eine »Beziehung« zwischen dem Bewusstsein und einem Gedanken oder einem Gefühl entstand. In diesem Augenblick geschah etwas, das ich als ein energetisches Einhaken, ausgelöst durch eine unsichtbare Kraft, beschreiben kann. Das Resultat war sofortige Dualität. Wer ist diese unsichtbare Kraft?

Durch die Realisation des *Selbst* löst sich der Geist, das vermeintliche Ich, in Nichts auf. Anders ausgedrückt: Er offenbart seine Natur als ein Geist, ein Phantom. Ein Phantom ist in seinem Wesen leer und ohne Substanz. Da es jedoch eine vollkommene Realisation strenggenommen nicht gibt, sondern sich Realisation Vollkommenheit annähert, existiert der denkende Geist auf immer feineren Ebenen weiter. Ich möchte sie als die *Nachwehen* des Geistes bezeichnen, so wie jeder Geburt noch Nachwehen folgen. Diese *Nachwehen* des Geistes waren es, die ich in Momenten als das Wirken einer unsichtbaren Kraft erlebte, welche sofort die bewusste Erfahrung von Leiden, sprich Abtrennung vom *Selbst*, herbeiführte. Diese sofortige Bewusstheit des Leidens war es, die schon im nächsten Augenblick die Auflösung brachte und somit Wegbereiter für die sich vertiefende Erfahrung von Frieden war.

Ich habe die immer seltener werdenden Momente, in denen der Geist noch *wirkte*, als sehr subtil wiedergegeben, und tatsächlich ist es für mich kaum noch möglich, sie in Worte zu fassen. Ich schrieb an Gangaji:

> »Seit dem Moment, in dem die Welt implodierte, findet Selbst-Erforschung statt, in anstrengungs-loser Anstrengung. Eine Erforschung in die sub-tilsten Ebenen von Ideen. Ich erkenne, dass Ideen bis in feinste Schichten des Bewusstseins vor-dringen, von denen ich nichts geahnt hatte. Es sind Abdrücke von Abdrücken von Gedanken.«

Parallel zur kontinuierlichen *Selbst*-Erforschung, welche die Realisation vertiefte, brannte die ganze Geschichte dieses Geistes, ein Millionen Jahre altes Karma, lichterloh und dieses Brennen war alles andere als subtil. Es breitete sich auf alle Körper aus. Im physischen Körper schien sich das Gehirn umzustrukturieren. Der Körper war nicht mehr der Körper, wie er mir bekannt war. Er schien sich neu zusammenzusetzen. Tatsächlich erlebte ich lange Zeit eine Art Re-Materialisation des physischen Körpers. Es war ein Gefühl, als ob sich feinstoffliche Energie wieder verdichtet. Direkt nach dem Erwachen aus dem Koma und in der Zeit danach hatte der Körper subjektiv keinerlei Gewicht mehr. Mit der Rückkehr von physischer Energie – einem Prozess, der etwa sechs Jahre dauern sollte – stellte sich eine Empfindung bodenständiger Schwere und Kraft ein, welche gleichzeitig ein ruhender Pol war. Doch in den ersten Jahren nach dem Unfall dominierte unermessliches körperliches Unwohlsein. Ich kann es nicht anders beschreiben. Einfach Unwohlsein, das keinen konkreten Grund kannte, nicht einmal auf einen Ort im Körper beschränkt war. Die Zustände des Brennens von Karma wechselten sich ab mit Erfahrungen tiefer stiller Freude und Glückseligkeit.

Am 11.11.1991 schrieb ich an Gangaji:

> »Jede Welle, die sich manifestiert, kehrt zurück in die unvorstellbare Freude reinen Seins. Sein, Bewusstsein, Liebe, Wahrheit, Leere, ... es ist dasselbe. Überwältigende Freude

> an der Präsenz des ewigen Seins. Es scheint, als ob der Urgrund der Charakterfixierung sich manifestiert und brennt: Ich erfahre Zustände von gewaltiger, abgrundtiefer, nackter Angst vor – nicht wissend was, von extremer Verletzlichkeit und Scham. All das erscheint einfach, durch nichts ausgelöst, und verfällt wieder ... Was sich ver-wickelt hat, entwickelt sich von selbst, sobald der Geist zurückgekehrt ist.«

Der Bodensatz des Unterbewusstseins, der sich über Jahrmillionen dort abgesetzt hatte, wurde aufgewirbelt und nach oben ans Licht des Bewusstseins getragen. So muss es Buddha ergangen sein, der nach der Erleuchtung unter dem Bodhibaum sitzend, den versammelten Dämonen seiner persönlichen Geschichte begegnete. Doch Gangaji hatte mir eingebleut – und ich hatte genau hingehört: »Was auch immer auftritt, berühre es nicht!« Und so zeigten sich all die Dämonen, wie intensiv und scheinbar real sie auch immer auftraten, als leere, aufgeblasene Geistwesen, die von selbst wieder in sich zusammenfielen. Diese inneren Dämonen waren wie Phantome in den prächtigsten Gewändern, getragen vom Nichts. Und von Nichts – kommt Nichts.

Zurück auf dem Marktplatz

Ich befand mich in einem Zustand grenzenlosen Erstaunens darüber, dass es in der wachsamen Stille des *No-mind* keine Gefahren, keine Versuchungen, keine unerfüllten Wünsche, kein Leiden gab. Rhetorisch fragte ich in einem Brief an Gangaji:

> »Kann es die ›Gefahr‹ eines unerfüllten Wunsches überhaupt geben, ohne dass ein Gedanke die Stille durchbricht? Wenn die Wachsamkeit, wie eine Katze vor dem Mauseloch, den initialen Gedanken zurück in die Leere

fallen lässt, wenn sie nicht einem einzigen Gedanken erlaubt, die Stille zu durchtrennen, dann scheint es weder wichtig zu sein, einen unerfüllten Wunsch zurückzuweisen, noch ihn überhaupt zu erkennen, denn er existiert schlichtweg nicht.
Kein Loslassen des Egos.
Keine Zurückweisung von Anhaftungen.
Kein Abschneiden von unerfüllten Wünschen.
Nur reine Realisation.
Ein Gedanke, so winzig,
kaum der Rede wert
und doch:
Im Moment seines Erscheinens,
nimmt ein gewaltiger Dämon
die Wahrheit für sich in Anspruch.
Es war, was es nie gewesen war:
Eine Idee, die Ideen Wahrheit schenkte.
Ein absurdes, sich selbst erfüllendes Spiel,
ein nie endender Kreislauf von Leiden:
Samsara.«

Gangaji zu schreiben war für mich nach wie vor sehr wichtig. Ich gab diesen Briefen den Titel: Briefe vom Selbst an das Selbst. Auf unerklärliche Art und Weise hatte das Selbst so eine Möglichkeit gefunden, sich selbst zu lehren, die Realisation seiner selbst zu vertiefen.

»Diejenigen, die Erfahrungen von Erleuchtung gemacht haben, sind wie die Haare des Büffels. Diejenigen, die vollkommene Realisation erreicht haben, sind wie die Hörner des Büffels« war die Aussage Gangajis, die sich mir sehr eingeprägt hatte. Und: »Solange dieser Wunschkörper erscheint, solange erscheint auch die Versuchung.« Ich begann, den Kôan von augenblicklichem, zeitlosen Erwachen und der sich vertiefenden Realisation als einen Prozess in der Zeit zu erforschen – ein scheinbarer Widerspruch.

»Es scheint mir, dass die Strukturen des Geistes viel tiefer reichen, viel subtiler werden, als die meisten Suchenden annehmen. Ist der Moment des Erwachens nicht häufig nur ein Einblick (engl.: glimpse)? Der Kreislauf des Leidens kann durch einen sehr tiefen Einblick unterbrochen werden, jedoch hat der Geist die Tendenz, wieder zu landen und sich mit dem erreichten relativen Frieden zufriedenzugeben. Das ›Ich hab's!‹ wird zu einer Falle. Ja, es ist absolute Freiheit, wenn das Selbst erkannt ist. In Wahrheit ist sie. Und doch: Im Traum dieser ›Realität‹ kann sich diese ›relative‹ Freiheit vertiefen. Diese Vertiefung ist nicht unbedingt angenehm, da sie beinhaltet, sich den subtilsten Schattenkonzepten des Geistes zu stellen, die einem ›Erleuchtungsbild‹ keinesfalls entsprechen müssen.

Es scheint ein weitverbreitetes Missverständnis bezüglich des Erwachens zu geben, indem das Erwachen als ein Ende angesehen wird, als ein absolutes Finish. Ja, es ist ein Ende und dennoch ist es erst ein Beginn. Dies ist ein Widerspruch, der vom Geist nicht gelöst werden kann. Der Geist kommt erneut eingeschlichen und gebraucht das »Alles ist egal‹ als einen Vorschub, um erneut zu landen. Die Versuchung setzt sich fort ...«

So war ich weiterhin Zeuge eines Prozesses, eines »persönlichen« Prozesses der Vertiefung. Während dieses Prozesses stieg nach wie vor neurotisches Material auf, doch weder war ich daran beteiligt, noch war ich getrennt davon. Die Einfachheit und Selbstverständlichkeit aller Abläufe, die Erkenntnis der Vollkommenheit in der Unvollkommenheit war überwältigend.

»Das Leben ist ein sich selbst erfüllender Prozess. Shakti erscheint als tausend-köpfige Hydra, die Form ›Mensch‹ ist nur einer von ihren Köpfen. Die Idee eines individuellen ›Ich‹ als ein Macher, ein Schöpfer, ein Kontrolleur des Lebens erscheint lächerlich, absurd: Das Unbekannte geschieht ohnehin! Ein altes Sprichwort offenbart das

> auf eine sehr einfache Art und Weise: Der Mensch denkt. Gott lenkt.«

Im Frühjahr 1993 erhielt ich plötzlich die Information, binnen sechs Wochen alles aufzugeben und für unbestimmte Zeit in die USA zu gehen. Dort erlebte ich eine Zeit großer Stille und Zurückgezogenheit. Ich wurde Zeuge einer Auseinandersetzung zwischen gegensätzlichen Kräften. Das Interesse an der »Welt« war zeitweise so schwach, dass auch der Überlebenstrieb versiegte und keine Energie mehr vorhanden war, den Körper aufrechtzuerhalten. Aus diesen Zuständen, die mit totaler körperlicher Schwäche einhergingen, brach immer wieder unvermittelt ein Impuls hervor, den ich in einem Brief an Gangaji als »die Feier« beschrieb:

> »Nichts ist wirklich von Bedeutung.
>
> Nach einer starken Vernichtung der Welt, die ohne mein Zutun geschah, kehrt sie nun zurück als eine Feier des Selbst. Es gibt keine Betonung der Leere jenseits der Form mehr, da das Sein sich selbst realisiert hat als innerhalb und jenseits der Form. Ich erkannte, dass selbst die Leere vom Geist imitiert werden kann – als ›absichtsvolle Leere‹.
>
> Tatsächlich kann der Geist alles perfekt kopieren bis hin zu den verfeinertsten Manifestationen des Guten, welche auch die natürliche Erscheinung des göttlichen Selbst sind. Es scheint, als wenn die Identifikation mit dem Bösen, dem Schlechten, die Wurzel des Geistes ist, die zurückführt zum Sündenfall, zur Ursünde. Während dieses illusorischen Prozesses der Suche in der Zeit, gewinnt der Geist an Kraft, und es geschieht eine fließende Transformation bis zur Identifikation mit dem Guten, welches viel näher an die Freiheit zu reichen scheint, aber die Polarität des Bösen in sich trägt. Es ist Luzifer, der die letzte Versuchung auf einem goldenen Tablett serviert: Die Versuchung der Erscheinung des Guten als eine Verkleidung von Gott

> selbst. Wenige scheinen bereit zu sein, selbst diese letzte Maske des Guten niederzureißen und sich dem Absoluten hinzugeben, welches das Böse ebenso beinhaltet. Das Böse war an das Konzept der Schuld gebunden gewesen. Diese schmerzhafte Erfahrung der Schuld war für mich wie ein Wächter vor den Toren zu absoluter Freiheit.«

Auch die »absichtsvolle Leere«, die Tendenz, am Nicht-Anhaften zu haften, löste sich in Erkenntnis.

Gangaji weigerte sich inzwischen, mich mit dem Namen »Dervish« anzureden. So bekam ich Briefe adressiert an »Parkin«, ohne irgendeinen Vornamen. Ich verstand und schickte einen Brief nach Indien zu Shri Poonjaji mit der Bitte, mir einen Namen zu geben. Nach Monaten erhielt ich eine Karte aus Indien: »Dear OM!« Der Name des Namenlosen.

Im März 1994 reiste ich in die Berge Colorados, um Gangaji dort auf einem Retreat zu begegnen. Der Impuls war bereits gekommen, dass ich zum Jahreswechsel wieder nach Europa zurückkehren würde. In Momenten erschien es mir wie eine Rückkehr in den Rachen des Löwen, und immer wieder tauchte tiefe Angst auf. Wenige Wochen vor dem Retreat hatte ich Gangaji mitgeteilt, dass ich begonnen hätte, am Konzept eines Buches zu arbeiten. Arbeitstitel: »Mythos Erleuchtung«. Ich hatte sie um ein Dharma-Gespräch gebeten, welches ich veröffentlichen wollte, und ihr als Zeitpunkt für dieses Gespräch das Retreat vorgeschlagen. Ich schloss mit der Bitte um eine Nachricht. ... Keine Antwort. Nichts.

Crestone war ein winziger Ort am Ende eines unendlich ausgedehnten Hochplateaus. Riesige Büffelherden wurden hier vor meinem inneren Auge lebendig. Unermessliche Weite. Hinter dem Ort ragten die Dreitausender in den Himmel. Ich atmete die Schönheit und Erhabenheit dieses Ortes. Es war still.

Am nächsten Morgen saß ich mit Gangaji im Satsang. Ich wurde einer unterschwelligen Anspannung in mir gewahr, die langsam hochstieg. Es war der Geist, doch er offenbarte sich noch nicht. Gangaji erzählte im Satsang die Geschichte ihrer Begegnung mit Papaji (Poonjaji). Er hatte sie erwartet und sie quasi zu seiner Nachfolgerin im Westen ernannt. Er hatte sie beschenkt, geliebt, hofiert. Sie war die Königin. Bei ihrem nächsten Besuch konnte sie es kaum erwarten, ihn wiederzusehen. (Sie demonstrierte uns die Haltung, mit der sie Papaji damals Willkommen heißen wollte und streckte mit ausgebreiteten Armen stolz die Brust heraus, so als wolle sie sagen: »Papaji, hier bin ich wieder – die, auf die Du gewartet hast!«)

Doch Papaji war völlig desinteressiert gewesen und hatte sie wieder weggeschickt – mit der lakonischen Bemerkung, er habe im Augenblick wichtigere Dinge zu erledigen. Tagelang hatte er keine Zeit für sie gehabt. Ein Schock. Während sie all das erzählte, war es mir, als wäre diese Geschichte ein perfekter Schachzug meines Lehrers, um die Restbestände meiner Ignoranz ans Bewusstsein zu holen.

Crestone, 9.3.1994

»Liebste Gangaji,
heute Morgen während des Satsangs wurde ich wieder einmal von der totalen Rücksichtslosigkeit der Lehre getroffen. In dem Moment schoss ein gigantisches inneres Lachen empor, welches alles verschlang.

Welch ein kosmischer Witz!

Hier ist die Geschichte: Ein unerfüllter Wunsch (da ist er wieder!), ein Wunsch nach Bestätigung, wirkte als Deckmantel für eine feine Schicht von Zweifeln an mir Selbst. Ich identifizierte mich nicht mit diesen Zweifeln, aber realisierte sie dennoch nicht. Die vollkommene Realisation ist jenseits von Identifikation oder Nicht-Identifikation.

Es waren Gedanken, die nicht aufgetaucht waren, sondern unterbewusst festgehalten wurden: ›Ich kann das nicht …‹, ›Ich bin noch nicht reif dafür …‹

Es geht um das Wissen, dass ich nach Europa zurückzukehren habe: In Satsang sein, Satsang geben, ES leben. Diese Geschichte über eine vollkommen nicht-existente Person, wie subtil sie wird. Wie viele Bestätigungen habe ich bereits erhalten? Von Poonjaji, von Gangaji, von meinem inneren Lehrer? Ständig. Die Wahrheit ist: Bestätigung existiert nicht! Das, was ICH BIN, benötigt keine Bestätigung!

Nun, es scheint, als müsse ich nach Europa zurück, um zu tun, was getan werden muss:

Satsang geben, wenn Satsang gegeben werden soll. Keinen Satsang geben, wenn kein Satsang gegeben werden soll. Dieses Buch schreiben, wenn es geschrieben werden soll. Und so weiter. Da ist die Realisation dessen, was es bedeutet, vollkommen auf sich Selbst zurückgeworfen zu sein: Alleinsein, All-eins-sein. Es ist in dieser vollkommenen Un-schuld, in der ich ausrufen kann:

Ich Bin niemand anderes als der Herr selbst.

Dies ist die Großartigkeit und die Gewöhnlichkeit dessen, was Ich Bin, Gangaji.

Ich spreche aus Deinem Munde, denn es ist meiner. Dies ist der Nicht-Ort, wo ich Dir begegne, nicht als Schüler, nicht als Lehrer, nicht einmal als Bruder. Als Du SELBST.

Danke für dieses Teaching.

Worte können es nicht erreichen.

In Liebe, Sein und einem gigantischen inneren Lächeln.«

OM

Shri Ramana Maharshi

Shri H.W.L. Poonja

Gangaji

TEIL II

Dialoge zur Selbsterforschung

Satsang

Willkommen zum Satsang. Bitte fühle dich jederzeit eingeladen, eine Frage zu stellen. Wenn du eine Frage stellst, beantworte ich dir auch diese Frage. *Wer* stellt die Frage und *wer* beantwortet sie?

Du glaubst, dass ich eine Person bin, die in diesem Körper lebt und dir eine Frage beantwortet. Wenn du dich mit deinem Körper als »Ich« identifizierst, glaubst du, dass auch ich dieser Körper bin. Dadurch entsteht Abspaltung. Durch Abspaltung entsteht der Verlust, in dem sich alle Menschen von ihrer Quelle abgetrennt fühlen, und diese Illusion gilt es aufzulösen. Wenn du eine Frage stellst, bekommst du die Antwort nicht von einer Person, denn diese Person, dieser Körper hier, ist eine meiner Personen. Person bedeutet »Maske«. Was weißt du über dich? Was weißt du über mich? Da ich kein Individuum bin, ist die Antwort unpersönlich. Ich bin du *Selbst*.

ꝏ

Wenn du das Bedürfnis hast, still zu sein, bitte fühle dich eingeladen still zu sein. – Damit meine ich nicht unbedingt, dass du den Mund hältst, sondern dass du in Gedanken still bist. Es ist ohnehin das einzige, was es zu tun gibt, wenn man überhaupt davon sprechen kann, dass es irgendetwas zu tun gibt. Wenn jemand ein ernsthaftes Interesse daran hat, Leiden zu beenden, dann ist es notwendig, einfach still zu sein. Leiden ist ausschließlich eine Frage von Gedanken. Es ist möglich, dass Gedanken zur Ruhe kommen, ohne dass man etwas dafür tun muss, ohne dass man sich hinsetzen und meditieren muss, obwohl das nicht falsch ist. Ich meine, es ist ohne Anstrengung möglich, sich in diesem Moment so weit geistig zu entspannen, dass Gedanken einfach zur Ruhe kommen. Und wenn Gedanken zur Ruhe kommen, wenn alles zur Ruhe kommt, was bleibt dann? Der Geist aber ist meistens so stark und ständig mit Phänomenen beschäftigt, dass es keine Möglichkeit gibt, zur Ruhe zu kommen. Ich hatte das Glück, dass für einen Moment diese Trance von Phänomenen, von Bildern, von Bewegung zur Ruhe kam. In diesem Moment war alles, was blieb, ich *Selbst*. Was ist, wenn keine Gedanken mehr da sind? Fühlt euch eingeladen zu fragen, wenn eine Frage da ist. Es ist in gewisser Weise so, dass ich nichts zu erzählen habe.

Wenn ich sage, ich habe von mir aus nichts zu erzählen, meine ich jedoch nicht, dass ich nichts mitzuteilen habe, aber ich habe keine Lehre, die ich verbreite. Es gibt keine Lehre, die notwendig wäre, um das zu erfahren, was *du bist*. Und um nichts Anderes geht es. Die Frage ist nur, was dein Interesse ist, denn ich erfahre immer wieder, dass es aus mysteriösen Gründen kaum jemanden gibt, der daran Interesse hat. Die meisten haben Interesse an Lehren. Oder sie haben Interesse daran, ständig neue und aufregende Erfahrungen zu machen, außergewöhnliche Erfahrungen, körperliche Erfahrungen, emotionale Erfahrungen, übernatürliche Erfahrungen, aber es gibt kaum jemanden, der ein vollkommenes Interesse daran hat, das zu erfahren, was die Wahrheit seiner selbst ist, die Unvergänglichkeit seiner selbst.

ℌ

Satsang ist keine Regel. Es gibt keine Regeln. Es gibt letztlich nur den Katalysator deines tiefsten Wunsches, deiner tiefsten

Sehnsucht, und diese tiefste Sehnsucht ist immer die Sehnsucht nach der Realisation deiner Natur. Das ist alles.

♌

Wer keine Frage hat, ist willkommen, in der Stille zu verweilen. Die Worte sind ohnehin nur das Beiwerk, denn die Übertragung geschieht direkt. Satsang ist die Erforschung deiner unendlichen Existenz. Um bereit zu sein, diese unendliche Existenz zu erforschen, ist es notwendig, die endliche Existenz, die vergängliche Existenz, all die Bilder und Vorstellungen, die in der Endlosigkeit erscheinen, zurückzuweisen. Es ist diese endliche Existenz, die Glaubwürdigkeit dieser endlichen Existenz im Körper, die das Leiden verursacht. Und obwohl wir die letzten 2500 Jahre von den großen Religionen gelehrt bekommen haben, dass es eines steinigen Läuterungsweges bedarf, dass es bestimmter geistiger Fähigkeiten oder Voraussetzungen bedarf, diese Erkenntnis des Selbst geschenkt zu bekommen, möchte ich sagen, dass diese Lehren nicht vom höchsten Standpunkt gesprochen waren. Ich möchte damit sagen, dass vollkommene Realisation des unendlichen Zustandes *in diesem Moment* möglich ist, denn dieser Zustand ist unser natürlicher Zustand. Es ist der einzig natürliche und vollkommen transpersonale Zustand, in dem es keinerlei Identifikation gibt. Keinerlei Identifikation setzt die Bereitschaft zu sterben voraus. Es geht darum, *jetzt* bereit zu sein zu sterben.

♌

Es ist richtig, dass der Begriff Satsang aus einer bestimmten Tradition kommt. Es ist nicht richtig, dass Satsang aus einer bestimmten Tradition kommt. Satsang bedeutet Zusammensein in Wahrheit oder Zusammensein in Sein, und Satsang beginnt genau dort, wo die Tradition endet, bzw. wo das endet, was eine Tradition scheinbar von anderen Traditionen trennt.

ꝏ

Satsang ist für mich die Essenz von Religion, wo die Form, die Praxis, die Techniken, auf den Kern reduziert werden, nämlich die Möglichkeit der direkten Erkenntnis von Wahrheit, jetzt!

Es ist die Möglichkeit, da wo du zu Hause bist einzukehren, in keinem Raum, in keiner Zeit, sondern zu Hause in dem, was du *bist*, im Bewusstsein deiner SELBST. Es ist das Mysterium der Menschheit, dass Bewusstsein verloren wurde.

Satsang ist die Einladung, zu Hause zu sein. Du kommst nirgendwoher, und du gehst nirgendwohin. Du bist HIER. Du bist nicht geboren und du stirbst nicht, du bist HIER. In dieser Einfachheit geschieht, was zu geschehen hat, und es geschieht nicht, was nicht zu geschehen hat. Es gibt nichts zu tun, nur vollkommenes Bewusstsein, vollkommene Wachsamkeit, Wachsamkeit gegenüber der Versuchung. Gangaji hat es einmal mit einer Katze verglichen, die vor dem Mauseloch sitzt: Immer wenn eine Maus aus dem Mauseloch herauskommen will, ist sie präsent. Diese Mäuse sind Gedanken. Sobald die Katze einnickt – wie das gewöhnlich der Fall ist – und sich in Unwesentlichkeiten verliert, kommen die Gedanken herausgeschlichen, eingeschlichen, und es ist vorbei mit der Ruhe.

ꝏ

Satsang beginnt für mich da, wo jedes Konzept aufhört, wo jede Ideologie aufhört. Jedes Konzept kann die Frage nach *»was«* stellen, aber Satsang stellt die Frage nach *»wer«*.

♌

Vom Wesen her ist Satsang nicht kontrovers, aber es erzeugt Kontroversen, weil es festgefahrene Glaubensvorstellungen des Geistes hinterfragt. Du kannst alles hinterfragen. Das Problem ist häufig, dass der Geist hin- und herpendelt zwischen dem Glauben und dem Bezweifeln. Zunächst glaubst du etwas, und dann bezweifelst du es. Je nachdem, was deine Gewohnheit ist, wird entweder die Leichtgläubigkeit oder der Zweifel im Vordergrund stehen. Satsang ist der *Riss*, der Riss zwischen Zweifel und Glauben. In diesem Riss ist es weder nötig zu bezweifeln noch zu glauben. Wenn du in diesem Riss bist, bist du zum ersten Mal offen. In dieser Offenheit bist du bereit für Satsang. Der Geist kommt zum Satsang und ist nicht offen. Er ist bepackt mit Meinungen, Spekulationen, Annahmen, Glauben, Zweifeln, Interpretationen, Wissen. Aber im Riss, in der Mitte, da bist du offen, zum ersten Mal. In diesem Riss musst du nicht glauben, dass du irgendetwas weißt, und du musst auch nicht glauben, dass du nichts weißt. Du bist offen. Es gibt nichts zu verteidigen, nichts zu glauben, nichts zu bezweifeln.

♌

Satsang ist nur möglich aus einer Haltung vollkommener Unwissenheit, nicht Ignoranz, sondern Unwissenheit. Es ist in gewisser Weise eine kindliche, unschuldige Haltung, aus der heraus die Erforschung von Realität möglich ist. Es ist dieser

»don't-know-mind«, diese vollkommene Unwissenheit, die sich getrennt hat von Vergangenheit, Gegenwart und Zukunft, aus der heraus Satsang erst möglich ist.

ᘓ

Das angelernte Wissen, die vermeintliche Gelehrsamkeit des Geistes ist das größte Problem, besonders bei uns im Westen. Es ist ein großes Problem, was mir immer wieder begegnet, denn in Satsang einzukehren, bedeutet in die vollkommene Einfachheit dessen einzukehren was *ist*, jenseits von Vorstellungen, egal wie erhaben oder wie nobel oder wie glaubwürdig diese Vorstellungen auch erscheinen mögen. Aber wer ist bereit, sich von jeglichem Wissen und von jeglicher Ignoranz der Vergangenheit zu trennen? Denn was ich sagen will, ist, dass alles aus der Vergangenheit ausnahmslos diese vollkommen offene Unwissenheit letztlich verschleiert. Jedes Wissen, und darunter fällt auch psychologisches oder spirituelles Konzeptwissen.

ᘓ

Wie willst du etwas erfahren, das neu ist, wenn du glaubst, schon alles zu wissen? Der Glaube, etwas zu wissen, ist nicht die Haltung, in der du wirklich bereit bist, in Satsang zu sein. Das ist es eben, dass der Geist selbst sich sein Wissen bestätigt, und dann glaubt, er weiß etwas. Es gibt zwei grundsätzliche Geisteshaltungen, die es nicht möglich machen, im Satsang zu sein. Die erste Geisteshaltung ist »Ich weiß etwas«, und die zweite Geisteshaltung ist »Ich weiß nichts«. Der Geist kennt nur diese Polaritäten. Was du Wissen nennst, ist Verstehen und Interpretation, aber ich rede nicht von Verstehen. Du berührst die Unschuld, wenn du zumindest verstehst, dass du nichts verstehst. Die Geisteshaltung von »Ich weiß nichts«, ist etwas anderes. Das ist mehr diese sich selbst anschwärzende Haltung von »oh, ich verstehe nichts, und ich darf nichts verstehen, und ich kann nichts verstehen«, die nur die andere Seite der Arroganz ist. Und Arroganz ist das Wesen des Geistes: zu glauben, ich weiß etwas. Dieses Wissen formt einfach willkürliche Maßstäbe. Und in dieser Arroganz kommt der Geist in den Satsang und glaubt, er weiß, wer ich bin, glaubt, er weiß, wer er selbst ist, glaubt, er weiß, worum es geht. Und wer so stark in der Arroganz des Geistes verwickelt ist, ist nicht bereit für Satsang. Wenn der Geist sagt, »ich weiß eigentlich alles« und wenn darin eine vollkommene Glückseligkeit liegt, dann muss es die Wahrheit sein. Wenn darin jedoch eine Form von Anstrengung liegt, ein Bild verteidigen zu müssen, was zusammenbrechen könnte, wenn diese Anstrengung, die dieses Bild künstlich am Leben erhält, zusammenbricht, dann bemerkst du, dass etwas nicht ganz stimmig ist. Dann bist du gut beraten, dem Geist das »Ich weiß es ja eigentlich« nicht mehr zu glauben, denn es ist nur ein Gedanke, aber du erkennst es nicht als einen Gedanken. Das Erstaunliche ist, dass Gedanken letztlich nicht als Gedanken erkannt werden, weil die Realität jenseits von Gedanken und von Gefühlen, die Realität von Sein, Bewusstsein und Liebe geleugnet wird.

Es ist so, dass du im Satsang zunächst verstehst und glaubst zu verstehen. Viele gehen durch diese Ebenen der Arroganz des Geistes. Sie glauben, irgendetwas verstanden zu haben, und dann landet der Geist dort. Dann stellst du fest, dass in Wirklichkeit nichts passiert ist, dass das Leiden sich nicht wirklich gelöst hat.

♌

Du wirst im Satsang die Erfahrung machen, dass du ständig Widersprüchen begegnest, aber nur dann, wenn du vergleichst. Und Vergleichen ist eine weitere Krankheit des Geistes. Wenn du nicht vergleichst, gibt es auch keine Widersprüche. Wenn du einfach mit dem bist, was jetzt *ist*, und wenn du das, was in diesem Moment gesagt wird, einfach offen in dich aufnimmst, ohne es zu glauben und ohne es anzuzweifeln, dann gibt es die Möglichkeit eines inneren Verstehens. Inneres Verstehen ist erst möglich, wenn jeder Versuch zu verstehen aufgegeben wird. Es ist Verstehen ohne Worte, und es ist Verstehen ohne Gedanken. Es ist kein Verstehen, was im Geiste stattfindet, es ist ein Verstehen im Herzen, an einem Ort, der nicht lokalisierbar ist. Es ist der Moment, wo derjenige, der spricht und derjenige, der hört, eins sind. In dem Moment ist inneres Verstehen möglich. Solange du versuchst zu verstehen, was sowieso nichts anderes bedeutet, als dass du das, was ich sage, versuchst in deine bestehenden Denkkonzepte einzuflechten, entfernst du dich.

Der »don't-know-mind« ist nicht im Widerstand mit irgend etwas, aber er glaubt auch nichts. Glauben ist reine Bequemlichkeit. Und so leicht machen es sich leider viele. Ganze Religionen sind so entstanden. Viele machen es sich so leicht, das zu glauben, was von einem Lehrer erzählt wird. Und viele machen es sich so leicht, das anzuzweifeln, was von einem Lehrer erzählt wird. Beides ist Bequemlichkeit. Zweifel wird durch Bequemlichkeit angetrieben, und Glaube wird auch durch Bequemlichkeit angetrieben. Beides ist eine sehr bequeme Art, der Verantwortlichkeit von eigener und direkter Erfahrung zu entgehen. Denn was nützt es dir, wenn du mir irgendetwas glaubst? Und was nützt es dir, wenn du irgendetwas von dem bezweifelst, was ich sage? Wenn du auf einen Widerspruch triffst, wunderbar.

♌

Gangaji hat immer gesagt: »Lade deine Feinde zum Satsang ein.« Wenn du alles in Satsang einlädst, all das, was Unbequemlichkeit, Scham, Schuld oder was auch immer mit sich bringt, wenn du es wirklich in Satsang einlädst, hat nichts wirklich die Kraft, um Satsang zu widerstehen. Es gibt nichts, was im reinen Bewusstsein bestehen kann von diesen Feinden oder von diesen Dämonen, von diesen Konzepten des Geistes, die sich im Kern als falsch erweisen. Lade alles ein, auch das Chaos, die Verwirrung, den Ekel, was auch immer auftaucht, ohne daran festzuhalten, ohne ein Drama daraus zu machen. Es ist ohnehin nicht echt. Es ist künstlich. Es sind künstliche, illusorische Welten, die verbrennen, so wie Nebelschwaden, die aufgelöst werden, wenn die Sonne scheint. Und das Bewusstsein scheint immer. Wenn du in Satsang bist, in vollkommener Bewusstheit von allem, was ist, gibt es keine Möglichkeit für den Geist zu bestehen. Verbleibe einzig in dieser vollkommenen Wachsamkeit, ohne Anstrengung, und laß die Finger von dem, was auftaucht. Das bist nicht du.

Der Geist hat immer eine hässliche Seite, und diese hässliche Seite, könnte man auch sagen, ist die Leiche, die im Keller des Unterbewusstseins eingesperrt und ausgegrenzt ist, genauso wie auf der sozialen Ebene in der Gesellschaft das nicht Normale ausgegrenzt wird. Diese Ebene ist nur eine Reflektion des individuellen Geistes, der all das ausgrenzt, was nicht seinem selbstgeschaffenen Bild von Gutsein, von Richtigsein entspricht. Im Satsang taucht diese hässliche Seite zwangsläufig auf. Natürlich ist die Versuchung groß, sie zu umgehen, anstatt alles, was im Satsang auftaucht, in vollkommener Bewusstheit verbrennen zu lassen, weil die Anhaftung an diesen negativen Konzepten eigentümlicher Weise wesentlich stärker ist als an den positiven Konzepten.

ᔕ

Mir ist aufgefallen, dass oft die Tendenz besteht, Satsang abstrakt aufzufassen und den Dialog im Satsang als einen abstrakten geistigen Dialog misszuverstehen. Auch wenn die Themen manchmal abstrakt erscheinen, so ist der Sinn von Satsang doch sehr praktisch: Wenn du dich unglücklich fühlst, wenn du auf die eine oder andere Art und Weise Leiden erfährst – und Leiden ist ja das größte, tiefste und umfassendste Menschheitsthema überhaupt – dann bedeutet das, dass du ganz praktisch Täuschungen erlegen bist. Du lebst nicht in der Realität und weißt nicht, was Realität ist. Und eine Aufgabe von Satsang ist es sicherlich, diese Täuschungen zu klären. Oft scheint die Neigung zu bestehen, dass formeller Satsang, wie er jetzt hier stattfindet, innerlich in dem Moment beendet wird, wo du glaubst, diesen Raum zu verlassen. Wenn du dann deine alten Schuhe wieder anziehst, fangen die alten Geschichten wieder an, das alte Leiden ist wieder da, die alten fundamentalen Missverständnisse sind wieder da, und die alte Arroganz ist wieder da. Deshalb scheint es mir sehr wichtig zu sein zu betonen, dass Satsang nicht auf diesen Raum und auf diese Zeit begrenzt ist, sondern dass Satsang eine Einladung an jeden ist, in jedem Moment die Wahrheit zu erforschen und sich dieser Wahrheit hinzugeben. Es ist nicht so, dass das Wissen von Satsang in den Alltag gebracht werden muss; es ist vielmehr so, dass das Unwissen des Alltags in den Satsang gebracht werden muss.

ᔕ

Der Sinn des formellen Satsangs ist die Beendigung des formellen Satsangs, nicht die Aufrechterhaltung. Daran siehst du, wie in vielen Religionen offensichtlich der ursprüngliche Sinn, nämlich die sofortige Beendigung der Suche, zu einer Selbsterhaltung geworden ist. Ich habe das Gefühl, die Institution ist offensichtlich immer wieder die Versuchung zur Selbsterhaltung. Institutionalisierte Spiritualität erscheint mir nicht sinnvoll zu sein, denn der Sinn ist nicht die Erhaltung, sondern die Beendigung. Eine Suche, die sich selbst den Sinn der Erhaltung gibt, ist eine Suche, die sich immer wieder selbst bestätigen will und muss. Wie kann bei einer Religion oder einem Ashram die reine Absicht der Zerstörung der Suche da sein, wenn der Ashram andererseits einen Selbsterhaltungstrieb haben muss? Das muss man sich fragen. Denn die Suche ist ja offensichtlich immer auf irgendwann gerichtet und nicht auf JETZT, und darin besteht das ganze Problem.

♌

Satsang ist nicht begrenzt auf Zeit und Raum. Wenn du diesen Raum verlässt, glaubst du, Satsang sei vorüber, aber HIER ist nicht in diesem Raum. HIER ist nicht in diesem Raum und auch nicht in diesem Moment. HIER ist HIER.

Leiden

Der Ich-Gedanke ist der Quell des Leidens

Der Ich-Gedanke ist der Quell des Leidens. Das ist die zentrale Aussage Ramana Maharshis. Sie ist für mich eine der klarsten spirituellen Aussagen überhaupt.

ᔕ

Wie hängen Ich und Geist zusammen? Ist das dasselbe?

In dem Moment, in dem reines Bewusstsein, also das wahre ICH, sich mit dem Ich-Gedanken identifizierte, entstand das falsche Ich, und dieses falsche Ich nenne ich den denkenden Geist. Es gibt eine Verbindung, einen Pakt, in dem das Bewusstsein selbst die Verbindung mit dem Ich-Gedanken eingegangen ist und durch diesen Fall in die Dualität, der daraufhin folgte, die Möglichkeit hat, sich selbst zu erkennen.

ᔕ

Was ist Leiden?

Leiden ist Illusion.

Leidet dann die Menschheit nur an einer Illusion?

Ja. Das Problem ist nicht das Leiden selbst, sondern die Unbewusstheit des Leidens.

Wenn jede Aktivität des Geistes, die sofort Trennung und damit Leiden erzeugt, in vollkommener Bewusstheit deiner selbst abläuft, sprich, wenn dieser erste Moment, in dem Leiden erzeugt wird – wenn der Ich-Gedanke auftaucht und du zu diesem Gedanken *wirst* – wenn dieser Gedanke vollkommen bewusst abläuft, glaube ich nicht, dass du weiter bereit sein wirst, dieser Identifikation zu folgen.

Das Leiden gibt sich nicht offen als Leiden zu erkennen. Die meisten Menschen glauben, Leiden bedeutet, dass der Körper oder die Psyche krank ist. Wenn sie wieder funktionieren, dann ist das Leiden angeblich vorbei, und dann gibt es alle möglichen Techniken und Spielarten, um das Leiden auszublenden, Vergnügen zu suchen und irgendetwas zu tun, damit das Leiden nicht offensichtlich wird. Die Definition von Leiden, die mir am besten gefällt, ist die, die Poonjaji gab: Leiden ist die Beziehung zum Ich-Gedanken. Ständig nimmst du Gedanken wahr, die mit den drei Buchstaben I c h beginnen. Diese Gedanken sind die Gedanken, die du nicht wahrnimmst, sondern zu denen du immer wieder *wirst*, wenn sie auftauchen. Das, was du *bist*, wird zu diesen Gedanken, und aus diesen Gedanken entstehen dann Gefühle und Empfindungen. Bist DU ein Gedanke?

♌

Das Denken ist das einzige Problem, genauer gesagt, nicht das Denken selbst ist das Problem, sondern deine Anhaftung daran. Deine Liebe zum Denken ist nicht die Liebe zum Selbst. Es ist diese Beziehung zum Denken, die einzig und allein für Leiden auf der Welt verantwortlich ist. Es gibt nichts zu verändern, außer diese Beziehung zum Denken aufzugeben, wenn du wirklich ein Interesse daran hast, Leiden zu beenden. Und was ist das Denken? Das Denken entsteht aus einem Gedanken, und das ist der Ich-Gedanke. Ein Gedanke, der mit »Ich« beginnt: »*Ich* habe das und das, *ich* bin der und der, *ich* kann dies und jenes, *ich* heiße so und so, *ich* will das und das, *ich* will dies und jenes nicht, *ich* bin nicht, *ich* kann oder *ich* kann nicht.« Alle Gedanken haben einen gemeinsamen Nenner und das ist Ich, drei Buchstaben. Diese drei Buchstaben sind fatal. Das Leiden reduziert sich tatsächlich auf »Ich«, auf den Beginn dieses initialen Gedankens. Wenn du Momente erfährst, in denen kein Ich-Gedanke mehr vorhanden ist wie z.B. im Tiefschlaf, dann erfährst du eine Art von Glückseligkeit. Im Tiefschlaf ist es nicht deine Erfahrung, dass du leidest. Das Leiden entsteht in dem Moment, wo sich der Bewusstseinszustand verändert und du in den sogenannten Wachzustand eintrittst, in dem Moment entsteht unterbewusst der Ich-Gedanke. Wer ist Ich? Ich möchte dich einmal einladen, jetzt nach innen zu schauen und wahrzunehmen. Was nimmst du wahr, wenn ich dich frage: Wer bist du? Jetzt?

ℌ

Schuld und Vergessen

Wie entsteht Schuld?

Schuld ist die Folge des ersten Ich-Gedankens. In dem ersten Moment, in dem Adam sich als Adam fühlte, anders ausgedrückt, als der erste Ich-Gedanke auftauchte und sich als »Adam«

identifizierte, empfand er sich plötzlich als nackt und von Gott getrennt. Er empfand Scham und Schuld.

Viele glauben, dass sie durch die Schuld bzw. das Leiden durchgehen müssen, um wirklich erfüllt und befreit zu werden.

Das ist ein altes christliches Konzept, das in vielen christlichen Ländern ausgelebt wird, z.B. in Spanien. Dort existieren noch heute Rituale, in denen Gläubige barfuß kilometerweit schwere Kreuze schleppen. Und andere Formen von Selbst-Kasteiung. Die christliche Religion ist zu einer Leidens-Religion geworden.

Man findet diese Mentalität auch hier noch.

Natürlich ist darin wie in jeder dieser »Techniken« ein wahrer Kern enthalten. Der wahre Kern ist der, dass es darum geht, diese Schuld überhaupt erst einmal zugänglich zu machen. Im Normalzustand leugnet der Geist die Schuld. In jedem Fall geht es darum, diese Urschuld – eigentlich den Kern von Schuld – wieder zugänglich zu machen und sich von den gesamten peripheren Konzepten, an denen sich Schuld immer festmacht, zu trennen, damit die Urschuld, die als Schuld dem Selbst gegenüber erscheint, auftauchen und in Hingabe verbrennen kann.

Ich würde sagen, dass sich jede Ego-Struktur auf Schuld aufbaut. Von daher gesehen ist die Ego-Struktur von sich aus – egal wie sie nach außen erscheint – immer auf einer Schwächung, auf einer selbstzerstörerischen Grundlage aufgebaut, denn sie funktioniert dann so, dass der Versuch unternommen wird, diese Schuld zu kompensieren oder ihr auszuweichen.

Woraus besteht denn die Schuld?

Die Schuld besteht darin, dass du glaubst, dich vom Einen getrennt zu haben und ein Individuum zu sein. Du glaubst, du bist »Gerd« und »Gerd« ist so und so, eine Persönlichkeit. Die Schuld ist der Glaube, dass die Welle etwas anderes ist als der Ozean. Es ist so, als wenn sich eine Welle vom Ozean trennt und dann versucht, als Welle eigene Bedeutung zu erlangen und als Welle angesehen und anerkannt zu werden. Dann führt sie als Welle ihren Kampf gegen andere Wellen, gegen das Wasser, gegen sich selbst.

Das ist sehr verborgen, und bestimmte Schichten tauchen erst auf, wenn du bereit bist, tiefer zu gehen. Es ist die Legende des Sündenfalls, aus dem die gesamte Menschheit hervorgegangen ist. Die gesamte Existenz der »Welt« beruht darauf. Jede Geburt beruht darauf. Jede Geburt eines Geistes ist die Geburt von Schuld. Schuld aufzulösen ist kein Prozess. Es wird davon gesprochen, Schuld abzutragen. Schuld abzutragen würde voraussetzen, dass diese Schuld wirklich ist. Es gibt nichts abzutragen. Es gilt, das Konzept von Schuld zu erkennen. Worin besteht deine Täuschung, durch die du glaubst, etwas anderes zu sein als DAS?

Besteht die Schuld darin, dass ich glaube, abgetrennt zu sein? Oder bin ich abgetrennt, und ist das die Schuld, dass ich wirklich abgetrennt bin? Ich frage mich, wenn es kein Prozess ist, mich von der Schuld des Abgetrenntseins oder der Illusion des Abgetrenntseins zu befreien, was ist es dann?

Es ist der Moment der Erkenntnis, wer du *wirklich* bist. Die Schuld besteht in der Ignoranz des Menschen, das ist die eigentliche Schuld. Reine Ignoranz. Und diese Ignoranz ist es auch, die die Schuld immer wieder erschafft. Ignoranz ist dasselbe wie Wissen oder Nichtwissen, d.h. glauben etwas zu wissen oder glauben etwas nicht zu wissen. Wenn du weder weißt noch nicht weißt und einfach still bist in *dem*, *was ist*, wenn du dich vollkommen in das *Sein* selbst entspannst, ohne Absichten, ohne Motive, ohne Verlangen, ohne unerfüllte Wünsche – das ist der Moment von Unschuld. Wenn du die Unschuld berührst, berührst du die Süße des Seins. Und das ist der Moment, in dem die gesamte Last, die gesamte Mühsal des Lebens, der Kampf nicht einmal abfällt, denn er *ist* einfach nicht. Er fällt nicht ab, denn selbst abfallen ist noch zu viel der Bemühung. *Er ist nicht.* Punkt.

Der gesamte Kampf jedes Menschen besteht darin, dieser Schuld auf irgendeine Art und Weise entgegenzuwirken, ihr zu begegnen, mit ihr umzugehen und sie so zu manipulieren, dass sie nicht in ihrem Kern im Bewusstsein erscheint, denn sie scheint unerträglich zu sein. Die Spirale dreht sich immer weiter und immer weiter. Und jetzt steigst du aus, entspannst dich und trittst in die Stille von Satsang ein. Keine Gedanken, kein Festhalten an Gedanken, die Einfachheit dessen, was im Zen *So-Sein* genannt wird. Und es ist tatsächlich wie auf Messers Schneide, denn es gibt keine Möglichkeit für den Geist, Schuld abzubauen. Es ist eine falsche Lehre der Kirche, dass Schuld abgetragen oder abgebaut werden kann. Tatsächlich ist es so, dass jedes Tun, um Schuld abzutragen, nur weitere Schuld aufbaut. Das ist das, was in östlichen Traditionen Karma genannt wird. Wenn du deine Finger aus dem Spiel lässt, aus dem gesamten Spiel, und bereit bist, die Schuld zu bezeugen, ohne etwas zu tun, geht sie wieder.

Ich selbst bin in der Erfahrung und in der Wahrnehmung dieser Schuld bis zu dem Moment der Ursünde gekommen, des Sündenfalls. In dem Moment habe ich reine Schuld wahrgenommen. Es waren nicht einmal mehr Gedanken. Durch das vollkommene Zulassen dieser Erfahrung ist die Schuld wie eine Woge aufgetaucht und verbrannt. Die Schuld verbrennt, so wie alles in der Stille verbrennt. Nur wenn du still bist, tauchen all diese Dinge auf. Und dann ist die Herausforderung, all diese Dinge nicht anzufassen und sie einfach verbrennen zu lassen.

Es erscheint mir wichtig, diese Schuld nicht als einen Feind zu betrachten, der bekämpft werden muss. Diese Schuld ist ein großer Verbündeter. Es ist ein großes Geschenk, wenn jemandem diese Schuld in ihrer Reinheit zugänglich wird, denn alles, was der Geist unternimmt, alles, was der Geist tut, denkt und fühlt, ist nur darauf angelegt, diese Schuld nicht wahrzunehmen. Satsang fängt dort an, wo auch diese Schuld als etwas erkannt wird, was nichts über die Wirklichkeit deiner selbst aussagt. Du brauchst diese Schuld für dein tiefes Konzept von »ich bin schlecht«. Da der Geist im Unterbewusstsein sagt »ich bin schlecht«, muss er sich im Bewusstsein immer wieder beweisen, dass er gut ist. Und das funktioniert nur sehr begrenzt. Um aus diesem Spiel auszusteigen, fragst du dich, ob du wirklich frei sein willst. Dann befreist du dich von dieser Last der Schuld, die du mit dir herumträgst.

♌

Vergessen ist das Fundament jeglicher Schuld. Das Vergessen hat selbstverständlich auch die Schuld selbst vergessen. Vergessen ist der Moment des Sündenfalls, in dem du dich selbst vergessen hast. Du hast vergessen, wer du *bist*. Du hast die Wahrheit deiner selbst vergessen, du hast alles vergessen. Du bist in einen Schlaf gefallen, der Strukturen hat, die dir im Satsang bekannt werden. Dieser Schlaf des Vergessens ist dein Traum, und der Traum nennt sich diese »Welt« und »Dorothee in dieser Welt«. Dieses Vergessen geschieht durch Gedanken. Ohne die Berührung von Gedanken, in Meditation, gibt es kein Vergessen.

Das Zusammensein mit einem Lehrer dient dazu, dich zu erinnern, um diese Trance des Vergessens zu durchtrennen. Denn das Vergessen ist die tiefste Leidenschaft des menschlichen Geistes. Es ist dieses Vergessen, das Vergessen von Leiden, welches das Leiden selbst aufrechterhält. Und natürlich, alles erscheint so normal, so real. Sie scheint kaum zerstörbar, so real erscheint die »Welt«. Und es bedarf eines radikalen Schnittes, es bedarf einer Art Schock. So ein Schock kann nur im Zusammensein mit dem *Selbst*, durch menschliche Form oder andere Form, ausgelöst werden, und es gibt wenige, die keinen Lehrer in menschlicher Form hatten, so wie Ramana.

Vergessen ist wie Radioaktivität. Du riechst sie nicht, du siehst sie nicht, du fühlst sie nicht. Sie macht sich erst viel später bemerkbar, nachdem sie längst destruktiv gewirkt hat. Und die Kraft des Geistes, der früher auch der Teufel hieß, ist von dieser Qualität der Radioaktivität. Im Geistigen nennen wir es Vergessen, und dieses Vergessen ist das tiefste Gift, denn es ist nicht offensichtlich. Es ist ein aktiver Vorgang unter dem Deckmäntelchen der Passivität. Es scheint, als geschehe es einfach. In Wirklichkeit *machst* du es. Aber es ist so geschickt ummantelt, dass es gar nicht auffällt. Daher kann es sein, dass es in einer gewissen Phase vorübergehender Übungen bedarf, aber in jedem Fall des Zusammenseins mit einem Lehrer, der ja nichts anderes ist als du selbst, egal in welcher Form er auftritt.

Die Triebkraft für dieses Vergessen könnte man als Bequemlichkeit bezeichnen, aber dann bleibt natürlich die Frage, was die Triebkraft für Bequemlichkeit ist. Die Frage lässt sich nur relativ beantworten. So absurd es klingt, aber es ist in letzter Instanz der Wunsch zu leiden oder anders ausgedrückt, der nicht vollkommene Wunsch frei zu sein.

ᔕ

Der Wunsch zu leiden

Es erscheint mir absurd zu sein. Es hat doch niemand den Wunsch zu leiden?
An allem, womit du dich verbindest, egal wieviel Leiden es für dich hervorbringen mag, reizt dich etwas. Was reizt dich an der Schuld? Finde heraus, was du von der Schuld willst. Was du glaubst, dafür zu bekommen, dass du dich schuldig fühlst, dass du dich damit identifizierst, obwohl es mit dir überhaupt nichts zu tun hat. Oder glaubst du, dass du dich mit irgendwelchen Konzepten identifizieren würdest, die offensichtlich in letzter Instanz Leiden hervorbringen, wenn dieses Leiden oder diese Konzepte nicht eine versteckte Versprechung für dich beinhalten würden? Wenn es dir nicht eine Form von scheinbarem Glück versprechen würde, wärst du doch nicht so dumm, dich mit der Schuld zu identifizieren? Der Geist oder das Ego tut nichts, aber auch gar nichts, ohne dafür etwas zurückzubekommen. Das heißt: Wie negativ die Folgen für dich auch sind oder erscheinen, du musst daran glauben, etwas zu erhalten, wofür du Leiden in Kauf nimmst. Sonst würdest du es niemals tun, sonst wärst du niemals freiwillig bereit, dich damit zu identifizieren, obwohl du in Wahrheit überhaupt nichts damit zu tun hast.

ᔕ

Wie kann es einen Widerstand dagegen geben, das Leiden aufzugeben? Das ist das eigentliche Mysterium. Erleuchtung selbst ist gar kein Mysterium. Das eigentliche Mysterium ist die Kraft, die dich davon abhält und nach der du süchtig bist. Es gibt verschiedene Möglichkeiten, an diesem Leiden festzuhalten: Das Suhlen darin ist das eine Extrem und die Betäubung, das völlige Ausblenden von Leiden, die Leugnung ist das andere Extrem. Beides aber ist ein und dasselbe. Der Geist kennt einfach nur verschiedene Mechanismen, um sich daran festzuhalten. Du suhlst ja nicht in etwas, weil du es *nicht* willst. Du suhlst in etwas, *weil* du es willst. Es gibt nichts, was *dir* geschieht. Alles geschieht *aus dir* und entspricht *deinem* Willen.

Ich will meinen eigenen Willen nicht sehen?

Es ist eben die Frage, *wessen* Willen die Dinge wirklich unterliegen, die passieren, aber offensichtlich einem Willen, der aus dir kommt und nicht von irgendwoher außerhalb deiner selbst. Du bist niemals das Opfer eines Willens gewesen, der von außen kommt. Das ist eine weitere Dimension, nicht in Verantwortung zu sein. Prüfe das. Und dann sage mir, was du herausfindest. Auch Kriege geschehen aus dir. Alles Leiden, was sich in der »Welt« reflektiert, geschieht aus dir.

♌

Es geht darum, Zugang zum Leiden zu bekommen: zu dem Wunsch unfrei zu sein, dem Wunsch begrenzt zu sein, dem Wunsch im Gefängnis zu sein. Dies ist kein einfacher Wunsch – dies ist ein Wunsch, der so verhärtet ist, dass er zur Sucht geworden ist.

Ist dieser Wunsch danach, im Gefängnis zu sitzen, eine Bestrafung?

Das Konzept von Bestrafung ist natürlich auch nur Teil dieses Wunsches zu leiden. Ich habe das Gefühl, es geht darum, zu diesem – zugegeben widersprüchlichen und nicht mehr logisch fassbaren – Wunsch Zugang zu bekommen, der in dem Moment, in dem Leiden offensichtlich ist, da sein muss. Du verbindest dich freiwillig mit all dem in diesem Universum, mit dem du dich zu verbinden wünscht, sei es innen oder außen. Oder glaubst du wirklich, Gott habe dir das aufgetragen? Glaubst du, Gott will von dir, dass du leidest? Wenn du das glaubst, machst du Gott verantwortlich. Aber wer ist »Gott«? Gott ist nur *deine* Vorstellung von Gott. Du kannst immer nur deine eigene Vorstellung von Gott verantwortlich machen, und so tun, als seiest du nicht dafür verantwortlich.

♌

Es ist nicht so, dass sich dir der Wunsch zu leiden als Wunsch zu leiden zeigt. Er zeigt sich dir als Wunsch glücklich zu sein. Aber du erkennst die Verkleidung nicht – das ist alles. Zum Beispiel kann er sich zeigen als der Wunsch auszuwandern oder als der unerfüllte Wunsch nach einem Kind oder einem (angeblichen) Seelen-Partner. Jeder unerfüllte Wunsch, der sich auf etwas richtet, was vergänglich ist, kann niemals dein *wirklicher* Wunsch sein. Wenn sich der Wunsch auf etwas richtet, was vergänglich ist, wirst du es verlieren. Das ist zwangsläufig so, wenn nicht im nächsten Moment, dann im übernächsten, wann auch immer. Du brauchst nur darauf zu warten. Wie kannst du also davon ausgehen, dass der Wunsch erfüllt wird, wenn das Ergebnis doch zwangsläufig ein Verlust ist?

Ist es nicht so, dass hinter all diesen falschen Wünschen letztlich nur ein Wunsch steckt, nämlich der Wunsch nach Identität?
Läuft nicht alles darauf hinaus, »jemand« zu sein?
Mit Schmerz, mit Leiden oder mit Angst, egal, Hauptsache irgendjemand zu sein?

Ja, das ist so. Der Wunsch, »jemand« zu sein, ist der verkappte Wunsch, zu leiden. Erkenne, ob das dein wirklicher und letzter Wunsch ist. Es kostet dich Anstrengung, »jemand« zu sein. Wie einfach alles wird, wenn du niemand mehr sein musst. Wie einfach alles wird, wenn du dem Sein selbst begegnest, ohne »jemand« sein zu müssen. Nicht mehr »jemand«, sondern *Sein.*

Heißt das, ich gebe meine Individualität auf?

Nein, du gibst auf, »jemand« zu sein, was bedeutet, etwas Besonderes zu sein. Nur durch das Leiden macht sich der Mensch zu etwas Besonderem. Und es ist diese Empfindung von Besonderheit, die sich im Satsang ganz natürlich in der Erkenntnis auflöst, dass es niemanden gibt, der sich besonders fühlen könnte. Wenn nichts mehr besonders ist, was ist dann? Du verlierst deine Identität. Die Identität, die du dir gegeben hast, ist ohnehin eine Scheinrealität. Es ist eine Seifenblase. Anders ausgedrückt: Es ist schlicht und ergreifend eine Lüge.

♌

Ich werde vom Leiden überwältigt. Die Gefühle kommen einfach über mich. Ich habe keine Wahl, zu leiden oder nicht zu leiden …

Es ist keine vollkommene Erkenntnis der Täterschaft in Bezug auf Gefühle da. Die Täterschaft wird geleugnet. Wenn du in vollkommener Erkenntnis der Täterschaft bist, dann bist du frei zu tun oder zu unterlassen. Es wird ein Trick angewandt, indem der Täter auf irgendetwas projiziert wird, du selbst aber den Vorgang nicht vollkommen erkennst. Denn wenn du Täter bist, bist du in der Freiheit, es zu tun oder es zu unterlassen. Dann ist die Erfahrung nicht mehr: »Es geschieht mit mir! Die Depression kommt auf mich zu! Die Schuldgefühle überwältigen mich!« Sondern plötzlich erzeuge ich Schuldgefühle. Ich erzeuge Schuldgefühle! Bewusst, freiwillig, aktiv erzeuge ich Leiden. Ich erzeuge Angst. Bewusst, freiwillig, aktiv erzeuge ich Angst und damit Leiden. Das ist ein glorreicher Trick.

Am ehestens würde ich das verstehen und sehen, wenn ich in der Lage wäre, es auch bewusst zu stoppen.

Ja, du bist eben nicht in der Lage, es bewusst zu stoppen, solange keine vollkommene Erkenntnis der Täterschaft vorhanden ist. Die Täterschaft wird – wie gesagt – durch verschiedenste trickreiche Mechanismen, Täuschungen innerhalb der Struktur verhindert, und der Grundmechanismus, mit dem das verhindert wird, ist Projektion. Aber nicht die Projektion, so wie sie die Psychologie versteht, von innen nach außen, sondern Projektion innerhalb des Innen. Das heißt also, ohne es zu bemerken projizierst du die Täterschaft beispielsweise auf einen Gedanken: Plötzlich ist der Gedanke der Täter. Der personifizierte Gedanke tritt dann als Täter auf, der gegen dich agiert. Natürlich macht das Ganze im Lichte der eigenen Täterschaft keinen Sinn mehr, es ist absurd und eigentlich mehr als ein schlechter Witz. Denn du würdest nicht freiwillig in beständiger Täterschaft Leiden erzeugen.

Es sei denn, man hat die Idee, dass man daraus etwas gewinnt. Das ist mir auch bestätigt worden im Laufe des Lebens, von allen Seiten wird es unterstützt.

Das ist richtig. Die Tatsache, dass du glaubst, dass du da irgendetwas gewinnst, ist allerdings der wesentlichste Leidensfaktor. Dieser Glaube ist die Verheißung des Leidens: der Grund warum Menschen nicht leiden *müssen*, sondern leiden *wollen*.

Lässt sich das auf die ganze politische Weltlage beziehen? Wenn Angst vor Krieg besteht? Oder wenn ein Amokläufer auf der Autobahn Menschen und Autos anschießt, ist in diesen Menschen letztlich auch der Wunsch, dass es passiert? So wie unvorhergesehene Dinge wie z.B. Unfälle?

Ja, natürlich, das bezieht sich auf alles. Wenn so etwas geschieht, dann muss der Wunsch, dass so etwas geschieht, dagewesen sein. Es ist natürlich, dass alle Formen von Wünschen existieren, und das Wesen von Wünschen ist kein persönliches Wesen, sondern Wünsche sind in ihrem Wesen nichts anderes als das göttliche Spiel, die Ausdrucksformen des *Selbst*. Dieses Spiel ist ein Spiel von Wünschen. Die Wahrheit ist, dass diese Wünsche nicht persönlich sind. Solange es aber so erscheint, solange da jemand ist, der sich mit einer Person identifiziert, solange erscheint auch der Wunsch persönlich. Wenn jemand verletzt wird, angegriffen wird, wenn jemand Opfer der Gewalt wird, dann muss der Wunsch nach Gewalt unterbewusst vorhanden gewesen sein. Zunächst einmal der persönliche Wunsch nach Gewalt.

Trifft das auch bei Kindern zu, die Opfer von Gewalttaten werden?

Das trifft auch bei Kindern zu, wobei du dir das vielleicht eher so vorstellen kannst, dass diese Wünsche ähnlich wie ein Same angelegt sind und dann im Laufe der Entwicklung »ausgebrütet« oder ent-wickelt werden – im wahrsten Sinne des Wortes. Die Information ist gespeichert. Die gesamte Information ist bereits gespeichert und wird sich dann ausdrücken, eben *ent-wickeln.*

Das bedeutet, dass letztendlich nichts zufällig passiert?

So ist es.

Gibt es so etwas wie Kollektivwünsche, in dem Sinne, dass sich Wünsche sozusagen geballt übertragen?

Ja, das ist die kollektive Ebene des denkenden Geistes, wo der Wunsch auch auf der sozialen Ebene auftreten kann: Innerhalb eines Staatsgebildes, innerhalb einer Gruppierung, einer Sub-Gesellschaft oder möglicherweise sogar auf der ganzen »Welt«, unabhängig von der Kultur, und das ist dieser eine Wunsch zu leiden. Es ist ein Kollektivwunsch, der alle Kulturen und Gesellschaften umfasst. Denn es ist der archaische Gegenspieler zu dem Wunsch, frei zu sein. Aber solange der Wunsch zu leiden selbst unterdrückt ist, was eben normalerweise der Fall ist, solange dieser Wunsch selbst so verschleiert auftaucht, dass es keinen bewussten Zugang dazu gibt, solange erliegst du den falschen Hoffnungen, die mit diesen Wünschen einhergehen.

♌

Die Leugnung des Leidens

Du sagst, wir halten an dem Leiden fest wie an einem toten Fisch. Warum tun wir das?

Du wirst deine Gründe dafür haben. Leiden ist nicht das, was du bisher für Leiden gehalten hast. Es ist doch so, dass das Bewusstsein von Leid immer erst dann entsteht, wenn es dir schlechtgeht. Jahrelang geht es dir gut, du hast einen wunderbaren Freund, dein Job macht gute Fortschritte, mit deiner Familie verstehst du dich bestens, du verdienst viel Geld, du findest ohne Probleme durch positives Denken eine Wohnung, alles läuft wie am Schnürchen. Verstehst du? Es gibt keinen Grund zum Leiden. Irgendwann dann, Jahre später, bemerkst du eine gewisse Leere. Du denkst, Moment mal, meine Affirmationen funktionieren nicht mehr. Vielleicht sollte ich sie verdoppeln? Und irgendwann kommt dieser Moment, in dem du ahnst, dass irgendetwas faul ist. Aber die meisten Menschen brauchen dafür nicht Jahre, sondern Jahrtausende. Jahrtausende für diese einfache Erkenntnis, dass sie leiden. Sie kommen nicht zu dieser Erkenntnis, weil das Leiden ein ganz vertrackter Mechanismus ist, der von jemandem geführt wird, dessen Namen ich hier gar nicht nennen möchte: Der Herrscher auf Erden, der die Hölle als das Paradies verkauft. Das Leiden ist ein sehr vertrackter Mechanismus, der natürlich nur dadurch funktioniert, dass das Leiden in Verkleidung von Wohlsein auftreten kann. Wenn Leiden nackt als Leiden vor dir stehen würde, gäbe es für das Leiden gar keine Möglichkeit fortzubestehen. Das Leiden kann sich nur dadurch aufrechterhalten, dass es in allen möglichen Verkleidungen vor dir auftritt, du diese Verkleidungen für echt hältst und die Versprechungen, die diese Verkleidungen scheinbar tragen, immer wieder abkaufst. Mal ist es der Freund, mal ist es der Job, mal ist es dies, mal ist es das, immer ist es irgendetwas, was dich wieder hoffen lässt. Siehst du? Kaum besteht die Gefahr, dass das Leiden über dich hereinbricht, kommt so etwas wie ein Rettungsanker. Leiden und Hoffnung sind unzertrennlich.

Du meinst also, wenn es einem schlechtgeht, ist man eigentlich besser dran?

Wenn es dir schlechtgeht, dann hast du die Möglichkeit zur Erkenntnis. Du hast selbst die doch beeindruckende Beobachtung gemacht, dass Menschen offensichtlich immer nur dann bereit sind, einen Schritt zu machen, wenn irgendetwas über sie hereinbricht. Wenn es plötzlich nicht mehr läuft, eine Krankheit auftritt, oder ein geliebter Mensch stirbt, wenn plötzlich die Beziehung zerbricht, wenn irgendetwas passiert, was Leiden nicht hervorruft, sondern was das Leiden lediglich entblößt. Es ist ein Entblößen von Leiden, es ist kein Hervorrufen von Leiden. Das rüttelt dich aus dieser Täuschung wach, dass du vorher nie gelitten hast. Das ist die größte Illusion, der sich Menschen hingeben. Und aufgrund dieser Illusion sind sie auch nicht bereit, aus dem Leiden aufzuwachen. Wie sollten sie auch? Leiden ist eine Kette von Leiden und Freuden.

ꝛ

Die Leidenserkenntnis ist nicht vorhanden. Das ist noch viel gravierender als die Tatsache, dass es Leiden gibt. Mir ist das in Indien noch einmal so deutlich geworden. Es herrscht geradezu so etwas wie eine Hingabe an das Leiden. In Indien mag das noch offensichtlicher sein. Aber hier, wo der Traum einen solchen Grad an

Wohlstand und an Befriedigung der Überlebensinstinkte erreicht hat, ist es noch viel gefährlicher, denn die Täuschung, dass du nicht leidest, ist noch viel stärker. Die vollkommene Leidenserkenntnis ist bereits der erste und wesentliche Schritt in die Glückseligkeit.

Aus dieser Erkenntnis heraus steht dir die Gnade zur Verfügung, die meine Lehrerin Gangaji als dein Geburtsrecht bezeichnet: dein Geburtsrecht, dich vom Leiden zu befreien. Es ist nicht die Frage, ob dir dieses Recht zur Verfügung steht, es ist die Frage, ob du es annehmen willst! Meine Erfahrung ist: Die meisten wollen es nicht. »Es geht mir doch ganz gut, es ist doch alles ganz in Ordnung, ich kann doch schlafen, habe genügend zu essen, ich habe einen Freund, ich habe einen Job, da geht's aufwärts, ist doch alles wunderbar.« Es ist auch alles wunderbar – eine Zeitlang. Aber es kommt der Moment, wo du mit der Wahrheit Auge um Auge konfrontiert werden wirst. Und dieser Moment kann *jetzt* sein. Dann gibt es keine Möglichkeit mehr, die Erkenntnis des Leidens hinauszuzögern.

Ich denke, ich kann von Glück reden, dass mir immer bewusst war, dass ich nicht glücklich bin. Ich habe als kleiner Junge eine Zeit so etwas wie Glück erfahren. Als dann das Alter des Heranwachsenden kam, gab es so einen dramatischen Schub wie ein Fall, ein Rückfall, und es kam dieser Moment, in dem ich mir ohne Zweifel darüber im Klaren war, dass ich das Paradies verloren hatte und – egal, was ich jetzt tun würde, egal, wie gut die Dinge laufen würden – das alles nicht dazu beitragen würde, es wiederzufinden. Die Leidenserkenntnis ist kein Meer, in dem du baden sollst, sie ist eine bewusste und klare Erkenntnis, und aus dieser Erkenntnis erwächst die Sehnsucht nach Befreiung. Und, wie Poonjaji sagte: »Die vollkommene Sehnsucht nach Befreiung ist in sich bereits frei!«

♌

Was ist deine wirkliche Priorität? Unwesentliches wird als Priorität vorgeschoben, so dass der Geist nicht bereit ist, um Befreiung zu kämpfen, als ginge es um sein Leben. Aber wer ringt so um Befreiung? Es gibt eine schöne Geschichte dazu:

Jeden Tag pflegte der Schüler die gleiche Frage zu stellen: »Wie soll ich Gott finden?« Und jeden Tag bekam er die gleiche rätselhafte Antwort: »Durch Verlangen.« »Aber ich verlange nach Gott mit meinem ganzen Herzen«, sagte der Schüler. »Warum habe ich Ihn dann noch nicht gefunden?«

Eines Tages badete der Meister zufällig zusammen mit dem Schüler im Fluss. Er drückte den Kopf des Mannes unter Wasser und hielt ihn da fest, während der arme Kerl verzweifelt versuchte, sich loszureißen.

Am nächsten Tag begann der Meister die Unterhaltung. »Warum hast du dich so gewehrt, als ich deinen Kopf unter Wasser hielt?« »Weil ich nach Luft rang.« »Wenn dir die Gnade zuteil wird, um Gott so zu ringen, wie du um Luft rangst, dann hast du Ihn gefunden.«

Das ist es, was ich damit meine, dass kein vollkommenes Bewusstsein über Leiden existiert. Es ist die subtilste Art von Masochismus, Bewusstheit von Leiden zu vermeiden. Und ich habe ein gewisses Verständnis dafür, dass wir – gerade hier in der christlichen Tradition, wo wir noch versuchen, uns von dem »kollektiven christlichen Trauma« zu befreien – zunächst einmal Abstand genommen haben von dieser Leidensreligion, die oft durch die christliche Kirche verkörpert wird. Das ist der andere Pol. Wenn ich von diesem Leidensbewusstsein spreche, dann meine ich damit überhaupt kein Konzept darüber, dass du oder irgendjemand eine bestimmte Zeitlang irgendetwas durchmachen müsste. Es hat nichts mit Zeit und Raum zu tun. Es ist möglich, dass es eine Sekunde ist, ein millionster Teil einer

Sekunde, drei Jahre oder wer weiß wie lange. Aber es geht darum, diese Abwehr letztlich als subtilste Form von Masochismus zu erkennen, die immer wieder das Vergnügen in der Illusion sucht. Nicht die Freude, sondern das Vergnügen in der Illusion. Es geht auch nicht darum, kein Vergnügen zu haben in der Illusion. Es ist der unerfüllte Wunsch, der dahinter steht.

Vergnügen kann als eine Manipulation, als eine Abwehr dagegen erkannt werden, das versteckte Leiden nicht wirklich wahrnehmen zu wollen. Und wenn du das wahrnimmst, wirst du vielleicht die Rücksichtslosigkeit aufbringen, die du benötigst, um diese uralte Gewohnheit der Anhaftung zu durchtrennen. Dazu noch eine Geschichte:

Ein Zen-Lehrer bittet seinen Schüler, zum See in der Nähe seines Hauses zu gehen und ihm eine Tasse Wasser zu holen. Als er mit der leeren Tasse am Ufer steht, um Wasser zu schöpfen, sieht er plötzlich in der Ferne ein wunderschönes junges Mädchen mit langen, blonden Haaren. Als sich ihre Blicke treffen, verlieben sie sich unsterblich ineinander. Sie ist eine Bauerntochter aus einem benachbarten Ort und nimmt ihn mit auf den Hof ihrer Familie. Sie heiraten und zeugen Kinder. Als der Vater stirbt, übernimmt er den Hof und sie bewirtschaften ihn gemeinsam. Sie verleben glückliche Jahre. Eines Jahres, als es Herbst wird und er gerade dabei ist, die Ernte einzufahren, zieht plötzlich ein fürchterlicher Sturm auf und eine Flutwelle überschwemmt das Dorf. Da das Wasser immer höher steigt, rettet er sich mit Frau und Kindern auf das Dach seines Bauernhauses. Die Kinder werden eines nach dem anderen vom Sturm erfasst und in die Fluten gespült. So auch seine Frau. Zuletzt kauert er verzweifelt und schluchzend auf dem Giebel. All die glücklichen Jahre ziehen vor seinem inneren Auge vorbei, da klopft ihm jemand von hinten auf die Schulter: Es ist sein Lehrer, der ihn verwundert fragt: »Wo bleibst du solange? Ich schickte dich, um eine Tasse Wasser vom See zu holen.«

ℌ

Ist es nicht einfach nur ein ständiges Wechselspiel? Es scheint mir wie ein Meer und eine Welle, die sich jetzt einbilden kann, weil sie von oben auf das Meer gucken kann: »Ich bin die Welle, und das ist etwas ganz anderes.« Aber ich sehe die Illusion immer noch nicht.

Du siehst die Illusion spätestens dann, wenn du die Angst wahrnimmst, die Illusion zu verlieren. Dann wirst du sie sehen. Und leider spielen Menschen viele Leben lang diese Illusion und merken es spätestens in dem Moment, kurz bevor der Körper geht. Dann kommt die Angst. Und dann kommt die Ahnung, dass es nur eine Illusion war. Es ist genauso eine Illusion, wie ein Traum eine Illusion ist. Es ist ein Traum. Es ist nur eine andere Art von Traum. Es gibt Tag- und Nachtträume. Es ist unwesentlich, darüber zu debattieren, ob du eine Illusion bist oder nicht. Darüber sind schon viele philosophische Gespräche geführt worden. Satsang hat nichts mit philosophischen Gesprächen zu tun. Prüfe, was deine Erfahrung ist. Der Begriff der Illusion deutet auf die Tendenz, an dem festzuhalten, was stirbt. Alles stirbt ja bereits, der Körper stirbt ja bereits. Der ganze Organismus ist schon seit dem Moment seiner Geburt im Sterben begriffen. Nimm wahr, ob du Zugang hast zu dieser Angst, alles zu verlieren. Denn wenn du alles verlierst – und du wirst ja all das verlieren – was dann bleibt, ist DAS, was auch jetzt *ist*.

ℌ

Die Verheißung der unerfüllten Wünsche

Das, was wir Leiden nennen, ist wie eine Achterbahn: Wenn negative Phänomene auftreten, geht es dir schlecht, und wenn positive Phänomene auftreten, geht es dir gut. Und Leiden ist diese Wellenbewegung, die wechselnde Identifikation mit dem Positiven und mit dem Negativen. Denn in dem Moment, in dem du dich beispielsweise mit den euphorischen Gefühlen identifizierst, die auftreten, wenn du im Lotto gewonnen hast, identifizierst du dich bereits unterbewusst mit negativen Gefühlen, z.B. Verlustängsten. Jedes positive Gefühl enthält im Kern ein negatives Gefühl, und jedes negative Gefühl enthält im Kern ein positives.

Es gibt bestimmte Phänomene oder Traumsequenzen, die dich mehr dazu verleiten, das *Selbst* zu verlassen als andere. In Wahrheit verlässt du es nicht, aber es erscheint dir so. Und wenn es dir so erscheint, dann kann ich sagen, dass du es freiwillig tust. Es gibt dieses Wechselspiel zwischen den Kräften, die am Leiden interessiert sind und den Kräften, die an der authentischen, vollkommenen Selbstbefreiung interessiert sind. Es scheint so ein Gezerre und ein Kampf zu sein, und häufig kannst du die Kräfte nicht unterscheiden, denn das Problem ist, dass die Kräfte, die am Leiden interessiert sind, häufig als die Kräfte verkleidet erscheinen, die an Glück interessiert sind. Wenn die Kräfte, die am Leiden interessiert sind, so plump wären, dass sie dir immer ganz offensichtlich das Leiden bringen würden, würdest du dankend abwinken. Aber das ist genau die Schwierigkeit, dass diese Kräfte die Fähigkeit haben, als Täuschung aufzutreten.

Leidenskräfte treten als Täuschung auf, indem sie dir beispielsweise die Erfüllung bestimmter Wünsche vorgaukeln und du entsprechend darauf hoffst, dass diese Wünsche erfüllt werden. Diese Achterbahn ist eine Achterbahn, die durch unerfüllte Wünsche aufrechterhalten wird. Nur ist es die ewige Zweiteilung, die ewige Polarität, die ewige Dichotomie, dass ein Wunsch, der dir positiv erscheint, immer einen negativen Kern hat. Diesen negativen Kern nenne ich den eingebauten Selbstzünder: Es ist die unterbewusste Strategie der Nicht-Erfüllung, denn Wünsche erfüllen sich nicht, sie erfüllen sich nie genau so und für immer.

Es ist so, dass du dich ständig mit Phänomenen und Dingen – egal ob innen oder außen – identifizierst, an die du irgendwelche Wünsche hast. Ohne unerfüllte Wünsche keine Identifikation. Dieser Organismus ist nichts anderes als ein Wunschkörper. Er setzt sich aus Wünschen des denkenden Geistes zusammen. Nun hast du den Wunschkörper. Und jetzt? Was passiert jetzt? Du brauchst absolute Wahrhaftigkeit, um bereit zu sein, diesen falschen Wünschen ins Auge zu sehen. Denn es ist nicht angenehm, diesen Wünschen ins Auge zu sehen. Es ist nicht unbedingt angenehm feststellen zu müssen, dass du immer vorgegeben hast, dich von der Angst trennen zu wollen, aber in Wirklichkeit versteckte Wünsche an sie hast. Es ist nicht unbedingt angenehm, feststellen zu müssen, dass du immer vorgegeben hast, dich von der Schuld trennen zu wollen, aber eigentlich verborgene Wünsche an sie hast. Es ist unangenehm, das in dieser Klarheit zu sehen. Aber es ist nur im ersten Moment unangenehm, denn sobald du es siehst, offenbart dieses wirkliche *Sehen* bereits die Absurdität, die Falschheit und die Möglichkeit der Einsicht, dass das nicht dein wirklicher Wunsch ist.

Du hoffst auf etwas, was sich nie erfüllen wird. Etwas, was sich in letzter Instanz niemals erfüllen wird. Hoffnung erfüllt sich nie. Jede Hoffnung ist Illusion. Deine Lage ist also hoffnungslos, aber nicht ernst. In diesem Moment ist *das, was ist,* und in diesem Moment findest du *das, was ist* – alles, was du suchst. Die Hoffnung jedoch richtet sich auf »irgendwann« – ein Irgendwann, das nicht existiert.

Bist du dir der Konsequenzen bewusst, was es bedeutet, dass alles, was in irgendeiner Form Leiden für dich verursacht, einzig dadurch festgehalten wird, dass du Wünsche daran hast, die du bisher nicht wahrnehmen wolltest?

Aber es kommt doch vor, dass sich meine Wünsche erfüllen.

Die Erfüllung eines Wunsches wird sofort einen weiteren neuen Wunsch nach sich ziehen. Angenommen, du beschäftigst dich jetzt mit positiven Übungen, positiven Affirmationen. Du wünschst dir – das wird auch in Kursen gelehrt – dass du innerhalb der nächsten zwei Monate endlich die Traumfrau deines Lebens findest. Es gibt viele Bücher, in denen es steht: Du brauchst es dir nur stark genug zu wünschen, und es wird in Erfüllung gehen. Siehe da, nach zwei Monaten – es passiert. Genau wie alle gesagt haben. »Ich wusste, dass es passiert!« Es ist passiert. Aber gehen wir noch einmal zwei Monate weiter: Ganz unbemerkt, ohne dass es dir aufgefallen wäre, ist aus der Erfüllung dieses einen Wunsches bereits die Unerfüllung eines nächsthöheren Wunsches geworden. Du hast es gar nicht bemerkt. Es ist lediglich eine Verlagerung auf eine andere Ebene geschehen. So arbeiten die unendlichen Ketten von unerfüllten Wünschen, die nichts anderes tun, als sich – in dem Moment, wo ein Wunsch aus dieser unerfüllten Kette scheinbar erfüllt wird – auf andere Ebenen zu verlagern. Diesem Spiel der unerfüllten Wünsche ist die gesamte Menschheit aufgesessen. Wenige durchschauen dieses Spiel – es ist das Spiel der Versuchung. Ein absoluter Betrug: Du wirst ständig betrogen. Du wirst um die Freiheit betrogen.

Du wirst um das Herz betrogen. Du wirst um das betrogen, was du wirklich *bist*.

ℌ

Sei wachsam in dem Moment, wo ein unerfüllter Wunsch im Bewusstsein auftaucht. Wenn du sehr wachsam bist, wenn du diesen Moment erforschst, in dem du diesen Wunsch berührst, kannst du sofort erkennen, dass er Leiden verursacht. Nicht später, sondern bereits in dem Moment, in dem du diesen Wunsch berührst. Jeder unerfüllte Wunsch ist der Wunsch zu leiden. Nimm wahr, wie du diesen Wunsch berührst und wie augenblicklich Leiden entsteht. Wenn du das wahrnimmst, frage dich, ob du weiter bereit bist, diese Wünsche zu berühren, ob du weiterhin bereit bist, Leiden selbst zu verursachen. Es ist so, als wenn der denkende Geist dir einen Samen des Unfriedens eingepflanzt hat und dir immer wieder weismacht, dass du kein Recht dazu hast, in vollkommenem Frieden zu sein. Darauf läuft es immer wieder hinaus. Irgendetwas oder irgendjemand scheint dir das Recht abzusprechen, in vollkommenem Frieden zu sein. Es gibt nichts, was dich in Wahrheit davon abhält, nichts und niemanden, außer du selbst.

ℌ

Jedes Festhalten an einer Vorstellung oder einem Ideal, etwas müsste anders sein, als es *ist*, führt dich ins Leiden. Jede Vorstellung kommt aus der Ignoranz und aus dem Unwissen über deine wahre Natur. Deine Natur ist nicht den Gesetzen von Zeit und Raum unterworfen. Du wirst feststellen, wenn du genau hinschaust, dass du meistens irgendetwas willst. Und wenn ich sage, du willst etwas, meine ich damit, es sind unerfüllte Wünsche da, die irgendwohin gerichtet werden. Du leidest an der Unerfülltheit dieses Wunsches. Dieser Wunsch ist nur ein Gedanke, und er ist niemals in Kontakt mit diesem Moment. Er kommt aus der Vergangenheit und wird in die Zukunft gerichtet. Jeder unerfüllte Wunsch arbeitet so. Ein unerfüllter Wunsch wird aus vergangenen Konzepten auf die Zukunft übertragen. Und je wachsamer du bist, desto eher erkennst du, dass jeder Ausdruck eines unerfüllten Wunsches zwangsläufig ins Leiden führt. Das ist doch umso erstaunlicher, als dass der unerfüllte Wunsch ja schließlich vorgibt, aus dem Leiden herauszuführen, nämlich dann, wenn er erfüllt wird. Merkwürdigerweise jedoch passiert das nicht, jedenfalls nicht vollkommen und nicht beständig. Da es nicht vollkommen und nicht beständig geschieht, liegt es an dir und deiner Konsequenz, diesen Wunsch aufzugeben oder ihn aufrechtzuerhalten, so wie es eben fast alle Menschen tun, weil sie nicht wahrhaben wollen, dass dieser Wunsch nicht zum Ziel führt und niemals dorthin führen wird.

♌

Leiden ist immer mit einem unerfüllten Wunsch in Zusammenhang. Und letztlich geht es darum herauszufinden, was dein wirklicher Wunsch ist. Schau, wenn es dein Wunsch ist geliebt zu werden, so ist es mehr als wahrscheinlich, dass dieser Wunsch niemals in Erfüllung gehen wird. Darüber musst du dir sehr im Klaren sein. Wenn es dein Wunsch ist, die Welt zu verändern, dann musst du dir auch darüber im Klaren sein, dass dieser Wunsch niemals in Erfüllung gehen wird. Diese Wünsche sind unerheblich. Die Welt wird ohnehin nicht durch unerfüllte Wünsche verändert, sie wird gar nicht berührt durch sie. Es ist lediglich der Größenwahn und die Ignoranz des Denkens, eines

Gedankens, der sich selbst die Macht gibt und so tut, als sei er getrennt, als hätte er einen freien Willen und könne getrennt agieren von dem Einen, der die Welt am Leben erhält, der die Welt erschafft, der sie bewahrt und der sie zerstört, und zwar in diesem Moment. In diesem Moment wird die Welt erschaffen, und in diesem Moment wird sie zerstört.

Bemerke dieses kindliche, trotzige Festhalten an unerfüllten Wünschen. In Wirklichkeit besteht doch noch ein kleines Fünkchen Hoffnung. Du hältst immer irgendwo noch eine kleine Schublade geheim, für alle Fälle sozusagen. Und es sind diese kleinen Fünkchen Hoffnung, die noch irgendwo verstaut bleiben, mit denen du es vermeidest, wirklich und genau und radikal hinzuschauen. Es verlangt diese Radikalität von dir, denn du hast, so wie alle, die Tendenz, dir noch diese kleinen Ecken zu reservieren, wo sich der Staub sammelt, da, wo niemand gerne ganz genau hinschaut, die von der Aufmerksamkeit ganz dezent übergangen werden. Da steckt die Notreserve des Leidens.

Wenn du den falschen Glauben an diese »Notreserve« klar erkennst, ziehe bitte die Konsequenzen, wenn du ein Minimum an Selbstrespekt hast. Was ist das für eine Herangehensweise sich selbst gegenüber, etwas immer weiter zu verfolgen, obwohl schon das Wissen da ist, dass es nicht funktioniert. Das ist sicherlich eine Form von Masochismus. Ich weiß nicht, ob der Masochismus weiterhin dein Partner sein muss.

ℌ

Was ist Karma?

Was wir den Film des Lebens nennen, ist Karma. Im Film des Lebens agieren scheinbar einzelne Personen, und diese Aktion ist ein sich drehendes Rad, das innerhalb der Zeit aus der Vergangenheit genährt wird. Der denkende Geist, derjenige, der Karma erzeugt, hat sich in diesem Rad oder Labyrinth verfangen, in dieser ewigen Kette von Ursache und Wirkung, von Vorstellungen, von unerfüllten Wünschen, denen die Suche nach der Erfüllung dieser Wünsche folgt, die dann natürlich nicht erfüllt werden oder nie so erfüllt werden, wie der Geist es gerne hätte, was wiederum Auftrieb gibt zu neuen unerfüllten Wünschen. Und jede Drehung dieser Suche nach Befriedigung von unerfüllten Wünschen und ihre Nichterfüllung bringt ein gewisses Quantum an Destruktivität mit sich, ganz konkret im Hinblick auf Gefühle wie Eifersucht, Zorn, Stolz, um nur einige zu nennen.

Wenn der denkende Geist als Gedanke versinkt und erkannt wird, dass der denkende Geist nicht mehr ist als ein Gedanke, der keine Wurzel hat, wenn diese Erkenntnis vollkommen ist, dann geschieht Karma immer noch, weil das, was geschieht, nichts anderes ist als die Fortführung eines Stromes, der schon fließt, oder wie Gangaji sagt, eines Pfeils, der schon längst abgeschossen ist. Der Pfeil wird abgeschossen, sagen wir am Beginn deiner Zeit, wann auch immer das war, und dieser Pfeil fliegt. Und Geschehnisse, Dinge, die passieren, sind alles in irgendeiner Form Konsequenzen aus den vorherigen Geschehnissen während dieses Fluges. Du weißt ja, man spricht von positivem und negativem Karma. Im Wesen des Karmas liegt natürlich der authentische Wunsch nach Befreiung. Nur, dass der ursprüngliche authentische Wunsch nach Befreiung während des Fluges dieses Pfeils immer wieder verfärbt, verfälscht und in andere Wünsche umgemünzt worden ist, so dass dadurch der Zugang zu diesem ursprünglichen radikalen Wunsch nach Befreiung verloren wurde.

Dieser ganze karmische Prozess besteht im Grunde darin, dass die Wünsche, die als Verkleidung dieses einen Wunsches auftreten, verfolgt werden, enttäuscht werden, weiter verfolgt werden, wieder enttäuscht werden, bis irgendwann einmal der Moment kommt, in dem die Möglichkeit besteht, diesen ursprünglichen Wunsch, diese ursprüngliche Sehnsucht wieder zu öffnen, sie wieder wahrzunehmen und mit dieser Sehnsucht aus der Kette von zwangsläufigen Verflechtungen auszusteigen. Das Aussteigen ist kein Akt des denkenden Geistes, sondern das Aussteigen geschieht ganz von selbst durch Erkenntnis. Es gibt keine Möglichkeit im Sinne eines Tuns auszusteigen. Es geschieht ganz von selbst, durch Erkenntnis, durch Hingabe an dein Herz, denn das Herz wird vom Karma nicht berührt. Karma ist an sich ein Konstrukt des denkenden Geistes.

♌

Bequemlichkeit, Angst und Zorn

Die Bequemlichkeit ist nie bereit, alles zu geben. Das liegt nicht innerhalb ihres Horizontes. Wer ist bereit, alles zu geben? Deine Bequemlichkeit ist der Wunsch, dich wohlzufühlen, anstatt frei sein zu wollen.

Es scheint so, als ob ein Schock nötig ist, um immer wieder aus der Bequemlichkeit aufzuwachen und weiterzumachen, denn gerade wenn man bereits in einem spirituellen Prozess ist und erkannt hat, dass man nicht viel braucht im Leben und zufrieden sein kann mit dem, was man hat, scheint auch alles wunderbar zu sein.

Ja, das ist das, was ich immer wieder ausdrücke, dass Bequemlichkeit die gefährlichste Form, die gefährlichste Verkleidung des Leidens ist, weil in dieser Form Leiden nicht als Leiden offensichtlich ist. Die Anhaftung, die im relativen Glück der Bequemlichkeit liegt, ist nicht offensichtlich: Es ist die Tatsache, dass dieses relative Glück von bestimmten Umständen, sprich von bestimmten Phänomenen, abhängig ist, und wenn sich diese Phänomene verändern, wird auch von dem Wohlgefühl nicht mehr viel übrig sein. Dessen ist man sich aber in dem Moment nicht vollkommen bewusst. Ich kann sagen, dass immer wieder ein Schock erforderlich zu sein scheint, um diese Landung in Bequemlichkeit zu unterbrechen. Es ist der Tod, der immer wieder das sterben lässt, was nicht wahr ist.

Es gibt demnach nicht die Möglichkeit, dass ich den Schock selbst auslöse, das wäre neurotisch.

Nein, aber der Lehrer wird den Schock schaffen.

Und der Lehrer kann das Leben sein.

Das ist nicht vorherzusehen, als was sich *der Lehrer* zeigt – als Person des Lehrers oder als sogenannter Umstand – aber er wird sich zeigen.

♌

Wie kann ich mit meiner Bequemlichkeit umgehen, die mein Tagesbewusstsein von meiner Quelle trennt?

Spirituelle Bequemlichkeit ist eine der tiefsten Gewohnheiten des menschlichen Geistes und wenn wir von der Scheinrealität ausgehen, dass es diese Bequemlichkeit ist, die dich tatsächlich von dieser Quelle trennt – ich sage nicht, dass es so *ist* – dann muss ich dich fragen, was du willst, was du *wirklich* willst.

Es stellt sich für dich so dar, als wenn du gegen die Bequemlichkeit kämpfst, aber die Bequemlichkeit nicht das ist, was du willst. Der Trick ist der, dass du so tust, als wenn du etwas anderes willst als die Bequemlichkeit. Du *willst* dich in der Bequemlichkeit ausruhen, um der Unbehaglichkeit zu entgehen, die ich als den »Schmerz des Erwachens« bezeichnet habe.

Der Schmerz des Erwachens ist unerheblich. Die »Entschädigung« ist das Kosten dieser *Süße*, die Göttlichkeit, die in keinster Weise in irgendeiner Form verborgen ist. Es gibt gewisse »Nebenprodukte«, die durchaus nicht den Ansprüchen deiner Bequemlichkeit genügen. Das ist keine Frage. Es ist nicht der bequemste Weg. Es ist der bequeme Weg einzuschlafen und sich entweder dem Scheinwissen des Geistes oder aber direkt den Sinnesfreuden hinzugeben und all das als das Paradies anzusehen. Dieses Scheinparadies kann für eine Zeitlang als das Paradies selbst erscheinen, aber es ist vergänglich. Alles, was vergänglich ist, wird sich irgendwann umdrehen und seine andere Seite zeigen, seine böse, seine schlechte Seite, und spätestens dann erkennst du, dass du wirklich leidest.

Es ist insbesondere schwierig für diejenigen, die sich vorübergehend auf der Sonnenseite des Lebens zu befinden scheinen. Gerade diese Sonnenseite kann die Betäubung des menschlichen Geistes sein, mit der er die tiefe Verzweiflung, die ihn antreibt, betäubt und scheinbar aus dem Bewusstsein verbannt. Wenn du einer der wenigen bist, die bewussten Zugang haben zu dem Trennungsschmerz und der Sehnsucht, die aus diesem Schmerz erwacht, dann bist du glücklich. Dann bist du einer der wenigen Glücklichen. Gegen die Bequemlichkeit zu kämpfen ist sinnlos.

Du tust so, als wenn du gegen die Bequemlichkeit kämpfst. Aber in Wirklichkeit willst du sie, solange du glaubst, gegen sie kämpfen zu müssen.

Gehe freiwillig tiefer: Was ist es, was du wirklich willst? Was ist die Antwort? Mit dieser Frage kannst du nur absolut aufrichtig umgehen, denn in dem Moment, wo du leugnest, wird die Bequemlichkeit bleiben. Siehst du, das geht bis in ganz materielle Bereiche des Lebens. Es ist möglich, von diesem auf den nächsten Moment absolut und sofort mit dem Zigarettenrauchen aufzuhören: in dem Moment, wo du diese Einfachheit erkennst, dass es nicht das ist, was du wirklich willst, dass es dich nicht fördert in deiner Suche. Das ist natürlich nicht allgemein zu bewerten. Es gilt möglicherweise für dich, aber nicht für jemand anderen. Es ist möglich, mit jeder schädlichen Gewohnheit sofort in dieser Sekunde absolut aufzuhören, weil du es bist, der die Gewohnheit aufrechterhält. Du wirst deine Gründe dafür haben. Der Geist ist ein äußerst trickreicher Betrüger, der so tut, als wenn er gegen irgendwelche schädlichen Gewohnheiten ankämpft. Genau diese Aufspaltung ist es, mit der er sie eigentlich aufrechterhält. Statt einfach nur zu erkennen, was es ist, was du wirklich willst. Jeder Kampf gegen irgendetwas im Geiste ist ein sinnloser Kampf, der von niemandem zu gewinnen ist, denn es ist nur ein Schattenboxen zwischen zwei »Boxern«, die aus der gleichen Quelle kommen.

Es gibt ein Gegenmittel gegen Bequemlichkeit. Das Erstaunliche ist, dass der menschliche Geist, der für jede seiner Tendenzen und Gewohnheiten verantwortlich ist, in Ignoranz lebt, dementsprechend leidet und sich womöglich dieses Leidens auch noch unbewusst ist. Der menschliche Geist hat für jede dieser Tendenzen ein Gegenmittel. Man kann also sagen, das stärkste Gift enthält auch das stärkste Heilmittel. Wenn du eine Tendenz erforschst, die du in dir erkannt hast, wie z.B. Bequemlichkeit, dann weißt du, dass diese Bequemlichkeit solange ein Feind ist, wie du sie bekämpfst. Wenn du jedoch erkennst, dass diese Tendenz auch zum Verbündeten werden kann und du sie zurückverfolgst, kannst du dich von der Bequemlichkeit an die Hand nehmen und dir zeigen lassen, wo sie dich hinführt, nämlich zu ihrer eigenen anderen Seite, zu ihrem Schatten. Die Bequemlichkeit hat einen Schatten, genauso wie alles, was in deinem Geist entsteht, einen Schatten hat – eine andere Seite. Es gibt keine Medaille, die nur eine Seite hat. Wenn du das jetzt erkennst, werde dir des Schattens bewusst.

Der Schatten der Bequemlichkeit ist genau das Heilmittel, und dieser Schatten ist *Wachsamkeit*, eine Wachsamkeit, die zunächst einmal eine Anstrengung zu erfordern scheint, weil sie eben ungewohnt ist, also nicht deiner Gewohnheit entspricht. Es entspricht nicht der Gewohnheit des menschlichen Geistes, wachsam zu sein. Selbst wenn diese Wachsamkeit wie jetzt in Momenten des formellen Satsangs durchbricht, wird die Tendenz wiederkehren, sie zu leugnen und Satsang scheinbar zu verlassen. Dann wird wieder den alten Gewohnheiten gefrönt.

Die Wahrheit aber ist: In dem Moment, in dem du die Wachsamkeit entdeckst, kannst du sie als deinen Verbündeten benutzen. Jede Gewohnheit löst sich in dem Moment auf, wo das Gegenmittel – nämlich ihr eigener Schatten – entdeckt, also erforscht wird. Genauso ist es mit allen anderen Tendenzen auch. Wenn du z.B. die Tendenz hast zu zweifeln, so hat dieser Zweifel einen Schatten. Es geht darum, den Schatten zu erkennen, anstatt den Zweifel als eine in sich bestehende Gewohnheit zu sehen. Es geht darum, tiefer zu sehen und den Schatten und die Polarität des Zweifels zu erkennen. Der Zweifel *muss* einen Schatten haben. Dieser Schatten des Zweifels ist das, was wir

Glauben nennen – im Englischen »faith«. Es bedarf nur eines genaueren Hinschauens. Das ist der Moment, wo die Tendenz bereits beginnt, sich aufzulösen.

♌

Das Leben macht mir Angst. Ich versuche, sie abzuschütteln, aber sie taucht immer wieder auf.

Ich sehe Angst als einen Verbündeten an. Ich sehe Angst als jemanden an, den du als Lehrer akzeptieren kannst, der dich zur Befreiung führen kann. Es ist ein wesentlicher Verbündeter, der verkannt wird, der im Normalfall bekämpft und nicht respektiert wird, vor dem im Normalfall Angst da ist, d.h.: Angst vor der Angst. Angst ist jemand, der nicht erkannt wird, jemand, den nur ganz wenige kennen. Es ist für mich jemand, der dich zum Wesentlichen führt, denn die Angst ist tatsächlich die Angst vor dem Wesentlichen, vor dem Wesen, die Angst vor der Leere. Ängste, die sich auf Konkretes beziehen, sind *unwesentlich*. Wenn du Ängste wahrnimmst, die sich auf ganz konkrete Situationen oder Dinge beziehen, dann kannst du auch diese Ängste zur Erforschung benutzen, um dich tiefer leiten zu lassen. Es verbergen sich immer andere Ängste dahinter. Alle Ängste schmelzen letztlich zu einer Angst zusammen. Und selbst diese eine Angst, sofern sie noch benannt werden kann, die Angst vor dem Tod, vor der Leere, ist immer noch an ein Konzept geknüpft, an ein mentales Konzept.

Es geht darum, die Angst in die Tiefe, zu ihrem Kern zu verfolgen, so dass sie von jedem Konzept gelöst wird. Die Angst kann nur als Verbündeter zum Wesen führen, wenn die Bereitschaft da ist, sie von jedem mentalen Konzept abzutrennen.

Die Angst hat sowieso nicht Angst vor dem, vor dem sie angeblich Angst hat, seien es ganz bestimmte Menschen oder ganz bestimmte Situationen. Das sind nur Hinweise für etwas, was tiefer liegt. Aber die Möglichkeit, die Angst letztlich von jedem Konzept zu trennen und die Aufmerksamkeit auf den Kern der Angst selbst zu richten, das widerspricht jeder Gewohnheit, das widerspricht der normalen Richtung der Aufmerksamkeit, wenn Angst im Augenwinkel auftritt.

Normalerweise bist du gewohnt, die Aufmerksamkeit wegzurichten, d.h. auf Gedanken oder auf den Körper. Oder nach außen. Mit anderen Worten, jede Beschäftigung mit Angst, sprich jeder Gedanke über Angst, ist ein verlorener Gedanke, der vom Wesentlichen wegführt. Es ist möglich, der Angst in die Tiefe zu folgen, dahin, wo sie dich eigentlich führen will. Die Angst ist deshalb ein Verbündeter, weil sie dich in Wirklichkeit in die Tiefe führt.

Versuche nicht, in irgendeiner Weise gegen Angst vorzugehen. Es nützt nichts. Angst kann nicht bezwungen werden. Es gibt diese Idee, vielleicht sogar eine spirituelle Idee, dass man Angst bezwingen müsse. Ich möchte behaupten, es ist nicht möglich, Angst zu bezwingen. Jeder Versuch, sie zu bezwingen – selbst wenn sie durch diesen Versuch zunächst abwesend zu sein scheint oder unter Kontrolle gebracht werden kann – führt dazu, sie im Unterbewusstsein neu zu fixieren, wodurch sie sich niemals auflöst. Dasselbe gilt für Konfrontation. Angst kann sich niemals auflösen, indem sie konfrontiert wird. Es gibt überhaupt keine Möglichkeit, Angst durch irgendein Tun aufzulösen. Das Problem ist ausschließlich derjenige, der tut.

Jede Struktur, d.h. also jede Identifikation eines Menschen, wird in der Tiefe durch Angst angetrieben. Ob sich der Mensch dessen bewusst ist oder nicht, spielt überhaupt keine Rolle. Sie wird, wenn jemand den Weg der Meditation geht, irgendwann zwangsläufig wieder auftauchen, und zwar sehr massiv. Dann gibt es die Möglichkeit, sie als Verbündeten zu erkennen oder sie weiterhin als Feind zu behandeln, so wie das die Menschen normalerweise tun. Weil sie unbequem ist, muss sie irgendwie behandelt werden, therapiert werden. Letztlich ist auch jeder Versuch, Angst zu therapieren, eine Ablenkung und eine Abwehr gegen Angst. Es gibt nur diese eine Möglichkeit und das ist: sich der Angst zu stellen, in dem Sinne, dass du jeden Umgang mit Angst aufgibst, jede Beschäftigung, jede Therapie, jedes Tun, alles. Und wenn die Angst im Bewusstsein vollkommen und nackt auftaucht, hast du in dem Moment die Möglichkeit, sie als das zu sehen, was sie ist, nämlich ein Kanal, ein Trichter, der in die Tiefe führt und etwas freigibt, was darunter verborgen liegt.

Es kann sein, dass es für bestimmte Menschen zunächst wichtig ist, Angst zu »therapieren«, weil manchmal erst ein gewisses Minimum an Entspannung erreicht werden muss, um überhaupt mit dieser Angst tiefer zu gehen. Wenn die Angst, kaum dass sie auftaucht, als Phobie völlig außer Kontrolle zu geraten scheint, dann scheint es schwierig zu sein, obwohl das im Grunde nichts anderes ist als ein Hinweis darauf, dass jemand nicht bereit ist, die Realität zu erforschen. All die Phänomene, die um Angst herum auftauchen, die für Angst selbst gehalten werden, sind ja alle ganz offensichtlich nicht reale Phänomene. Doch wenn jemand Gespenster sieht und diese Gespenster irgendwie auf eine sehr stark identifizierte Art und Weise für real nimmt, dann ist es vielleicht sinnvoll, zunächst einmal eine gewisse Loslösung von dieser Identifikation zu erfahren und dann erst tiefer zu gehen. Aber für diejenigen, die wirklich bereit sind, das *Wesen* von Angst direkt zu erfahren, muss erkannt werden, dass jedes Tun, jedes Denken, jedes Zurückschrecken, jede Therapie eine

Ablenkung ist. Der direkteste Weg, ich möchte sogar so weit gehen zu sagen, der einzige Weg, der Realität direkt erfahrbar macht, ist das *Nicht-Tun*. Und es ist dieses Nicht-Tun, was den meisten so unendlich schwierig erscheint. Aber es ist einfacher als einfach.

ᔕ

Angst ist nicht durch logische, rationale Gedanken aus der Welt zu schaffen. Wir haben es hier nicht mehr mit einer rationalen Angelegenheit zu tun. Der Geist, der so rational tut, ist vollkommen irrational. Die Antriebe dieser rationalen Denkstruktur sind vollkommen irrational. Angst ist durch Gedanken nicht beizukommen. Sie entsteht zwangsläufig in der Erfahrung des Getrenntseins vom Göttlichen.

Selbstvernichtung ist die grundsätzliche Vorstellung, die der Angst zugrunde liegt, und diese Selbstvernichtung geht von einer Vorstellung des *Nichts* aus. Tatsächlich ist es für den Geist nicht möglich, das *Nichts* in Gedanken zu berühren. Dennoch hält er seine Vorstellung des Nichts für das Nichts selbst. Und diese Vorstellung des Nichts ist direkt verknüpft und verwoben mit der Angst vor Selbstvernichtung. Es ist eine Vorstellung, die als unterbewusste Idee vorhanden sein kann oder als Konzept, vielleicht auch als Empfindung, es ist unterschiedlich. Es ist eine Vorstellung von *Nicht-Sein*. Das, was der Geist mit Tod assoziiert, ist immer das, was er auch mit dem *Nichts* assoziiert. Weil er Erscheinungen für das Leben selbst hält, glaubt er daran, dass Leben getötet werden kann. Aber Leben kann nicht getötet werden.

ᔕ

Die Angst ist eine der größten abspaltenden Kräfte im Geiste. Sobald du ihr folgst, nimmst du eine Trennung wahr, die – wie die Angst dich immer wieder glauben lässt – einen Sicherheitsabstand für dich bedeutet. Wenn die Angst dir nicht Sicherheit vorspiegeln könnte, dann wäre niemand so dumm, ihr zu folgen. Das ist die Macht einer jeden Versuchung. Warum ist Versuchung überhaupt Versuchung? Weil Versuchung ein Versprechen beinhaltet, an das du immer noch glaubst. Obwohl deine Erfahrung immer wieder Leiden hervorbringt, glaubst du es immer noch. Das ist das eigentliche Mysterium. Menschen brauchen Jahrhunderte oder Jahrtausende, um dieses falsche Versprechen endlich und absolut konsequent zu durchschauen und tiefer zu sinken, denn die Macht der Angst scheint so stark zu sein. Dabei spricht die Angst niemals aus der Erfahrung. Sie spricht immer aus der Vorstellung. Und das ist genau die Unterscheidung, die der normale Mensch nicht macht. Er trennt nicht zwischen blinden Vorstellungen, die von irgendwoher irgendwann einmal aufgenommen worden sind – wer weiß von wem – und seiner einfachen und direkten Erfahrung.

♌

Ich habe sehr viel Angst, etwas zu verlieren. Ich würde gerne wissen, woher diese Angst kommt.

Was hast du denn bisher verloren?

Noch nichts eigentlich. Doch: Freunde, meinen Vater…

Und wie war das, als du es verloren hast?

Es hat mir wehgetan.

Was ist dann mit diesem Schmerz passiert?

Im Laufe der Zeit ist er verschwunden.

Und was war dann?

Dann kam die Angst.

Meine Frage am Anfang an dich war ja: Was hast du bisher wirklich verloren? Gut, du kannst deinen Vater verlieren, du kannst deinen Freund verlieren, alles, was du *hast*, kannst du auch verlieren, aber mich interessiert nicht sosehr, was du *hast*, sondern mich interessiert, was du *bist*. Und die Frage ist, ob du schon jemals das Gefühl gehabt hast, dass du das, was du *bist*, verloren hast?

Den Kontakt dazu, ja.

Nein, du kannst den Kontakt dazu nicht verlieren. Du verlierst den Kontakt zu Gefühlen. Natürlich, wenn du glaubst, »ich bin Gefühle«, verlierst du Gefühle, und du hast das Gefühl, »ich habe mich verloren«. Aber Gefühle *hast* du, Gefühle *bist* du nicht. Gefühle sind offensichtlich Phänomene im Bewusstsein, die erscheinen und wieder gehen. Ein Gefühl ist nicht immer da, stimmt's? Mit anderen Worten, du kannst es verlieren, denn es ist etwas, was du *hast,* nicht was du *bist*. Auch der Körper ist nicht immer da. Jeden Abend, wenn du einschläfst, machst du die Erfahrung, dass der Körper nicht mehr da ist. Hast du die Erfahrung gemacht, dass du nicht da bist, wenn du schläfst?

Ich meine, war das *Sein* unterbrochen? War ein Nichts? Hast du jemals die Erfahrung eines Nichts, im Sinne einer Unterbrechung des Seins erlebt? Niemand erfährt das, auch nachts nicht. Mit anderen Worten: Es ist so, dass die Angst, die vorgibt, das zu verlieren, was du *bist*, nicht auf deiner Erfahrung beruht. Du hast noch nicht erfahren, das zu verlieren, was du *bist*.

♌

Es scheint verschiedene Formen der Angst zu geben. Die Angst, die ich spontan als Reaktion auf eine körperliche Bedrohung erfahre, scheint nicht dieselbe zu sein, wie diejenige, die immer latent vorhanden ist und auf der Lauer liegt.

Es gibt Angst, und es gibt Angst. Es gibt Angst als »Rembrandt« und Angst als »Kopie des Rembrandt«. Es gibt Zorn als »Rembrandt« und Zorn als »Kopie des Rembrandt«. Alles, was spontan, unvorhergesehen und völlig unkontrolliert aus diesem Moment emporsteigt, das ist »Rembrandt«.

Aber das sind auch Gedanken.

Alles, was in irgendeiner Weise gefärbt ist aus Vergangenheit, alles, was in irgendeiner Form als Idee in diesem Moment Einzug hält, ist eine Kopie. Alles, was durch eine Idee erzeugt wird, ist Fälschung. Wenn du über die Straße gehst und plötzlich kommt jemand auf dich zu und zieht eine Waffe, hast du Angst. Angst ist eine spontane und natürliche Reaktion. Das ist »Rembrandt«. Das ist Leben. Das ist authentisch. Das ist das, was im Traum gespielt wird. Diese Angst ist ja nicht die Angst, unter der du leidest.

Die Angst, unter der Menschen leiden, ist eine ganz andere Angst. Es ist eine Angst, die aus den Katakomben des Friedhofs aufsteigt, der nicht wirklich erkannt wird. Aus den Katakomben des Friedhofs, den wir karmische Geschichte nennen, den ich Vergangenheit nenne oder auch Ignoranz. Diese Trennung muss vollzogen werden: Die Trennung, die Entknotung zwischen Idee und Gefühl, die es ermöglicht, dass ein Gefühl direkt erfahren werden kann. Wenn Angst direkt erfahren wird, dann wird diese scheinbare Verflechtung von einem Gefühl und Vergangenheit aufgehoben, und es wird möglich, in diesem Moment alles zu erfahren und dann zu erfahren, was tiefer ist als die Angst, was tiefer ist als der Zorn. Gefühle sind wie ein Tunnel, der dich tiefer führt, tiefer in die Erfahrung deiner *selbst*. Wenn du sagst, ich nehme Widerstand wahr, dann ist das schon nicht mehr der Zorn, das ist schon ein Verflochten-Sein. Auch der Zorn muss im Kern wahrgenommen werden. Und dann kann wahrgenommen werden, wo er dich hinführt.

Nicht der Zorn richtet sich gegen etwas, die Gedanken richten sich gegen etwas. Sobald sich die Gedanken gegen etwas richten, bist du in Selbst-Täuschungen gefangen. Sobald Gedankenwelten sich auftun, schläfst du ein. Projektion, Identifikation sind verschiedene Worte dafür. Zorn ist kein Gedanke. Zorn richtet sich gegen nichts. Sobald du glaubst, dass Zorn sich gegen irgendetwas richtet, bist du in Gedanken, aber nicht im Zorn. Das passiert dir immer wieder. Das ist die Falle, in die du immer wieder hineinfällst.

Der Widerstand besteht aus Gedanken, es ist nicht Zorn. Der Zorn ist kein Widerstand, überhaupt nicht. Zorn ist Energie, Zorn ist reine Shakti. Reine Energie. Doch dann kommt das »Ich bin zornig, weil...«, die Bedeutung des Zornes: Dann glaubst du, dass die Bedeutung des Zornes der Zorn selbst ist. Du bist in der Bedeutung gefangen, statt einfach zu sehen: Zorn ist Zorn, Wut ist Wut. Bedeutungen sind unwesentlich. Sobald du einer Bedeutung irgendeine Bedeutung beimisst, bist du nicht mehr in der Realität, weil die Bedeutung immer nur einer bestimmten begrenzten Verständnisebene entsprechend gegeben werden kann. Das bedeutet: Es gibt auf diese Frage keine Antwort – keine letztliche Antwort. Wenn du eine Antwort willst, so lautet die Antwort aus dem Zen: Es bedeutet *nichts*.

♌

Leiden ist eine Täuschung

Der Ansatz von Buddha war: Erkenne den Ursprung des Leidens, und du erlangst Befreiung. Ähnlich scheint die Therapie seit Freud in den letzten hundert Jahren vorgegangen zu sein: Die Leute haben ein Leiden, gehen zum Therapeuten und wollen den Ursprung des Leidens finden. Beide Wege beschäftigen sich offensichtlich mit dem Mind, mit dem Geist. Kannst Du etwas dazu sagen, wie Geist und Leiden zusammenhängen?

Es gibt entsprechend dem Verständnis des Suchenden verschiedene Möglichkeiten, sich dem Leiden anzunähern. Therapie geht meistens davon aus, dass Leid in der Vergangenheit entstanden ist. Ich versuche, Menschen zu der Erfahrung dieses Momentes zu geleiten, in dem Leiden entsteht. Ich möchte nicht mal sagen, dass Leiden entsteht, sondern Leiden ist ein aktiver initiierter Vorgang. Es ist Anhaften oder Festhalten. Das Ego ist ein Synonym für Anhaften oder Festhalten. Für den Begriff des Festhaltens könnte ich auch den Begriff der Beziehung verwenden. Gangaji hat einmal gesagt: *Leiden ist die Beziehung zum Schmerz.* Die meisten Menschen glauben, Schmerz selbst sei Leiden. Aber der Schmerz selbst ist kein Leiden, sondern das Leiden besteht darin, dass es ein angenommenes Ich gibt, das eine »persönliche« Beziehung zu diesem Schmerz hat, festhält und leidet. Und dieses Festhalten ist eine bemerkenswerte Halbdistanz zu dem Phänomen, was angeblich das Leiden verursacht. In der vollkommenen Verschmelzung zwischen Ich und Schmerz gibt es kein Leiden mehr.

Therapie geht im Normalfall in die Vergangenheit, um dort nach vermeintlichen Ursachen des Leidens zu forschen. Es gibt Therapie, die das Augenmerk mehr auf diesen Moment richtet, möglicherweise jedoch ohne zu der vollständigen Erkenntnis zu gelangen, dass Leiden nichts weiter ist als das Festhalten an einer Idee. Leiden an sich ist Täuschung. In der Realität gibt es kein Leiden – gleichgültig ob der Körper gesund ist oder nicht, gleichgültig ob emotionaler Schmerz da ist oder Freude. Es ist gleichgültig, und es berührt die latente Glückseligkeit nicht. Ich sage damit nicht, dass Schmerz genauso angenehm ist wie Freude oder dass körperliche Krankheiten genauso angenehm sind wie körperliche Gesundheit. Nur: Darum geht es nicht. Die Menschen verwechseln Krankheit mit Leiden. Tatsächlich ist es möglich, mit einem sehr kranken Körper glücklich zu sein.

Leiden ist etwas, was sich ausschließlich im Geist abspielt?

Ja, Leiden spielt sich ausschließlich im denkenden Geist ab. Im *No-Mind* existiert Leiden nicht.

Wenn also beispielsweise der Amerikaner Richard Moss sagt, die Bewusstseinsentwicklung verläuft über die Fähigkeit, mehr und mehr zu leiden, dann meint er wahrscheinlich nicht diese Art von Leiden, sondern dass man bereit ist, emotionale Schmerzen anzunehmen und sie nicht zu verdrängen, vielmehr sich ihnen zu stellen.

Ich vermute, er verweist mit diesem Satz auf ein Paradox innerhalb des Leidens, nämlich, dass das, was das Leiden und die Anhaftung an das Leiden aufrechterhält, ein Mechanismus innerhalb des Geistes ist, der die Bewusstheit von Leiden ins Unterbewusstsein abdrängt. Tatsächlich wäre niemand bereit, in vollkommener Bewusstheit zu leiden. Leiden erzwingt die Verdrängung seiner selbst. Somit ist das Leiden selbst gar nicht das Problem, sondern die mangelnde Bewusstheit des Leidens, die Leugnung des Leidens und die daraus resultierende Dumpfheit.

Das heißt, dass Leiden nicht bedeutet, akut depressiv zu sein oder akut zu trauern, sondern etwas sehr viel Tieferliegendes: dass ich nicht weiß, wer ich bin.

Solange es ein »Ich« gibt, welches sich blind als Individuum identifiziert, gibt es Leiden.

Das, was also normal als Glücklichsein beschrieben wird, ist im Grunde nichts anderes als eine andere Form des Leidens, es gehört zum Leiden?

Das, was normalerweise als Glücklichsein beschrieben wird, ist eine Form des Leidens.

Ich möchte noch hinzufügen, dass die Bewusstheit des Leidens, die du von Richard Moss zitiert hast, ein Aspekt ist, den buddhistische Lehrer immer wieder hervorheben. Mir ist deutlich geworden, dass das Leiden an sich als Freund oder als Feind betrachtet werden kann. Und in dem spirituellen Prozess des Erwachens wird das Leiden mehr und mehr als ein Verbündeter angenommen. Als ein Bringer der Erkenntnis, ein Mittler der Erkenntnis und nicht als ein Phänomen, welches es – im Sinne eines Tuns – zu zerstören gilt.

♌

Wie soll ich glücklich sein, wenn ich, wie Du es vorschlägst, alles verlieren soll, sogar meine Gefühle?

Mit »verlieren« meine ich, die Gefühle nicht »in Besitz« zu nehmen.

Die Erfahrung von Verlust ist schmerzlich, aber es ist die Frage, ob du dann, wenn du alles verlierst, die Erfahrung machst, dass du *wirklich* etwas verloren hast. Merkst du die Verkrampfung, die darin besteht, Angst zu haben, etwas zu verlieren? Bemerkst du, wie sehr diese Verkrampfung dich in Besitz zu nehmen scheint, solange du Angst haben musst, Dinge zu verlieren?

Wie wäre es, wenn du alles verlieren würdest, in einem Moment, *in diesem Moment*? Wie wäre es, wenn du bereit bist, die Erfahrung zu machen, alles zu verlieren und dann zu sehen, ob du *wirklich* alles verloren hast? Wenn du den Körper verlierst – du wirst den Körper sowieso verlieren – warum nicht *jetzt*? Wenn du die Gefühle verlierst – du machst ohnehin ständig die Erfahrung, dass du Gefühle verlierst – warum nicht *jetzt*? Wenn du Gedanken verlierst – du machst sowieso ständig die Erfahrung, dass du Gedanken verlierst – warum nicht *jetzt*? Dein Problem besteht darin, dass du Dinge für dich in Anspruch nimmst, in Besitz nimmst, die dir nicht gehören. Und wenn du Dinge in

Besitz nimmst, die dir nicht gehören, dann leidest du darunter, weil du glaubst, sie festhalten zu müssen. Du bist frei, wenn all diese Dinge in dir auftauchen und wieder abtauchen, ohne dass du sie in Besitz nehmen musst. Das Problem ist nicht, dass diese negativen Gefühle in dir auftauchen – sie werden immer auftauchen, irgendwann, irgendwie – aber du musst sie nicht in Besitz nehmen. Du musst nicht so tun, als seien es *deine* Gefühle oder *dein* Körper oder *deine* Gedanken. Woher weißt du das? Siehst du, wie selbstverständlich du irgendwelche Phänomene für dich einfach in Anspruch nimmst? Es ist so, als wenn du nach dem Leiden greifst, das Leiden in Besitz nimmst, und dich darüber beklagst, dass du leidest. Es ist nicht selbstverständlich, dass irgendetwas, was im Bewusstsein auftaucht, dir gehört. Stell dir vor, nichts gehört dir.

Es ist schwer, sich das vorzustellen.

Du brauchst es dir nicht vorstellen zu können, aber du kannst in diesem Moment die Erfahrung machen, wie es ist, wenn du einfach still bist und nichts von alledem berührst, von der ganzen Geschichte, von den ganzen Emotionen. Dann kannst du dich entspannen.

Und wenn sie dann wiederkommen?

Lass sie wiederkommen, aber lass sie in Ruhe. Es ist ganz willkürlich, wie du bestimmte Gefühle einfach zu *deinen* Gefühlen machst und andere wiederum weit von dir weist: »Auf keinen Fall, das bin ich nicht« – es ist eine ganz willkürliche Selektion. Es macht die Angelegenheit sehr einfach, wenn du erkennst, dass nichts von alledem *deins* ist. Irgendwelche auftauchenden

Phänomene werden selbstherrlich als Ich erklärt, und niemand hat das je geprüft. Das ist tatsächlich die Bedeutung des Wortes Arroganz. Arroganz bedeutet, etwas für dich in Anspruch zu nehmen, was dir nicht gehört. Und nichts von alledem gehört dir. Was bleibt, wenn du das alles verlierst?

Dann wird es sehr friedlich.

Der Frieden bleibt dir immer, es ist nur die Frage, ob du ihn zu schätzen weißt. Dieser Frieden ist immer da. Du brauchst kein Gefühl, um diesen Frieden zu erfahren, du brauchst keinen Gedanken, du brauchst auch den Körper nicht.

♌

Wenn du etwas für dich in Besitz nimmst, was ganz offensichtlich nicht beständig ist, dann musst du in der Verkrampfung leben, es verlieren zu können. Erkenne das Prinzip, dass alles, was nicht beständig ist, aber was du als einen Teil deiner selbst ansiehst, die Verkrampfung auslöst, es festhalten zu müssen. Ob es nun als Anerkennung auftaucht oder als Körper oder als verschiedenste Gefühle, Bilder oder Gedanken, spielt überhaupt keine Rolle, denn es geht immer um ein und dasselbe, und das ist Tod, denn offensichtlich stirbt es.

♌

Leiden ist niemals das, gegen das der Widerstand gerichtet wird, sondern Leiden ist der Widerstand selbst. Es spielt überhaupt keine Rolle, gegen was der Widerstand aufgebracht wird, ob das Schmerz ist, ob das Angst ist oder ob das Glückseligkeit ist.

Widerstand an sich ist Leiden?

Widerstand an sich ist eine Form des Leidens. Der Geist setzt in seiner ungenauen Sichtweise Leiden mit negativen Zuständen gleich. Häufig gibt es diese Gleichsetzung: Leiden = Schmerz. Und kaum nehme ich Schmerz im Augenwinkel wahr, muss ich mich davon zurückziehen, muss ich dagegen Widerstand leisten. Was du in diesem Moment nicht realisierst, ist, dass es gar nicht der Schmerz ist, der Leiden in irgendeiner Form bringt. Ich bin sicher, dass du schon manchmal in einem Moment, in dem du offen warst, in dem du dich geschützt fühltest, in dem du Vertrauen spürtest, die Erfahrung gemacht hast, dass das Leiden vorüber war, wenn du dich dem Schmerz hingegeben hast. Eigenartigerweise gibt es eine Störung in der Lernfähigkeit des Geistes. Es ist nicht deine Erfahrung, dass du in dem Moment leidest, wo du dich dem Schmerz oder was auch immer du vermeiden willst, hingibst. Die Erfahrung ist vielmehr, dass Leiden immer irgendeine Form von Widerstand, Rückzug oder Abwendung ist. In dem Moment erscheint es dir so, als gäbe es eine Distanzierung oder Abtrennung. Wie ist es, wenn du dich von nichts distanzierst? Die Wahrheit ist: Du bist von nichts distanziert. Die Distanzierung ist künstlich. Die Angst vor der Angst ist eine typische Form der Distanzierung, und Widerstand ist eine andere Form von Distanzierung. Wenn du in Einfachheit mit dem bist, was dir in dem Moment gezeigt wird, nimm wahr, was passiert. Indem du in Widerstand gehst, bist du in Beziehung mit dem Schmerz. In dem Moment, wo du dich hingibst, gibt es keine Beziehung mehr, denn Beziehung kann es nur geben, wenn es zwei gibt. Deswegen spreche ich immer wieder davon, dass jede Form von Beziehung aufgegeben werden muss. Zu wem oder was du auch immer glaubst, eine Beziehung zu haben, gib die Beziehung auf.

Warum ist es dann keine Beziehung, wenn ich mich dem hingebe? Das verstehe ich nicht.

In dem Moment, wo du dich dem Schmerz hingibst, gibt es keine Trennung zwischen dir und dem Schmerz. Die Angst spricht: Wenn jede Kontrolle und damit jeder Widerstand aufgegeben wird, ertrinkst du. Aber ist das wirklich deine Erfahrung? Im Satsang geht es darum, deine einfache und direkte Erfahrung von irgendwelchen Vorstellungen von Erfahrung, die du mit dir herumträgst, zu unterscheiden. Und solange du diese Unterscheidung zwischen direkter Erfahrung und Vorstellung nicht machst, verlierst du dich im Labyrinth dieses Geistes.

Nimm die Tendenz wahr, in irgendeine Form von Distanz zu gehen, in Vermeidung zu gehen, und habe den Mut, mit dem zu sein, was da ist, egal was es ist. Nichts muss vermieden werden. Nichts muss vermieden werden, und nichts muss festgehalten werden. Wenn das Gefühl von Glückseligkeit kommt, muss auch das nicht festgehalten werden.

♌

Ich habe eine Menge von Zipperlein, vorwiegend Gelenkschmerzen, Hautausschläge und Infektionen und suche schon seit geraumer Zeit einen Weg, wie ich damit umgehen kann.

Wenn du bereit bist, wirklich zu erkennen, wer du *bist*, ist es unwesentlich oder sekundär, dich mit diesen körperlichen Leiden auseinanderzusetzen. Es lenkt nur vom Wesentlichen ab. Das Geheimnis ist tatsächlich, dass diese Dinge, die alle nur Nebenprodukte sind, Nebenprodukte des Nicht-Selbst, sich ganz von selbst regeln werden, wenn du offen bist, dich dem Wesentlichen zuzuwenden. Ich sage nicht, dass Selbsterkenntnis bedeutet, dass der Körper gesund ist, verstehst du? Denn auch die Psychosomatik ist ein System, welches in sich begrenzt ist und letztlich nicht die Realität berührt. Es ist ein in sich geschlossenes Glaubenssystem, welches von der illusionären Psyche selbst geschaffen wird. In Satsang – wenn du die tiefe Stille deiner selbst berührst – spielt es keine Rolle mehr. Es gibt dann keine Psychosomatik mehr. Überhaupt kannst du all deine Gedanken über dich oder darüber, wie etwas funktioniert, vergessen und offen sein für das, was du *jetzt* findest, in diesem Moment. In diesem Moment, in dem du bereit bist, all diese Zipperlein, überhaupt die Beschäftigung mit körperlichen Krankheiten, das Festhalten deiner Aufmerksamkeit daran zu lösen und dich geistig zu entspannen, ist es einfach. Ich kann dir nicht einmal versprechen, dass diese Zipperlein weggehen werden, aber ich kann dir versprechen, dass die vollkommene Erfüllung und das Glück deiner selbst niemals davon abhängig sind, ob der Körper krank oder gesund ist. Es spielt überhaupt keine Rolle mehr, was mit dem Körper passiert.

Ramana Maharshi hat nach seiner Realisation den Körper vollkommen vernachlässigt, und der Körper wurde von Insekten zerfressen, bis jemand ihn zu sich genommen und begonnen hat, seinen Körper zu pflegen. Es spielte für ihn überhaupt keine Rolle mehr, ob der Körper von Insekten zerfressen wird oder nicht, ob er überhaupt erscheint oder nicht. Es ist diese ganze zwanghafte und hypochondrische Auseinandersetzung mit dem Körper, die dich immer wieder an dem Körper festhalten lässt. Ich sage nicht, es geht darum, den Körper zu verneinen. Das wäre das Missverständnis, was sofort auftaucht, und was Generationen von Schülern missverstanden haben. Den Körper zu verneinen, bedeutet demnach, in Askese zu leben, keinen Sex zu haben, was auch immer das je nach Kultur oder Zeit bedeutet.

Es ist möglich, diese krankhafte Anhaftung an den Körper und an das Überleben des Körpers aufzugeben. Weißt du denn, was dahintersteckt, wenn du tiefer forschst? Es ist die Angst, dass der Körper nicht überlebt, dass seine Krankheit so stark wird, dass er nicht überlebt. Ja, es kann sein, dass er nicht überlebt. Er überlebt sowieso nicht, was willst du also? Was willst du festhalten, er überlebt sowieso nicht. Ob er Morgen stirbt oder in 25 Jahren, wer weiß das schon? Du musst davon ausgehen, dass er Morgen stirbt. Das ist möglich. Unvorhergesehene Dinge geschehen, wie beispielsweise Unfälle. So gib die Beschäftigung mit dem Körper auf. Es bedeutet nicht, dass du ihn vernachlässigen musst.

Also Du meinst, dass ich durchaus zum Arzt gehen kann oder das behandeln lasse, aber nicht so festklammere, in panischer Erwartung, dass gleich die nächste Infektion kommt?

Ich meine damit, dass du den Geist vom Körper loslässt. Es ist dann möglich, dass du noch zum Arzt gehst, und es ist möglich, dass alles seinen ganz natürlichen Lauf nimmt. Aber deine zwanghafte Beschäftigung damit ist eine Beschäftigung in Gedanken. Und diese Gedanken kommen zur Ruhe. Es geht nur um Gedanken. Jeder Gedanke muss zur Ruhe kommen. Die Realisation deiner selbst, die Befreiung deiner selbst, hat ausschließlich damit zu tun, dass Gedanken in die Stille geführt werden und dass du in das versinkst, was du wirklich bist, nicht als Zustand, sondern in vollkommener Erkenntnis.

Was kann ich machen oder wie komme ich dahin? Ist der Weg dahin z.B. Meditation? Oder was meinst Du mit der Stille?

Du kannst nichts machen. Vielmehr musst du das aufgeben, was du ständig machst. Dein ganzes Machen muss aufgegeben werden. Du machst ständig etwas. Du hältst dich ständig irgendwo fest, das ist das Machen. Du hältst dich an Bildern fest, du hältst dich am Körper fest, du hältst dich an Gefühlen fest und an Gedanken. Prüfe, woran du dich überall festhältst. Das ist das Machen, und dieses Machen muss aufgegeben werden. Wenn es nichts mehr gibt, an dem du dich festhältst, nichts, dann fällst du ins Selbst und in DAS, was du wirklich bist, ganz natürlich. Entspanne dich geistig. Nutze dieses tiefe Vertrauen in das *Selbst* und in den Lehrer, um dich einfach immer weiter geistig zu entspannen.

Meinst du das in Form einer täglichen Übung? Ich schreibe gerade meine Diplomarbeit, das ist einfach mit »Machen« verbunden. Da kann ich nicht …

Nein, das ist nicht das Machen.

Du meinst jetzt sicherlich nicht, dass ich mein gesamtes tägliches Leben, in dem ich bestimmte Dinge tue und mache, auf den Kopf stelle, oder?

Nein, ich rede nicht von Handeln. Wenn ich sage »Machen«, dann spreche ich vom Denken. Das ist das Machen. Handeln ist kein Machen. Denn *es* handelt sowieso. *Es* handelt. Diplomarbeiten *werden* geschrieben. *Du* schreibst sie nicht.

Ich glaube, ich habe eine Idee bekommen, was Du meinst.

Ja, folge dem. Der Geist wird es zunächst missverstehen, das ist in Ordnung. Aber hinterfrage es. Du erlebst eine Überraschung.

ᔕ

Du sprachst davon, wie wichtig es sei, Erfahrungen hundertprozentig zu machen. Wie ist es jetzt mit körperlichen Schmerzen, die über Jahre hinweg bestehen? Soll jemand, der Schmerzen hat wie ein Tier, auch in diese Schmerzen zu hundert Prozent hineingehen?

Es ist gut, dass du das ansprichst. Ich hatte die Möglichkeit erwähnt, aus einer Tendenz von Zurückweichen eine Erfahrung nur zwischen einem Prozent und neunundneunzig Prozent zu machen. Wenn du mich jetzt fragst, ob Krebspatienten oder Menschen, die offensichtlich sehr starke Schmerzen haben, entweder körperlich oder emotional, auch diese hundertprozentige Erfahrung machen und in den Schmerz hineingehen sollten, dann möchte ich noch auf die zweite Möglichkeit hinweisen, eine Erfahrung nicht hundertprozentig zu machen. Sie besteht darin, eine Erfahrung hundertzwanzigprozentig zu machen. Was ich damit meine, ist: Es gibt immer die Möglichkeit, eine Erfahrung zu unterdrücken, um in irgendeiner Form vor ihr zurückzuweichen. Es gibt aber auch noch eine andere Möglichkeit, auf der anderen Seite des Pendelausschlags, nämlich in der Erfahrung zu baden. Gangaji nannte es »suhlen«. Das z.B. wäre, vermute ich, eher deine Tendenz, eher die Tendenz, mit der du dich identifizierst. Selbstverständlich müssen körperliche Schmerzen, die in einem bestimmten fortgeschrittenen Stadium körperlicher Degeneration auftreten, auch körperlich behandelt werden. Selbst, wenn du die Schmerzen losgelassen hast, heißt das nicht zwangsläufig, dass sie gehen.

Aber wie ist es mit emotionalem Schmerz?

Wenn es um emotionale Schmerzen geht, so kann ich dir nur sagen, es ist absolut nicht natürlich, dass sich überhaupt irgendwelche emotionalen Zustände länger halten. Meine Erfahrung ist, dass Emotionen, oder sagen wir lieber Gefühle, auftreten – und in dem Moment, wo es keinerlei Anhaftung irgendeines Ich-Gedankens gibt – kommen, auftauchen und wieder abtauchen, innerhalb kürzester Zeit. Dass Gefühle oder besser Emotionen über längere Zeiträume hinweg bestehen, hängt nur damit zusammen, dass sie künstlich am Leben gehalten werden, dass sie künstlich festgehalten werden, dass sie künstlich dramatisiert und sentimentalisiert werden. Und es gibt viele Möglichkeiten, ein authentisches, spontanes Gefühl irgendwie zu manipulieren, irgendetwas zu tun, was zur Folge hat, dass es bleibt. Wenn der Geist beispielsweise ein Gefühl unterdrückt, dann gibt er vor, dies zu tun, um dich zu schützen. Aber das ist ja nicht deine Erfahrung. Deine Erfahrung ist ja, wie du immer wieder bestätigen kannst, wenn du genau hinspürst, dass jede Unterdrückung von Gefühlen oder aber auch jede Dramatisierung von Gefühlen, niemals dazu führt, dass du von irgendetwas verschont bleibst, niemals dazu führt, dass wirklich etwas gelöst wird, niemals zur Befreiung führt.

Befreiung gibt es nur in dieser Möglichkeit vollkommenen Nicht-Tuns, also in der Aufgabe jeglichen Tuns. Glaube mir, der Geist kennt sehr subtile Formen des Tuns. Er verkleidet beispielsweise Tun unter dem Mäntelchen der Passivität, das nennt man dann Bequemlichkeit. Es ist auch ein Tun. Und es geht darum, diese sehr subtilen Formen des Tuns alle aufzugeben und sich vollkommen dem zu stellen, was *ist*, jenseits eines Gedankens, einer Idee, einer Vorstellung, ohne Vergangenheit, ohne Zukunft.

Das Erleiden körperlicher Krankheiten oder auch emotional schwieriger Zustände kommt ja nicht aus dem Gefühl selbst. Das Gefühl von Schmerz selbst ist kein Leiden. Diese Behauptung kann der Geist nur solange aufrechterhalten, wie er nicht genau hinschaut. Was ist Leiden? Das Leiden ist die Beziehung zum Schmerz, die du aufbaust, das, was du aus dem Schmerz machst. Was auch immer es ist, was Leiden und Unglücklichsein mit sich bringt – es ist deine ewige Geschichte. Und woher kommt die Geschichte? Sie kommt aus der Vergangenheit. Sie kommt von irgendwoher, aber niemals aus dem *Leben*.

Willst Du damit sagen, die Geschichte, warum der Schmerz auftaucht, ist in Wirklichkeit tot?

Es sind alles tote Geschichten. Da der Geist, aus welchen Gründen auch immer, nicht bereit ist, diese toten Geschichten loszulassen, werden sie auf diesen Moment gestülpt und dann vermischt, und es ist dann die Geschichte, deine Beziehung dazu, die das Leiden verursacht. All das sind Konzepte, Ideen, Erinnerungen, die um diesen Schmerz ranken und mit denen dieser Schmerz abgepanzert wird. Vielleicht arbeitest du mit schwerkranken Menschen und wenn du bereit bist, für dich, für *alle dort zu sein, wo der Schmerz ist*, nicht wo die Konzepte sind, die um den Schmerz herum sind, wenn du bereit bist, jede Distanz – und das ist die hundertprozentige Erfahrung, die ich meine – aufzugeben und ohne Bedeutung, also in Bedeutungslosigkeit mit diesem Schmerz zu sein, dann ist Mitgefühl möglich. Alles und insbesondere Gefühle müssen getrennt werden von jeglichen Konzepten, jeglicher Geschichte, jeglicher Pseudobedeutung, die diesen Gefühlen gegeben wird. Sie haben keine Bedeutung. Das Gefühl selbst ist nicht tot. Die Bedeutung tötet es.

Keinerlei Gefühl hat irgendeine Bedeutung, und es geht ausschließlich darum, die Distanz, die du aufbaust zu dem Gefühl – weil du irgendeine Vorstellung zwischen dich und das Gefühl stellst – aufzugeben, und dann gibt es keine Frage mehr, und es gibt kein Leiden mehr. Es ist sehr einfach.

Sprichst Du davon, Gefühle aufzugeben, um Befreiung zu erlangen?

Nein. Es geht nicht darum, Gefühle aufzugeben. Ich spreche davon, die Bedeutung aufzugeben, die der Geist Gefühlen gibt, und die Bedeutung aufzugeben, die der Geist irgendetwas gibt. Die Bedeutung und Vorliebe für mentales Denken ist sicherlich das männliche Trauma, und die Vorliebe und die Bedeutung für emotionales Denken ist sicherlich das weibliche Trauma. Und es geht darum, beide Traumen loszulassen, denn es sind Missverständnisse.

♌

In Indien habe ich ein tiefes Glücksgefühl erfahren. Doch jetzt ist es weg. Wie kann ich es wiedererlangen?

Viele Menschen haben Interesse an bestimmten Zuständen – bestimmte Zustände zu erlangen, bestimmte Zustände zu wiederholen, bestimmte Zustände aufrechtzuerhalten, Zustände von Glück oder von Schmerz. Es gibt viele Leute, die darauf aus sind, immer wieder Zustände von Schmerz zu erlangen. Ich beobachte jedoch, dass bei vielen spirituellen Suchenden die Anhaftung an Schmerz umkippt und dann zu einer Anhaftung an die Vorstellung eines Glücksgefühls wird. Was ich meine, ist, dass es möglich ist, das Interesse an jeglichen Zuständen aufzugeben.

Es ist letztlich gleichgültig, welche Zustände auftreten. *Das Problem ist deine Beziehung zu diesen Zuständen:* »Diesen Zustand mag ich; diesen Zustand mag ich nicht. Diesen Zustand liebe ich; diesen Zustand liebe ich nicht. Dieser Zustand muss sofort weg. Oh, diesen will ich haben; diesen muss ich aufrechterhalten.« Und dann versuchst du, über die Erinnerung einen Zustand, den du natürlich zwangsläufig verlieren wirst, irgendwie wieder zu erlangen. Aber es kann kein Zustand wieder erlangt werden. Selbst wenn sich Zustände sehr ähneln, wird nie wieder derselbe Zustand eintreten. Es gibt Yogis, die sich drei Jahre lang eingraben lassen und in dem Moment, wo sie ausgegraben werden, ist der Zustand wieder vorbei. Jeder Zustand geht vorüber. Es geht nicht darum, Zustände zu erlangen: zu einem Meister zu gehen, ein Glücksgefühl zu erlangen und dann zu versuchen, dieses Glücksgefühl irgendwie zu konservieren. Die Anhaftung an allen Zuständen ist problematisch, egal, ob es negative oder positive Zustände sind. Ich sehe immer wieder viele Suchende, die zu Meistern gehen und dann sehr stark an Glückszuständen festhalten. Doch in dem Moment, wo die Form des Meisters stirbt – der Meister stirbt nicht, aber die Form stirbt – ist es vorbei mit den Glückszuständen, weil sie vergänglich sind.

Außer einem.

Ja. Der ewige Zustand.

Welche Zustände du auch immer erfährst, lass sie in Ruhe. Das gilt auch für Zustände, wo die Tendenz da ist, irgendetwas damit machen zu wollen oder zu müssen, weil irgendjemand sie angeblich als unerwünscht eingestuft hat. Du erfährst z.B. Zorn – na und? Es macht nichts. Siehst du, dieser Geist, der sich auf die spirituelle Suche macht, verlagert das Leiden dann und packt es in spirituelle Konzepte ein, z.B.: »Eifersucht darf man nicht empfinden. Das entspricht nicht dieser hohen spirituellen Stufe. Zorn darf nicht wahrgenommen werden. Das entspricht nicht der Heiligkeit« usw. Das ist das eigentliche Problem. Nicht der Zorn selbst oder die Eifersucht. Eifersucht ist überhaupt kein Problem. Eifersucht ist kein Problem und auch Angst nicht. Nichts ist ein Problem – das Problem ist deine Beziehung dazu. Was passiert, wenn du Vorlieben aufgibst und wenn du Abneigungen aufgibst? Was passiert dann? Alle Vorlieben und Abneigungen sind aus willkürlichen Prägungen entstanden. Sie haben nichts Wesentliches. Es ist unwesentlich, ob irgendjemand irgendetwas schön oder hässlich, richtig oder falsch findet. Es ist unwesentlich. Das einzige, was wesentlich daran ist, ist, dass derjenige, der sich mit der Bewertung identifiziert, daran leidet. Das ist wesentlich. Der Geist tut immer so, als wenn das alles irgendeine Realität hätte: »Ich finde das richtig. Ich finde das falsch.« Auf was beruhen denn Maßstäbe von Richtig und Falsch?

Auf Vergleich.

Ja, und nach welchen Kriterien wird verglichen? Ein Vergleich kann nur stattfinden, wenn der Moment mit irgendetwas in der Vergangenheit verglichen wird. Das ist die Gewohnheit des Geistes. Mit der Vergangenheit in Beziehung zu treten und zu vergleichen. Es gibt diesen Glauben, wenn jeder Maßstab zusammenbricht, würde ein Chaos entstehen. Tatsächlich ist es so, dass dieser krampfhafte Versuch, über einen Maßstab eine Identität herzustellen, für Leiden verantwortlich ist. Was wäre, wenn es keinen Maßstab mehr gibt? Wenn es nicht mehr die Möglichkeit oder die Notwendigkeit gibt, in Gedanken zu beurteilen, wenn du dir nicht einmal dessen bewusst bist, *wer* beurteilt? Der Geist errichtet durchaus glaubwürdige Gedankenkonzepte, aber woher kommen die Konzepte und worauf beruhen sie?

♌

Hass scheint mir eins von den starken Gefühlen zu sein, die nicht sein dürfen, und ich habe mich neulich dabei erwischt, wie ich mich eigentlich damit blockiere, um ihn nicht zu spüren. Wie verhält es sich überhaupt mit sehr starken Gefühlen, wie ist es mit der Lust zu lieben und der Leidenschaft, mit der Verbundenheit?

Für dich geht es darum, die Beziehung zu Gefühlen aufzugeben. Und wenn du bereit bist, die Beziehung zu Gefühlen aufzugeben, dann ist das Paradox möglich, dass die Leidenschaft zu leben aus diesem Raum auftauchen kann, ohne dass du einen Wunsch danach hast. Hass ist kein authentisches Gefühl. Was ich als Hass bezeichne, ist Zorn und eine Geschichte drum herum, die diesen Zorn dann irgendwie verhärmt, dramatisiert, pathetisch aufbläht usw. Wenn du Hass von der Geschichte befreist, die letztlich immer unwesentlich ist, wenn du zum Gefühl selbst vorstößt, dann findest du Zorn und dieser Zorn ist nichts als Energie. Es gibt mit diesem Zorn nichts zu tun. Es kann hilfreich sein, wenn ich sage: Befreie ihn von der Geschichte. Sie interessiert nicht. Mit anderen Worten, das »Warum?« des Hasses ist in letzter Instanz unerheblich. Es ist nur eine Geschichte unter vielen. Und der denkende Geist erzählt viele Geschichten, wenn der Tag lang ist. Diese Dinge haben letztlich keine Bedeutung. Du kannst sie therapieren, du kannst, wenn du möchtest, daran herumdoktern, und du wirst dich auch bis zu einem gewissen Grade erleichtert und wohler fühlen. Darin kann ein vorübergehender Vorteil liegen, wenn jemand nicht bereit ist, direkt zu dieser Wahrheit vorzustoßen, dass letztlich jede Geschichte unwesentlich ist. Du gibst diesem Gefühl eine Bedeutung, die es nicht hat, weil du der Beziehung zu Gefühlen überhaupt eine Bedeutung gibst, die sie nicht hat.

Gefühle sind nicht Leben. Gefühle sind letztlich genauso unwesentlich wie Gedanken, sie kommen und sie gehen. Es geht nicht darum, Gefühle wegzumachen. Nein, es ist okay, wenn sie kommen, es ist auch okay, wenn sie nicht kommen, nur: Sie sind nicht wesentlich. Es geht darum, zum Wesentlichen zu kommen. Und das Wesentliche ist tiefer als Gefühle, tiefer als Denken. Es ist nicht über Denken erfahrbar. Sei einfach still, und vor allen Dingen, sei absolut wachsam.

Wenn jede Beziehung zu Gefühlen aufgegeben wird, dann ist es möglich, dass ein authentisches Gefühl von Lebenslust und Leidenschaft aus diesem Raum auftauchen kann, ohne dass du einen Wunsch danach hegst. Selbst bei diesem sehr angenehmen Gefühl, was dann auftauchen kann und was sehr kraftvoll wirken kann, geht es darum, auch das nicht für wesentlich zu nehmen, denn es wird wieder vorbeigehen, so wie jedes Gefühl. Ja, es kann einen Moment da sein, und das ist schön, aber dann ist es wieder vorbei. Und dann wirst du, wenn du nach wie vor eine Beziehung zu Gefühlen hast, erschrecken und denken: »Wie bekomme ich das zurück? Jetzt muss ich aber schauen, wo die Lebenslust wieder herkommt, jetzt muss ich wieder etwas machen, jetzt muss ich mich wieder stimulieren auf irgendeine Art und Weise, jetzt muss ich wieder einen Tantra-Workshop machen oder einen Energie-Workshop.« Das sind alles Folgen davon, dass du die

Beziehung zu Gefühlen nicht aufgeben willst. Und ich sagte bereits, es geht darum, die Beziehung zu allem und jedem aufzugeben. Es geht sogar darum, die Beziehung zum Leben aufzugeben, denn das, was du bisher für Leben hieltest, ist nicht Leben. Das, was jeder Mensch für Leben hält, ist nicht Leben. Es sind nur Bilder des Lebens. Und jeder hält Bilder des Lebens für das Leben selbst. Der Körper ist nicht Leben, Gefühle sind nicht Leben, Gedanken sind nicht Leben. Sie entspringen dem Leben und sie sind im Leben. Finde heraus, was beständig ist. Finde das heraus, was beständig ist und was nicht verloren wird. Halte dich nicht mit Beziehungen auf zum Vergänglichen, zum Unbeständigen. Das macht dich unglücklich.

ꝏ

Woher kommt es, dass man diese größere Einheit, diese Verschmelzung mit sich selbst mehr erlebt, wenn man zum Beispiel in einer schönen Landschaft ist oder wenn man eine tiefgründige Beziehung hat oder manchmal auch in Momenten von großer Trauer?

Es ist eine Illusion. Das, was du als »Ich« annimmst, wenn du glaubst, dich zu entfernen, bist nicht du. Wenn du beispielsweise tiefe Trauer erfährst, dann erscheint es dir so, als seist du der Kern dieser Trauer. Plötzlich fühlst du dich sehr nah. Die Wahrheit ist: Du entfernst dich nie von dir selbst. Du entfernst dich nie, und weil du dich nie entfernst, näherst du dich auch nicht an. Du bist immer das, was du bist. Du bist BEWUSSTSEIN. Gib deine Anhaftung an Bilder und an Gefühle auf, die Anhaftung an Trauer. Trauer ist ein Gefühl, ja, aber Trauer bist nicht du. Gib auch deine Wertung von Phänomenen auf. Dieses Gefühl

»o ja, da bin ich mir selbst unglaublich nah« oder dieses Gefühl, »also da bin ich weit von mir entfernt« ist eine ständige Wertung und Interpretation, die du vornimmst, indem du bestimmte Gefühle in deinen angeblichen Kern holst und andere nicht.

Ich habe immer wieder gesagt, im Grunde ist es vollkommen gleichgültig, wo formeller Satsang stattfindet. Ich würde es eigentlich auch ganz gerne einmal auf einer Müllkippe machen, damit der Geist bereit ist, diese Anhaftung loszulassen, denn tatsächlich ist formeller Satsang auf der Müllkippe genau dasselbe. Es ist genau *Das* hier, was dort ist. Aber du könntest es dann gleich wieder so missverstehen, dass du jetzt zwanghaft die Müllkippen aufsuchen musst. Der Geist hat immer sofort die Tendenz, ins polare Konzept zu verfallen. Aber es ist tatsächlich der mittlere Weg. Im Buddhismus spricht man von diesem »Mittleren Weg«, der die Zwanghaftigkeit durchschneidet, auf die beiden Seiten der Polaritäten zu verfallen. Wenn du glaubst: »Ah, hier in der Natur fühle ich mich zu Hause«, so ist das eine Reflektion von Schönheit, aber es ist nicht Schönheit selbst, es ist eine Reflektion davon. In dem Moment gibst du gleichzeitig, ohne es zu bemerken, all den Interpretationen Raum, in denen du eben nicht zu Hause bist: »Hier bin ich zu Hause, hier bin ich nicht zu Hause«... »Auf dem Land bin ich zu Hause, in der Stadt bin ich nicht zu Hause«... »In der Stadt bin ich zu Hause, auf dem Land bin ich nicht zu Hause«... »In Deutschland bin ich zu Hause, aber in den USA bin ich nicht zu Hause.« Es ist eine endlose Kette von Vergleichen, die du ständig vornimmst, wo du zu Hause bist und wo nicht, aber es geht darum, diese Präferenzen aufzugeben. Sie sind nicht authentisch. Es ist keine authentische Präferenz, dass du irgendwo zu Hause bist und irgendwo nicht. Es beruht auf Denken und leugnet das, was in dem Moment ist.

Denn du bist in Vergleichen, aber nicht im Moment. Es wird immer Orte geben, an denen du dich wohler fühlst als an anderen. Das bedeutet nicht, daraus ein Konzept zu machen: »Ich muss mich jetzt überall wohlfühlen. Ich fühle mich hier aber nicht wohl. Er hat aber gesagt, ich muss mich hier wohlfühlen.« Es ist nicht so, dass du dich überall gleich wohlfühlst, aber wenn du dich irgendwo, sagen wir mal, körperlich nicht vollkommen wohlfühlst, dann heißt das nicht, dass du dort nicht zu Hause bist.

♌

Ich fühle mich oft »himmelhoch jauchzend« und dann wieder »zu Tode betrübt«.

Du misst Gefühlen viel zu viel Bedeutung bei. Mal regnet es, mal scheint die Sonne, na und? Es ist letztlich nicht wesentlich, ob es regnet oder ob die Sonne scheint. Wenn du deine starke Anhaftung aufgibst, dein verkrampftes Anhaften daran, deine Vorliebe für Sonnenschein, dann kann es regnen und es kann Sonnenschein sein, und es ist beides »Wetter«. Diese Glückseligkeit, von der ich spreche, hat nichts mit Wetter zu tun und auch nichts mit Sonnenschein. Es ist das, aus dem das Wetter entsteht. Aber solange du ständig und ausschließlich mit dem Wetter beschäftigt bist, vergisst du das, aus dem das Wetter entsteht, nämlich den Himmel. Lass das Wetter Wetter sein. Es spielt keine Rolle, ob Trauer da ist oder Wut, Lachen, kein Lachen, Gefühl, kein Gefühl, es spielt keine Rolle. Es ist nicht wesentlich. Du brauchst keine Idee darüber zu haben, was für ein Gefühl da sein sollte und was für eins nicht. Ich meine, was nützt es? Du kannst dir zehnmal wünschen, dass morgen Sonnenschein ist, aber es kann sein, dass es morgen regnet. Wer weiß das schon?

Du weißt jedenfalls, dass Wettervorhersagen sehr begrenzt zutreffen, nicht nur außen, sondern auch innen.

Aber es fällt mir schwer, alle die wechselnden Gefühle in gleicher Weise zu akzeptieren.

Wenn du sagst, es fällt dir schwer, diese Vorlieben oder Abneigungen aufzugeben, erkenne, was diese mit dir machen. Damit sagst du natürlich: »Es fällt mir schwer, das Leiden aufzugeben.« Das eigentliche Mysterium ist, dass Menschen alles Mögliche aufgeben wollen, aber nicht das Leiden. Es ist tatsächlich das einzige, was du wirklich verlierst, das Leiden. Das musst du verlieren, du musst bereit sein, es zu verlieren. Das Leiden verkleidet sich eben z.B. als Vorlieben. Fixierte Vorlieben und Abneigungen sind Verkleidungen des Leidens. Denn die Vorliebe will, wie du vielleicht schon beobachtest, immer etwas anderes als das, was *ist*, und die Abneigung ebenso. Wenn du etwas anderes willst, als das, was ist, bist du getrennt, glaubst du, in Trennung von dem zu sein, was ist. Dann bist du im Leiden. Gib die Vorliebe auf, gib die Abneigung auf und sieh was passiert.

Diese starken Vorlieben für bestimmte Wetterlagen haben damit zu tun, dass du dich über dieses Wetter identifizierst. Du glaubst: »Wenn ich Freude erfahre, dann bin ich okay. Aber, wenn ich Trauer erfahre, dann bin ich nicht okay. Wenn ich guter Stimmung bin, dann bin ich okay. Wenn ich mich klein und schwach fühle, wenn ich irgendetwas erfahre, dem ich eher abgeneigt bin, dann bin ich nicht okay.« Warum definierst du dich über das Wetter? Gib auf, dich über das Wetter zu definieren. Es ist nicht deine Aufgabe, das, was erscheint, die Erfahrung, die in diesem Moment gemacht wird, zu beurteilen. Wenn du sie nicht mehr beurteilen musst, dann kann die Erfahrung ganz authentisch in diesem Moment sein, und sie verflüchtigt sich wieder. Denn Wetter ist flüchtig. Es verändert sich. Finde heraus, was sich nicht verändert.

Alles, was da ist, ist gut, auch Trauer ist gut. Nimm einmal wahr, wie du ständig in Beurteilung und Interpretation dessen bist, was ist, was richtig ist und was falsch ist. Das ist Trance. Es sind schon Leute zu mir gekommen, die mir sagen wollten, wie man Satsang geben sollte. Erkenne ganz radikal die Vollkommenheit dessen, was ist, und sei bereit, damit zu sein. Du bist niemandem Erklärungen schuldig, wenn Traurigkeit oder Zorn da ist. Traurigkeit ist eben da. Dann geht sie wieder. Dann ist etwas anderes da, und es geht wieder. Du bist keinerlei Erklärungen schuldig. Sei authentisch mit dem, was da ist. Sei damit, ohne eine Geschichte daraus zu machen. Schau, wie einfach das ist. Wie schwierig es ist, wenn ständig irgendetwas da ist, was angeblich nicht okay ist: Das muss dann verborgen werden, kompensiert werden, ummodelliert werden, damit es anders aussieht, und dann musst du dich dafür schuldig fühlen. Es muss beurteilt, kontrolliert, manipuliert werden und dann müssen andere manipuliert werden. Es ist eine endlose Kette.

ର

Ich habe eine Frage, die mir schon lange auf der Seele brennt, und zwar kenne ich so eine Art Zustand, in dem ich irgendwie im Einklang bin, in dem ich einverstanden bin mit dem, was passiert, mit allem Auf und Ab, und dann kommt irgendwann ein Punkt, an dem es umschlägt. Ich bekomme es nicht mit, wann es sich verändert, ich merke dann nur irgendwann, dass ich wie leblos werde und mich wie in einem Spinnennetz gefangen fühle. Ich bemerke den Punkt nicht, wo das Mitfließen ins

Leiden übergeht. Es ist so ein Bruch, wenn es in dieses Loch hineingegangen ist, es ist so unlebendig, ich habe das Gefühl, dann stimmt nichts mehr.

Bemerkst du die Wertung? Wenn etwas lebendig ist, dann stimmt es, und wenn es unlebendig ist, dann stimmt es nicht. Lebendigkeit und Unlebendigkeit sind in der Dualität. Wenn es einen Moment gibt, der unlebendig ist, na und? Unlebendigkeit ist deine Interpretation einer bestimmten Erfahrungsqualität. Diese Erfahrungsqualität ist kein Problem. Das Problem ist, dass der denkende Geist immer versucht, an einer der beiden Polaritäten festzuhalten und die Negativität auszuklammern. Wenn du aufgibst, die Negativität auszuklammern, wenn du auch die Negativität zulassen, erlauben kannst, ist es einfach eine andere Erfahrung. Es ist ja nicht Unlebendigkeit selbst, die das Leiden erzeugt. Es ist deine ganze Geschichte, die dahinter steht, die Angst, letztlich in dieser Unlebendigkeit zu sterben, nicht mehr zu existieren, sich zu verlieren, sich aufzulösen. Das ist das Drama, nicht das eigentliche Phänomen der Unlebendigkeit, welches höchstens unbequem ist. Die Tendenzen der Vergangenheit treten immer wieder auf, und es gibt keine Möglichkeit, sie zu überwinden. Es ist kein Problem. Lass es unlebendig sein. Wenn du still bleibst in der Unlebendigkeit und das Drama, was dahintersteht, aufgibst, erlaube die Unlebendigkeit, empfange auch die Unlebendigkeit. Unlebendigkeit ist nicht Leblosigkeit.

Es gibt keine Leblosigkeit. Das ist die Verwechslung, die dahinter steht. Dieser tiefe Glaube ist: Ich existiere, wenn ich lebendig bin, wenn Lebendigkeit da ist; darüber definiere ich meine Existenz. Wenn Unlebendigkeit da ist, existiere ich nicht oder ich habe Angst davor, nicht zu existieren, ich habe Angst davor, in dieser Unlebendigkeit zu sterben, mich zu verlieren. Nimm diese

Verwechslung zwischen Unlebendigkeit und Leblosigkeit wahr. Lebendigkeit ist Leben, und Unlebendigkeit ist Leben. Alles ist Leben. Tod ist im Leben. Leben wird nicht zerstört, und es ist nicht deine Erfahrung, dass Leben zerstört wird. Es ist nicht deine Erfahrung, dass du dich in der Unlebendigkeit auflöst, um nicht mehr zu existieren. Der Geist sucht sich bestimmte Phänomene, um daran zu leiden. Er benutzt auch die Unlebendigkeit. Lass die Unlebendigkeit vorbeiziehen, und lass auch die Lebendigkeit vorbeiziehen. Je mehr du an der Lebendigkeit haftest, desto mehr haftest du auch an der Unlebendigkeit und umgekehrt. Das ist diese Täuschung, der viele unterliegen. Es ist ein Missverständnis, welches von vielen Therapien kultiviert wird, indem man versucht, solche Zustände zu erreichen und zu kultivieren, indem z.B. gesagt wird: »Dein Herz ist lebendig.« Aber das ist in der Dualität, und es ist vergänglich. Was passiert, wenn du die Anhaftung an die Lebendigkeit aufgibst und die Anhaftung an die Unlebendigkeit? Was ist dann?

Dann ist das einfach in Ordnung, was ist.

Wer sagt, dass es in Ordnung ist? Nur jemand, der davon ausgehen könnte, es könnte auch nicht in Ordnung sein, würde behaupten, dass es in Ordnung sei. Es ist nicht in Ordnung, es ist auch nicht nicht in Ordnung. Erfahre das, was ist, *direkt*. Es ist Gleichmut in der Erfahrung dessen, was *ist*. Außergewöhnliche Erfahrung: Gut, willkommen. Gewöhnliche Erfahrung: Gut, auch willkommen. Wer weiß, welche Erfahrung du im nächsten Moment machen wirst? Niemand weiß es. Das ist die eigentliche Lebendigkeit, die nicht in Polarität zur Unlebendigkeit steht, sondern die frisch und spontan aus dem Selbst entsteht, ohne dass es irgendjemanden gibt, der darüber etwas aussagen könnte.

Der Wunsch nach Befreiung

Du sprichst oft von dem einen Wunsch. Was ist dieser eigentliche Wunsch, der Wunsch unter allen Wünschen?
Es ist der eigentliche und einzige Wunsch eines Menschen, frei zu sein, glücklich und in Frieden zu sein. Es ist der Wunsch, frei von jeglicher Begrenzung zu sein und mit seinem eigentlichen Ursprung zu verschmelzen – zu diesem Ursprung, von dem sich der denkende Geist scheinbar getrennt hat, zurückzukehren, und zwar nicht erst dann, wenn der Körper stirbt, sondern *jetzt.* Es ist jetzt möglich: Jetzt! Es ist möglich, diesen Ursprung deiner selbst jetzt zu erkennen. Doch um ihn zu erkennen, musst du überhaupt den Wunsch danach haben. Es gibt niemanden und am allerwenigsten Gott, der dir den letzten, einzigen und vollkommenen Wunsch verwehrt. Niemand würde dir diesen Wunsch verwehren, weil es dein Geburtsrecht ist, dass dieser Wunsch erfüllt wird. Überhaupt hat es noch nie jemanden gegeben, der dir jemals einen Wunsch verwehrt hat. Dass diese Illusion überhaupt aufgetreten ist, lag daran, dass du dir deiner verdeckten Wünsche nicht bewusst warst. Das ist alles.

ℌ

Wie komme ich in dieses Jetzt, in diese Erkenntnis? Es kommt mir immer wie ein Weg vor, auch wenn alle sagen, es sei kein Weg.

Du musst dich fragen, was du willst. Es nützt dir nichts, intellektuell zu verstehen, dass alles das, was du als Realität erfährst,

Vergangenheit und Zukunft, eine Illusion ist. Alles, was du erfährst, entsteht dadurch, dass du deine Aufmerksamkeit darauf richtest. Alles, was dir widerfährt und was du als dein Leben bezeichnest, ist ein Ausdruck von unterbewussten Wünschen. Das Problem ist, dass kaum jemand weiß, was er wirklich will. Niemand weiß: »Was will ich wirklich?« Was ist dein tiefster Wunsch? Solange du nicht bereit bist, mit diesem tiefsten Wunsch in Kontakt zu sein – ohne zu wissen, was er ist, ohne ihn vorher spirituell korrekt zu filtern, nur in direkter Erfahrung – solange wirst du der Versuchung irgendwelcher anderer Wünsche anheimfallen, Wünsche, die letztlich eine Form von Leiden für dich hervorbringen.

Meine Lehrerin Gangaji hat beschrieben, wie sie durch verschiedene Ebenen dieser Wünsche hindurchgegangen ist. Es kam der Wunsch nach einem Kind, und der Glaube, dass das Kind sie glücklich machen würde. Und viele Jahre später stellte sich heraus: Das war es nicht. Dann kam der Wunsch danach, den Beruf auszuführen, den sie wirklich will, und sie machte dann eine Karriere als Therapeutin und hatte eine Akupunktur-Praxis. Es lief alles bestens. Sie brauchte dann nochmals einige Jahre, bis sie wirklich verstand, dass es auch das nicht war. Und irgendwann kam sie an den Punkt, wo sie wusste, dass alles, was sie bisher versucht hatte, letztlich vergeblich war, dass sie diese vollkommene Erfüllung, die sie sich ursprünglich versprochen hatte, letztlich nicht erlangt hatte. Das war der Moment, an dem sie innerlich losließ und wusste, sie kommt nicht mehr weiter, sie braucht einen Lehrer. Ein Lehrer ist nichts anderes als eine Reflektion deines Herzens.

Du kannst Vergangenheit nicht einfach loslassen. Sie kann nicht losgelassen werden, solange die versteckten, zum Teil infantilen Wünsche der Vergangenheit nicht bewusst sind. Vielleicht trägst du z.B. den Wunsch noch mit dir herum, dass dein Vater dich endlich liebt oder sich endlich entschuldigt. Es gibt unendlich viele Facetten von Wünschen, die irgendwo auf einer kaum wahrnehmbaren, emotionalen Ebene noch aufrechterhalten werden, emotionale Wünsche. Aber wo führt dich all das hin?

Einen Wunsch musst du jedoch offensichtlich haben. Wenn du diesen *einen* Wunsch nicht hättest, dann hättest du auch nicht den Wunsch, zum Satsang zu kommen. Du musst eine minimale Bewusstheit über diesen Wunsch haben, sonst könntest du jetzt auch ins Kino gehen. Frage dich, was ist es, was du wirklich willst, wirklich. Diese Frage führt dich tiefer.

Zu Hause ankommen.

Zu Hause ankommen, ja. Wo ist dein Zuhause? Dein Zuhause ist HIER. Es ist nicht in der Vergangenheit, es ist nicht in der Zukunft, es ist nicht in der Gegenwart, es ist HIER. Es ist nicht außen, es ist nicht innen, es ist HIER. Sobald du versuchst zu verstehen, bist du nicht mehr HIER. Sobald du irgendeine Anstrengung unternimmst, hier zu sein, bist du nicht mehr HIER. Du bist HIER. Es gibt nichts dafür zu tun. Vielmehr geht es darum, das, was du ständig versuchst zu tun, um nicht HIER zu sein, aufzugeben.

♌

Alles, was du dir als Identifikation aufladst, hält dein Verlangen fest – dein Verlangen danach, frei zu sein. Alles, wovon du glaubst, es sei ein Teil deines Lebens – »das bin ich, und das ist mein Leben« – all das sind nur Identifikationen, die du dir aufgeladen hast. Warum hast du dir Identifikationen aufgeladen? Weil du bestimmte Motive dafür hast, anders ausgedrückt, weil du ein bestimmtes Verlangen danach hast, weil du etwas davon willst. Und da du etwas davon willst, geht dir die Energie dafür verloren, nur Freiheit zu wollen. Es ist, als hätte sich die gesamte Energie, dein Wille, der wahre Wille des Selbst, aufgefächert und sich in alle Himmelsrichtungen, auf verschiedensten Ebenen zerstreut. Und es geht darum, diesen Willen wieder zurückzuholen, um mit seinem Kern zu verschmelzen. Willst du wirklich all das? Ist es dein wahrer Wille? Oder sind das nur Ersatzbefriedigungen für Freiheit? Alle Menschen leben Ersatzbefriedigungen dafür oder erkennen es nicht, bzw. wollen es nicht erkennen. Und das ist auch in Ordnung, solange du glaubst, dass es das ist, was du willst.

Das Verlangen nach Freiheit richtet sich auf das, was nicht verloren wird. Es richtet sich zum ersten Mal auf das, was unbekannt ist, was du nicht weißt, was du nicht verstehst, dem du dich nur hingeben kannst. Ich kann dir versichern, es gibt keine Gefahr in irgendwelchen dunklen Katakomben, denn da bist du ja schon. Es gibt keine Möglichkeit, dass irgendetwas falsch läuft. Das ist auch einer der Kommentare, die die Angst abgibt, dass das Leben falsch ist, dass Gott die falschen Dinge tut, zur falschen Zeit, dass Gott nicht auf mich aufpasst, dass Gott mich nicht mag usw. Es gibt keine Möglichkeit, dass etwas falsch läuft. Daher ist es so wichtig, den Geist immer wieder zu entspannen.

Der Gedanke »Ich will frei sein« ist eine absolute Seltenheit. Die meisten Menschen haben kein Interesse daran. Wenn dieser Gedanke mächtiger wird als alles, was du erfährst, mächtiger als jeder Gedanke, mächtiger als jede Scheinrealität, in der du glaubst zu leben, wenn dieser Gedanke alle Macht an sich reißt und zur Sehnsucht wird, dann, so hat Poonjaji es ausgedrückt, ist dieser Gedanke selbst schon frei.

♌

Seit 20 Jahren praktiziere ich regelmäßig verschiedene spirituelle Übungen, aber ich bin noch nicht zu dieser endgültigen Erfüllung gelangt, von der Du sprichst.

Die Frage ist immer, was deine Motivation ist. Es ist die Frage, was du willst. Denn das, was du findest oder nicht findest, entspricht deiner Motivation. Wenn deine Motivation, dein Wunsch nach Befreiung nicht vollständig ist, wird das Ergebnis deiner Erforschung auch nicht vollständig sein. Der *wahre Wille* ist die treibende Kraft. Und dieser wahre Wille muss zugänglich sein. Weißt du, wenn du sagst, »ich habe schon vieles versucht«, dann kommen bei mir maximal fünfzig Prozent an. Du musst einfach absolut ernsthaft mit dir sein und dich wirklich fragen, was du willst. Und dann mache eine Bestandsaufnahme von allen unerfüllten Wünschen, die du immer noch irgendwo in irgendwelchen versteckten Bereichen mit dir herumträgst. Und solange du all das noch festhältst, ist der Wunsch nach Befreiung Illusion.

Mit wieviel Prozent nährst du diesen Wunsch? Er muss vollständig aufgedeckt werden, das sind hundert Prozent. Nicht der Versuch einer übermenschlichen Anstrengung, sondern die einfache Aufdeckung des wahren Willens, indem du bereit bist, dir absolut die Wahrheit zu sagen. Und wenn es irgendwelche Wünsche gibt, die du gerne noch verfolgen möchtest und die dir wichtiger sind, gehe ihnen nach. Tue es, lebe das, wenn du es willst. Aber mache nicht dieses Fünfzig-Prozent-Spiel, dieses Vorgeben, einerseits an Spiritualität interessiert zu sein, andererseits aber auch nicht. Es ist gut, wenn du den Wunsch hast, irgendetwas noch vollkommen ausleben zu wollen, was du dir bisher verboten hast – tue es einfach. Das ist kein Problem.

Im Gegenteil, dadurch dass du es mitträgst und nicht auslebst, wird es nur im Unterbewusstsein zementiert und legt die Sicht auf das, was du wirklich willst, nicht frei. Oft ist es so, dass die Befriedigung unerfüllter Wünsche erst erfahren werden muss als nicht zur Erfüllung, nicht zur Befreiung führend, und erst dann ist der Geist bereit zu sehen: »Das war es also auch nicht.«

Es gibt viel Scheinheiligkeit des Geistes, viel Scheinheiligkeit unter spirituell Suchenden, die sich etwas vormachen, anstatt bereit zu sein, wenn irgendwelche Wünsche da sind, dazu zu stehen, sie zu leben und dann eben zu prüfen, ob es das war, was sie wirklich wollten. Denn es nützt ja nichts, wenn du spirituell korrekt bist und das wünschst, was der Lehrer will, nämlich, dass du nur nach Befreiung suchst, weil du das als ein Konzept annimmst. Es muss aus *dir* heraus entstehen, aus der Bereitschaft, dich zu fragen, was ist es, was du in der Tiefe deines Herzens willst, wirklich, nicht irgendwie, sondern wirklich. Dieser *wahre Wille* ist unpersönlich. Er ist frei.

Bei der Frage »Was will ich wirklich?« komme ich an einen Punkt, an dem ich eine unheimliche Sehnsucht spüre, sonst gar nichts.

Wenn du mit dieser Sehnsucht in Kontakt bist, tue nichts, sei damit. Diese Sehnsucht ist wie ein Trichter, der alles Unwissen, alles Leiden, alle Konzepte, letztlich die ganze Welt in sich aufnimmt und einsaugt, und was bleibt, ist nur das Herz selbst. Du brauchst nichts zu tun. Du brauchst nichts zu tun, um diese Sehnsucht zu unterstützen, du brauchst nichts zu tun, um sie aufrechtzuerhalten. Gib nur das Tun auf, das dich in irgendwelche anderen unerfüllten Bedürfnisse bringt. Denn das Tun – das wirst du sofort bestätigen können – führt dich weg von der

Wahrnehmung und dem Sein in oder mit dieser Sehnsucht. Unterbinde alles, was dich wegführt und sei einfach damit, weiter nichts, und bezeuge, was geschieht. Sehr einfach. Diese Sehnsucht verzehrt Gedanken, sie verzehrt alles.

♌

Kann der Rückzug des Bewusstseins von der Außenwelt nach innen auch ein rein selbstsüchtiger Prozess sein, der noch nichts mit der eigentlichen endgültigen Bereitschaft zu tun hat?

Es kann sehr wohl sein, dass die Rückrichtung der Aufmerksamkeit nach innen von Absichten gesteuert wird, die nichts mit wahrer Bereitschaft zur Selbstbefreiung zu tun haben, sondern lediglich die Linderung des Leidens anstreben – was zunächst eine wesentliche Absicht von hundert Prozent der Suchenden ist, würde ich sagen. Denn die Linderung des Leidens ist erst einmal der Hauptbeweggrund, um überhaupt zu suchen. Insofern ist dieser Beweggrund der wichtige initiale Motor. Auf der Suche jedoch kann es geschehen, und es geschieht in den meisten Fällen, dass der Geist auf den verschiedensten Ebenen von Bequemlichkeit landet, weil Bequemlichkeit mit Abwesenheit von Leiden verwechselt wird, und es gibt sehr subtile Ebenen von Bequemlichkeit. Sogar das vorübergehende Gefühl von Glückseligkeit kann von der Bequemlichkeit des denkenden Geistes in Anspruch genommen werden, um dort zu landen, aus der Nichtbereitschaft heraus, Leiden vollkommen zu beenden.

Tatsächlich geht es nicht um Linderung, sondern um völlige Aufgabe. Der denkende Geist hat die Tendenz, sich mit bestimmten relativen Resultaten zufriedenzugeben. Genau wie du vorhin sagtest: »Ach, eigentlich bin ich schon ganz zufrieden mit dem, was ich erreicht habe. Ich kann mit einem Gefühl in Verbindung treten, welches sich dem Ursprung schon sehr nahe anfühlt, nämlich diese ›Schwärze‹, und ich bin schon ganz zufrieden mit dem, was ich erreicht habe.« Das ist eben der Unterschied zwischen Linderung, die diejenigen erlangen, die ihr ganzes Leben nur Kompromisse eingehen und denjenigen, die vollkommen radikal und bereit sind, alles aufzugeben und keinerlei Kompromisse mehr einzugehen. Das sind diejenigen, die *alles* wollen. Denn um Erleuchtung zu wollen, um vollkommene Selbstbefreiung zu wollen, musst du offensichtlich *alles* wollen. Du darfst dich nicht mit dem Wenigen zufriedengeben. Aber der Geist hat die Neigung, sich mit Wenigem zufriedenzugeben, weil er an sich ein Mangelsyndrom ist. Er funktioniert aus einem Mangel, und jemand, der aus einem Mangel funktioniert, kann auch nur Mangel erreichen. Selbst wenn er – auf bestimmten Workshops, die sich mit positivem Denken beschäftigen – vorgibt, vorübergehend Überflussdenken zu entwickeln, wird er letztlich auf einer tiefen Identifikation mit Mangel aufbauen.

Es gibt diesen unbekannten Urgrund der göttlichen Energie, die diesen denkenden Geist speist, und aus unbekannten Gründen kann es sein, dass dieser Urgrund von Shakti durch dieses Mangelsyndrom hindurch aufsteigt. Dann kann die Bereitschaft da sein, wirklich alles aufzugeben. Oder von der anderen Seite betrachtet: Es kann der Wille da sein, *alles* zu bekommen – aber nicht so, wie sich normale Menschen das vorstellen, im Sinne von: alles Geld oder den besten Partner usw., sondern *alles* in dem Sinne, dass Leiden beendet wird. *Alles* haben ist Sein.

ℌ

Du kannst dem Wunsch, frei zu sein, nicht vollkommen Ausdruck verleihen, solange dir der Schatten oder der Gegenspieler dieses Wunsches – d.h. der Wunsch, unfrei zu sein – nicht vollkommen bewusst ist. Wenn der Wunsch, frei zu sein, endlich als einziger authentischer Wunsch in vollkommenem Bewusstsein auftauchen kann, wenn keine Aufmerksamkeit, keine Energie mehr von diesem Wunsch abgespalten wird, ist dieser Wunsch selbst frei. Vorher richtet sich ein Teil der Aufmerksamkeit auf den Wunsch frei zu sein, und ein anderer Teil wird immer abgespalten zu dem Wunsch, unfrei zu sein – »unterbewusst« nennt man das. Das heißt: Du schläfst. Das ist alles. Du läufst herum, hältst dir die Augen zu, hältst dir die Ohren zu und hältst dir den Mund zu: Das ist »unterbewusst«. Wenn du dir nicht mehr aktiv Augen, Ohren und Mund zuhalten würdest, gäbe es auch kein Unterbewusstsein. Hast du Zugang zu dem Wunsch, unfrei zu sein?

Ich beginne zu ahnen, dass er existiert.

Ja, das ist der Moment, wo er beginnt, aus der Täuschung des Unterbewusstseins aufzutauchen. Das ist bereits der Moment, wo du beginnst, dich aus dem Schatten zu befreien, und damit wird die Energie freigesetzt, die auf deinen wirklichen Wunsch gerichtet werden kann, falls du erkennst, dass es dein wirklicher Wunsch ist. Gerade wenn du im formellen Satsang mit diesem Wunsch konfrontiert wirst und wenn dieser Wunsch stärker ins Bewusstsein gehoben wird, schläft auch der Gegenspieler nicht, und es gilt, äußerst wachsam zu sein, denn in gewisser Weise wird auch der Wunsch, unfrei zu sein, sich Gehör verschaffen wollen. Er wird auftauchen. Du brauchst nur darauf warten. Plötzlich bricht er ein. Die ganze Menschheit wird beherrscht von dem Wunsch, unfrei sein zu wollen. Das ist ein Rätsel.

ᔕ

Du bist nicht im Kontakt zu dem tiefsten Wunsch. Du landest irgendwo in irgendwelchen anderen Wünschen, und das ist das immer wiederkehrende Problem. Und da du nicht im Kontakt bist mit dem wirklichen Wunsch, geht dieser auch nicht in Erfüllung. Es gibt ganz, ganz wenige Menschen, die mit dem Wunsch vollkommen in Kontakt sind, Leiden zu beenden. Es ist die absolute Ausnahme, so jemandem überhaupt zu begegnen. Fast alle – auch spirituell Suchende und solche, die sich dafür halten – haben andere unerfüllte Wünsche, an denen sie festhalten. Vielleicht haben sie *auch* den Wunsch, Leiden zu beenden. Aber das ist kein Wunsch, der *auch* da sein kann. Das ist der Wunsch, der entweder *ausschließlich* da ist oder nicht. Wenn ich sage *ausschließlich*, dann meine ich nicht zu neunundneunzig Prozent, sondern zu hundert Prozent, d.h. du bist bereit, diesem Wunsch bedingungslos zu begegnen! Wenn du ihm nicht bedingungslos begegnest, kein Problem, für niemanden ein Problem. Nur dass ich dir vorhersage, dass es nicht dieser Wunsch ist, der in Erfüllung gehen wird. In dem Moment, wo du diesem Wunsch nicht hundert Prozent gibst, sondern neunundneunzig Prozent, geht mysteriöser Weise das eine Prozent in Erfüllung. Es ist das eigentliche Mysterium, dass niemand diesem Wunsch hundert Prozent gibt. Vielleicht gibt es einige, die mit diesem Wunsch kokettieren, die ein bisschen spielen mit dem Wunsch und ihn intellektuell in Erwägung ziehen. Es gibt Suchende, die diesen Wunsch auch berühren, aber zurückkehren zu anderen Wünschen. Die Versuchung ist zu groß, die die anderen Wünsche dir – scheinbar – zu bieten haben, und in der Versuchung liegt natürlich die Täuschung von Erfüllung. Aber die Erfüllung tritt nicht ein. Du kannst dich glücklich schätzen, wenn du den wirklichen Wunsch in dir ausmachen kannst, wenn du Zugang dazu bekommst, dass dieser eine Wunsch tiefer ist als jeder andere Wunsch.

Warum will ich diesen einen Wunsch nicht sehen?

Weil du immer noch auf die Erfüllung der anderen Wünsche hoffst und darauf wartest, dass sie in Erfüllung gehen. Das ist ein Teil des Mechanismus von unerfüllten Wünschen, die Hoffnung auf Erfüllung in der Zukunft. Aber dieser eine Wunsch, von dem ich spreche, ist kein Wunsch, der sich in der Zukunft erfüllt, es ist ein Wunsch, der sich *jetzt* erfüllt! Alle anderen Wünsche, denen du noch Ausdruck verleihst, sind Wünsche, die sich in der Zukunft erfüllen – angeblich. Aber wann ist Zukunft?

Es hört sich oft für mich so an, als ob Du mit anderen Worten sagst, ich weigere mich.

Es stimmt, ich sage, dass du dich weigerst. Es klingt absurd und möglicherweise unverständlich für den Geist, aber es ist nicht so, dass das, wovon ich spreche, nicht in diesem Moment für dich vollkommen verfügbar wäre. Es ist tatsächlich so, dass es nach wie vor Kräfte in dir gibt, die aus verschiedensten Gründen nicht vollkommen daran interessiert sind. Du sagst, »...sonst würde ich hier nicht sitzen«. Das ist richtig, und du sitzt hier, um an den Punkt zu gelangen, alles zu geben, alle anderen Wünsche aufzugeben, die du an die Welt hast, die du an andere hast, die du an dich selbst hast, die du an irgendetwas oder irgendjemanden hast. Und nichts kann darüber gesagt werden, wann du an diesen Punkt gelangst – vielleicht jetzt. Natürlich wird der Geist sagen: »Ich hab' doch schon so viel aufgegeben.« Aber ich spreche eben nicht davon, »viel« aufzugeben.

Der Geist lebt seinem Wesen nach vom Mangel, und jeder, der sich mit diesem Geist identifiziert, lebt auf irgendeine Art und Weise vom Mangel. Es ist nicht möglich, diesen Mangel auszugleichen oder zu transformieren. Es gibt nur die Möglichkeit, zu dem Punkt zu gelangen, an dem du bereit bist, alles zu geben, alles aufzugeben, was an Wünschen festgehalten wird. Und das ist kein Prozess, sondern das ist ein Moment. Das ist der Moment spiritueller Reife. Das ist der Moment, in dem du das Bettlerdasein satt hast, den Überlebenskampf, den vergeblichen Kampf um Anerkennung, den Kampf um Macht, um Überlegenheit, und was auch immer der Geist dir an Erfüllung versprechenden Zielen vorgaukelt. Und genau dieser Moment ist es, den du bei all denjenigen immer wieder finden wirst, die diesen natürlichen Zustand inneren Glücks erreichten. Wie Poonjaji einmal sagte: »it needs a prince to wake up« – du musst ein Prinz sein, um aufzuwachen.

Ist der Wunsch nach Freiheit nicht auch noch ein letztes Konzept, was sich der Geist aufbaut?

Ja, aber solange du das Gefühl hast, dass ein Konzept dich in der Befreiung tiefer führt, benutzt du dieses Konzept. Ramana vergleicht es mit dem Zweig, mit dem ein Feuer entfacht wird und der letztlich auch im Feuer verbrennt. Diese Wahl wird getroffen und dann wird auch die Wahl selbst verbrennen. Der Wunsch nach Freiheit ist auch ein Konzept, aber vielleicht das einzige förderliche Konzept.

♌

Du sprichst häufig davon, dass all die Konzepte und Emotionen, die Leiden bringen, einfach im Bewusstsein »verbrennen« können. Wie kann dieses Feuer entfacht werden?

Wenn ich sage, dass es möglich ist, alles was im Bewusstsein erscheint, einfach erscheinen und verbrennen zu lassen, ohne es anzufassen, dann ist das keine Technik, die der Geist lernen könnte. Es ist ja ein Kniff, den der Geist gerade auf dem spirituellen Weg immer wieder anwendet: »Was mache ich, um mich zu zerstören, um meine Realität auszulöschen? Ich werde jetzt einmal meditieren. Dann werde ich verschiedenste Techniken lernen, die mich läutern, die mich reinigen. Dann werde ich den Körper reinigen, und Gefühlsklärungs-Seminare machen, und dann werde ich bereit sein.«

Das ist der immer wieder gerne gesehene Scherz, den Ramana als den Polizisten beschrieben hat, der sich als Räuber verkleidet und sich selbst jagt. Alles, was ich sage, kann als Technik missverstanden werden.

Es gibt keine Technik, die veranlassen könnte, dass irgendetwas im Bewusstsein verbrennt, anstatt Karma zu verursachen. Das Verbrennen *geschieht*. Es ist Sehnsucht. Sehnsucht ist wie ein Feuer, und dieses Feuer verbrennt alles. Es verbrennt deine gesamte, nie wirkliche, persönliche Geschichte, es verbrennt Gefühle, Vorstellungen und Bilder. Um bei diesem Bild zu bleiben: Es ist möglich, dieses Feuer, diese Flamme, die nie erloschen ist, neu zu entfachen. Das ist der bewusste Impuls der Suche nach Wahrheit. Es gibt genug Nahrung für diese Flamme, und sie brennt von selbst, wenn du sie in Ruhe lässt. Diese Flamme ist wie ein sich vertiefender Sog. Es ist deine Tendenz, diesem

Sog lateral auszuweichen, in Gedanken, in Automatismen, Gewohnheiten, Gefühlen und dich irgendwo festzuhalten. Deswegen findet diese Bewegung, die in die Tiefe führt, nicht statt, und das Brennen wird immer wieder unterbrochen. Dieses Brennen ist nichts weiter als das Brennen der reinen Sehnsucht. Und das Schwierige scheint tatsächlich zu sein, die Flamme anzuzünden. Das ist das einzig Schwierige. Darin besteht die einzige Schwierigkeit: *Diese* Flamme anzuzünden und nicht andere Flammen. Denn der Geist hat andere Feuer am Brennen, andere Sehnsüchte, Wünsche und Interessen. Nur ist das nicht das Verbrennen, von dem ich spreche.

Die anderen Flammen, die brennen, sind das, was man Karma nennt. Das ist dieser ewige Kreislauf von falschen Sehnsüchten und Begierden, denen sich der Geist hingegeben hat, die dann Konsequenzen erfordern und die sich vor allem nie erfüllen. Und wenn eine Sehnsucht nicht erfüllt wird, dann geht der Geist auf die nächste Ebene. Und da geht die Spiralbewegung weiter: eine unendliche Spirale von Sehnsüchten, die nie erfüllt werden. Sie werden nie erfüllt, aber jedes Mal, wenn sie nicht erfüllt werden, bleibt ein Quäntchen an Glaubwürdigkeit bestehen, was dir die Hoffnung gibt, dass sie noch erfüllt werden. Dieses Fünkchen Hoffnung lässt all die anderen Flammen am Brennen und hält dich davon ab, diese einzige Flamme zu entfachen, die der bewusste Impuls zur Suche nach vollkommener Selbstbefreiung ist. Und selbst dann gibt es noch alle möglichen Strategien, die versuchen, diese Flamme daran zu hindern wie ein Sog in die Tiefe zu gehen und alles zu verbrennen. Dennoch – wenn diese Flamme einmal entfacht ist, gibt es letztlich nichts mehr, was das Feuer löschen könnte, denn dann brennt es tatsächlich von selbst. Das Problem ist, diese Flamme zu entfachen. Das Problem ist, das wirklich zu wollen, denn daran scheitert es oft.

Du sagst, es ist die Flamme, die die Suche nach Selbstbefreiung am Leben hält. Aber reicht nicht die Erkenntnis, dass es gar keine Suche gibt und dass einfach die Flamme da ist?

Ich habe nicht gesagt, dass die Flamme die Suche nach Selbsterkenntnis aufrechterhält. Ich habe gesagt, dass der Moment, in dem diese Flamme entzündet wird, der aktive, initiale Moment der Suche ist und dass von dem Moment an alles von selbst geschieht und die Flamme der Prozess des Verbrennens ist. Dieser Prozess des Verbrennens ist nicht das, was der Geist unter Suchen versteht. Verbrennen hat überhaupt nichts mit Suchen zu tun.

Ja, das hatte mich irritiert.

Paradoxerweise geschieht dieses Verbrennen, ohne dass es jemanden gibt, der suchen muss. Es kann nicht vorhergesagt werden, wie lange dieses Verbrennen geschieht, wie intensiv es wird und wann es beendet ist.

Sterben ins Unbekannte

Tatsächlich geht es um etwas, dem gegenüber du vollkommen blind warst, etwas, was du nicht sehen kannst, etwas, auf das die Worte nur hindeuten, etwas, das nicht verstanden werden kann, etwas, das unsichtbar ist und etwas, das dir so nah ist, dass du es eben nicht sehen kannst, weil es das ist, was du *bist*. Die Aufmerksamkeit ist auf das Objekt gerichtet, immer auf irgendein Objekt gerichtet. Das ist deine Gewohnheit, die Gewohnheit eines jeden Menschen. Dadurch dass die Aufmerksamkeit auf ein Objekt gerichtet ist, entsteht überhaupt erst die »Welt«. Die »Welt« entsteht dadurch, dass die Aufmerksamkeit auf sie gerichtet ist. Und du bist blind dem gegenüber, der denkt, dem gegenüber, der fühlt, dem gegenüber, der all diesen Objekten das Leben schenkt, in diesem Moment. Es erfordert vollkommene Bereitschaft und Reife, jedes Objekt hinter sich zu lassen, es ist die Bereitschaft zu sterben. Gedanken sind auch Objekte, und Objekte bieten die scheinbare Möglichkeit, dem Sterben zu entkommen. Aus diesem Grunde gibt es ein ständiges Festhalten an Objekten jeglicher Art, ob diese Objekte nun außen sind oder angeblich innen, spielt überhaupt keine Rolle. Aber es geht um dieses Sterben, die Bereitschaft zu sterben. Was bist du bereit aufzugeben? Was bist du bereit, hinter dir zu lassen?

Jede Anhaftung an dem vergänglichen Körper oder an Gedanken und Gefühlen führt zwangsläufig zu irgendeiner Art von Ent-täuschung. Menschen leben dafür. Sie leben für die Vergänglichkeit, und der Geist tut so, als wenn der Tod in weiter Ferne sei, aber der Tod ist greifbar nahe. Es geht darum, *jetzt* bereit zu sein zu sterben. Der Geist macht dir auch auf sehr glaubwürdige Weise vor, dass etwas Schreckliches, etwas Grauenhaftes passiert, wenn der Körper stirbt. Ich las einmal den Bericht eines Schiffbrüchigen, der auf der Fähre war, die im Winter 1996 mit 900 Leuten untergegangen ist, und er beschrieb diesen Moment im kalten Wasser, diese unwahrscheinliche Panik, diesen Terror, diese unheimliche Selbstverkrampfung vor dem Tod. Er ist dann offensichtlich nicht gestorben, sonst hätte er den Bericht nicht schreiben können, das ist klar. Aber was interessant war, war der Moment, in dem die Aufgabe dieser Todesverkrampfung geschah. Das war der Moment, in dem dieser Mann – der vermutlich noch nie irgendwelche spirituellen Erlebnisse gehabt oder auf der Suche gewesen war – Glückseligkeit erfuhr. Und diese Glückseligkeit transzendierte vollkommen den Schmerz des kalten Wassers und alles. Das war der Moment, in dem er bereit war zu sterben. Und das ist tatsächlich das große Paradox, dass einzig aus der Bereitschaft zu sterben das Leben voll erfahren werden kann: das vollkommene Leben. Danach sucht der Geist ja, indem er den Tod – ganz subtil oder ganz plump – immer ausblenden will. Aber das Sterben findet jetzt statt.

Was bin ich bereit, sterben zu lassen? Ich erinnere mich selbst daran, als ich mir diese Frage das erste Mal stellte. Wir brauchen gar nicht beim Körper anzufangen, es fing schon beim Auto an, mit den profansten Kleinigkeiten fing es an. Es scheint absurd zu sein, aber in gewisser Weise erschien es mir so, dass es schlimmer war, wenn gewisse »Habseligkeiten« sterben würden, als wenn der Körper sterben würde.

Es kostet dich eine ständige Anspannung, eine ständige Verkrampfung, dich gegen das zwangsläufige Sterben zu behaupten. Aber in der vollkommenen Bereitschaft zu sterben liegt das Tor zur Glückseligkeit. Wenn dieser Körper genommen werden muss, wenn er geopfert werden muss, muss er geopfert werden. Genauso wie täglich viele Lebewesen dafür geopfert werden müssen, damit dieser Organismus am Leben bleibt. Das ist ein vollkommen natürlicher Vorgang.

Das Nicht-Selbst ist das, was radikal zurückgewiesen wird. Das ist das, was ich mit der Bereitschaft zu sterben meinte. Das ist der Moment, in dem aus der vollkommenen Bereitschaft zur Erkenntnis der Körper zurückgewiesen wird, Gefühle zurückgewiesen werden, die Sinne zurückgewiesen werden und Gedanken zurückgewiesen werden, um dann zu erkennen, was bleibt. Und das, was bleibt, ist die *Wirklichkeit.* Aber das kann weder geglaubt noch gewusst werden. Das kann nur *direkt* erfahren werden. Solange nicht die vollkommene Bereitschaft zu sterben da ist, wird es irgendetwas geben, was dich an der »Welt« anhaften lässt. Das ist nicht schlimm, denn viele Menschen spielen dieses Spiel. Fast alle.

Ich rede nicht von Askese. Eigentlich hat es damit gar nichts zu tun. Ich rede nicht davon, asketisch zu leben. Wenn ich sage »zurückweisen«, bedeutet das nicht eine Handlung. Zurückweisen, im spirituellen Sinne, ist keine Handlung. Zurückweisen bedeutet, die Aufmerksamkeit zurückzunehmen.

♌

Satsang ist kein Weg. Satsang ist die Beendigung eines jeden Weges. Wer hat dir erzählt, dass es einen Weg zu gehen gibt? Wo ist der Weg? Ich kann ihn nicht sehen. Der Weg steht geschrieben in Büchern und er steht geschrieben im Geiste.

Der Weg ist Zeit.

Ja, wo ist Zeit? Wo ist sie? Du musst sie mir zeigen. Es geht um Erforschung. Die Bereitschaft, wirklich und vollkommen und klar zu erforschen. Und all das, was sich in der Erforschung als Täuschung erweist, wird zurückgewiesen. Das ist Rücksichtslosigkeit. Es bedarf einer gewissen Rücksichts-losigkeit.

Was sagst du einem Menschen, der Krebs hat?

Dem sage ich genau das gleiche. Der Krebs greift den Körper an, aber der Krebs wird nie *dich* angreifen. Aber das kannst du nicht »glauben« oder »nicht glauben«.

Das kann ich sehen.

Das kannst du erfahren. Der Körper wird sowieso sterben. Ob er durch Krebs stirbt oder durch irgendetwas anderes. Das eigentliche Drama, was entsteht, wenn eine schwere körperliche Krankheit da ist, ist der tiefe Terror, dass ich der Körper bin und dass, wenn der Körper stirbt, *ich* sterbe. Und es geht darum, diesem Terror ins Gesicht zu sehen, anstatt ein Drama um die Krankheit zu machen. Die Krankheit ist die Möglichkeit aufzuwachen, genauso wie alles die Möglichkeit sein kann, vollkommen aufzuwachen. Alles, was auch immer es ist, ob gut, ob schlecht, kann als Möglichkeit gesehen werden, vollkommen aus diesem Traum aufzuwachen. Und dazu bedarf es keines Verstehens. Dazu bedarf es der vollkommenen Sehnsucht, der Bereitschaft, alles andere zurückzuweisen, und daraus entsteht das, was ich eben Rücksichtslosigkeit nannte. Das ist auch das, was die wenigen unterscheidet von der Masse an Menschen, die Kompromisse eingehen und sich in dieses Gemauschel des Geistes einkaufen. Die frei sein wollen – aber: »Ich habe auch noch andere Dinge zu tun. Wie soll ich denn …? Ich habe Freunde, ich habe einen Mann, ich habe Kinder …«. Der Geist findet immer irgendetwas.

Buddha hat ein schönes Leben gehabt. Es gab überhaupt keinen Grund für ihn, das Schloss zurückzuweisen, seine Frau und sein Kind zurückzuweisen. Es gab nichts, was äußerlich irgendeinen Anlass gegeben hätte, sie zurückzuweisen. Aber dennoch gab es irgendetwas Unbegreifliches, einen tiefen Drang, einen Sog, der ihn drängte, frei zu sein und all das zu tun, was jener Moment dafür verlangte. Ramana saß am Fuße des Berges Arunachala in Stille, vollkommen versunken in Meditation. Da kam seine Mutter, nachdem sie ihn Jahre später endlich gefunden hatte, und hat ihn angefleht und geweint, er solle doch nach Hause kommen und zu seiner Familie zurückkehren. Ramana ist einfach in Stille sitzen geblieben. Jahre später dann ist sie seine Schülerin geworden und hat die vollkommene Befreiung erlangt.

ꝭ

Kannst Du etwas über Kompromisslosigkeit sagen?

Das ist die Kraft Shivas. Das ist die Bereitschaft zur Zerstörung, und das ist das, was ich etwas provokant die spirituelle Gewaltbereitschaft genannt habe. Es ist die Bereitschaft, diese Gewalt, die so viele pervertierte Formen angenommen hat, in ihrem Kern zu erfahren und sie als die Kraft Shivas zu erkennen, die Ignoranz zerstört und mit einem Schwert durchtrennt. Ich erinnere mich noch genau an diesen Moment, als ich diese Kraft erfuhr, die gebunden gewesen war an Angst und alle möglichen Konzepte von sozialer oder persönlicher Existenz, die plötzlich in dem Moment in den Hintergrund traten, als diese Kompromisslosigkeit auftauchte. Und ich schrieb an Gangaji: »Die Zeit der Kompromisse ist vorüber!«

Das ist der Moment, wo du wirklich bereit bist, allein zu sein. Dieses Alleinsein ist ganz offensichtlich jenseits von Beziehung, denn jede Beziehung auf Objekte ist letztlich eine Vermeidung von Alleinsein. Und ich weiß, du verstehst, was ich meine. Viele werden etwas missverstehen, so als ginge es darum, sich von Menschen abzuwenden. Aber das ist nicht das, was ich meine. Die anderen Menschen sind nicht das, was sie zu sein scheinen, und du bist auch nicht das, was du zu sein scheinst. Und diese Beziehung ist nichts als eine Beziehung zwischen dem Schein und dem Schein. Es ist gar nicht eine Beziehung zwischen dir und einem anderen Menschen, denn zwischen dir und einem anderen Menschen gibt es keine Beziehung. Du bist vollkommen ohne Beziehung zu irgendetwas.

Diese Kompromisslosigkeit, die ich des Öfteren auch Rücksichtslosigkeit nenne, ist die Kraft, welche die Beziehung – die letztlich nichts anderes ist als deine Beziehung zum Schein, deine Beziehung zu Bildern und Rollen – durchtrennt. Und dazu gehört auch die Bereitschaft, das Gefallenwollen aufzugeben, die Bereitschaft anzuecken, denn es ist nicht zwangsläufig so, dass es vom Geist – denn andere Menschen identifizieren sich mit diesem Geist – unbedingt geschätzt wird. Wenn diese Kraft Shivas auftritt und in Wahrheit *ist*, kann das Widerstand hervorrufen, Staub aufwirbeln. Und in dieser Beziehungs-losigkeit wirst du ganz natürlich den Kontakt zu Menschen suchen, durch die das *Selbst* scheint. Das ist die einzige Beziehung, die es überhaupt gibt. Alle anderen Beziehungen sind leere Konzepte, Konzepte wie Mutter, Vater, Kind, Familie, Freund, Freundin, Verlobter, Partner usw. Das sind Konzepte des Geistes. Bleib mit dieser Kompromisslosigkeit, denn diese Kompromisslosigkeit ist es, die wirklich bereit ist, alles zu geben und alles hinter sich zu lassen. Und dann steigst du aus aus dem Gefängnis der Kleinheit, das der Geist aufbaut: Ich und meine Beziehungen, ich und meine kleine »Welt«. Du öffnest dich für die Großartigkeit des Selbst ohne Beziehung, ohne Haftung.

Lehrer und Schüler in der Nicht-Lehre

Ich, der zu dir spricht, ist nicht der Körper. Ich, der zu dir spricht, ist dein *Selbst*. Ich, der spricht, ist *in dir*. Kein Lehrer wird dir sagen, dass er außerhalb von dir ist, kein wirklicher Lehrer. Du kannst mich mit deinen Sinnen und deinen Augen und deinen Gedanken nicht sehen. Was du sehen kannst, ist der Körper. Und was du sehen kannst, ist vielleicht die Aura, die Ausstrahlung, das Verhalten: alles Masken meines Selbst, Masken deines Selbst. Und solange du deine Aufmerksamkeit auf das richtest, wirst du *mich* nicht sehen, denn du kannst *mich* nur in dir sehen, wenn du aufhörst, den Versuch zu machen, mit den Augen zu sehen. Es ist ein Sehen mit dem Herzen, es ist ein Sehen in der Stille, denn *ich*, der spricht, ist derselbe, der lauscht. Aber das kann niemals verstanden werden. Ich habe nie gesagt, dass ich anders bin als du oder dass ich verschieden bin von dir, auch wenn es so erscheint. Alles was ich sage ist:

Ich bin das, was du bist, was alle sind, und es spielt keine Rolle, wie meine Persönlichkeit ist. Denn in dem Moment, wo du versuchst, *mich* zu sehen, wirst du meine Persönlichkeit sehen. Und dann wirst du dich entweder an dieser Persönlichkeit reiben oder sie mit der Persönlichkeit eines anderen Lehrers vergleichen. All das sind Formen meines Selbst, Formen deines Selbst. Die Form ist nicht der Lehrer.

Krishnamurti hat einmal gesagt: »Meine Persönlichkeit, die du jetzt siehst, ist vollkommen unerheblich für das, was mitgeteilt wird.« Indem du eine Vorstellung davon hast, wie die

Persönlichkeit ist, sein sollte, nicht sein dürfte, kannst du dem Lehrer nie begegnen. Ich erinnere mich daran, wie Gangaji einmal sagte, dass sie auch immer wieder der Vorstellung begegnet, Erleuchtung könne nicht in Form einer Frau auftreten, was natürlich vollkommen absurd ist. Aber das sind Vorstellungen, die sehr tief bis ins kollektive Unterbewusstsein durchgedrungen sind. Die Vorstellung des weisen Mannes mit einem weißen Bart in einer Höhle eines Berges im Himalaya erscheint zunächst als eine naive Vorstellung, aber sie ist Teil dessen, was ich das kollektive Erleuchtungstrauma nenne, eines Urmissverständnisses, an dem westliche Sucher auch heute noch immer haften, tief unterbewusst. Und auf diese Art und Weise vermeidest du es, deinem *Selbst* zu begegnen. Jetzt!

ᘓ

Wie definierst Du einen spirituellen »Lehrer«? Gibt es einen Unterschied zwischen Lehrer und Meister?

Das ist eine reine Frage der Terminologie. Ich lehne mich an die Terminologie an, die Poonjaji benutzte, und das ist die Terminologie von Lehrer und Prediger. Danach hat ein wahrer Lehrer in der Essenz nichts zu lehren. Poonjaji bezeichnete Lehrer, die sich mit Konzeptlehren als echte Lehrer ausgeben, als Prediger.

Es gibt viele Lehrer – ich würde sagen, fast alle – die auf den verschiedensten Ebenen des Verständnisses lehren, und ich würde sie auch als Prediger bezeichnen, solange sie etwas lehren. Das können Therapeuten sein, das können Lehrer sein, die aus bestimmten Traditionen lehren, es können Lehrer sein, die nicht traditionell lehren, es spielt keine Rolle. Es gibt keine allgemeine Regel darüber. Ich selbst hatte das Glück, an einen Lehrer zu geraten, durch den das finale Wissen vermittelt wurde. Lehrer, durch die das finale Wissen vermittelt wird, sind zu finden wie Nadeln in einem Heuhaufen. Es spielt keine Rolle, ob ein Lehrer behauptet, er sei erleuchtet oder nicht. Derjenige, der behauptet, er sei erleuchtet, ist ohnehin nicht erleuchtet, und derjenige, der nicht behauptet, er sei erleuchtet, ist auch nicht erleuchtet.

Ein Prediger lehrt Konzepte, ein Lehrer *leert* Konzepte.

Ein Lehrer, der außerhalb von Konzepten lehrt, kann durchaus auch – um auf begrenzte Verständnisebenen des Suchenden einzugehen – vorübergehend innerhalb von Konzepten lehren, vorübergehend. Der Lehrer geht immer auf die Verständnisebene des Suchenden ein. Aber nicht, um eine bestimmte Konzeptebene als letzte Stufe des Wissens darzustellen, sondern lediglich, um den denkenden Geist vorübergehend zufriedenzustellen und ihn dann auf die nächsthöherere Stufe zu führen.

Dann kann nur jemand, der die höchste Wahrheit realisiert hat, einen Prediger von einem wahren Lehrer unterscheiden?

Es gibt für den denkenden Geist keine letztendliche Möglichkeit der Unterscheidung, weil der denkende Geist nur innerhalb seines Systems, seines Verständnisrahmens sehen, denken und verstehen kann. Genaugenommen ist es so, dass die Frage, wie ein wahrer Lehrer von einem falschen Lehrer zu unterscheiden ist, ohnehin eine Frage ist, die der denkende Geist stellt und die daher theoretisch ist.

Wenn die authentische Sehnsucht nach Befreiung einen Grad erreicht, der alle anderen Sehnsüchte oder Begierden übersteigt, wird diese Sehnsucht ihren Weg zu einem Lehrer finden. Auch sogenannte falsche Lehrer oder Prediger erfüllen ja ihren vollkommenen Zweck auf einer bestimmten Ebene von Erkenntnis oder besser gesagt von Verstehen, einem Verstehen, das meistens auf der Ebene von Spiegelungen innerhalb der Struktur, innerhalb des denkenden Geistes stattfindet.

Vielleicht kannst Du aus Deinem eigenen Leben, etwa mit früheren Lehrern, beschreiben, wie so eine Spiegelung aussieht?

Ich war nicht auf der Suche nach Freiheit. Ich war auf der Suche nach einer verqueren Idee von Macht oder Magie, und diese Suche spiegelte sich dann in einem Lehrer, der ebenfalls mit diesen Mächten arbeitete, der sich selbst aus seiner eigenen falschen Struktur heraus damit identifizierte und der sehr viel mit Machtmissbrauch arbeitete. *Miss*brauch und *Ge*brauch sind letztlich dasselbe. Ich kann so weit gehen zu sagen, es gibt keinen Machtmissbrauch in dem Sinne, aber in jedem Falle wurde aus dem Verständnis seiner Struktur sehr klar, dass das Ganze eine Spiegelung aus dem Schatten meines Geistes war, die sich dann in diesem Verhältnis spiegelte mit der Möglichkeit, sie zu erkennen und tiefer zu gehen.

Jeder findet den perfekten Lehrer. Das, was als die Person des Lehrers auftritt, ist ohnehin nichts anderes ist als eine Reflektion der Ebene des Verständnisses des Suchenden. Insofern ist es ein ganz natürlich funktionierender Prozess, dass *der Lehrer* sich für jeden denkenden Geist in der Form manifestiert, die in dem Moment angemessen und notwendig ist, um eine bestimmte Verständnisebene zu erreichen. So gesehen ist die ganze Frage der Suche nach dem idealen Lehrer, dem echten Lehrer, theoretisch und überflüssig. Es ist nicht möglich, mit den Mitteln des denkenden Geistes *den Lehrer* zu finden. Sondern es wird ganz natürlich immer der Lehrer gefunden, der auf der Ebene lehrt, die in diesem Moment für den Geist des Suchenden zugänglich ist und der jeweiligen Ebene von Reinheit entspricht. Oder negativ ausgedrückt, der Ebene von Arroganz des Suchenden.

Es gibt ja Ratgeber, in denen Scharlatane von authentischen Lehrern unterschieden werden. Ich denke z.B. an das Buch von Ken Wilber »Gurus und Menschenfänger«, in dem bestimmte Kriterien aufgestellt werden. Würdest Du sagen, dass das völliger Unsinn ist?

Nenn mir ein Kriterium.

Ein Kriterium, von dem Wilber spricht, ist, dass man unterscheiden muss zwischen einer prärationalen und einer nachrationalen Ebene, die äußerlich sehr ähnlich sind. Prärational wäre, bevor sich überhaupt der Verstand entwickelt hat. Es gab bereits im Kind und auch in frühen Kulturen eine Phase, wo der Geist noch nicht ausschlaggebend war.

Das sind also scheinbare Prä-Ego-Zustände, die häufig bei Naturvölkern auftreten und die auch bei sehr einfachen Landmenschen eine Rolle spielen, die ein sehr einfaches Leben führen. Durch solche Menschen können ganz natürlich essentielle Qualitäten wie z.B. Güte, Freundlichkeit, selbstloses Handeln, auftreten, ohne dass sie aus einer Realisation stammen. Und es gibt Lehrer, die aus diesen prärationalen Zuständen heraus agieren und auch authentische Qualitäten, authentische Tugenden verkörpern.

Ich müsste das noch etwas weiter ausführen. Nach Ken Wilber gehört zu einem authentischen Lehrer, dass er auffordert, an seiner Autorität zu zweifeln und nicht auffordert, an seine Autorität zu glauben. Glaube wäre prärational. Und das findet sich heute oft, gerade im Esoterik-Markt und im New-Age, wobei dieses »An-Etwas-Glauben« sehr viele verschiedene Formen annehmen kann.

Wie gesagt, ein wahrer Lehrer lehrt nichts. Punkt. Was willst du da für Kriterien aufstellen? Das beinhaltet alles. Glauben: Was soll denn geglaubt werden?

Zum Beispiel, dass der Lehrer über ein höheres Wissen verfügt als ich als Schüler. Das ist eine Annahme, die sich in einen enormen Glauben, in ein großes Vertrauen steigern kann.

Ja, das ist Ignoranz, welche irgendetwas lehrt. Lehren kommen immer vom Geist. Es gibt keine Lehren, die nicht vom Geist kommen. Es ist ganz oft so, dass der denkende Geist natürliche, essentielle Qualitäten, die man auch als Tugenden bezeichnen könnte, lehrt, obwohl diese in Wirklichkeit nichts weiter sind als Nebenprodukte von Realisation, natürliche Folgeerscheinungen. Tugenden können nicht gelehrt werden. Der Geist kann nicht lernen, ein »guter Mensch« zu werden. In Wahrheit gibt es kein Ich, welches ein Konzept davon haben könnte, dass »man« irgendwelche Tugenden verfolgen müsste, dass man ein guter Mensch sein müsste, sondern das »Gutsein« ist die natürliche Emanation des Selbst, wenn jeder Versuch, gut zu sein, und jeder Versuch, schlecht zu sein, jedes Tun aufgegeben wird. In der Stille des *No-Mind* gibt es keinen Impuls und keine Notwendigkeit mehr zu »bösen Taten«, z.B. Menschen umzubringen oder dergleichen. Die Antriebsmotoren, die aus der Ignoranz stammen, wie Gier, Habsucht, Stolz, Eitelkeit usw. lösen sich auf, wenn sie nicht berührt werden. Sie haben keine wirkliche

Substanz. Und wenn diese Antriebsmotoren wegfallen, dann ist »Gutsein« ganz natürlich, wobei sich dieses Gutsein nach wie vor in der Welt der Polaritäten manifestiert. Das bedeutet aber nicht, dass beispielsweise immer eine freundliche oder liebevolle Qualität da sein muss.

So wie der Mind sie sich vorstellt.

Richtig, wie der denkende Geist sie sich vorstellt. Denn jede Qualität muss sich ja in der Polarität manifestieren. Es gibt diese naiv-kindliche Vorstellung von Erleuchtung – und alle Vorstellungen von Erleuchtung sind in gewisser Weise naiv und kindlich – dass Erleuchtung ein Zustand des ewigen Lächelns ist oder ein Zustand, in dem Unangenehmes und Negatives keinen Raum mehr haben. Alles hat Raum. Nur: In dem Moment, in dem es nichts oder niemanden gibt, der sich mit diesen Zuständen identifiziert, sprich anhaftet, werden solche Zustände nicht künstlich aufrechterhalten, z.B. tiefe Frustration oder Depression, Verbitterung, Verhärmtheit oder anhaltende Unzufriedenheit. All das sind ja Zustände, die keinesfalls aus dem natürlichen Fluss stammen, sondern die dadurch zustande kommen, dass eine aus dem SEIN hervorspringende Qualität, die man auch dem negativen Pol zurechnen könnte und die ganz natürlich ist, festgehalten und in eine Geschichte des denkenden Geistes eingestanzt wird. Dann entsteht eine Prägung in Zeit und Raum. Und diese Zustände werden nicht nur künstlich aufrechterhalten, sondern gleichzeitig noch vertieft, intensiviert, dramatisiert und möglicherweise sogar versteinert.

♌

Diese Nicht-Lehre hat etwas Frustrierendes an sich. Was soll ich tun? Oder was soll ich nicht tun? Es gibt keine Hilfsmittel dabei. Dann kommen immer diese Gefühle von Verwirrung und Hoffnungslosigkeit.

Dass es nichts zu tun gibt, wird natürlich vom Geist sofort als ein Konzept von »Nichts-Tun« aufgefasst. Aber das *Konzept* von Nichts-Tun ist nicht *Nicht-Tun* selbst. Nichts zu tun heißt, das zu tun, was zu tun ist.

Und wer sagt, was zu tun ist?

Das Leben sagt, was zu tun ist. Das Leben ist der Lehrer. Wenn du mit der Nicht-Lehre in Kontakt kommst, heißt es ja nicht, dass sich der Lehrer zurückzieht. Frustration und Resignation sind natürlich Empfindungen, die aus dem Gefühl heraus auftauchen, dass du nicht mit dem Lehrer in Kontakt bist, sprich nicht mit dem *Selbst* in Kontakt bist, dass du nicht vollkommen in Umarmung bist mit deinem wahren Lehrer. Du fühlst dich einsam, du fühlst dich verlassen. Die Nicht-Lehre verlässt die Lehre des denkenden Geistes, aber in der Nicht-Lehre verlässt nicht der Lehrer dich. Das ist dein Missverständnis. Dein Lehrer lehrt dich nach wie vor. Oder man könnte auch sagen, er zeigt dir deine Anhaftung an der falschen Lehre. Frustration, Resignation, Hoffnungslosigkeit kommen ja aus der Lehre – aus der *Lehre*, nicht aus der Leere.

Es beweist, dass du in Wirklichkeit mit der Lehre in Kontakt bist, anstatt mit der Nicht-Lehre. Verstehst du die Absurdität? Es erscheint so, als wärest du mit der Nicht-Lehre in Kontakt, aber dann kommt Hoffnungslosigkeit, Frustration und Resignation, und schon bist du wieder in die Lehre gefallen. Diese

Zustände selbst kommen aus der Lehre! Du weißt zwar nicht, von wem du es genau gelehrt bekommst, aber du bist offensichtlich wieder in der Lehre.

Wenn man die Frustration und Verwirrung mit dazu zählt.

Die muss man dazu zählen. Das ist ja gerade die Lehre des falschen Lehrers, den ich auch als den Geist bezeichne.

Ich schmunzle immer über Suchende, die jede Schüler-Lehrer-Beziehung ablehnen, die die Abhängigkeit von einem Guru ablehnen und sich keinesfalls darüber bewusst sind, dass sie längst in der Lehre sind. Sie sind ständig in der Lehre. Von einem Lehrer wirst du ständig gelehrt, und dieser Lehrer lehrt durch Denken und falsche Emotionen. Diesem Lehrer folgst du ständig. Dieser Lehrer lehrt z.B. durch Angst, oder wie kommst du darauf, dass das kein Lehrer ist? Angst, Misstrauen, Eifersucht, Gier, Zorn, Stolz, Arroganz, das ist ein Lehrer, und von diesem Lehrer beziehst du ständig Lehre, ohne sie auf ihren Wahrheitsgehalt zu prüfen.

Es ist diese Dimension des falschen Lehrers, die in der Konfrontation mit der *Nicht-Lehre* ans Licht kommt, die immer dann ans Tageslicht kommt, wenn der Fokus darauf liegt, nichts zu tun, sprich: in Meditation zu sein. In Meditation taucht alles auf, zwangsläufig. Die gesammelten Konzepte des falschen Lehrers werden in der Stille der Meditation auftauchen. Und das kann natürlich äußerst unbequem sein. Es ist unbequem. Wenn du dann jedoch mit der Person des Lehrers in Verbindung stehst, wird er dich darin unterstützen, diese falsche Lehre als solche zu erkennen, zurückzuweisen und tiefer in die *Nicht-Lehre* einzutauchen. Warum sollten solche Gefühle nicht Teil einer Lehre sein? Selbstverständlich sind sie das. Lehre kommt ja nicht von außen. Lehre wird im Außen durch Sekten, Religionen oder Philosophien nur reflektiert, aber es handelt sich natürlich um eine innere falsche Lehre. Insofern ist der Ansatz, im Außen nach echten und falschen Lehren zu suchen, verständlich, aber leider verfehlt, denn er leugnet die Dimension des inneren falschen Lehrers. Er bezieht sich zu stark auf die Reflektion und nimmt somit die Verantwortung vom Suchenden. Es ist ohnehin der richtige Lehrer, der sich im Außen reflektieren wird, denn es gibt gar nicht die Möglichkeit, dass sich in einem Spiegel etwas Falsches zeigt. Wenn du in einen Spiegel schaust, was für Alternativen gibt es? Wie kann sich in einem Spiegel nicht das zeigen, was in den Spiegel hereingegeben wird? Insofern geht doch diese ganze Suche nach den richtigen und falschen Lehrern im Außen am Wesentlichen vorbei.

Also zusammenfassend: Es gibt nur einen falschen Lehrer, das ist der Geist.

So ist es.

Der denkende Geist mit seinen Konzepten. Der wahre Lehrer ist das SELBST.

Das ist richtig. Es ist das *Selbst*, es ist das Herz, Atman, wie auch immer du es nennen möchtest. Ich nenne den wahren Lehrer den Zen-Lehrer. Das ist der Lehrer, der im No-Mind lehrt, der Lehrer, der aus der Stille lehrt, der in die Stille führt und der jegliches Konzept von Lehre transzendiert.

Also die Stille selbst.

Ja, es ist die Stille selbst.

Nebenbei gesagt, halte ich ganz bestimmte Punkte von Ken Wilber für beachtenswert, wenn er beispielsweise sagt, dass der wahre Lehrer, der sich durch eine Person zeigt, nicht von Menschen verlangen wird, ihm zu glauben, sondern die Suchenden immer wieder auf sich selber zurückwerfen wird. Dass er sie mit Zweifeln, auch mit Zweifeln an seiner Person – die ja niemals Zweifel an ihm sind, sondern Zweifel an der Reflektion – konfrontieren wird, letztlich mit der Absicht, sie in die Stille zu führen. Er wird sie immer auf sich selbst zurückwerfen und niemals versuchen, eine Beziehung zwischen der Identifikation eines Lehrers und der Identifikation eines Schülers zu zementieren.

Dennoch möchte ich darauf hinweisen, dass es mehr als gefährlich ist, überhaupt irgendwelche Regeln für wahre und falsche Lehrer aufzustellen. Ich halte den Ansatz insgesamt, wie ich bereits begründet habe, für verfehlt und am Wesentlichen vorbei. Auch aus dem Wissen heraus, dass keinerlei Verhalten – weder die Art und Weise, wie sich ein Lehrer verhält noch was ein Lehrer sagt – irgendein Maßstab sein kann. Wer lehrt, dass Verhalten ein Maßstab für die Integrität eines Lehrers sein *muss*, denn wie sollte sie sonst sichtbar sein, hat ein mangelndes Verständnis über die Funktionsweise des Egos, über die Funktionsweise des Geistes, der jedes Verhalten ohnehin perfekt imitieren kann. Heiligkeit und Scheinheiligkeit sind für den denkenden Geist zunächst einmal nicht auseinanderzuhalten. Kopien können perfekt sein. Natürlich, wenn du einen amerikanischen Fernsehprediger siehst, wirst du nicht unbedingt ein Problem damit haben, Heiligkeit von Scheinheiligkeit zu unterscheiden. Du vielleicht nicht, aber viele andere. Du würdest vielleicht auf einer ganz anderen Ebene von Verständnis ein Problem damit haben, Heiligkeit von Scheinheiligkeit zu trennen.

Das kann ich ja letztlich nur, wenn in mir keine Zweifel aufkommen, wenn ich weiß, wer dieser Lehrer ist. – Ich bin auch oft an dem Punkt gewesen, wo ich mich gefragt habe: Ist das jetzt ein wahrer Lehrer? Ist er jetzt authentisch oder nicht? Und wenn dann Stille da ist, stellt sich die Frage gar nicht mehr.

Es gibt mit den Mitteln des denkenden Geistes keine Möglichkeit, einen authentischen Lehrer von einem falschen Lehrer, sprich Prediger zu unterscheiden, einen Lehrer, der aus der Leere lehrt, von einem Lehrer, der aus einem Konzept lehrt. Dennoch gibt es die Möglichkeit – wenn jemand wirklich bereit ist, auch nur für einen Moment vollkommen ins Herz zu versinken, ohne Vorstellung, ohne jede Anhaftung, ohne jede Beziehung, ohne Glauben und ohne Zweifel – wenn jemand bereit ist, vollkommen in Stille zu verweilen, dann ist in dieser Stille das Wissen enthalten, ohne dass es in dieser Stille ein Ich gibt, welches das weiß. Wenn du für einen Moment offen bist, dich auf diese Stille einzulassen, auch wenn du sie nur berührst – so berührst du in dem Moment das, was der Lehrer ist. Das heißt, es gibt in dem Moment keinen Unterschied zwischen dir und dem Lehrer. Das Wissen muss also enthalten sein. In dieser Stille ist es möglich zu unterscheiden oder zu wissen, ob es sich um einen Lehrer handelt, der keine Person ist, also ob es sich um *Ihn* handelt oder um Verzerrungen Seiner selbst. Denn letztlich handelt es sich immer um ein und denselben Lehrer.

Alle Prediger sind auch nur Reflektionen dieses Einen Lehrers, nur dass es eben Verzerrungen gibt, die aus dem Eingriff eines scheinbar individuell denkenden Geistes stammen, der in seiner Scheinrealität noch nicht ausgelöscht ist. Und wenn das der Fall ist, dann wird die reine Nicht-Lehre durch bestimmte versteckte Motive verzerrt und verfälscht, sie wird zur »Lehre«.

Diese Verzerrung kann sehr subtil werden, wie man zum Beispiel über das Enneagramm sehen kann. Es ist für mich eine der wesentlichen Erkenntnisse über Ego-Strukturen, dass es ein Ego gibt, welches durch Selbstverleugnung oder noch allgemeiner durch Selbstvergessenheit auf hohe pseudospirituelle Ebenen aufsteigen kann. Und solch ein Ego kann natürlich, wie man sich leicht vorstellen kann, durch Personen von Heiligen auftreten, die dann scheinbar in selbstloser Liebe agieren, die keinerlei Ansprüche für die Person haben usw. Aber aus diesem Wissen um die Funktionsweise eines Egos, das durch fast vollkommene Selbstvergessenheit agiert, das auf einer sehr tiefen Ebene versteckt nach wie vor Zorn bzw. unterdrückte Instinkte mit sich trägt, aus diesem Wissen heraus ist es möglich zu sehen, dass ein Ego aus einer prärationalen Stufe agiert, die eine Art von Verschmelzung darstellt, eine Art nicht realisiertes Einheitsbewusstsein, das aber nicht durch bestimmte Phasen der Trennungsindividuation gegangen ist.

Sobald irgendeine Form von Identifizierung stattfindet, auch wenn es auf scheinbar noch so hohen Ebenen geschieht, sobald eine Identität mit der Rolle des spirituellen Lehrers besteht, entsteht sofort Leiden. Leiden muss sofort entstehen, weil Abgrenzung entsteht, weil Du und Ich entsteht, weil das Ich entsteht, das sich *immer* für etwas Besonderes hält. Denn »jetzt bin ich der Lehrer und deshalb bin ich etwas Besonderes«. Solange es eine Identifizierung mit der Rolle des Schülers gibt, entsteht auch Leiden, »denn ich habe das nicht, was er – der Lehrer – hat«. Nun ist es natürlich so, dass Identitäten sehr verlockend sind, insbesondere in den Momenten, wo Rollen gespielt werden, die mächtig sind, die Geltung bekommen, die wichtig sind – es gibt noch viele andere Möglichkeiten von Rollen, die immer gerne aufgegriffen werden.

Ein Lehrer wird auch immer nur das lehren, was seinem eigenen begrenzten Verständnis entspricht. Es ist nicht möglich, auch nicht konzeptionell, tiefer zu gehen als das Verständnis aus der eigenen Struktur. Und solange es eigene Struktur im Sinne eines denkenden Geistes gibt, wird diese Struktur auch eine bestimmte Lehre entwickeln, die sich der Realität annähert.

ᘛ

Auch auf einen Lehrer bezogen gibt es eine natürliche Anziehung oder Abstoßung, was seine Persönlichkeit betrifft, wobei man zu dieser authentischen Ebene von Anziehung und Abstoßung zunächst einmal keinen Zugang hat. Diese Ebene ist ja von diversesten Schleiern aus dem Spiel von Identifikation und Projektion, aus der eigenen falschen Charakterstruktur überlagert. Im authentischen Sinne wird Abstoßung empfunden, im neurotischen Sinne – dem »normalen« Zustand – wird daraus Ablehnung. Und diese Ablehnung ist natürlich niemals eine Ablehnung der Persönlichkeit des Lehrers, sondern eine Ablehnung dessen, was auf die Persönlichkeit des Lehrers projiziert wird. Im System des denkenden Geistes bist du zwangsläufig in diesem Spiel durch Identifikation und Projektion gefangen. In dem Moment, wo du denkst – ich meine nicht das praktische Denken im Dienste der täglichen Arbeit – in dem Moment bist du zwangsläufig in diesem System. Dann wirst du folglich auch in deiner Beziehung zum Lehrer in diesem System gefangen sein.

Mir erscheint es sehr wertvoll, das zu nutzen, was ich als den westlichen Beitrag zur spirituellen Befreiung bezeichne, d.h. das Wissen um die Funktionsweise und die Inhalte falscher Charakterstrukturen. Dieses Wissen ist meines Erachtens im Osten eher unbekannt und wird auch in Indien nicht benutzt. Dadurch wird in Kauf genommen, dass es über lange Strecken zu einer falschen Beziehung zwischen Lehrer und Schüler kommt. Genaugenommen kommt es überhaupt nicht zu einer Beziehung zwischen Lehrer und Schüler, weil das, was normalerweise als Beziehung zwischen Lehrer und Schüler bezeichnet wird, nichts anderes ist als die Beziehung zwischen Schüler und Schüler innerhalb seiner selbst, innerhalb seiner Projektionen, sprich innerhalb der Falschheit seiner selbst. Die Person des Lehrers dient als Projektionsfläche und wird sozusagen vom Sein selbst auch als solche benutzt, damit Erkenntnis geschehen kann. Der Lehrer stellt sich als Projektionsfläche zur Verfügung, als Fläche, an der Reibung geschehen kann, und wenn Reibung geschehen kann, ist Bewegung da, und wenn Bewegung da ist, kann Erkenntnis geschehen.

♌

Es heißt oft: Der Lehrer ist der Geliebte.

Ja, der Lehrer ist der Geliebte. Das heißt aber nicht unbedingt, dass die Person des Lehrers in diesem Sinne als Geliebter auftreten muss. Es heißt auch nicht, dass sie nicht als Geliebter auftreten kann. Es gibt eben keinerlei Regel darüber. Der wahre Lehrer wird letztlich niemals die Illusion unterstützen, dass es eine Beziehung gibt zwischen dem Schüler und dem Lehrer. Natürlich werden diese Illusionen auftreten, weil der Schüler, der sich selbst mit dem Körper identifiziert, auch mit der Person des Lehrers eine Beziehung haben wird, und diese Beziehung wird geprägt sein durch Projektionen.

Die Liebe des Lehrers ist nicht ein Gefühl von Liebe, das mit jedem Menschen auf dieselbe Art in Beziehung tritt. Es ist Liebe da, aber nicht unbedingt ein Gefühl von Liebe. Liebe ist im Zustand des *No-Mind* ganz natürlich. Sie hat vielfältigste Formen. Aber in dem Moment, wo der Geist Vorstellungen von Liebe hat – und der Geist hat immer Vorstellungen von Liebe und zwar genau die Vorstellungen, die Liebe nicht erlauben – vermeidet er die wahre Beziehung zur Liebe im Sein. Es ist die Reife des Geistes des Schülers, die ihn dazu befähigt, tiefer zu schauen als die Persönlichkeit. In gewisser Weise kann man sagen, dass die Persönlichkeit eines Lehrers ein Test ist, eine Prüfung, die den Schüler genau damit konfrontiert, ob er blind entweder in die Widerstände innerhalb der falschen Struktur hineinfällt oder auf der anderen Seite blind in eine Art von Verliebtsein mit der Persönlichkeit verfällt. Diese beiden Möglichkeiten gibt es im Extrem: Arroganz oder Anbetung, bzw. Selbstverleugnung. Und auch das ist wieder sehr schön sichtbar durch die verschiedenen Charakterstrukturen, in welche Tendenz der Schüler verfallen wird. In jedem Fall ist es eine Prüfung und eine Herausforderung, an der sich zeigt, ob du wirklich bereit bist, tiefer zu gehen als diese Ebene von Ablehnung und Anziehung, die neurotisch und damit unwesentlich ist.

Kannst Du bitte etwas über Hingabe sagen?

Der denkende Geist kann Hingabe nicht verstehen. Er versteht Hingabe als Aufgabe oder Unterwerfung, wobei Hingabe so aussehen kann wie Unterwerfung. Es ist eine sehr heikle Angelegenheit. In gewisser Weise beinhaltet Unterwerfung auch Hingabe. Doch in Wirklichkeit ist Unterwerfung nie vollkommen. In ihrem Kern verbirgt sie immer einen Widerstand.

Hingabe ist der Weg des Herzens. Hingabe ist die Hingabe an einen Lehrer, den du möglicherweise zunächst als Außen wahrnimmst. Und der Lehrer wird dich genau dahin führen, dass es zwischen dir und ihm keinen Unterschied gibt. Hingabe ist die Aufgabe eines jeglichen Widerstandes, und er wird genau diese Widerstände auf den Plan rufen. Er ruft sie hervor, damit du sie aufgeben kannst. Er ruft sie hervor, weil Widerstände nicht im Bewusstsein zugänglich sind. Die wirklichen Widerstände, die der Geist gegen das Glücklichsein hat, sind im Alltagsbewusstsein nicht zugänglich. Die Widerstände tauchen auf, wenn der Geist mit einem Lehrer konfrontiert wird. Und dann gibt es diese Gabelung: Entweder er ist reif und bereit, tiefer zu gehen als die Widerstände, oder er wird über die Widerstände in die Projektion gehen, und er wird dem Lehrer den Rücken zukehren. Der Lehrer wird es dadurch prüfen, dass er diese Widerstände hervorruft, irgendwann.

Hingabe kann nicht gelehrt werden. Ein wahrer Lehrer wird den Suchenden auf die eine oder andere Weise mit den Tendenzen in Berührung bringen, die Leiden für ihn verursachen. Und wenn die Identifikation mit diesen Tendenzen, diesen Vorstellungen, Bildern usw. nachlässt, dann ist das, was bleibt, ganz natürlich Hingabe.

Du bescheinigst dem Geist eine gewisse Reife zur Hingabe?

Der Geist hat die Reife und die höchsten spirituellen Qualitäten, die ihn zu der Bereitschaft befähigen, aufzuwachen. Es ist so, dass diese Qualitäten tatsächlich im Geist angelegt sind und der menschliche Geist ist der einzige, scheinbar individuell existierende Geist, der diese Qualität hat und weit genug in der Evolution fortgeschritten ist, um diesen Qualitäten Ausdruck verleihen zu können. Das ist das unglaubliche Potential, das im menschlichen Geist enthalten ist, jedoch ungenutzt und brachliegend – warum auch immer. Aber die Reife ist da.

Es ist doch so, dass der Geist diese Realisation nicht vollbringen kann.

Nein, die Realisation selbst kann er nicht vollbringen, aber er kann die Bereitschaft dafür entwickeln. Die Reife, die ich meine, lässt dich bereit sein, aus einer tieferen Sehnsucht oder auch aus einer tieferen Schau heraus, durch diese falschen Strukturen hindurchzusehen. Dann kannst du dir bewusst sein, dass du beispielsweise in einem Moment, wo Widerstand auftritt, nicht vollkommen damit identifiziert sein musst. Der nichtreife Geist, der noch nicht bereit ist, zwischen Realität und Nichtrealität zu unterscheiden, wird die Tendenz haben, sich blind damit zu identifizieren und dann blind in Projektionen, sprich in Widerstand zum Lehrer oder zu dem, was er glaubt, was der Lehrer ist, zu gehen.

Was ist dann Reife? Ist es das Erreichen eines bestimmten Stadiums im Laufe einer Evolution?

Reife kann nur innerhalb der Evolution betrachtet werden. Ich würde es genauso ausdrücken, dass sie ein bestimmtes Stadium innerhalb einer Evolution ist, besser gesagt, innerhalb der Involution des menschlichen Geistes. Aber das Problem mit dem Begriff der Evolution oder der Involution ist immer, dass in dem Moment, in dem ich von Evolution spreche, der Geist Evolution als einen Ablauf in der Zeit sieht, der kontinuierlich und vorhersehbar ist, also bekannten Gesetzen folgt. In dem Moment hat er keinen Zugang dazu, dass auch die Evolution im Grunde den Gesetzmäßigkeiten des Chaos unterliegt. Das bedeutet, dass der Geist in diesem Moment – wenn wir auf der Ebene von Raum und Zeit bleiben – vollkommen unreif und in vollkommenem

Widerstand erscheinen kann. Nach Konzepten der Evolution, die du dann Büchern entnehmen könntest (z.B. Ken Wilber), müsste er erst einmal diese und jene Phasen durchlaufen. Das wird er auch tun, allerdings weißt du nicht, in welchem Zeitraum. Das können 2 Sekunden sein oder 2 Jahre oder 200 Jahre oder 2000 Jahre, du weißt es nicht. Es gibt Menschen, die der Realisation sehr nahe zu sein oder sehr bereit zu sein scheinen. Dann gibt es andere Menschen, von deren Arroganz und Selbstherrlichkeit du dich total abgestoßen fühlst. Aber von einem Moment auf den anderen kann sich alles ändern. So war es bei mir durch den Autounfall.

Es gibt Menschen, die auf einer relativen Ebene, sprich innerhalb des geschlossenen Systems des denkenden Geistes, fortgeschrittene Ebenen erreicht haben, aber dort auf ewig anhaften und bei denen dann keine Entwicklung mehr stattfindet. Häufig – das ist meine Erfahrung – haben Menschen innerhalb des geschlossenen Systems den denkenden Geist noch gar nicht verlassen und einfach fortgeschrittene Ebenen von Verständnis erreicht, und genau das wird dann zur Verhärtung und zur Falle. Dann besteht keine Bereitschaft mehr zu unterscheiden. Auf einer sehr fortgeschrittenen Ebene wird dann genau diese Bereitschaft zur Unterscheidung, im Englischen »discrimination«, untergraben. Besonders gefährlich ist es, wenn der Geist sich in der Lehrer- oder Therapeutenrolle befindet, ohne mit einem realisierten Guru in direktem Kontakt zu sein. Dann kann sich das Ego durch spirituelles Konzeptwissen und Gelehrsamkeit ausdrücken, also Ebenen, die auch für die meisten Suchenden nicht mehr differenzierbar sind, weil sie so subtil sind. Sie sind dann nur noch differenzierbar für Menschen, die eine ähnliche Stufe erreicht oder überschritten haben. Aber wie gesagt, all diese sogenannten Stufen gibt es in der Wirklichkeit des *No-Mind* nicht, sie existieren lediglich innerhalb der geschlossenen Seifenblase des denkenden Geistes. Jemand, der an die Existenz dieser Stufen wirklich *glaubt,* hat dieses System nicht verlassen. Durch die Person eines Lehrers kann eine tief berührende Ausstrahlung von Liebe da sein. Das ist aber nicht zwangsläufig ein Zeichen von Realisation. Es kann ein Zustand von »unbewusster Erleuchtung« sein, Prä-Egostadien, die auch das Ego sind. Solange es den denkenden Geist und eine Identifikation damit gibt, gibt es die Blindheit gegenüber der Blindheit – auch wenn die Blindheit gegenüber der Blindheit nur minimal ist. Sie versteckt sich, aber es muss sie geben. Denn der denkende Geist ist zunächst durch Blindheit gekennzeichnet.

♌

Siehst Du Dich als Zen-Meister?

Zen – ja. Meister – nein.

Warum sollte ich mich überhaupt als »Meister« bezeichnen? Alles, was ich sagen kann ist, dass ich die Gewöhnlichkeit dessen lebe, was *ich bin*. Das ist alles.

Wenn jemand in der Gewöhnlichkeit dessen lebt, was er ist, dann ist es diese Gewöhnlichkeit, die Liebe von Sat-Chit-Ananda, die strahlt und die der Menschheit dient. In welcher Form das sein wird, kann nicht vorhergesagt werden.

Es gibt keine Pflicht eines Lehrers der Welt gegenüber. Es gibt kein Bodhisattva-Gelübde, es gibt keine Pflicht, »formellen Satsang« zu geben, es gibt auch keine Pflicht, bestimmte Handlungen zu tun und andere zu unterlassen, denn das ist die »Lehre«, die aus der Unerleuchtung der Ratio kommt. Es gibt eben keine Lehre mehr, und in dieser *Nicht-Lehre* und im Leben von *Nicht-*

Lehre werden alle diejenigen, die mit diesem Lehrer Kontakt haben, geistig und emotional still. Sie werden einfach still. Der Geist wird still, und das ist ein ganz natürlicher Prozess. Auch wenn zunächst einmal das Gegenteil passieren mag und Staub im Geiste aufgewirbelt werden kann, weil der »Schlamm«, der sich auf dem Grunde des Sees abgesetzt hat, einfach an die Oberfläche gelangt – zum Beispiel bei jemandem, der sich lange totgestellt hat in dem See und jetzt anfängt, sich zu bewegen ... Aber im Wesentlichen ist es nichts anderes als die Übertragung von *No-Mind*. Natürlich kann die Konfrontation mit dem denkenden Geist, der sich in jeder Art und Weise für etwas Besonderes hält, zunächst einmal heftig werden, denn mächtige Kräfte des denkenden Geistes haben paradoxerweise eben kein Interesse daran, in Frieden zu sein.

Jetzt gebe ich formellen Satsang, aber das könnte sich jederzeit verändern. Es ist nicht so, dass da ein Ich ist, welches das Leiden der Welt erlösen will und die neue Weltenlehre verbreiten muss.

Alles ist vollkommen, so wie es ist, und manche, die erwacht sind, haben sich zurückgezogen und ein ganz normales Leben geführt. In gewisser Weise füge ich mich auch in ein ganz normales Leben ein. Ich verspüre keinen Impuls, mir irgendwelche Gewänder überzuziehen, einen Ashram zu gründen oder mich aus dem gewöhnlichen Leben zurückzuziehen. Ich empfinde es überhaupt nicht als irgendetwas Besonderes, das zu sein, was *ich bin*. Dieses Konzept von Besonderheit wird von Schülern erzeugt und dann auf den Lehrer übertragen. Es ist letztlich die eigene Arroganz, die eigene Identifikation mit Besonderheit, die auf den Lehrer übertragen wird und dann auch noch dazu führt, dass der Geist des Schülers sich an die Person des Lehrers haftet und nach wie vor in Selbstverleugnung verharrt.

Das Potential, diese Autorität, um Erfahrung in Wahrheit zu machen, ist in dir, und wenn du zu einem Lehrer gehst und glaubst der Lehrer ist im Außen, dann wirst du die Tendenz haben, dieses Potential an Autorität auf den Lehrer im Außen zu übertragen, um damit wieder eine Erfahrung zu vermeiden. Es ist so bequem, einfach zu *glauben*, was angebliche Autoritäten zu sagen haben. So entstehen dann Anhängerschaften, die alle *glauben*, was irgendjemand sagt. Das Potential und die vollkommene Autorität zur Erkenntnis sind in dir.

Bei vielen Lehrern, bei denen die Realisation des *Ich-Bin* nicht vollkommen ist und bestimmte Strukturen der Charakter-fixierungen nach wie vor arbeiten, wird die Versuchung von Macht groß, weil die Schüler diese Besonderheit auf die Person des Lehrers projizieren und der Person scheinbar Macht geben. Macht ist eben eine große Versuchung für das Ego. Viele Lehrer erliegen in nicht vollkommener Erkenntnis des Selbst noch dem Schein, dass es eine Beziehung zwischen Lehrer und Schüler gibt und übertragen daraus umgekehrt einen Machtwunsch, einen Bindungswunsch an die Schüler. Der wahre Lehrer, der das *Selbst* ist, hat überhaupt keinen Bindungswunsch an irgendetwas oder irgendjemanden.

Ich will nichts von dir, und du willst nichts von mir. Das ist die Wahrheit. Welche Erleichterung.

Würdest Du Dich denn überhaupt als Lehrer bezeichnen?

Ein Lehrer wird sich nicht als Lehrer identifizieren, weil die Identifikation mit einem Lehrer eine Begrenzung wäre. Warum sollte ich mich als Lehrer identifizieren und das, was *ich bin*, auf dieses Bild begrenzen?

Genau aus dem Grund, den Du vorhin erwähntest, dass ein Lehrer sich auf die Ebene der Sucher einstellt, denn warum gibt er sonst Satsang oder schreibt Bücher oder bietet bestimmte Kurse an?

Du nimmst an, dass es eine bestimmte Absicht dafür gibt, formellen Satsang zu geben, richtig? Absichtsvolles Handeln ist Handeln, das aus Gedanken entsteht. Der normal denkende Geist hat erst eine Absicht, und aus dieser Absicht entsteht dann eine Handlung. Das ist nicht der Ablauf, wie er sich im natürlichen Sein und im Lehrer vollzieht. Es gibt kein »Warum« für die spirituelle Handlung des Lehrers. Sie geschieht nicht aus einer Absicht des Denkens, sondern sie entsteht aus der *Absicht des Seins*, und die Absicht des Seins benötigt keine Verzerrung, keinen Umweg über Gedanken.

Aber was ist dem ersten Satsang, den Du gehalten hast, vorausgegangen? War da nicht irgendein Gedanke: »So, an dem und dem Tag wird das jetzt angesetzt«?

Ja, natürlich, aber dieser Gedanke, der konkret für die Planung des Satsangs zuständig war, ist ein Gedanke aus dem arbeitenden Geist, um den Begriff von Ramesh zu verwenden, welcher sich dann damit auseinandersetzen muss, konkret etwas umzusetzen. Selbstverständlich kann auch ein Gedanke kommen, der dann die Absicht des Seins kommentiert. Nur ist es nicht so, dass der *Gedanke* als Absicht fungiert, der eine Handlung als Konsequenz mit sich bringt, sondern es ist vielmehr so, dass eine Absicht aus dem *Sein* bereits da ist und dann von einem Gedanken kommentiert wird, der aber keinerlei Macht über die Konsequenz dessen hat, was sowieso geschieht.

Ich verstehe, worauf Du hinaus willst: Nicht der Verstand oder Geist ist der Auslöser, sondern der Impuls kommt von einer tieferen Ebene – das Wissen ist da und wird jetzt vermittelt.

Das ist eine komplizierte Ausdrucksweise, denn es gibt weder Erklärungen noch Begründungen. Es gibt nur den unpersönlichen Impuls, der das vollkommene Wissen darüber beinhaltet, was zu geschehen hat. Und dieser Impuls steigt auf und beginnt, sich zu manifestieren. Der arbeitende Geist ist dann das Instrument dieses Selbst und dient dem Selbst, um diesen Impuls in Funktion umzusetzen. Und dafür benutzt der arbeitende Geist dann auch Gedanken. Gedanken, die sich konkret damit beschäftigen, wie die Dinge jetzt praktisch umzusetzen sind. Und diese Gedanken, die sich damit beschäftigen, sind nicht von einem Geist, der als Individuum existiert, nicht getrennt von der Quelle, die die Absicht gegeben hat. Es sind vielmehr Gedanken, die aus derselben Quelle kommen. – Wo findet denn Satsang statt? Findet er bei Poonjaji statt?

Überall.

Ich habe den Eindruck, dass die Erkenntnis, dass Satsang wirklich und vollkommen in dir stattfindet, oft geleugnet wird. Hier sitzt niemand, der Satsang hält, der Gründe dafür hat oder keine Gründe. Es wäre schlimm, wenn da jemand wäre, der Gründe dafür hätte. Denn dann gäbe es ein Interesse daran, Satsang zu geben oder nicht zu geben. Wenn morgen der Fluss zeigt, dass Satsang nicht gegeben wird, dann wird Satsang nicht gegeben.

Würdest Du noch näher die Beziehung zu Gangaji beschreiben, zu Deiner Lehrerin?

Zu Gangaji habe ich eben keine Beziehung mehr, denn Beziehungen, wie wir sie verstehen, kannst du nur zu Spiegelungen haben, aber nicht zu dem, was *Ich bin*. Das Liebesverhältnis zwischen dir und dem *Selbst* reflektiert sich in der Essenz in dieser »Beziehung« zur Person des Lehrers, durch die die Flamme übertragen wird. Sie ist jedoch keine Beziehung, weil es niemanden gibt, der sich bezieht. Aber ich kann und werde Gangaji niemals den Rücken kehren.

Würdest Du denn diese beziehungslose Beziehung überhaupt als Lehrer-Schüler-Verhältnis beschreiben?

Nein. Nicht wirklich. Ja und nein. Es ist kein Lehrer-Schüler-Verhältnis wie es unter Suchenden verstanden wird, in dem es eine Person gibt, die sich als Lehrer identifiziert und eine Person, die sich als Schüler identifiziert. Dennoch ist in mir die Bewusstheit von Gangaji als der reinen Manifestation des Lehrers.

Von »Deiner« Seite aus betrachtet.

In Gangaji, die ich sehe. Mein *Selbst* tritt in dieser Form auf, um mich zu lehren. Die Lehre endet ja nicht, die reine Lehre, die Nicht-Lehre, wird weitergeführt. Solange dieser Organismus sich manifestiert, wird auch die Lehre weitergeführt. Es gibt keinen Endpunkt von Lehre. Realisation ist kein Endpunkt von Lehre. Es ist ein Endpunkt von Leiden, aber nicht von Lehre.

Könnte auch der Fall eintreten, dass so wie Gangaji Lehrerin für Dich ist, auch Du Lehrerin für sie bist, dass es ein Wechselverhältnis ist?

Ich kann diese Frage nicht beantworten. Ich weiß, dass sie mir mal geschrieben hat, dass der Briefkontakt, den wir lange Zeit über Satsang hatten, ihren Satsang sehr inspiriert hat. Aber ich könnte dir diese Frage nicht beantworten. Ich empfinde es nicht als eine Lehrer-Schüler-Beziehung, und trotzdem ist sie meine Lehrerin und wird es auch immer bleiben. Es ist wieder mal das Paradox der beziehungslosen Beziehung, und so ist auch die lehrerlose und schülerlose Lehrer-Schüler-Beziehung nicht mehr zu beschreiben.

Hat jemand Gangaji oder Poonjaji gefragt, ob er als Lehrer arbeiten kann? Oder umgekehrt, hat Poonjaji jemandem gesagt: »Du sollst jetzt Satsang geben«?

Poonjaji hat zu bestimmten Leuten gesagt, sie sollen jetzt Satsang geben. Das wäre auch eine Manifestation des Lehrers. Ob diese Manifestation aus dem »Außen« oder direkt aus dem »Innen« heraus erfolgt, spielt auf einer bestimmten Erkenntnisstufe keine Rolle mehr. Krishnamurti z.B. hatte mehr oder minder auch keinen äußeren Lehrer, und er ist für mich eine der großen Ausnahmen. Er lehnte das ab und wies auf die Nicht-Notwendigkeit des äußeren Lehrers hin. Ich kann das jedoch nur theoretisch bestätigen, nicht praktisch. Die Erfahrung zeigt das nicht. Die Erfahrung zeigt nicht, dass es nicht notwendig ist, einen äußeren Lehrer zu haben. Absolut nicht. Die Erfahrung zeigt vielmehr, dass der denkende Geist viel zu bequem ist, um seine Arroganz aufzugeben und viel zu bequem, um sich mit den Ebenen seiner selbst zu konfrontieren, die letztlich für Leiden verantwortlich sind, aber nicht als Leiden in Erscheinung treten, sondern als Arroganz. Und subtile Ebenen von Arroganz treten nicht offensichtlich als Leiden auf, sondern vielmehr als Behaglichkeit, Selbstgefälligkeit,

Scheinheiligkeit und sogar Ekstase. Wenn das Ego beginnt, sich selbst auf sogenannten spirituellen Ebenen erneut »geläuterte« Bedeutung zu verleihen, wie zum Beispiel durch Identifikation mit der Lehrer-Rolle, dann sind das Ebenen, die nicht unbedingt selbst konfrontiert werden aus dem Innen heraus. Und wenn dann dieser Geist auch noch mit Erleuchtung identifiziert ist und dort »landet«, wie es bei Lehrern und Schülern immer wieder geschehen ist, und dann beginnt, sich aus Beweggründen, die aus noch unerkannten Schichten der Egostruktur stammen, von der Person des äußeren Lehrers abzunabeln, dann kommt es zu einem Rückfall ins Leiden, zur Ego-Inflation und spirituellem Größenwahn im Namen der Erleuchtung.

Poonjaji hat einmal gesagt: »Ashrams haben nie funktioniert.«

Ich bemerke in mir keinerlei Ambitionen, irgendeinen Ashram zu gründen, weil ich praktisch nicht die Empfehlung aussprechen würde, einen traditionellen spirituellen Weg zu gehen. Eine spirituelle Institution scheint mir auf dem Weg der Befreiung eher ein Hindernis zu sein. Das liegt daran, dass der Geist der Suchenden, die die Institution dann leiten, die ursprüngliche, lebendige, unpersönliche und konzeptlose Erleuchtung korrumpiert und eine Konzeptlehre daraus macht. Diese Konzeptlehre wird dann institutionalisiert und in dem Moment entsteht zwangsläufig ein Selbsterhaltungstrieb, der an Macht gewinnt in dem Maße, wie die Institution wächst. Die Erfahrung zeigt nicht, dass Ashrams auf direktestem Wege befreite Menschen »entlassen«, sondern dass sie illusionäre Lehrer-Schüler-Verhältnisse aufrechterhalten, anstatt sie zu überwinden. Selbst moderne Ashrams, wie der von Osho, haben letztlich versagt. Es ist doch der Hohn, dass Erleuchtung zu einer Bedrohung des

Ashrams wird. So wollte die Ashramleitung in Poona Menschen daran hindern, Shri Poonjaji aufzusuchen.

Heißt das, Du lehnst traditionelle Wege grundsätzlich ab?

Nein, für manche Menschen ist ein traditioneller spiritueller Weg vollkommen stimmig. Ich lehne nichts grundsätzlich ab. Wie kann ich etwas grundsätzlich ablehnen, wenn ich doch sage, es gibt keine Regeln?

Meine Empfehlung ist lediglich, ein ganz normales Leben zu führen und still zu sein. Das ist das, was früher oder später die *Gewöhnlichkeit* berühren wird. Häufig ist es so, dass durch spirituelle Institutionen nur weitere Abgrenzungen, Trennungen, weiteres Sektierertum begünstigt wird, was letztlich darauf hinausläuft, dass der denkende Geist sich wieder damit identifiziert, etwas Besonderes zu sein. Wie viele spirituelle Suchende gibt es, die sich für etwas Besonderes halten, die meinen, sie seien jetzt über die Ignoranz des normalen Menschen hinausgewachsen? Das sind weitere Ebenen von Selbsttäuschung, die aus der Arroganz des denkenden Geistes stammen. Insofern kann ich nur sagen, ich selber habe keinen Hang dazu, Empfehlungen für irgendwelche spirituellen Traditionen auszusprechen. Denn tatsächlich gibt es in dem natürlichen Zustand des *Seins* keine Notwendigkeit für Spiritualität – Spiritualität als das, was darunter verstanden wird, wenn spirituelle Suchende von Spiritualität sprechen. Das ist auch der Grund, warum ich sehr häufig sage: Ja, ich könnte mich auch als unspirituell bezeichnen. Nicht konzept-spirituell.

Wahre Spiritualität ist die natürliche durchdringende Kraft dessen, was ist. Und diese Spiritualität wird von wenigen berührt. *Zen*, der Begriff Zen, deutet auf wahre Spiritualität, und das ist ein Zustand, der lediglich aus der Dimension des Nicht-Denkens heraus offenbart wird, aus der Dimension der Stille. Diese Dimension wiederum wird erst dann zugänglich, wenn die Bereitschaft da ist, jede Form der Lehre zurückzuweisen. Lehren sind nichts anderes als Gedanken. Gedanken für Gedanken von Gedanken für Gedanken. Und deshalb ist es absolut unabdingbar, angenommene Konzepte von z.B. Frustration, Hoffnungslosigkeit oder Resignation auch als Teil einer falschen Lehre zu betrachten – nicht nur zu betrachten, sondern zu erkennen, dass es Konzepte aus der Lehre sind und dass sie nichts mit dem natürlichen Zustand der *Nicht-Lehre*, von dem ich spreche, zu tun haben.

Die *Nicht-Lehre* in dieser Radikalität ist eine Form von hemmungsloser Des-Illusionierung, die in der Lage ist, auch durch die subtilsten spirituellen Illusionen hindurchzuschauen und dich letztlich in das zu führen, was du *bist*. Sie führt durch Illusionen von Gedanken, sie führt durch Illusionen von Gefühlen, sie führt durch Illusionen von jeglichen Phänomenen, und sie zerstört alles. Und dass dadurch vorübergehend Ebenen größter Unbequemlichkeit auftreten bis hin zur Verzweiflung, ist selbstverständlich.

Wesentlich ist, dass du immer weißt, dass du mit dem Lehrer in Kontakt bist, in der Umarmung bist, dass du niemals von Ihm allein gelassen bist. Wenn du dich allein gelassen oder einsam fühlst, heißt das, dass du Ihn allein gelassen hast. Du solltest niemals die Verantwortung auf den Lehrer schieben, sondern die Verantwortung dafür, allein gelassen zu werden oder dich allein gelassen zu fühlen, immer auf dich selbst zurückführen. Denn tatsächlich ist es so, dass du immer die Unterstützung bekommst, die du wirklich brauchst, auch wenn es nicht deinen Vorstellungen entspricht, dass du vollkommen eingebettet bist in deinen eigentlichen Wunsch, nämlich in Frieden zu sein, dem stattgegeben wird.

Man hat den wahren Lehrer erst gefunden, wenn die »Flamme« übertragen wird. Ist das richtig?

Ja, das ist richtig.

Also erst, wenn man die Wahrheit durch diese äußere Form des Lehrers realisiert hat, dann ist dir der Lehrer wirklich erschienen. Vorher waren es nur Ideen.

Das ist richtig, aber dennoch kann ich die Möglichkeit bestätigen, dass die Wolkendecke aufreißt. Und in den Momenten, wenn diese Wolkendecke aufreißt, die der Geist durch ständige Agitation schafft, in den Momenten dieser kurzen Einsicht geschieht die Berührung mit dem inneren Wissen, welches auch schon vorher da ist. Es wird dann zwar wieder überlagert – die Wolkendecke zieht sich wieder zu – aber wenn sie einmal aufgerissen ist, zieht sie sich niemals wieder ganz zu. Sie zieht sich fast zu, und es scheint, als ziehe sie sich ganz zu, aber wenn einmal diese Berührung stattgefunden hat, dann zieht sie sich meiner Erfahrung nach nicht ganz wieder zu, so dass irgendeine Form des Zugangs zum natürlichen Wesen, dem Selbst, da ist. Das Selbst erkennt sich Selbst, den Lehrer. Vollkommen ist dieser Zugang natürlich erst in dem Moment, wo die Flamme übertragen wird, wo die Realisation vollkommen ist. Dann wird realisiert, dass es keine Wolkendecke gibt und es niemals eine Wolkendecke gegeben hat.

ൾ

Kann der Bewusstseinszustand des Lehrers anhand seiner Handlungen geprüft werden?

Die Annahme, dass das Verhalten eines Lehrers ein Maßstab für Realisation sein muss, berücksichtigt nicht, wie Ego-Strukturen, d.h. Strukturen des denkenden Geistes arbeiten können, indem sie jegliches Verhalten, also auch tugendhaftes Verhalten, imitieren können. Es ist kein Problem für das Ego, jegliches Verhalten zu imitieren. Ein Verhalten kann durchaus natürlich und authentisch erscheinen und Tugenden wie Liebens-würdigkeit und Mitgefühl zugeordnet werden. Der denkende Geist kann diese Tugenden durchaus imitieren und auch leben und sehr viel »Gutes« in die Welt bringen, was aber kein Maßstab für Realisation ist. Es gibt die Möglichkeit, dass der Geist seine Essenz nach außen bringt, d.h. essentielle Qualitäten bzw. bestimmte Tugenden lebt wie beispielsweise Mut, Gleichmut oder Demut. Das kann als eine bestimmte Entwicklungsstufe des menschlichen Geistes bezeichnet werden. Aber es hat nichts mit der endgültigen Realisation zu tun, in der tatsächlich der denkende Geist und jegliche Identifikation mit diesem Konstrukt als Idee erkannt wird und sich auflöst.

Menschen können sich lediglich auf der Ebene sehen, die ihrem Verständnis entspricht. Es ist nicht möglich, etwas zu sehen, was außerhalb des Verständnisses liegt. Realisation wird nicht durch den denkenden Geist gesehen, sie wird nicht gesehen durch Anhaltspunkte, die das Verhalten bietet oder Anhaltspunkte, die Aussagen bieten. Ein Lehrer kann nicht einmal an dem gemessen werden, was er sagt. Er kann auch nicht daran bemessen werden, wie er sich verhält. Die essentielle Wahrnehmung ist das, was *hinter* dem ist, was er sagt. Vielleicht das, was er nicht sagt.

Nach dem Motto, der Taschendieb wird nur Buddhas Taschen sehen.

Ja, der Taschendieb wird nur Buddhas Taschen sehen. Taschendiebe sehen nur Taschen. Solange der Taschendieb weiß, dass er nur Buddhas Taschen sieht, gibt es kein Problem. Leider ist der menschliche Geist ein Taschendieb, der nicht einmal weiß, dass er ein Taschendieb ist. Diese Ignoranz drückt sich dann bei Suchenden in der Beurteilung der Person des Lehrers aus. Ich las vor kurzem Auszüge aus dem Buch »Die Erleuchtungsfalle« von einem deutschen Psychologen. Anhand der Tatsache, dass Ramana seine Mutter zurückgewiesen hat, als sie ihn zurück nach Hause holen wollte, versucht er, Ramanas vermeintlich neurotische, unaufgelöste Mutter-Beziehung zu analysieren. Das ist wie der Blinde, der glaubt, die Welt zu sehen. Der erste Schritt für den Suchenden muss immer sein, sich der eigenen Blindheit bewusst zu werden. Das Enneagramm ist ein gnadenloser Spiegel dieser verschiedenen Formen von Realitätsverzerrungen des Geistes, die bis zu fast vollkommener Blindheit führen können.

Gangaji berichtete, wie sie die ersten Satsangs in Kalifornien abhielt. Einige ihrer alten Bekannten machten sich darüber lustig: »Toni? (Toni war ihr alter Name) Warum soll ich mit Toni in Satsang sitzen? Ich kenne doch Toni!« Manchmal hörte ich Gangaji im Satsang erzählen, wie Leute aus den verschiedensten Gründen den Satsang verließen: Manchen passte ihre Kleidung nicht, andere fanden ihren Habitus aufgesetzt und wieder andere stießen sich an dem, was sie sagte, oder wie sie es sagte. Ich mache ähnliche Erfahrungen. Vor kurzem schrieb jemand in einem Leserbrief an eine deutsche esoterische Zeitschrift, er sei froh gewesen, nach einem Satsang mit OM, der nur röchelte und krächzte, wieder in die Freiheit entlassen worden zu sein. Ich musste unweigerlich lachen, als ich das las. Der Geist ist absurd. Er sieht nur sich selbst und er merkt es nicht einmal. Die Stille des Herzens *sieht den Lehrer.*

♌

Wie kann ich den Grad des Erwachens bei einem Lehrer erkennen?

Ich halte es für außerordentlich schwierig und gefährlich, das Erwachen klassifizieren zu wollen, wie es auch immer wieder in verschiedenen Traditionen versucht wird. Es ist die Krankheit des denkenden Geistes, auch hier wieder Kategorien von Erleuchtung oder ähnliches finden zu wollen. Ich kann nur Gangajis Wahrnehmung bestätigen, dass die Versuchung und das Thema der Versuchung ein Thema ist, welches so lange präsent ist, wie der Körper präsent ist. Soweit ich weiß, ist das eine Lehre, welche von Poonjaji und Gangaji weitergegeben worden ist, eine Warnung sozusagen. Es gibt also keinen Moment von Sich-Ausruhen in dem Sinne, dass jetzt die Wachsamkeit nachlassen könnte. Es scheint in jedem Moment eine Möglichkeit zu geben, wieder irgendwo zu *landen*, das heißt an bestimmten Phänomenen anzuhaften, sich dort einzuklinken und mit diesem Einklinken wieder in die phänomenale Welt hineinzugleiten, sei es die innere oder die äußere Welt, das spielt überhaupt keine Rolle. Das ist das, was Gangaji *»latent tendencies«* nennt, die unterbewussten Tendenzen aus der Ego-Struktur. Dieses Landen kann auf sehr verfeinerten, geläuterten Ebenen des denkenden Geistes geschehen.

Die Landung wird immer dann begünstigt, wenn der Schüler sich auf irgendeine Art und Weise trennt von seinem Lehrer oder von dem Lehrer als Person im Außen, von seinem *Selbst*, welches durch die Person im Außen reflektiert wird. Wenn dort also eine Trennung geschieht – wenn dem Lehrer der Rücken zugewandt wird – dann ist das häufig bereits die Landung. Denn natürlich wird durch die Person des Lehrers die vollkommene Integrität, also letztlich das Verweilen des Schülers im *No-Mind* immer wieder geprüft werden. Auch und gerade nach der Realisation. Insofern ist Realisation ein Endpunkt, aber es ist auch ein Anfang. Es kann nicht als Ende bezeichnet werden. Das wäre die halbe Wahrheit. Es ist nie endende Endgültigkeit. Das ist der Kôan von Realisation.

Was ist die Gefahr, bei einem falschen Lehrer zu sein? Wenn man tatsächlich von Gefahr für den Suchenden sprechen kann.

Es gibt keine Gefahr, bei einem falschen Lehrer zu sein. Die einzige »Gefahr«, von der überhaupt gesprochen werden kann, ist die »Gefahr« von Nichterkenntnis. Die Gefahr, in einer weiteren Ebene von Täuschung zu leben und diese Täuschung als Realität zu betrachten. Begrenzte Lehren als Realität zu betrachten, ist in dem Sinne keine Gefahr, denn es ist nur ein weiterer Hinweis zur Erkenntnis, eine weitere Möglichkeit, durch diese Ebene von Illusionen hindurchzuschauen und auch sie zurückzuweisen. Das heißt, die Anhaftung, die Landung auf verschiedenen Ebenen von Selbsttäuschungen kann, je nach deiner Sichtweise, als Gefahr betrachtet werden oder als Herausforderung zur Erkenntnis. Es ist eine reine Frage der Sichtweise und wie du weißt, sind Sichtweisen letztlich unerheblich. Wenn du jede Sichtweise aufgibst, dann ist es nichts anderes als ein weiterer Mosaikstein in einem Spiel, welches ohnehin zum Selbst führt, also letztlich zurück zu seinem Ursprung, der Wahrheit selbst.

Früher oder später.

Früher oder später.

Das karmische Rad dreht sich, solange Ignoranz da ist – solange Verleugnung, Verrat oder Betrug da ist, dreht es sich. Das ist in dem Sinne keine Gefahr, denn die einzige Konsequenz, von der man sprechen könnte, ist, dass es die Gefahr von Leiden mit sich bringt, welches unnötig ist. Niemand auf der Welt *muss* leiden. Aber von Gefahren zu sprechen ist eine Ausdrucksweise, die wiederum in die Kerbe eines gewissen Missverständnisses greift und davon ausgeht, dass in diesem Spiel richtige und falsche Handlungen das Spiel beherrschen und die Handlungen von Individuen begangen werden.

Du hattest gesagt, nach der Realisation ist immer noch die Möglichkeit von »Landungen« da. Ist es so, dass Du in Deiner Erfahrung weiterhin die Versuchungen erlebst oder erfährst, die vorher präsent waren?

Eigentlich kann im normalen, schlafenden Zustand des denkenden Geistes von Versuchung gar keine Rede sein. Denn Versuchung setzt im Grunde die Möglichkeit der Bewusstheit voraus, nicht versucht zu werden. Sonst macht der Begriff »Versuchung« keinen Sinn. Im normalen Zustand des denkenden Geistes scheint es diese Möglichkeit gar nicht zu geben, denn er ist ohnehin ständig versucht. Der Begriff der »Versuchung« macht im Wesentlichen erst im natürlichen Zustand von Meditation Sinn, denn in diesem Zustand gibt es überhaupt die Möglichkeit, scheinbar das *Zeuge-Sein* zu verlassen und aus diesem Zeuge-Sein in bestimmte Ebenen von Phänomenen einzusteigen und dort anzuhaften. In dem Moment der Anhaftung geschieht die Identifikation, und im Moment der Identifikation geschieht Bewusstseinsverlust. Aber auch das ist nur eine Sichtweise des Begriffes »Versuchung«. Die esoterische Bedeutung dieses Begriffes ist bereits wörtlich in ihm selbst enthalten: In der Versuchung geht es um die Versuchung zu suchen.

Ich kann jetzt sagen, dass immer wieder Gedanken auftauchen. Ich kann bisher nicht die Erfahrung mitteilen, dass ich eine »Gefahr« sehe, in einen Gedanken »einzukaufen« und dort zu verweilen, weil diese Versuchung meiner Erfahrung nach in der Spaltung von Bewusstheit geschieht, aus der sich Unterbewusstheit ergibt. In diesem nicht vollkommenen Wachsein, in diesem Zwielicht des Bewusstseins, entstehen Identifikationen, die letztlich zu Leiden führen. In einem Zustand natürlicher und vollkommener Wachheit gibt es meiner Erfahrung nach keinen authentischen Impuls, der bereit wäre, Leiden zu erzeugen, weil es nicht natürlich ist, in Leiden oder in Trennung hineinzugehen. Insofern ist das ein ganz natürlicher Mechanismus, der sich selbst regelt. Alle scheinbar negativen Phänomene aus der Charakterfixierung können unter diesem einfachen Gesichtspunkt betrachtet werden. Egal, was sie zum Inhalt haben, es geht immer um das eine: Das Verfolgen dieses Konzeptes verursacht irgendeine Form des Leidens. Das ist alles. Wenn du es in dieser Einfachheit betrachtest, nimmt das auch dem Thema der Versuchung seinen Ernst.

Du sagtest, es gehe darum, bei der Person des Lehrers zu bleiben, durch den die Flamme übertragen wurde. Ist Gangaji in diesem Fall eine stärkere Reflektion für Dich als Poonjaji?

Das ist richtig. Natürlich gibt es eine nicht zu beschreibende Verbindung in diesem Spiel oder »Lila« zwischen der Person des Lehrers, durch den die »Flamme« weitergegeben wurde und der Person des Lehrers, der dabei als Schüler auftritt, der die »Flamme« empfangen hat. Es ist ein Akt von Liebe, ein Akt von Gnade, der niemals durch irgendeinen anderen Akt überschattet werden könnte. Was auch immer für Handlungen des Lehrers folgen, sie werden als Handlungen erkannt, die aus Liebe und Mitgefühl, egal in welcher Form, geschehen. Ob sie ablehnend oder annehmend erscheinen, spielt keinerlei Rolle.

Bestimmte Richtlinien, die innerhalb von begrenzten Normen, z.B. therapeutischen Normen, noch gelten mögen, gelten nicht mehr, wenn du bereit bist, der Wahrheit zu begegnen. Oder dachtest du, dass z.B. ein Lehrer seine Schüler nicht auch verletzen kann? Der Stolz wird verletzt oder der Eigendünkel. Nicht das Herz. Aber es gibt keine Absicht zu verletzen, sondern die Verletzung des Stolzes entsteht als Reaktion auf das, was in Wahrheit *ist* und was die Falschheit der Gedanken und Emotionen konfrontieren kann.

Was heißt es, »sich abzuwenden« im Gegensatz zu »bei der Person des Lehrers zu bleiben«? Ich hatte vorhin aufgehorcht, als Du das ganz konkret auf die Person des Lehrers bezogen hast. Was heißt es, sich abzuwenden? Es kann ja nichts mit äußeren Dingen zu tun haben. Es kann nichts damit zu tun haben, ob Du direkten Kontakt hast.

Es ist ein inneres Abwenden, es ist kein äußeres Abwenden. Es hat nichts damit zu tun, ob äußerlich Kontakt da ist oder nicht. Durch das Wiederaufnehmen einer Ebene des denkenden Geistes, die sich dann abgrenzen wird, wird eine Grenze geschaffen zwischen mir und dem Lehrer. In dem Moment, wo eine Grenze zwischen mir und dem äußeren Lehrer geschaffen wird,

wird eine Grenze zwischen mir und den »anderen« geschaffen, zwischen mir und der Welt, zwischen mir und meinem eigenen Herzen. Tatsächlich ist diese Nicht-Grenze zwischen mir und dem Lehrer nichts anderes als das *Sein* mit dem Herzen.

Wenn diese Grenze wieder neu entsteht, wenn der denkende Geist wiederaufgenommen wird, dann reflektiert sich das in allem. Dann wird wieder Leiden verursacht. Dann wird möglicherweise wieder eine Lehre aufgenommen, die weitergegeben wird. Was auch immer aufgenommen wird: Es ist das einfache Phänomen, dass der denkende Geist wieder als Lehrer fungiert, aber nicht das S*elbst*.

Es ist schon so, dass der wahre Lehrer durch jeden sichtbar wird. Auch wenn die Begrenzung dem denkenden Geist, der nach wie vor aktiv ist, dann bewusst wird, liegt bereits darin die eigentliche tiefere Lehre des wahren Lehrers. Natürlich steht der »falsche« oder imitierte Lehrer letztlich auch im Dienste des *Einen Lehrers*. Das sind Widersprüchlichkeiten, die nicht ohne weiteres verstanden werden.

Es ist noch zu erwähnen, dass es auch Meister oder Lehrer gibt, die keine »Flamme« empfangen haben, sondern sich auf ihre eigenen Aussagen beziehen.

Sie beziehen sich vielleicht nicht auf einen Menschen – so wie sich Ramana ja z.B. auf den Arunachala-Berg bezogen hat. Das ist möglich, aber sicherlich der seltenere Fall. Der Lehrer ist nicht auf die menschliche Form begrenzt, sondern kann durchaus durch andere Formen auftreten und lehren, seien es materielle Formen oder nicht-materielle Formen. Es gibt keine Begrenzung. Wenn der Lehrer durch nicht-menschliche Formen auftritt, wird dennoch immer eine sehr spezielle Beziehung da sein, wie sie auch zwischen Ramana und dem Arunachala-Berg bestand. Es ist ein tiefes Gefühl von Liebe, welches nicht weichen wird, solange dieser Körper existiert.

♌

In dem Moment, wo es etwas zu lehren gibt, gibt es eine Regel, und diese Regel macht es dir natürlich einfach. Viele Suchende wollen Regeln haben, denen sie folgen können, nur um diese Bequemlichkeit nicht zu konfrontieren, sich eben nicht in dem Moment und spontan damit auseinanderzusetzen oder besser gesagt, im Herzen zu prüfen, ob etwas echt ist oder falsch, ob etwas dich hundert Prozent fördert oder nur neunundneunzig Prozent, denn neunundneunzig Prozent ist falsch.

Gestern war jemand im Satsang und sagte: »Nisargadatta hat das und das gesagt.« Nisargadatta hat nicht das und das gesagt. Er hat das gesagt, was derjenige, der es wahrnimmt, verstanden hat, was er gesagt hat. Und solange du glaubst, dass das, was du verstehst, auch das ist, was er gesagt hat, bist du in der Falle. Dann traust du der vollkommenen authentischen Erforschung nicht.

Jede Beziehung wird durch Mangel aufrechterhalten, selbst die Beziehung zu einem Guru. Der Schüler glaubt, er hat eine Beziehung zum Guru. Auch diese Beziehung ist nichts als Mangel. Das ist nicht schlimm, aber es ist möglich zu realisieren, dass dieser Mangel, der das Anderssein hervorruft, nicht existiert. Wo ist der Mangel? Wo ist er?

Gangaji hat den noch so versteckten Mangel, der sich auf ganz subtilen Ebenen von Zweifel äußerte, aufgedeckt, indem sie mich am Ende vollkommen zurückgewiesen hat. Und in dieser vollkommenen Zurückweisung, in der die Rücksichtslosigkeit dieser Lehre, die Gangaji auch immer wieder betont, zum Tragen kam, kam dieser Moment von vollkommener Erkenntnis, vollkommenen Gelächters darüber, dass es tatsächlich keinerlei Unterschiede gibt. Ich bin Gangaji. Ich spreche genau aus dem Mund, aus dem Gangaji spricht. Ich spreche aus dieser Form, und Ich spreche aus Gangajis Form, und Ich spreche aus allen Formen.

Selbsterforschung

Wer bin ich?

Selbsterforschung ist ausschließlich *eine* Frage, und das ist die Frage: »Wer?« Es ist nicht die Frage »Was?«, es ist nicht die Frage »Warum?« und nicht die Frage »Wozu?« Es ist nur eine Frage, und das ist die Frage »Wer?« Und die Frage »Wer?« ist tatsächlich die einzig wesentliche Frage.

ꝯ

Die *Selbst*erforschung, wie Ramana sie lehrte, hat nichts mit der Selbsterforschung zu tun, die von Psychologen oder von Esoterikern beschrieben wird. Das ist sozusagen die kleine *Selbst*erforschung, die Erforschung von Inhalten des Geistes. Die *Selbst*erforschung, die ich meine, ist die Erforschung ohne einen einzigen Gedanken, die direkt den Ursprung eines Gedankens *sieht*.

ꝯ

Die Frage »Wer bin ich?« ist die einzige Frage, die sich auf das Subjekt richtet, während alle anderen Fragen sich auf Objekte richten. Es ist das Subjekt, das du suchst, der Suchende selbst. Die Frage »Wer bin ich?« ist die einzige Frage, die sich direkt auf das Subjekt richtet, und das ist es, was erkannt werden muss. In dem Moment, wo du die Suche auf Objekte richtest, findest du nur Objekte. Suche kann sich nur auf Objekte richten. Wenn du

Objekte findest, wirst du etwas finden, das getrennt ist von dir. Wenn du etwas findest, das getrennt ist von dir, leidest du. Das ist die Konditionierung des menschlichen Zustandes, die Trennung zwischen Subjekt und Objekt, zwischen Ich und Du, zwischen Ich und Gedanken, zwischen Ich und Etwas. Wenn du aber bei der Frage »Wer bin ich?« bleibst, der Frage, die Ramana als die einzig richtige Frage bezeichnet hat, kannst du tiefer gehen als jedes Objekt, was in deinem Geist erscheint.

Alles, was du erfährst, sind Objekte in deinem Geist, und deine Aufmerksamkeit ist ständig auf diese Objekte gerichtet. Zunächst ist sie auf Objekte des sogenannten »Außen« gerichtet: Der Geist sucht in den Objekten außen irgendetwas – Partner, Kind, Mutter, andere, materielle Güter, alles Mögliche. Und wenn sich der Geist dann nach innen richtet und beginnt zu meditieren, richtet sich seine Aufmerksamkeit immer noch auf Objekte. Jetzt sind es keine Objekte mehr, die als »Außen« bezeichnet werden, sondern jetzt sind es Objekte, die als »Innen« bezeichnet werden: Bilder, Gedanken, Gefühle, Körperempfindungen.

Bei der Frage »Wer bin ich?« zu bleiben, beinhaltet, nicht bei anderen Fragen zu verweilen oder überhaupt bei irgendwelchen Gedanken. »Wer bin ich?« ist kein Gedanke oder ein Mantra. Es ist, als wenn du eine Frage in die Stille richtest, ohne sie zu richten – dennoch bist du mit dieser Frage präsent. Du bleibst in der Präsenz dieser Frage. Es ist nicht so, dass du diese Frage immer wieder stellen musst. Wenn du in der Präsenz dieser Frage bist, wird dich diese Frage tiefer leiten und zu ihrem eigenen Ursprung führen. Der Ursprung dieser Frage ist der Ursprung aller Gedanken, und es ist dieser *Ursprung* der Gedanken, den du suchst. Es sind nicht Gedanken, die du suchst.

ᘓ

Jedes Problem, das in deinem Leben auftaucht, ist letztlich unwesentlich. Wesentlich ist der Kern jeglicher Probleme, eigentlich das einzige Problem. Es findet sich in drei harmlosen Buchstaben wieder, und diese drei Buchstaben sind Ich. Mit diesen drei Buchstaben beginnen viele oder fast alle Gedanken, die in deinem Bewusstsein erscheinen. Du bist dir nie vollkommen darüber im Klaren, was eigentlich passiert, wenn der Gedanke Ich im Bewusstsein auftaucht. Er erscheint harmlos, normal, selbstverständlich. Aber bemerkst du den feinen Unterschied, wenn du den Gedanken »Ich« mit »Kuh« ersetzt? Mache dieses Experiment und du bemerkst einen feinen Unterschied, nicht wahr? Es geht nur darum, diesen Gedanken Ich in seiner Realität zu erfahren. Das ist das, was Ramana als *Selbst*erforschung bezeichnete und was Poonjaji den »schnellsten Weg zur Erleuchtung« nannte. Den Gedanken I c h zurückzuverfolgen zu seinem Ursprung.

Es gibt so viele Therapien und sprituelle Lehren, und es ist doch erstaunlich, wie gering eigentlich das ist, was letztlich dabei herauskommt. Wie wenig Menschen es doch tatsächlich gibt, die real in der beständigen Erfahrung von Glückseligkeit leben. Es sieht tatsächlich für mich so aus, als wenn viele, die meisten, alle »Lehren« sich mit dem Unwesentlichen beschäftigen, d.h. damit, Inhalte des Denkens zu verändern, zu verbessern, zu manipulieren, anstatt zum Kern des Leidens vorzudringen, nämlich den drei Buchstaben I c h. Wenn du bei I c h bist, dann bist du sehr nah. Alles andere ist unwesentlich. Eine der wenigen spirituellen Qualitäten des Geistes ist die Fähigkeit, absolut und direkt zum Wesentlichen vorzustoßen und das Unwesentliche zurückzuweisen. Diese Radikalität weist jedes spirituelle Konzept, was jemals gelehrt worden ist, zurück – von Therapien ganz zu schweigen. Ich sage damit nicht, dass das schlecht ist.

Es hat alles seinen Platz. Aber wenn du bereit bist für Satsang, ist diese vollkommene Realisation *jetzt* möglich, nur *jetzt*. Hunderttausende Millionen von Gedanken reduzieren sich auf *einen* Gedanken, und dieser eine Gedanke reduziert sich auf ein Wort, nämlich Ich. Und so ist es möglich, innerhalb von Bruchteilen einer Sekunde all die Millionen von Gedanken hinter sich zu lassen und die vollkommene Bewusstheit nur auf Ich zu richten: Wer bin Ich?

ℌ

Wie erkenne ich, wer ich bin?

Du hast diese Frage noch nie wirklich gestellt. Niemand weiß es, weil niemand diese Frage wirklich stellt. Ich meine, wirklich und bis in letzte Konsequenz, in diesem Moment. Das Potential der Antwort dieser Frage muss in dir sein. Es ist tatsächlich in diesem Moment verfügbar und nicht in irgendeinem anderen Moment. Nur hat der Denkende die Angewohnheit oder weniger harmlos ausgedrückt, die tiefe Konditionierung oder Prägung, diese Frage nicht wirklich beantworten zu wollen oder die Antwort hinauszuzögern, sie in der Zukunft zu finden. Aber du kannst die Antwort ganz und gar in diesem Moment finden.

Michael Crawford, ein neuseeländischer Advaita-Lehrer, sagte: »Wenn man dir 60 000 Dollar bieten würde, würdest du keinen Moment zögern, alles zu geben, um die vollkommene Antwort in diesem Moment zu finden.«

Aber vielleicht brauchst du eine Vorbereitung für diese Frage, so wie die meisten eine Vorbereitung für diese Frage brauchen, indem sie sich damit beschäftigen, was sie nicht sind. Das ist Therapie. Therapie beschäftigt sich damit, was du *nicht* bist.

Auch Esoterik beschäftigt sich ausschließlich damit, was du *nicht* bist. Wenn du also mehr und mehr Einsichten in das bekommst, was du nicht bist, aber glaubst zu sein, wenn du Einsichten bekommst in die Vergänglichkeit einer Struktur, die nur im Denken existiert, d.h. in dieses Ich – vielleicht bist du dann bereit, die eigentliche und wesentliche Frage anzugehen, nämlich die Frage: »Wer bin ich?« Und nicht mehr: »Wer bin ich nicht?« Es gibt tatsächlich überhaupt kein System oder eine Lehre, die sich damit beschäftigt, was du wirklich bist. Du kannst dich mit dem, was du bist, gar nicht beschäftigen. Du kannst dich nur mit Objekten beschäftigen, nicht aber mit dem Subjekt.

Die Methode, die eigentlich gar keine Methode ist, ist die Frage: »Wer bin ich?« – d.h. in dem Moment, wenn ein Ich-Gedanke aufsteigt, mit der Frage »Wer bin ich?« zu sein und diesen Ich-Gedanken zu seinem Ursprung zurückzuverfolgen. Das ist die Methode, die Ramana anwandte, und das ist die einzige Methode, die direkt den Ich-Gedanken zerstört. Es liegt so nahe, den Ich-Gedanken, der dich ja dein ganzes Leben beschäftigt, als Quelle des Leidens zu erkennen und zu erforschen, was sein Ursprung ist. Nicht durch weitere Gedanken, sondern *direkt*: Wenn der Gedanke auftaucht, prüfe, was sein Ursprung ist, indem du ihn mit deiner Aufmerksamkeit zurückverfolgst.

Es ist doch ganz offensichtlich, dass dieser Gedanke »Ich« alles zusammenhält. Dieser Gedanke »Ich« hält jegliche Identifikation zusammen. Er hält deine ganze Geschichte zusammen. Er hält die ganze Welt zusammen. Der Gedanke »Ich« ist der Schlüssel für alles. Wer bist du in diesem Moment, wenn der Gedanke »Ich« nicht auftaucht? Es ist so selbstverständlich, dass du, wenn der Ich-Gedanke auftaucht, dieser Ich-Gedanke zu *sein* glaubst. Es ist so selbstverständlich, denn es ist dir seit der Geburt des Körpers gelehrt worden. Es gab nie jemanden, der etwas anderes gelehrt hat, deshalb identifizierst du den Ich-Gedanken, sobald er auftritt, *automatisch* als »Ich«. Das ist kein Prozess, der im Bewusstsein abläuft. Der Ich-Gedanke taucht auf, und dieser Gedanke wird automatisch zu »Ich«. Vielleicht bist du bereit, überhaupt erst einmal diesen Zustand zu erfahren, in dem eben kein Ich-Gedanke auftaucht. Einen Zustand, in dem du nur einen Moment die Stille deiner selbst berührst – zwischen den Ich-Gedanken. Erlaube dir, die Erfahrung zu machen, ohne irgendeinen Ich-Gedanken zu sein, um aus dieser Trance eines beständigen Flusses von Ich-Gedanken aufzuwachen. Richte die Aufmerksamkeit auf die *Lücke* zwischen zwei Ich-Gedanken.

♌

*Selbst*erforschung ist in jedem Moment möglich, wenn du bereit bist, in Einfachheit ins Herz zu schauen und das, was dich unglücklich macht, sei es ein Gedanke, sei es ein Gefühl, zu seiner Quelle zu verfolgen und wahrzunehmen, ob es real ist oder nicht real. Das erfordert wirklich die Bereitschaft, tiefer als Glaubenskonzepte zu gehen, auch tiefer als spirituelle Glaubenskonzepte. Es erfordert die Schau hinter Gedanken und hinter Hintergedanken, hinter alles, was erscheint. Normalerweise geschieht eine blinde Identifizierung mit allen möglichen Gedanken – Gedanken, die bewerten, Gedanken, die vergleichen, Gedanken, die vorgeben, etwas zu wissen, Gedanken, die vorgeben, etwas nicht zu wissen, Gedanken, die dich klein, Gedanken, die dich groß machen, Gedanken, die sich überhaupt in irgendeiner Form mit dir beschäftigen oder vorgeben, sich mit dir zu beschäftigen. All diese Gedanken bilden eine künstliche Welt. Und diese künstliche Welt hält jeder mehr oder weniger für real. Aber was für eine

Substanz hat der Gedanke? Was ist die wirkliche Substanz dieses Gedankens, jedes Gedankens? Was wäre, wenn es gar nicht *deine* Gedanken wären?

Es geht darum, in *direkter* Erfahrung vorzudringen zum Wesen eines Gedankens, es geht nicht darum, mit Gedanken andere Gedanken zu verstehen. Wenn du hier in Satsang sitzt und verstehst in Gedanken, sind es alles nur weitere Gedanken, die andere Gedanken verstehen. Aber was ich meine, ist dieser *Moment des Innehaltens* eines jeden Gedankens, dieser Moment, in dem du einfach tiefer sinkst. Es ist der Moment, den ich den *Riss* nenne, und in diesen Riss fällst du einfach tiefer oder du hast das Empfinden, tiefer zu fallen. Der Fall folgt ohne das Zutun eines Ich-Gedankens den Gesetzen der Schwerkraft, die auch im Geistigen wirken. In Wirklichkeit tut sich das auf, was dein natürlicher Zustand ist. Es ist Sein, Bewusstsein, Glückseligkeit, ohne Gefühl, ohne Empfindung, ohne irgendetwas, einfach DAS. Es ist nichts Besonderes. Das Besondere ist das Leiden. Und wie sollte dein natürlicher Zustand etwas Besonderes sein? Das, was man Erleuchtung nennt, zu erreichen, ist nichts Besonderes. Es ist einfach dein natürliches Zuhause, in dem du sowieso immer verweilt hast. Du hast nur geglaubt, dass du woanders bist und hast Erleuchtung mit allen möglichen Konzepten des Aberglaubens behaftet, als gehöre sie zu den außergewöhnlichen, intensiven Zuständen, nach denen so viele suchen. Sei einfach *hier*. Du brauchst nicht mehr zu suchen. Sei hier und falle in dieses, was sich dir auftut. Nimm wahr, was geschieht. Wenn es Empfindungen oder Emotionen hochspült, ist es gut so. Es ist wie Material, das aus dem Krater nach oben befördert wird, um einfach zu verbrennen.

♌

Wenn du einen Ich-Gedanken wahrnehmen kannst, so kannst du – und das ist das Geheimnis, was in dieser Linie vermittelt wird – diesen Gedanken wieder zu seinem Ursprung zurücksinken lassen. Du nimmst also den Gedanken wahr, der auftaucht, und statt dem Gedanken zu folgen, wie es deine Gewohnheit ist, lässt du den Gedanken einfach zurückfallen. Das ist es, was mit Loslassen gemeint ist. Und dann nimm wahr, was passiert, jetzt in diesem Moment.

Es passiert nichts.

Richte einmal deine Aufmerksamkeit auf das »Nichts«. Deine Aufmerksamkeit ist noch auf etwas anderes gerichtet.

Es ist der Körper.

Tiefer als der Körper. Den Körper lässt du zurück, ohne irgendwo zu landen. – Was ist deine Erfahrung?

Eine Ausdehnung.

Erlaube dir, tiefer in die Ausdehnung hineinzugehen. Nimm den Hang wahr, wieder aufzutauchen. Was ist deine Erfahrung?

Die Erfahrung war zuerst Ausdehnung und Kleinerwerden des Körpers. Danach war es der Versuch, das im Mentalen zu reproduzieren.

Dieser Versuch sind Gedanken. Lasse die Gedanken zurückfallen. In dem Moment, wo der Gedanke hervortritt, tritt die ganze Welt hervor. Aber du erkennst es nicht, dass in dem Moment des Gedankens die ganze Welt hervortritt. Indem du in der *Selbst*erforschung tiefer fällst und fragst »Wer bin ich?«, indem du erforschst, woher die Gedanken kommen, ist die direkte Möglichkeit zur vollkommenen Realisation deiner selbst in dem Moment gegeben, wo du beginnst zu ahnen, dass es dieser Gedanke ist, der wieder Identifikation für dich schafft. Der Gedanke »Ich« taucht auf, und es ist vorbei mit der Ausdehnung. Der Gedanke »Ich« erscheint, der Körper erscheint, Gefühle erscheinen, eine Vielzahl, ein ganzes Universum von Gedanken erscheint. Nur durch dieses harmlose »Ich«.

Wer beobachtet den Gedanken? Wer ist sich des Gedankens gewahr, der auftaucht? Wer ist sich desjenigen gewahr, der jetzt in Satsang sitzt? Wer ist sich eines jeden Gedankens gewahr, der jetzt versucht, das zu verstehen? Wer ist derjenige, der sich gewahr ist? Das ist die Frage »Wer bin ich?«. Solange du dich mit dem Ich-Gedanken identifizierst, bist du »jemand«, und solange du »jemand« bist, wirst du versuchen, in diesem »jemand« eine Identität zu finden. Und da du sie dort nicht findest, geht es dir schlecht.

Ich frage mich, ob es irgendeinen Trick gibt, einfach nicht mehr »Ich« zu sagen, es irgendwie anders auszudrücken.

Gangaji hat einmal von einer Sekte in Amerika berichtet. Sie haben sich nicht mehr mit »Ich« und »Du« angesprochen, sondern gesagt: »diese(r) hier«. Aber es hat nicht funktioniert.

Die spirituelle Bequemlichkeit besteht darin, diesen Ich-Gedanken nicht direkt in dem Moment erforschen zu wollen, in dem er auftaucht. In dem Moment des Entstehens des Ich-Gedankens ist eine Weigerung da, diesen Gedanken zu erforschen und zu seinem Ursprung zurückzuführen. Diese Weigerung nennt man auch Bequemlichkeit. Das ist spirituelle Bequemlichkeit. Dann versucht man, alles Mögliche andere zu lernen, zu allen möglichen anderen Kursen zu gehen, alle möglichen Bücher zu lesen, nur um dem auszuweichen. Es gibt keinen Moment, in dem du dir die vollkommene Aufmerksamkeit widmest. Das ist die Schwierigkeit. Du bist immer partiell mit anderen Dingen beschäftigt, mit irgendwelchen Unwesentlichkeiten, von denen du glaubst, dass sie wesentlich für dich sind. Nicht einen einzigen Moment widmest du vollständig und vollkommen deinem *Selbst*.

Dieser Moment von vollkommener, absoluter Aufmerksamkeit, ist der Moment, in dem *Selbst*erforschung geschieht, indem erforscht wird, woher der Gedanke »Ich« kommt. Es liegt doch nahe, diesen Gedanken zu erforschen, wenn du erkennst, was wenige erkennen, dass dieser Gedanke am Zentrum deines Leidens ist und somit auch der Schlüssel zur vollkommenen Befreiung ist. Aus dieser radikalen Perspektive betrachtet sind *Techniken* therapeutischer Art oder spiritueller Art relativ nebensächlich. Bist du bereit, dich jenseits von Inhalten einzig und allein und vollkommen an diesen Moment zu geben, an die Erforschung von »Wer bin ich?«, sobald ein Satz oder ein Gedanke mit »Ich« aufkommt? Erforsche, woher dieser Gedanke kommt. Alles andere führt dich weg. Alle anderen Methoden, Techniken, Praktiken führen dich letztlich weg, auch wenn sie in gewissen Phasen und auf bestimmten Verständnisebenen vorübergehend wertvoll sein können. Aber das gilt nicht für die Erkenntnis deiner selbst. Es gibt nichts, was du tun kannst, was diesen Moment unterstützt, keine Vorbereitung in der Zeit, nichts. Unterbewusst verschiebst du diesen Moment immer wieder und immer wieder. Und dann besteht der Trick darin, zwanghaften Gedanken Ausdruck zu verleihen, die dich dafür vielleicht noch verurteilen oder dich auf dich selbst wütend machen. Das sind auch alles nur Gedanken. Auch diese List kannst du letztlich als eine Vermeidung erkennen, dich hundertprozentig dir selbst zu widmen, nämlich der Frage: Wer ist dieses »Ich«? Und dass diese Frage nicht mit Gedanken beantwortet werden kann, ist offensichtlich. Denn jeder Gedanke, der das beantworten will, ist auch nur ein Ich-Gedanke, und das ist der Teufelskreis. Es ist nicht mit Denken zu erfassen, weder mit mentalem noch mit emotionalem, noch mit physischem Denken.

Ich stelle fest, dass ich immer wieder, wenn ich mir diese Frage stelle, zum Denken komme. Und dann merke ich wieder, dass ich denken will. Dann versuche ich wieder aufzuhören, aber es kommt wieder.

»Es« kommt? Wer ist »es«? – Das »es« ist ja offensichtlich die Kraft, die dann das Denken erschafft. Wenn du sagst, »es« kommt dann wieder zum Denken, muss es also eine Kraft geben, die das Denken wieder erschafft, die Kraft, die hinter dem Denken ist.

In dem Moment, wo ich »Ich« sage, fängt das Denken an.

In dem Moment, wo du »Ich« sagst, ist das ja bereits der erste Gedanke und deine selbstverständliche Identifikation damit. Wenn du diesem ersten Gedanken Ausdruck verleihst, zieht das einen Rattenschwanz nach sich: Das ist der Moment, in dem die Welt entsteht. Dieser Rattenschwanz ist so groß, wie du es dir gar nicht vorstellen kannst. In dem Moment, wo du »Ich« sagst, entsteht alles. Die ganze Welt entsteht, denn die Welt ist nicht getrennt von dir und damit von demjenigen, der sie wahrnimmt.

Die Wahrheit ist, dass die Welt gar nicht außerhalb desjenigen existiert, der sie wahrnimmt. Du glaubst, diese Welt existiert außerhalb deiner Wahrnehmung. Das ist nur eine Glaubensvorstellung, niemals deine Erfahrung. Diese Welt, die gesamte Welt, alles, was du als andere Menschen bezeichnest, was du als Deutschland bezeichnest, als Krankengymnastin, als Birgit, als was auch immer, all das sind Konstrukte, die in deinem Geist entstehen.

Dann habe ich, glaube ich, nicht verstanden, was es heißt, »Ich« zu erforschen.

»Ich« zu erforschen heißt, den Gedanken »Ich« zurückzuführen, zurückzuverfolgen dahin, wo er herkommt. Woher entsteht denn der Gedanke »Ich«? Das Leben scheint von diesem Ich-Gedanken abzuhängen. Es ist tatsächlich der Gedanke »Ich«, der sterben muss. In dem Moment, wo du diesen Gedanken »Ich« denkst, passiert etwas Unglaubliches, etwas, was alles sprengt, was du dir überhaupt vorstellen kannst. In dem Moment des Gedankens »Ich« reduziert sich, verstümmelt sich das Bewusstsein zu einem Minimalrest, den du als »Birgit« bezeichnest. Niemand weiß, wer das ist. Glaubst du, dass irgendjemand weiß, wer das ist? Glaubst du, dass du weißt oder überhaupt eine Ahnung davon hast, wer »Birgit« ist – wenn du in Wahrheit mit dir bist? Wer sie ist, wie sie ist, wie sie nicht ist, in der Form und jenseits von Form? Dieser Selbstverstümmelungsprozess ist sehr schmerzhaft, weil sich das vollkommene Bewusstsein auf etwas begrenzt, was ein Krümel, ein Abfallprodukt ist. Und das bezeichnet man dann als »Ich«. Das ist schmerzhaft.

Deine ganze Herangehensweise an die Welt, deine Herangehensweise an die Suche und deine Herangehensweise an den

Lehrer gibt vor, zu wissen, wer du bist. Auch wenn du dir bewusst sagst, du wüsstest es nicht, weil bestimmte spirituelle Konzepte dich das so gelehrt haben, tust du in Wirklichkeit so, als wüsstest du, wer du bist. Dein ganzes Verhalten, dein Denken, dein Fühlen, dein Empfinden, all das ist ein Produkt dieser Vorgabe, als wüsstest du, wer du bist. Und es ist völlig gleichgültig, ob du mental verstanden hast, dass es nicht so ist. Bemerkst du, dass du jeden Moment so tust, als wüsstest du, wer du bist und wie du bist? Du begegnest dir selbst nicht frei, vollkommen leer von jeglicher Vorstellung darüber, wer du bist. Das ist das Problem.

♌

Was ist der Geist?

Wer sucht schon den Geist? Jeder geht wie selbstverständlich davon aus, dass es ihn gibt, jeder spirituelle Weg geht davon aus, dass es ihn gibt und arbeitet innerhalb der Entwicklung dieses Geistes. Was wäre, wenn es ihn nicht gibt?

Satsang ist die Aufforderung zur Selbsterforschung: zur Schau der Realität in diesem Moment. Wenn du auf der Suche bist nach dem Geist, dann finde ihn *jetzt.* Sobald du in die Zeit gehst, bist du verstrickt und kannst ihn nicht finden, anders ausgedrückt, sobald du in Gedanken gehst, um ihn zu suchen, gehst du in die Zeit. Denn die Suche in Gedanken ist selbst Zeit.

Selbsterforschung ist eine zeitlose Suche. Zeitlose Suche ist die Suche *jetzt*, ohne einen Gedanken. Das ist der direkteste Weg. Der Umweg ist, innerhalb dieses Geistes Entwicklungen zu machen, so wie das auch in 99,9 % der Suchenden zunächst geschieht, und das ist auch okay. Aber der Kurzschluss ist: Finde den Geist und stelle ihn, und zwar in diesem Moment in Satsang. Wo ist er? Du kannst nicht weiterhin wie selbstverständlich von diesem Geist sprechen. Es ist nicht selbstverständlich, nur weil du glaubst – und das ist die sich selbsterfüllende Illusion – dass es schon immer so war und dass »Milliarden von Menschen sich nicht irren können«.

ꝺ

Wer ist da und kann sagen: »Ich habe den Geist gefunden.« Wer kann das sagen: »Ich habe ihn gestellt.« Gestehe dir die vollkommene Autorität zu, ihn zu stellen. Das ist wirklich alles, dessen es bedarf. Es bedarf letztlich, wohlgemerkt letztlich, keinerlei Übungen, die innerhalb des Konzeptes von Entwicklung arbeiten. Es gibt diese Möglichkeit der Beendigung jeder Ent-wicklung, der Beendigung des Werdens, der Beendigung jeglicher Identifikation mit Entwicklung in dem Moment, wo der Geist gestellt ist. Und den Geist zu stellen, heißt zu fragen: »Wer ist Ich?« Denn der Geist zeigt sich dir immer wieder als Gedanken, die mit diesem Ich beginnen. Das ist nicht zu leugnen. Es muss doch in der Klarheit die nächste Frage sein: »Wer ist denn dieses Ich?« Es ist mir ein Rätsel, warum niemand diese Frage stellt. Es ist mir ein absolutes Rätsel, wie jeder wie im Schlaf dieses Ich für selbstverständlich nimmt, ohne je geprüft zu haben, wie selbstverständlich sich alles nach diesem Ich-Gedanken ausrichtet, wie sich die ganze Realität aufbaut nach diesem Ich-Gedanken, egal, was der Inhalt des Gedankens ist: »Ich-bin schlecht, ich-bin klein und hässlich, ich-weiß es besser, ich-muss kämpfen, ich-habe diesen Standpunkt, ich-weiß das, ich-weiß das nicht, ich-bin soundso alt, ich-habe diese und jene Qualitäten, ich-bin stolz, ich-bin dumm usw.« Eine unendliche Vielfalt von Gedanken, die offensichtlich alle eine Gemeinsamkeit haben. Es ist mir ein vollkommenes Rätsel, wie alle in Blindheit wie selbstverständlich diesem Ich-Gedanken Folge leisten, d.h. hörig sind, ohne jemals den Impuls gehabt zu haben, die Natur dieses Ich's mit der Frage »wer?« zu erforschen. Alle möglichen anderen Fragen werden gestellt »warum, wozu, wann, wie oft?« Aber die Frage »wer?« – niemand stellt sie.

Du verlierst dich immer wieder in den Inhalten, und du nimmst die Inhalte für wichtig. Inhalte in den Vordergrund zu rücken, darin ist der westliche Geist Meister. Psychologie und Philosophie zeigen das. Aber die Inhalte sind eben das Unwesentliche. Das ist das Problem. Das ist nicht die Haltung eines Meditierenden. Das ist die Haltung des Ignoranten. Der Ignorant nimmt die Inhalte für wichtig, ignoriert das Wesentliche, folgt den Inhalten und verstrickt sich in endlose Diskussionen, Standpunkte, innere oder äußere Diskussionen. Wenn du erkennst, dass alle Gedanken auf diesem Ich beruhen, wie kann es sein, dass du dieses Ich als nicht wesentlich erachtest?

Willst Du damit sagen, die Wissenschaft der Psychologie und die Philosophie beschäftigen sich ausschließlich mit dem Unwesentlichen?

Es kommt darauf an, was du unter Wissenschaft verstehst. Ich möchte mein Verständnis von Wissenschaft mitteilen. Wir sind uns darüber einig, dass sowohl die gesamte Psychologie, als auch die rein theoretische Philosophie Konzepte des Denkens sind. Es muss jedoch eine wesentliche Unterscheidung gemacht werden. Wahre Wissenschaft ist reine Empirie, aus der Leere des *No-Mind*. Es ist in gewisser Weise Wissenschaft ohne Wissenschaftler. Der arbeitende Geist, der nichts anderes ist als reine, unpersönliche Intelligenz, beschreibt, kommentiert, übersetzt lediglich die Resultate der *direkten* Erforschung.

Kurzgefasst: Zuerst wird eine Erfahrung in der Unschuld des »*Don't-know-mind*« gemacht. Dann erst erscheint der arbeitende Geist, um sie in ein Konzept zu übersetzen. Klassische Homöopathie ist ein gutes Beispiel für reine Wissenschaft.

Dann gibt es jedoch eine andere sogenannte »Wissenschaft«, für die die Schulmedizin ein gutes Beispiel abgibt. Hier findet eine Verdrehung statt, die diese »Wissenschaft« zu einer sich selbst erfüllenden Prophezeiung des denkenden Geistes werden lässt: Dabei stellt zuerst der denkende Geist ein vorgefasstes »Weltbild«, eine Hypothese, einen Denkrahmen auf und danach wird innerhalb dieses begrenzten Systems dann eine »Erfahrung« gemacht, die gar keine authentische Erfahrung ist, sondern vorgegeben.

Sowohl Philosophie als auch Psychologie können beides sein: Erkenntnis aus reiner Erfahrung oder bloße Ansammlung von Glauben, Interpretationen, Spekulationen.

♌

OM, wenn du sagst, frage dich, wer dieses Ich ist, dann merke ich, solange Du es mir sagst, kann ich dabei still bleiben und tiefer gehen. Das Nächste, was passiert, ist, dass ich mir sage, dass es ein Gedanke ist, der fragt: »Ja, wer ist denn Ich?«

Können Ich-Gedanken andere Ich-Gedanken fragen, wer Ich ist?

Fragen können sie schon, aber ich merke, dass ich da nicht weiterkomme.

Eben. Und wenn du merkst, dass du da nicht weiterkommst, was tust du?

Ich tue gar nichts. Ich versuche zumindest, nichts zu tun, weil ich weiß, dass ich dann in der Sackgasse bin. Dann bin ich irgendwie in meiner eigenen Falle gefangen und merke, ich komme nicht vor und nicht zurück. Ich bin auch noch nicht so weit gegangen, dass ich dann auch still bleiben konnte. Irgendwann kommt schließlich ein Punkt, wo ich frage: »Ist das jetzt richtig, was ich mache?«

Wer fragt das?

Das ist dann auch ein Gedanke.

Es ist also ein Gedanke, gut. Und womit fängt dieser Gedanke an?

Er fängt mit »Ich« an.

Er fängt mit »Ich« an. Und jetzt fragst du dich: Wer ist dieses Ich, mit dem dieser Gedanke anfängt? Siehst du, deine Neigung ist es, dann nur weiteren Gedanken zu folgen. Sei bereit, in die Tiefe zu sinken und still zu sein. Selbsterforschung hat nichts damit zu tun, dass ein Gedanke »Wer bin ich?« wiederholt wird. Sie geschieht im Schweigen. Wie schwer fällt es dir, innerlich zu schweigen?

Die Schüler eines Gurus hielten eine einwöchige Schweigemeditation ab. In der zweiten Nacht musste einer von ihnen niesen.

»Gesundheit!« entfuhr es dem, der neben ihm saß.

»Pssst«, zischte der dritte, »wir sollen doch nicht sprechen.«

»Ihr seid beide dumm, warum redet ihr?« fragte der vierte.

»Ruhe!« rief verärgert der fünfte.

»Ich bin der einzige, der nicht gesprochen hat«, stellte der fest, der geniest hatte.

ꝛ

In vielen spirituellen Traditionen heißt es, der »mind« sei das einzige Hindernis für die Erleuchtung und spirituelle Befreiung. Was verstehst Du unter »mind«, welches deutsche Wort benutzt du dafür und warum?

Zunächst einmal zu der Übersetzung dieses Wortes: Es ist schwer, dieses Wort ins Deutsche zu übersetzen. Was mir am besten gefallen hat, ist die Übersetzung »Geist«, wie sie in Ramanas Büchern gebraucht wird, obwohl sie für viele zunächst schwierig ist, weil »Geist« sehr vielfältig benutzt wird. Wie nah dieser Begriff allerdings dem Phänomen, das man im Englischen »mind« nennt, kommt, zeigt sich, wenn man diesen Begriff genauer betrachtet. Nicht umsonst heißt ja der Geist »Geist«, und im Deutschen wird ein und dasselbe Wort benutzt für das, was im englischen »ghost« (Gespenst) oder »mind« heißen kann. Das heißt, im Grunde erlaubt dieses Wort einen tiefen Einblick in das Wesen dieses Phänomens. Es handelt sich um einen Geist, der sich nicht zu erkennen gibt, der nicht fassbar und unsichtbar ist. Der sich immer dann, wenn man ihm wirklich in die Augen schauen will, verflüchtigt. Das ist schon ein erstaunliches Phänomen. Immer dann, wenn ich Menschen im Satsang dazu anleite, direkt zu schauen, wer denn dieser Geist ist, scheint er sich in Luft aufzulösen. Dennoch ist er die zweitmächtigste Kraft, die Kraft, die offensichtlich das Leiden erzeugt. Das zur Übersetzung.

Ich habe nicht das Gefühl, dass es einen Begriff gibt, der dieses Phänomen genau wiedergibt. Es ist zunächst mal eine westliche Herangehensweise, überhaupt von einem Geist zu sprechen und diesen Geist dann über Inhalte zu definieren. Im klassischen Sinne ist es die Herangehensweise der modernen Psychologie und auch der Esoterik. Der Ansatz ist insofern einleuchtend, weil sich der Geist natürlich vielfältig aufgespalten und mit jeder Spaltung einen Dualismus hinterlassen hat. Und immer, wenn ein Dualismus hinterlassen wird, liegt ein Teil im Schatten, d.h. er wird aus dem Bewusstsein ausgeblendet. Und diese Schattenpotentiale, die abgedrängten Inhalte dieses Geistes zunächst einmal ins Bewusstsein zu holen, ist ein wesentliches Merkmal von Therapie, aber nicht nur von Therapie, sondern auch von Esoterik und in gewisser Weise auch eines spirituellen Weges. Es ist sozusagen das Geschenk der modernen Psychologie seit Freud, dem Unterbewusstsein eine universelle Bedeutung beigemessen und sie ins Licht des Bewusstseins des Suchenden gerückt zu haben. Die östliche Tradition hat sich diesem Phänomen des Geistes über den Aspekt der Form angenähert und nicht über den Inhalt. Das bedeutet, ich bezeuge offensichtlich etwas, das sich in Gedanken, Empfindungen, Gefühlen, Bildern und Stimmen äußert, was im Kern nichts als ein Gedanke ist. Diverse Meditationstechniken zielen darauf ab, sich beispielsweise von diesen Gedanken zu dissoziieren, um die zwanghafte Identifikation, diese schicksalhafte Verflechtung zwischen mir und Gedanken, zu entflechten und einen gewissen Abstand zu Gedanken zu bekommen – zunächst einmal, um sie beobachten zu können, wenn sie aufsteigen, um ihren Inhalt aus einer gewissen Beobachterhaltung heraus betrachten zu können. Das ist eine vorübergehende Technik und ändert natürlich nichts daran, dass nach wie vor eine Trennung erfahren wird zwischen einem Beobachter, der die Gedanken beobachtet und Gedanken, die beobachtet werden. – Aber die Einfachheit, die darin liegt, den Geist einfach als Form zu betrachten, ist erstaunlich: sich nicht mehr um die Inhalte zu kümmern oder um die scheinbare Bedeutung, die diese Inhalte sich selbst verleihen, sondern einfach nur das Phänomen von Gedanken als Form zu bezeugen. Darin liegt die große Einfachheit.

Poonjaji antwortete auf die Frage: »Wer ist der Geist?« »Ein Bündel von Gedanken.« In einem anderen Kontext sagte er: »Der Geist ist Zeit, Zeit ist Geist.« Das ist zunächst einmal gar nicht zu verstehen. Aber ich möchte noch kurz darauf eingehen, wenn er sagte: »Ein Bündel von Gedanken.« Genaugenommen ist es nur ein einziger Gedanke.

Der immer wieder in neuen Formen auftritt und sich wiederholt.

Ein Gedanke, der in vielen Verkleidungen auftaucht.

Vielleicht ist die Herangehensweise, diesen Geist als »meinen« mind zu personifizieren oder als ein Etwas zu sehen, bereits verkehrt.

Die Sprache unterstützt die Personifizierung dieses Geistes und du hast vollkommen recht: Den Geist zu personifizieren, berührt nicht die Einfachheit, die der Zen-Meister seinen Schülern vermittelt, die Einfachheit, die Poonjaji vermittelte, wenn er die Antwort gab: Der Geist ist nichts weiter als ein Bündel an Gedanken. Diese höchste Abstraktionsstufe, die sich nicht mehr um Inhalte schert, nähert sich dem Wesen des Geistes an. Welcher Gedanke ist es denn? Es ist der Gedanke »Ich«, nur *ein* Gedanke, genaugenommen nur dieses *eine* Wort. Es sind nur drei Buchstaben.

Von daher wird oft gesagt: Geist ist gleich Ego, du musst dein Ego aufgeben.

Ja, nur benutze ich das Konzept des Egos ungern, weil Ego nicht deiner Erfahrung entspricht. Ego ist ein Konzept, welches natürlich vom Ego selbst, also vom denkenden Geist, wenn du das synonym setzt, konstruiert wird, und es ist mit vielen Negativbildern behaftet. Das Ego ist nicht deine Erfahrung. Deine Erfahrung ist Ich. Der Ich-Gedanke ist deine Erfahrung, und wenn du das konzeptualisieren möchtest, gefällt mir das Wort »Geist« besser, weil die Natur des Geistes auf etwas hinweist, was wirklich nichts ist als eben ein Geist. Ein Geist ist nichts. Aber ein Geist hat Macht über dich – scheinbar – solange er dir Angst macht, solange er dich in Versuchung führt, solange er dir etwas zu bieten hat, solange du ihm etwas abkaufst, solange du mit ihm einen Handel eingehst, einen Pakt.

Aber jetzt kommen wir wieder auf diese Schwierigkeit, dass der Geist personifiziert wird: »Er« macht irgendetwas mit mir. Ich bin es doch, der ihm diese Macht verleiht.

Es geht offensichtlich um die Bindung zwischen dir und einem Ich-Gedanken, die sich hier als »Ich« ausdrückt. Machst du etwas mit dem Ich-Gedanken, oder macht der Ich-Gedanke etwas mit dir? Wenn der Ich-Gedanke aufsteigt, passiert etwas. In dem Moment, wo der Ich-Gedanke aufsteigt, findet etwas Hochdramatisches statt, das Konsequenzen hat, die gar nicht nachvollzogen werden können. Jeder Mensch ist blind gegenüber dem, was geschieht, wenn der Ich-Gedanke aufsteigt. In dem Moment, in dem der Ich-Gedanke auftaucht, entsteht eine Bindung zwischen dem Bewusstsein und diesem Ich-Gedanken. Das nennt man Identifikation. Und es ist offensichtlich ein Tun deinerseits. In dem Moment, wo die Bindung eingegangen wird, und sich das Bewusstsein verengt, entsteht aus diesem Ich-Gedanken die ganze Welt. Die gesamte Welt der Vorstellungen, die gesamte Weltgeschichte. Alles ist nur eine Folge dieser initialen Bindung zwischen mir und diesem Ich-Gedanken. Und das passiert aber millionenfach. Ständig. Mit anderen Worten: Es ist wesentlich, das Auge des Bewusstseins auf diesen Moment zu richten, um wahrzunehmen, was dort passiert.

Aber wenn der Ich-Gedanke nicht mehr da ist, dann ist doch immer noch Natur und Welt und alles da!

Nicht als Realität. Sehr wohl als Erscheinung und als Lila, das göttliche Spiel, aber nicht als das Leben selbst, für das es der denkende Geist hält, für das es der Gedanke »Ich« hält. Der Gedanke »Ich« sieht Projektionen seiner selbst und hält sie für das Leben. In Wirklichkeit sieht er Projektionen von Projektionen von Projektionen. Nicht einmal die unverzerrten ersten Erscheinungen, die sogenannten primären Illusionen, sind sichtbar für den Geist. Nur Überlagerungen, Verzerrungen von Erscheinungen, Bilder, die auf Bilder projiziert werden, sind sichtbar. Wenn der Ich-Gedanke implodiert, dann erscheinen die Erscheinungen aus dem Bewusstsein, sind gefüllt mit Bewusstsein, aber ohne Substanz. Materie ist ohne Substanz, innere und äußere Erscheinungen sind letztlich ohne Substanz.

An der Stelle musst Du noch mal erklären, was Substanz bedeutet, also: der Tisch wird immer noch hart sein, in diesem Sinne noch wirklich.

Nein, der Tisch *ist* nicht hart, weil es keinen Gedanken gibt, dass der Tisch hart ist. Und wenn es keinen Gedanken gibt, dass der Tisch hart ist, ist der Tisch auch nicht hart. Ohne einen Gedanken gibt es weder »Tisch« noch »hart«.

Also sind alles Interpretationen? Ist das, was da erscheint, völlig unbestimmt?

Es ist eine Erscheinung aus mir, die durch die Wahrnehmung erzeugt wird.

Heutzutage wird der Geist oft mit einem Computer verglichen, das scheint sehr unpersönlich zu sein. Wäre das auch eine gute Möglichkeit, das Phänomen »Geist« zu erfassen?

Gurdjieff hat ja den Begriff »Maschine« benutzt. Ich benutze den Begriff sehr gerne, allerdings nur solange ich mich mit dem Inhalt des Geistes beschäftige, denn auch dieser Begriff kommt nach wie vor aus den Inhalten des Geistes und hat noch nicht die Abstraktionsebene erreicht, in der es lediglich darum geht, den Geist als Phänomen zu bezeugen. Wie gesagt, es macht Sinn, Inhalte zu betrachten – vorübergehend, aber nicht, um ihnen Substanz zu geben, wie es häufig getan wird, beispielsweise in der Psychologie, die davon ausgeht, dass es tatsächlich um Veränderungen innerhalb eines real existierenden Ich geht. Wenn ich also den Geist auf einer inhaltlichen Ebene betrachte, um die unterbewussten Spaltungen ans Tageslicht des Bewusstseins zu rufen, dann ist es eine gute Charakterisierung, den Geist als eine Maschine zu betrachten, die nichts anderes ist als eine Ansammlung von Automatismen, die keinesfalls so individuell und einzigartig sind, wie der Geist sich gern selbst sieht. Es ist genau festgelegt und vorhersehbar, in welchen Momenten er wie in die Täuschung geht, in welchen Momenten er in den Widerstand geht, in welchen Momenten er Angst erzeugt, Zorn erzeugt usw. All das erfolgt nach genau festgelegten roboterhaften Gesetzmäßigkeiten und erscheint nur solange als ein Labyrinth, solange die Gesetzmäßigkeiten nicht durch einen Spiegel wie beispielsweise das Enneagramm gespiegelt werden können. Im ersten Moment erscheint diese Kraft durch ihre Geisthaftigkeit, ihre Unsichtbarkeit, ihre Flüchtigkeit eben als beinahe unbezwingbar. Erst bei näherer Sicht zeigt sich ihre Plumpheit, ihre Vorhersehbarkeit, ihre Wiederholung. Es ist eine Struktur, die einer Suchtstruktur ähnelt. Man könnte den Geist als eine Struktur bezeichnen, die süchtig ist nach sich selbst. Und du weißt, das wesentliche Merkmal der Sucht ist das Merkmal einer Wiederholung: Je öfter sie eintritt, desto größer wird die Dosis, und desto kräftiger wird die Wiederholung.

Das ist auch das Merkmal der Neurose.

Ja, Neurose ist Geist. Ich möchte sagen, dass der Begriff der Neurose letztlich als ein Synonym für den Geist gelten muss und nicht als eine Eigenschaft des Geistes oder als eine Eigenschaft bestimmter Geister, wie es häufig dargestellt wird. Der Geist ist neurotisch. Jeder Geist ist neurotisch. Es gibt überhaupt keinen Geist, der nicht neurotisch ist. Es gibt nur einen Geist, der besser funktioniert als ein anderer.

Aber die reine Existenz von Gedanken und Gefühlen ist nicht dasselbe wie Geist. Man kann doch Meister der Gedanken sein. Du kannst Gedanken als Instrumente benutzen. Du kannst damit operieren und bist trotzdem nicht in einer Neurose verhaftet.

Ja, die reine Existenz von Gedanken und Gefühlen ist nicht Geist. Aber es gibt kein »Ich«, welches mit Gedanken operiert. Dieses »Ich« ist selbst ein Gedanke. Die reine Intelligenz ist keine Intelligenz in Gedanken. Gedanken sind eine Imitation von Intelligenz. Die reine Intelligenz kommt aus der Leere. Es ist diese unpersönliche Intelligenz, welche Gedanken benutzen kann, um sich mitzuteilen. Wenn also beispielsweise bestimmte Gedankengänge gefasst werden in diesem Moment, dann sind dies eigentlich gar keine Gedankengänge, sondern es sind – (Stille)

So wie wir jetzt hier sprechen, hat das nichts mit Gedanken direkt zu tun, es sind keine Gedanken. Es geschieht etwas in dem Medium, das wir Sprache nennen. Sprache folgt bestimmten Gesetzen. Was ist die Beziehung zwischen Gedanken und Sprache? Sprache kann ausgesprochener Gedanke sein, kann Ausdruck reiner Intelligenz sein. Jede Erscheinung kann sowohl imitiert als Gedanke erscheinen, als auch in reiner authentischer Form aus der Leere emporsteigen.

Ist es bei Dir so, dass Du immer wachsam bist in dem Sinne, dass kein Gedanke entsteht?

Natürlich ist Wachsamkeit immer da, und manchmal entstehen Gedanken; häufig entstehen keine Gedanken. In jedem Fall ist, wenn Gedanken entstehen, ein vollkommenes Bewusstsein da, in welchem die Gedanken erscheinen. Das ist im normalen Zustand des Geistes nicht der Fall. Im Normalzustand des Geistes ist es nicht offensichtlich, wann Gedanken da sind und wann keine Gedanken da sind, weil Gedanken auch auf verschiedenen Ebenen auftauchen. Ich hatte in einem Satsang die Unterscheidung gemacht zwischen Gedanken und Vorstellungen. Es gibt Ebenen von Gedanken, die nicht als artikulierte Gedanken zur Verfügung stehen, sondern als flüchtige Vorstellungen. Das sind Konstrukte von Gedanken, die wie ein flüchtiges Bild erscheinen, in dem die einzelnen Gedanken, die dieses Konstrukt offensichtlich zusammensetzen, in dem Moment aber nicht artikuliert zur Verfügung stehen. Dennoch muss ich sagen, dass die Tatsache, dass Gedanken nicht voll zur Verfügung stehen, mit nicht vollkommener Wachsamkeit zu tun hat. In vollkommener Wachsamkeit steht jeder Gedanke zur Verfügung in dem Sinne, dass er im Bewusstsein vollkommen wahrnehmbar auftaucht.

Die Schwierigkeit ist, dass offensichtlich sehr viele verschiedene Ebenen im Geist existieren können, von »sehr unbewusst« bis zum »Wachbewusstsein«, wo ich Gedanken beobachten kann. Wenn die Welt wirklich erscheint, dann scheint es auf einer ziemlich tiefen Ebene zu funktionieren.

Ja, die Schwierigkeit ist zunächst einmal, dass Gedanken gar nicht als Gedanken wahrgenommen werden können. Das heißt, bestimmte Gedanken erscheinen im Bewusstsein und werden als Gedanken wahrgenommen. Nun sind die Gedanken, die wahrgenommen werden, aber nicht einfach nur Gedanken, sondern es sind Gedanken, die andere Gedanken verbergen. Genaugenommen sind es Produkte von anderen Gedanken, die aber in dem Moment nicht erscheinen. Es gibt also Gedanken hinter Gedanken hinter Gedanken hinter Gedanken, und es gibt den Begriff des »Hintergedankens«, der tatsächlich etwas Authentisches ausdrückt. In einem Brief an Gangaji habe ich einmal das Bild benutzt: Es ist so, als wenn die Gedanken nicht aus dem Nichts aufsteigen, sondern sie steigen auf aus einem See von Gedanken. Man könnte diesen See auch als Potential von Gedanken, von angesammelten Gedanken und Konzepten bezeichnen, aus dem immer wieder bestimmte Gedanken emporsteigen. Dieser See ist der Bodensatz, der Sumpf des Phänomens, das wir Geist genannt haben. Wenn ein Gedanke, der aufsteigt, nicht verfolgt wird, wenn es also keine Kraft gibt, die sich mit diesem Gedanken verbündet und ihn weiter ausspinnt, wenn es keine Horizontalbewegung gibt, dann findet ein Tieferfallen statt, also eine Vertikalbewegung. Diese Vertikalbewegung verfolgt Gedanken hinter Gedanken hinter Gedanken hinter Gedanken. Beispielsweise wenn ein bestimmter Gedanke da ist mit einem bestimmten Motiv, dann verfolgst du normalerweise diese Absicht, arbeitest mit ihr und unternimmst bestimmte Handlungen als Folge dieser Absicht. Mit anderen Worten: Du erzeugst eine Geschichte um diese Absicht. Das sind alles Gedankenketten, die dieser peripheren Absicht folgen. Wenn du diese Absicht aber nicht berührst, dann taucht plötzlich hinter dieser Absicht eine andere Absicht auf. Zum Beispiel: Du hattest die Absicht, jemandem helfen zu wollen und hinter dieser Absicht, ihm helfen zu wollen, taucht plötzlich die Absicht auf, ihm schaden zu wollen. Darunter tauchen alle möglichen Schichten von Absichten auf. Wenn du keine dieser Absichten berührst, tauchen sie alle auf und verbrennen.

Und was bedeutet verbrennen?

Verbrennen bedeutet, dass Gedanken sich aus diesem See befreien und sich im *Nichts* auflösen.

Tut das weh?

Das kann wehtun. Aber es muss nicht.

Weißt du dann, dass der Gedanke verbrannt ist? Ist es eine Intensität des Aushaltens oder des Vergehens?

Manchmal ist es intensiv, manchmal ist es nicht intensiv. Es gibt keine Voraussage, die möglich ist, wie lange Gedanken brennen oder wie lange bestimmte Themen aus diesem See brennen. Aber du spürst natürlich, wenn das Brennen zum Ende kommt, wenn es zur Ruhe kommt.

Gehen wir mal von einem einfachen Fall aus, den viele kennen: Man liegt im Bett und sorgt sich um etwas. Etwas ist passiert, jemand ist verunglückt oder jemand ist nicht nach Hause gekommen. Und es kommen immer wieder dieselben Gedanken. Eine einfache Sache, aber sehr unangenehm. Das ist ein Beispiel für den Geist bei der Arbeit.

Nicht bei der Arbeit, beim Denken!

Beim Denken, ja. Es scheint sehr schwierig zu sein, da herauszukommen.

Aus dieser Gedankenschleife meinst du?

Ja. Es geht mir darum, die Verbindung zwischen mir als Bewusstsein und dem Geist deutlich zu machen. Nicht auf einer so subtilen Ebene, mehr auf der Ebene, wo es sehr deutlich wird, dass der Geist ein scheinbar übermächtiger Quälgeist ist und ich einerseits verzweifelt versuche herauszukommen, andererseits ihm gleichzeitig auch immer Stoff gebe. Dann versuchen manche Leute zu meditieren, um sich davon zu distanzieren.

Gib die Idee auf, dass du irgendwo »herauskommen« musst. Der Geist mag ein Quäl-Geist sein, aber du bist einfach still. Tue nichts. Vermeide nichts und involviere dich in nichts. Diese zwanghafte Beschäftigung mit Gedankenschleifen ist eine Form von Vermeidung. Eine Vermeidung, tiefer zu fallen und möglicherweise mit unbequemen Gefühlen in Kontakt zu kommen, die auftauchen, wenn die Zwanghaftigkeit der Gedankenschleifen aufgegeben wird. Aber auch diese Gefühle berührst du nicht.

Ist es sinnvoll zu üben, nicht in diese Geistschleifen einzusteigen? Wenn man in einer normalen Situation ist, immer wieder zu üben? Kann man das üben?

Nein, du kannst nichts üben. Es ist ja keine Technik, da auszusteigen. Du kannst dich in dem Moment fragen, was du vermeiden willst. Schau, du bist es ja, der eine Verbindung mit den Gedanken eingeht. Nicht die Gedanken mit dir, so wie es dir erscheint. Das heißt, es muss irgendetwas geben, was dir die Beschäftigung mit Gedanken bringt. Es muss einen Gewinn für dich geben. Du gehst nicht umsonst diesen Handel, diese Verbindung ein. Du gehst ja auch mit keinem Partner eine Verbindung ein, ohne einen Gewinn davon zu haben – auch wenn es manchmal leidvoll erscheint. Der Geist macht nichts, ohne einen Gewinn davon zu haben. Solange du dich vollkommen mit diesem Geist identifizierst, machst du nichts, ohne einen Gewinn von irgendetwas zu haben. Jede Handlung geschieht im Rahmen irgendeiner Berechnung – »was bringt mir das?« – oder Vermeidung – »was will ich vermeiden?«
Jedenfalls nicht Leid.

Es ist einer der größten Vorwände dieses Geistes, Leiden vermeiden zu wollen. Beispielsweise indem er vorgibt, Schmerz,

Trauer, Verzweiflung und Hilflosigkeit zu vermeiden, die er als Leid interpretiert. Das scheint zunächst sehr glaubwürdig zu sein. Wenn du jedoch in der direkten Erfahrung von Schmerz bist – nicht in der Angst »davor« – ist es nie so schlimm, wie die Angst vor dem Schmerz es dir vormachte. Es ist überhaupt nicht »schlimm«.

Wenn man es nicht interpretiert?

Nein, in der direkten Erfahrung gibt es keine Interpretation. Interpretation ist indirekte Erfahrung. Angst vor Schmerz ist Interpretation. Sie berührt die Erfahrung des Schmerzes gar nicht. Aber Angst ist eben ein trickreicher Mechanismus, in dem das Bild von einer Erfahrung als die Erfahrung selbst verkauft wird, um dich dann vor diesem Bild zurückweichen zu lassen. Mit anderen Worten: Wenn der Geist dir sagt, du hast Angst vor Schmerz, dann hast du in Wirklichkeit gar nicht Angst vor Schmerz. Du hast Angst vor dem Bild oder vor der Interpretation von Schmerz, die er erzeugt. Erst erzeugt er ein Bild von Schmerz, und dann hat er Angst vor dem selbst erzeugten Bild. Verstehst du, was ich meine? Man kann keine Angst vor Schmerz haben. Es ist auch nicht möglich, Angst vor Trauer oder Angst vor dem Tod oder dem Leben, überhaupt vor einem Gefühl zu haben. Es ist völlig unmöglich, vor einer Erfahrung Angst zu haben. Es ist nur möglich, vor einem selbsterzeugten Bild dieser Erfahrung Angst zu haben, und das ist ein Teil des Tricks, den Angst anwendet. Dieses »ein Bild von einer Erfahrung für die reale Erfahrung verkaufen«.

Aber wir hangeln uns ja in der Regel ständig von Bild zu Bild, ohne jemals die Erfahrung zu berühren.

Das ist eben der Punkt. Du vermeidest die direkte Erfahrung des Lebens aus der Vorstellung, dass genau *das* Leiden erzeugen würde. Davor hat der Geist Angst. Und dieser Mechanismus funktioniert. Diese Täuschung funktioniert. Zunächst mal.

Man spricht ja auch von einem übertriebenen Überlebensmechanismus des Geistes, der sich ständig absichern will.

Ja, er befindet sich mehr in einem Überlebensmechanismus als in einem Lebensmechanismus. Der Begriff »überleben« deutet ja auch darauf hin, dass es offensichtlich eine Kraft gibt, die sich »über« das Leben stellt, anstatt zu leben. Der Geist kämpft ums Überleben, und solange du ums Überleben kämpfst, musst du *Leben* selbst verleugnen. Mit anderen Worten: Solange du ein Interesse daran hast, dass »du« überlebst, wer auch immer das ist, solange du ein Interesse daran hast, dass der Körper überlebt, solange wirst du mit diesem Geist einen Handel eingehen, und solange wirst du in der Leidensschleife gefangen sein. Erst wenn du bereit bist, diesen Körper zu geben, diese Form zu schenken, wenn du bereit bist, dich dem Tod zu stellen, dann hört dieser Überlebenskampf auf, und *Leben* kann beginnen.

♌

Kannst Du etwas über die Entstehung von Gedanken und die Funktionsweise des menschlichen Geistes sagen?

Gedanken sind deine ärgsten Feinde und deine größten Freunde, denn sie sind gleichzeitig auf indirekte Art und Weise die Bringer der Erkenntnis. Nachdem du dich gefragt hast, was sind Gedanken, wie entstehen sie und was für eine Funktion haben sie, kannst du vielleicht die eine entscheidende Beobachtung machen, dass außerhalb von Gedanken keine Trennung wahrnehmbar wird. Wenn wir zum Beispiel davon sprechen, dass sich jemand mit dem Körper identifiziert, dann ist es ja nicht der Körper, der sagt: »Ich bin Traute.« Der Körper sagt nichts. Der Körper an sich ist tot. Es muss also ein Gedanke da sein, ein Gedanke von »ich bin Traute«, der sich auf eigenartige Weise auf den Körper bezieht, der eine Beziehung herstellt zwischen dir und dem Körper. Du kannst die grundlegende Erfahrung machen, dass Trennung – außerhalb von Gedanken, in einem Moment von Stille – tatsächlich nicht deine Erfahrung ist. Sobald du dann deine Augen öffnest, wird normalerweise über das Sehen der unbewusste Ich-Gedanke, der in dem Moment gar nicht als Gedanke zugänglich ist, ausgelöst. Wenn du die Augen wieder schließt, ist dieser unbewusste Ich-Gedanke weg, und du prüfst genau, du schaust und stellst fest, dass in dem Moment der Gedankenfreiheit tatsächlich keine Trennung zwischen Ich und Du und mir und den anderen wahrnehmbar wird. Die Trennung zwischen mir und den anderen oder zwischen mir und Gott, zwischen mir und allem, existiert außerhalb von Gedanken tatsächlich gar nicht. Das heißt, offensichtlich ist es der Ich-Gedanke, der eine Spaltung erzeugt zwischen einem unbekannten Ich und einem ebenfalls unbekannten Du, einem angenommenen Ich und einem angenommenen Du, einem Gedanken von Ich oder einem Gedanken von Du. Wenn dieser Gedanke zurücksinkt in die Leere, gibt es keine Trennung. Nur: Anstatt den Gedanken, der auftaucht und der an sich noch keine Spaltung ist, nicht zu berühren und ihn in die Leere zurücksinken zu lassen, ist es deine und jedermanns Gewohnheit, Gedanken ständig zu verfolgen und dann von den Gedanken verfolgt zu werden. Verfolgt vom Ich-Gedanken verlierst du das direkte Wissen über den Ursprung von Gedanken. Was ist die Wurzel von Gedanken? Was ist deine Erfahrung in diesem Moment, wenn ein Gedanke auftaucht? Wo ist die Wurzel? Es geht darum, die Wurzel eines Gedankens zu erkennen, die nur angenommen wird, die aber nicht deine direkte Erfahrung ist. Wenn du also jetzt die Aufmerksamkeit auf das richtest, woher der Gedanke entsteht, was ist deine Erfahrung?

Zuerst kommt: Es gibt überhaupt keine Wurzel. Und jetzt ist es so, als kommt aus einer tiefen Tiefe so ein Auftauchen.

Von was?

Ja, von was? Was ich wahrnehme ist, dass die Ebene sich verändert und dass ich »Ich« sage und damit in die Spaltung komme.

Nein. Nicht die Tatsache, dass du »Ich« sagst, ist der Eintritt in die Spaltung. Bleibe dabei: Was ist die Wurzel eines Gedankens, ohne in den Inhalt einzusteigen, ohne in die Analyse einzusteigen? Was heißt: »Erst kam: Es gibt gar keine Wurzel«? Bleib da. Bleibe in deiner einfachen Erfahrung.

Die Wahrnehmung ist die, dass es irgendwie auftaucht.

Richte deine Aufmerksamkeit auf das, von wo es auftaucht. So als wenn du den Gedanken zurück sinken lässt dahin, wo er hergekommen ist und dann nimmst du wahr. Einfach, ohne Gedanken, direkt.

Von nirgendwoher.

Wo ist die angenommene Wurzel von Gedanken? Du musst irgendeine Wurzel von Gedanken angenommen haben, um Gedanken Realität verleihen zu können.

Es erscheint mir wie eine Verdichtung, die sehr subtil vor sich geht.

Was genau erscheint dir wie eine Verdichtung?

Es taucht ein Ich auf, und dann ist es wie so eine Kette, wo immer mehr Teile dazu kommen.

Was ist passiert in dem Moment, wo das erste Ich aufgetaucht ist? Der erste Gedanke »Ich«.

Zum Beispiel kam der Gedanke: »Ich will's wissen.«
Dann wird der Gedanke plötzlich »dick«, als hätte man ein Weihnachtsmenü gegessen.

Der kleine Fehler liegt noch darin, dass *du* die Aufmerksamkeit auf den Gedanken selbst richtest und genau dadurch wird er dick.

Ja, er bläht sich irgendwie auf.

Er bläht sich auf. Was passiert, wenn du den Gedanken zu seinem Ursprung zurückverfolgst, nochmals mit der Frage: Was ist seine Wurzel? Ohne die Aufmerksamkeit auf den Gedanken selbst zu richten, wie es normalerweise deine Gewohnheit ist.

Dann kommt so ein Nichtwissen.

Ist das ein Gedanke?

Nein.

Tauche in dieses Nichtwissen und prüfe direkt und einfach, ohne Glauben oder Nichtglauben.

Es gibt ihn nicht, den Gedanken.

Meinst du damit, es gibt die Wurzel des Gedankens nicht?

Es gibt keine Wurzel.

Ja! Es gibt keine Wurzel von Gedanken. Gedanken haben keine Wurzel, das ist für niemanden zu verstehen. Wenn du vollkommen bereit bist, in diese Erkenntnis des Ursprungs von Gedanken einzutauchen, dich dort hineinfallen zu lassen, das ist Selbsterforschung. Das ist der Moment, wo den Gedanken ihre Wurzel, die nie existiert hat, genommen wird. Der Ich-Gedanke hat keine Wurzel. Viele Menschen, ich würde sagen, die meisten, wollen auf dem spirituellen Weg irgendwelche Ratschläge haben: Regeln, Lehren, was jetzt richtig ist und was falsch, sie wollen intellektuell verstehen und Erfahrungen machen, aber es gibt nur wenige, die bereit sind, in vollkommener Meditation tiefer zu gehen als Gedanken. Das ist der Schlüssel. Tiefer zu gehen als Gedanken bedeutet, auch tiefer zu gehen als Gefühle.

Dann gibt es auch keine Erfahrungen mehr.

Doch, es gibt Erfahrungen, aber niemanden mehr, der erfährt. Die Trennung zwischen Erfahrendem und Erfahrenem gibt es nur in Gedanken. Wenn der Gedanke versinkt, wie kann es einen Erfahrenden geben? Das ist das, was Ramana *Selbst*erforschung nennt und was in dieser Linie weitergegeben wird: die Möglichkeit direkter Erforschung des Ursprungs von Gedanken, des Ich-Gedankens. Er kann nur *jetzt* erforscht werden. Wenn ich einen Gelehrten frage: »Wer ist die Psyche?«, dann wird die Antwort zwangsläufig aus allen anderen Momenten kommen, aber nicht aus dem *Jetzt*. Mit anderen Worten, die Psyche selbst wird antworten. Selbsterforschung aber, wie es in diesem Moment geschieht, geschieht nicht aus der Psyche, nicht aus dem Geist, sondern direkt aus dem *Selbst*, aus der Leere. Und wie Poonjaji sagte: Es kostet Mut, diese Leere zu umarmen. Denn natürlich ist es diese Leere, die der Geist am meisten fürchtet.

Warum fürchtet der Geist die Leere am meisten?

Weil du glaubst, dass du dich auflöst, wenn du in diese Leere eintauchst.

ꝏ

Kannst Du noch mal an einigen Beispielen erklären, wie das gemeint ist, wenn Du sagst, Gedanken können positiv und negativ genutzt werden?

Der Geist ist ja eine scheinbare Spaltung aus zwei gegensätzlichen Kräften. Es gibt eine Kraft, die überleben will, die sich selbst bekräftigen will, die die Betäubung will, die gefangen sein will, die leiden will, die süchtig ist nach Leiden, die unter allen möglichen Vorwänden den Versuchungen erliegt. Und es gibt eine andere Kraft, die den Geist suchen lässt und die offensichtlich mit irgendeiner Form von Unzufriedenheit assoziiert wird, die sich von diesem Leiden befreien will. Diese Kraft treibt ihn dazu, in Therapien zu gehen, nach dem Sinn des Lebens zu suchen, ja letztlich Selbsterkenntnis zu suchen. Und das, was wir als den spirituellen Weg bezeichnen, ist im Grunde zunächst mal nichts anderes als ein Kampf dieser beiden gigantischen Mächte innerhalb des Geistes.

Kommt nicht die Kraft, die ihn suchen lässt, eher vom Bewusstsein, aus einer tieferen Ebene, die eigentlich gar nicht zum Geist direkt gehört?

Nein, denn Suche gibt es nur innerhalb des Systems des Geistes. Es gibt außerhalb des Geistes keine Suche. Außerhalb dieses denkenden Geistes gibt es nichts als Phänomene, die miteinander spielen, und es wäre zu viel gesagt, diesen Phänomenen Kampf oder Gegensätzlichkeit zuzuordnen. Das wäre schon Interpretation.

Kann man sagen, Geist ist schlicht und einfach Anhaftung sowohl an psychische als auch an äußere Phänomene?

Der denkende Geist und die Psyche ist dasselbe, es ist ein Synonym, so wie ich die Worte verwende. Ja, Anhaftung an Ideen. Ideen, die an sich selbst anhaften.

Zum Beispiel die Wahrnehmung die ich von Dir habe, das Bild, das ich wahrnehme, ist einfach da. Es ist nicht geistig. In dem Moment, wo ich etwas interpretiere, kommt Geist ins Spiel.

Ja, nur der Geist ist untergründig ständig im Spiel, und da kommen wir zurück auf die Ebene, auf der der Geist interpretiert, ohne dass ein Gedanke verfügbar ist. Wenn du diese Lampe anschaust, dann ist in dem Moment, wo du die Lampe anschaust, unterbewusst das Konzept, dass es eine Lampe ist, schon präsent, ohne dass der Gedanke auftaucht: »Das ist eine Lampe.«

Es ist keine reine Wahrnehmung des Phänomens. Wahrnehmung kann sich nur durch Erkenntnis befreien. Diese zwanghafte Verwicklung zwischen sinnlicher Wahrnehmung und ständigen Interpretationen kann nur durch Erkenntnis gelöst werden. Die reine Schau der Phänomene ist ohne Erkenntnis nicht möglich. Wenn sich diese Verflechtung in bestimmten Momenten auf ganz natürliche Art und Weise löst und du – unschuldig – in der Erfahrung das *Sein* berührst, so ist das nur vorübergehend, wenn es nicht aus der Erkenntnis kommt. Erkenntnis ist im Gegensatz zu Erfahrung nichts Vorübergehendes, nichts, was sich öffnet und wieder schließt. Erfahrung als eine unschuldige Erfahrung des Seins kann darin bestehen, dass die Wolkendecke sich einen Moment öffnet und dann wieder schließt.

Kann es sein, dass man durch das Denken verhindert, dass das Selbst aktiv wird?

Durch das Denken und deine verkrampfte Anhaftung an diesem Denken verhinderst du die Realisation dessen, was du ohnehin bist. Das Denken ist eine unglaubliche Einschränkung und Selbstbeschränkung. Es ist ein künstliches Leben. Denken ist nicht Leben, es ist künstlich – eine künstliche Welt, in der Menschen leben und die sie für Realität halten. Und zu dieser künstlichen Welt gehören auch Emotionen. Denn Denken ist nicht auf den Kopf beschränkt, wie viele glauben. Emotionen sind auch Denken.

Weißt du die Stille zu schätzen, die sich zwischen zwei Gedanken auftut? Auf eine Art und Weise, die du selbst offensichtlich nicht beeinflusst, entsteht immer mehr eine natürliche Anziehung zu den Lücken zwischen Gedanken. Und das erfordert natürlich deine Bereitschaft, dich nach innen zu kehren, die Bereitschaft zur Versenkung, zur Meditation.

♌

Von ICH zu Ich: Der scheinbare Selbstschrumpfungs-Prozess durch Identifikation mit dem Denken

Das Sein entfaltet sich in dem freien Fluss der Dinge. Es gibt nichts und niemanden, der darin ist. Es gibt nur DAS. Und plötzlich passiert etwas. Das ist das, was bei fast allen Menschen in dem Moment passiert, wo sie morgens aufwachen. Es macht »klick«. Und in dem Moment, wo es »klick« macht, bin ich »Boris« oder bin ich »Christiane«. In diesem Moment erschaffst du in deinem Geist die gesamte Welt. Alles, was jemals existierte, wird in dem Moment geschaffen. Dieser »Klick«, diese Identifikation nennt sich Unwissenheit. Der »Klick« wird von niemandem vollkommen wahrgenommen, er passiert unterbewusst. Und so gibt es auch andere Augenblicke, in denen dieser »Klick« passiert, und in Momenten der Meditation kannst du diesen Punkt der Identifikation vielleicht bemerken. Das ist der Moment, in dem sich reine ungeformte Energie plötzlich an irgendein Phänomen haftet und das Bewusstsein sich darauf begrenzt. Plötzlich kommt ein Gedanke, und plötzlich macht es »klick«.

Und plötzlich *bin* ich dieser Gedanke. In der Selbsterforschung, in der reinen Erforschung von Realität, ist es möglich, sich dem anzunähern. Und es bedarf dazu zunächst einmal einer Wachsamkeit, die ich *entspannte Wachsamkeit* nenne, keine zwanghafte Konzentration, sondern eine entspannte Wachsamkeit, die sich sehr entspannt und gleichzeitig vollkommen wachsam all dessen gewahr ist, was ist.

Dieser Moment des »Klicks« ist wesentlich, sehr wesentlich. Er passiert in Gedanken, er passiert in Gefühlen, und er passiert in Körperempfindungen. Er passiert über das Sehen, über das Fühlen, über das Tasten, er kann über alles passieren. Und für jeden gibt es bestimmte Eintrittspforten, in denen der »Klick« stärker passiert. Für den einen passiert er im Sehen, für den anderen passiert er über einen anderen Sinn. Und immer passiert er über die Gedanken. Das ist das Wesentliche. Er passiert über Gedanken, weil der Geist Gedanken nicht als Gedanken wahrnehmen kann. Warum? Weil der Geist selbst nichts ist als ein Gedanke und ein Gedanke nicht das *Wesen* eines Gedanken erfassen kann.

♌

Wenn ich mich tief entspanne, erlebe ich mich als einen großen Raum von Bewusstheit. Aber wo bleibe ich, wenn ich schlafe?

Wenn du dich im sogenannten Wachbewusstsein entspannst, erlebst du Bewusstsein, das sich seiner selbst gewahr ist. Das ist Bewusstheit. Im Tiefschlaf gibt es Bewusstsein, welches sich seiner selbst nur sehr begrenzt gewahr ist. Dass es sich allerdings überhaupt nicht gewahr ist, ist eine Lüge, denn du weißt, dass du geschlafen hast. Du weißt, wie du dich gefühlt hast, als du geschlafen hast, wenn du am nächsten Morgen aufwachst. Du kannst nicht leugnen, dass du irgendetwas darüber weißt. Insofern gibt es nicht die Möglichkeit zu sagen, du warst nicht bewusst, während du geschlafen hast.

Im Schlaf bist du deinem natürlichen Zustand sehr nahe. Und in dem natürlichen Zustand gibt es keine Trennung mehr. Dass du nicht bist, während du schläfst, das nehme ich dir nicht ab. Das gilt es zu prüfen. Es erscheint dir so, weil das, was du für das Sein hältst, unterbrochen wird. Aber das ist nicht das Sein. Es sind Bilder, die aus dem Sein kommen. Alles, was du jetzt siehst, hörst, denkst, fühlst, schmeckst, tastest – all das sind Bilder. Und all diese Bilder kommen aus dir selbst und haben keinerlei Realität außerhalb deiner selbst.

Wenn ich jetzt die Augen schließe, und die Frage taucht auf: »Wer sieht jetzt?« kommt scheinbar automatisch die Antwort: »Ich.« Entspricht das der Wahrheit oder kann ich noch weiterfragen, wer dieses »Ich« dann ist?

Ja, das ist natürlich, dass diese Antwort »Ich« kommt, und natürlich ist es das »Ich«, welches sieht, fühlt, denkt, handelt usw. Dennoch bemerkst du, dass die Antwort unbefriedigend ist, denn schon im nächsten Moment wird dieses Ich sich als »jemand«, als ein Individuum, ausgeben, welches handelt, denkt, fühlt usw. Mit anderen Worten: als ein Ich, welches abgetrennt ist. Wenn du sagst »Ich« oder »Ich bin« – dann liegt darin keine Trennung. Sobald du aber sagst: »Ich bin Christian« oder »ich kann, ich will, ich muss, ich darf, ich habe« usw., sobald du Konzepte hinzufügst, tritt eine Trennung auf. Das heißt, dieses Ich, welches für Trennung verantwortlich ist, kann nicht dasselbe ICH sein, welches als Antwort kommt: »Ich.«

Allerdings war die Frage: »Wer sieht?« Antwort: »Ich«. Der Satz heißt dann vollständig: »Ich sehe.« Da ist das Verb enthalten. Ist das schon die Trennung?

»Ich sehe« ist keine Trennung. Solange das »Ich sehe« nicht getrennt ist von dem, was gesehen wird und nicht getrennt ist vom Akt des Sehens, solange diese Dreiheit nicht getrennt ist, kann man sagen, dass das »Ich sehe« die Qualität des Momentes ist. Im Tiefschlaf beispielsweise gibt es das »Ich sehe« nicht. Dennoch muss es das gleiche Ich geben, welches in dem Moment nicht sieht.

Wir schlussfolgern normalerweise, dass es da ein Ich geben muss; das liegt schon in der Formulierung.

Wenn du schläfst?

Ja.

Das schlussfolgern wir normalerweise eben nicht, denn es scheint so zu sein, dass die Erfahrung dieses Ichs, das du zu sein glaubst, wenn Bilder morgens beim Erwachen erscheinen, nachts im Schlaf unterbrochen wird, deine Identität wird ja unterbrochen. Also kannst du nicht ohne weiteres schlussfolgern, dass es dasselbe Ich ist, welches sich im Wachzustand als Individuum identifiziert wie im Tiefschlaf.

Aber ich habe ein intuitives Wissen, dass ich existiert habe, dass ich dagewesen bin.

Du bist dir deiner Existenz sowohl im Tiefschlaf als auch im Wachzustand gewahr, ist es das, was du sagen willst? Ja! Wenn du dir nicht bewusst wärst, dass du im Tiefschlaf da bist, könntest du nicht, wenn du morgens erwachst, sagen: Heute habe ich besonders gut geschlafen! Heute habe ich einen besonders erholsamen Schlaf genossen.

Ich kenne diese Argumentation, aber ich weiß im Grunde nicht genau, was es bedeutet.

Nichts anderes, als dass es ununterbrochenes Bewusstsein gibt. Genauso kann ich sagen, dass die Zeit des klinischen Todes, die ja keine Zeit war, eine Spur von Erinnerung hinterlassen hat, obwohl es in diesem Sinne kein Objekt gibt, dessen sich zu erinnern wäre. Wenn wir an Erinnerung denken, meinen wir normalerweise Denken, verschiedene Formen des Denkens: bildhaftes Denken, mentales Denken.

Oder ich erinnere mich an einen Traum?

Ja, das wäre bildhaftes Denken. In jedem Fall dualistische Erfahrung, in der es jemanden gab, der etwas erfuhr. Ein Subjekt und ein Objekt. Eine nicht-duale Erinnerung scheint für den menschlichen Geist nicht erfassbar zu sein. Es könnte sein, dass Tiefschlaf so etwas wie eine nicht-duale Erinnerung hinterlässt, »Ich« im Zustand »reinen Bewusstseins«, welches sich seiner selbst gewahr ist und als Spur von Erinnerung erlebt wird, die aber so flüchtig ist, dass sie durch keine Form des Denkens wirklich erfasst wird.

Eher ein Gefühl? Ein Gefühl von Präsenz?

Gefühl kommt dem vielleicht näher als der Begriff Gedanke, aber das trifft es auch nicht. Es ist schwierig, den Begriff »Erinnerung«

zu benutzen, weil der Begriff »Erinnerung« natürlich normalerweise auf die Vergangenheit bezogen ist, sprich also auf die Dimension der Zeit. Die Erinnerung, die ich meine, bezieht sich auf die Erinnerung des zeitlosen Tiefschlafes und die Erinnerung an die Nicht-Zeit des klinischen Todes in meiner subjektiven Erfahrung; sie ist außerhalb von Zeit, insofern geht sie nirgendwohin zurück. Meine Erfahrung ist, dass diese Erinnerung nichts anderes ist als die mir zugängliche Erfahrung in diesem Moment.

Es heißt ja auch in den Antworten von Ramana Maharshi, dass dieses wahre Selbst, das im Tiefschlaf da ist, auch jetzt da ist und dass es darum geht, sich auch im Wachzustand dieses Tiefschlafzustands bewusst zu werden. Also der Zustand im Tiefschlaf ist auch jetzt gegenwärtig?

Nicht der Zustand des Tiefschlafes ist jetzt gegenwärtig, sondern das *Bewusstsein*, aus dem dieser Zustand erzeugt wird, ist auch jetzt gegenwärtig.

Kann man da von einer bestimmten Qualität sprechen? Z.B. Träumen hat eine andere Qualität als der Wachzustand, und dieses tiefste Bewusstsein hat noch wieder eine andere Qualität als Träumen und Wachzustand? Irgendwie muss es ja ein Kriterium geben, dass jemand in diesem Zustand ist, dass er weiß, das Bewusstsein ist da.

Es gibt niemanden außerhalb des Bewusstseins, der weiß, dass das Bewusstsein da ist. Das Bewusstsein braucht niemanden außerhalb seiner selbst, um festzustellen, dass es da ist. Das ist eben die dualistische Vorstellung, dass es ein »Ich« gibt außerhalb des

Bewusstseins, welches das Bewusstsein erkennt, welches sich dieses Bewusstseins gewahr ist.

Gibt es nicht ein »Ich«, welches die Phänomene bewusst begleiten muss?

Dieses ICH, welches selbst Bewusstsein ist, muss niemanden und nichts begleiten können. Es *ist*. Und alles, was erscheint, also auch die Vorstellungen, entspringen eben diesem ICH. Genaugenommen sind die Vorstellungen eins mit diesem ICH, aus dem sie entspringen. Sie entspringen daraus, und sie sind darin. Die Vorstellung, dass es jemanden gibt, der etwas von A nach B begleiten muss, ist eine Vorstellung aus den Raum-Zeit-Dualismen. Allumfassendes Bewusstsein ist ganz natürlich. In der ursprünglichen Spaltung, die in christlicher Tradition auch der Sündenfall genannt wird, geschieht das, was Claudio Naranjo »the dimming of consciousness« nennt, ein Eindämmern der Bewusstheit. Er spricht von *»unconsciousness that becomes unconscious to itself«*, also eine Unbewusstheit, die sich ihrer selbst unbewusst wird. Das ist das Resultat einer Spaltung. Und dieses Resultat lässt sich durch Warum-Fragen nicht eruieren. In jedem Fall ist eine Art von Unbewusstheit entstanden, die im Grunde nichts anderes ist als eine Betäubung von Bewusstheit durch Phänomene, eine Betäubung von Bewusstheit durch das Festhalten an bestimmten Phänomenen, Objekten. Dem Festhalten an Objekten liegt wiederum eine Identifikation mit einem falschen Subjekt zugrunde, also ein Subjekt, welches in Wirklichkeit auch nur ein Objekt ist. Ein falsches Subjekt, welches ein Objekt ist, richtet seine Aufmerksamkeit auf andere Objekte, die in Wirklichkeit auch keine Objekte sind. Absurd nicht? Und dabei entsteht das sogenannte Unterbewusstsein, und Unterbewusstsein wiederum kann man auch bezeichnen als die Nicht-Bereitschaft, bestimmte Phänomen zu begleiten, um bei diesem Wort zu bleiben.

Das heißt also, bestimmte, sehr unangenehme Phänomene, die man auch als den Schatten zu einer bewussten, falschen Identifikation bezeichnen kann, werden abgespalten, und es gibt keine Bereitschaft, sie anzuschauen, mit ihnen zu sein. Das sind natürlich im Wesentlichen negative Eigenschaften, die auch kollektiv abgelehnt werden. Und nicht nur Eigenschaften, auch Gefühle und Konzepte, z.B. Gewalt. In jeder Identifikation liegt ein gewisses Maß an versteckter Gewalt, in jeder Fehlidentifikation liegt ein gewisses Maß an versteckter Gewalt, denn sobald du dich mit einem getrennten Organismus identifizierst, musst du dich gegen andere Organismen behaupten, die dich bedrohen, denn du bist ja auf einer tiefen Ebene in die Tierwelt abgesackt. In diesem Reich herrschen die Gesetze von Fressen und Gefressen werden. Mit anderen Worten: Der Stärkere überlebt. Insofern steckt, egal wie die Persönlichkeit nach außen hin erscheint, ein hohes Maß an versteckter Gewalt in jeder Ich-Identifikation, in jeder falschen Ich-Identifikation. Wenn diese Gewalt nicht nach außen gerichtet werden kann, weil es nicht dem Selbstbild entspricht oder weil die Energie nicht stark genug ist, dann muss sie sich nach innen richten, und nach innen gerichtete Gewalt muss keinesfalls in offensichtlich destruktiven Formen auftreten, wie du dir das vielleicht in erster Linie vorstellen würdest, als physische Gewalt von Krebs oder Autoaggressionskrankheiten.

Es kann ein einziger negativer Gedanke sein. Vielleicht überhaupt schon ein Gedanke.

Ja, natürlich. Nur ein Gedanke. Mental sublimierte Gewalt. Gewalt kann so weit gehen, dass sie selbst in der Maske der Gewaltlosigkeit auftreten kann. Und dann nach außen hin ausschließlich als passive Aggression auftritt.

Kehren wir noch mal zurück zu dem ersten Schritt: Ich schließe noch mal die Augen; jetzt sind die Objekte scheinbar verschwunden. Ich sehe nur noch etwas Dunkles, und damit wird es leichter.

Wenn du etwas Dunkles siehst, siehst du auch ein Objekt. *Wer* sieht?

Es scheint aber leichter zu sein, sich in diesem Raum mit dem Wahrgenommenen eins zu fühlen. Von daher kann ich leichter beobachten und auch die Frage beantworten: Wer sieht oder wer beobachtet? Und dann kommt als Antwort: Ich. Und da scheint noch keine Gewalt zu sein. Das ist einfach die Wahrheit.

Ja. ICH. Das ist die Wahrheit. Wunderbar.

Das Wissen ist da, auch wenn kein Gedanke kommt.

Genau! Das Wissen ist da, auch wenn »Ich« nicht als Gedanke hochkommt. Mit anderen Worten: Dieses ICH, welches als Antwort kommt, ist nicht wirklich der Gedanke »Ich«, sondern DAS, aus dem der Gedanke »Ich« entspringt. Man könnte sagen, dass der Gedanke »Ich« nur so etwas ist wie ein Bild dieses ICH's, aus dem heraus er aufsteigt. Wenn du aber diesen Gedanken für das ICH selbst hältst, dann isst du die Speisekarte anstatt des Menüs, wie im Zen gesagt wird.

Aber das ist sehr deutlich. Es ist wie ein Raum, in dem dieser Gedanke erscheint – in dieser Situation scheint es gar nicht möglich zu sein, sich mit dem Gedanken »Ich« zu identifizieren.

Ja. In vollkommener Bewusstheit ist es nicht möglich, sich überhaupt mit irgendetwas zu identifizieren. Dennoch wirst du dich wundern, wie schnell und wie subtil die Identifikation geschieht. Ich selbst habe festgestellt, dass es Ebenen von Gedanken gibt, die subtiler sind als verfügbare oder emporsteigende Gedanken selbst. Ich nenne diese Ebene: Abdrücke von Gedanken.

Aber die Abdrücke der Gedanken haben auch eine Art von Form, sonst würdest du sie ja nicht wahrnehmen oder beobachten können. Etwas ist da.

Etwas ist da.

Und das zeigt sich in irgendeiner Weise.

Ja.

Man spricht auch manchmal von Potenz oder von Disponiertheit, Disposition. Wenn z.B. jemand die Tür hereinkommt und dich anbrüllt, würdest du so und so reagieren, es ist bereits als Potenz da, auch wenn du keinen Gedanken wahrnimmst.

Ja. Abdrücke von Gedanken sind wie die Disposition zur Identifikation mit diesem Gedanken im nächsten Moment. Abertausende von Mal ist dieser Gedanke bereits aufgetaucht und du bist in Beziehung gegangen. Wenn es in dir kein »Ich« mehr gibt, was das tun könnte, bleibt eine Disponiertheit, eine Tendenz der

Bewegung in diese Richtung, obwohl keine Bewegung mehr stattfindet. Es gleicht Entzugserscheinungen nach Jahrtausende langer Einnahme einer Droge.

Aber dieser Urgrund, aus dem die Potenz kommt, ist das die letzte und wahre Basis von allem?

Es ist dieselbe Basis, die antwortet: »ICH, der ich bin« wie die, die antwortet: »Ich bin Christian«. Das ist das Paradoxe.

Warum soll das paradox sein?

Weil das Ich in »Ich bin Christian« nicht als das ICH erfahren wird, was ist, wenn du still bist. Dennoch ist es dasselbe Ich.

Man könnte doch sagen: Christian gehört eben als einer zu diesen Ichs – also von einem einschließenden ICH ausgehend. Denn auf einer relativen Ebene ist Christian ein anderer als OM.

Du setzt voraus, dass es »Christian« gibt und fragst nicht, wer oder was »Christian« wirklich ist. Wenn du von »Christian« sprichst, meinst du nicht nur einen Namen, sondern dann meinst du eine Geschichte von Gedankenkonstruktionen, die hinter diesem Namen ist, mit dem du sie verbindest. Diese Geschichte kann nur existieren, indem du die Zeit verfolgst. Indem du das, was man Zeit nennt, in dem Moment erschaffst. Was ist, wenn die Zeit abbricht, was ist, wenn du aus der Zeit fällst? Was passiert dann mit »Christian«, wer ist dann »Christian« überhaupt? Kann man dann noch davon sprechen, dass »Christian« jemand ist, der innerhalb eines größeren ICHs existiert? Das kann man nicht.

Es ist ein ständiges Drängen da, das von außen zu kommen scheint, diese Welt als objektiv und unabhängig von mir wahrzunehmen, so dass es scheint, als ob man mit dem geringsten Widerstand mitfließen kann, wenn man das auch einfach so annimmt und damit operiert.

Ja. Diese Betrachtungsweise basiert nach wie vor auf einem getrennt agierenden, mitschwimmenden, mitfließenden Ich. Das ist zwar ein relativ angenehmeres Konzept als das Konzept eines gegenläufigen Ichs, welches rebelliert und gegen den Strom schwimmt, aber dieses Ich, welches auf Polaritäten aufgebaut ist, diese falsche Ich, hat ohnehin beide Seiten. Es hat die Seite des »Mit-dem-Strom-Schwimmens« und »Gegen-den-Strom-Schwimmens«. Das heißt, jedes Ich kann sich nur in begrenzter Art und Weise selbst lehren, mit dem Strom zu schwimmen. Dieses »Mit-dem-Strom-Schwimmen«, welches das falsche Ich lernt, als Gedanke, wird immer verfälscht sein durch Unterwerfung. Und Hingabe hat nichts mit Unterwerfung zu tun. Hingabe geschieht, wenn dieses Ich, welches mit dem Strom schwimmt oder gegen den Strom schwimmt, es spielt gar keine Rolle, mit dem Strom selbst *verschmilzt*. D.h. in dem Moment gibt es kein Ich mehr, welches mit dem Strom schwimmt! Das Bild eines Bootes, welches im Wasser schwimmt und mit dem Strom fließt, ist kein Bild, was auf die letzte Wahrheit verweist.

Das ist ähnlich wie die Vorstellung von mir als Teil in einer objektiven Welt.

Richtig. Diese Vorstellung eines Ichs in einer objektiven Welt ist eben eine Vorstellung. Und Selbsterforschung beginnt dort, wo du dieser Vorstellung zu ihrem Quell nachgehst. Woher kommt die Vorstellung?

Aus dem ICH-haften Urgrund. Denn es ist ja etwas sehr Intimes. Also es ist ja nicht der physische Raum, kein mathematischer Raum. Es ist wirklich das, was ich als mein tiefstes Inneres empfinde.

Ja. Aber es ist nicht *dein* tiefstes Inneres.

Nur irgendwie ist doch da eine Verbindung zwischen Ich und diesem Einen.

Nein. Keine Verbindung. Wenn es eine Verbindung gibt, gibt es zwei.

Es gibt keine Verbindung?

Keine Verbindung. Das Konzept von Verbindung ist ein dualistisches Konzept.

Es hat manchmal etwas Erschreckendes, wenn ich da tiefer hineingehe, etwas Ungeheures, dass die ganze Welt und alles aus diesem Urgrund erschaffen wird und ich dann sozusagen völlig alleine bin. Das ist dermaßen unbegreiflich im Grunde – »das kann einfach nicht wahr sein«, sagt ein Gedanke.
Denn das würde in diesem Moment bedeuten, dass auch du im Grunde aus diesem Urgrund in mir kommst. Und man kann doch nicht sagen, dass ich das alles erfinde. Das heißt doch wieder: Wer ist dieses Ich, das alles erfindet? Also es ist ein unglaubliches Phänomen. Vor allem, weil sich die sogenannte objektive Welt ständig so zu verhalten scheint, als ob ich nicht derjenige bin, der sie kontrolliert oder erzeugt.

Dieses Phänomen nennt man auch Projektion. Projektion ist eine Form von Spaltung des Bewusstseins. Und ich sprach vorhin von der Urspaltung. Die Urspaltung ist die erste Projektion. In dieser Projektion passiert es dir, dass scheinbar Kräfte abgespalten werden, die dem widerstreben, was bewusst als Ich identifiziert wird. Oder es ist zeitweise sogar möglich, dass die Kraft, aus der heraus alles entsteht – die ich auch den *wahren Willen* nenne – gänzlich projiziert wird, was dann bei dir die Empfindung hinterlässt, kontrolliert zu werden, anstatt zu kontrollieren, von Impulsen bedroht zu werden, anstatt einen Impuls zu erfahren, der sich aus dem Innen heraus umsetzt, unter Druck zu geraten, anstatt Druck auszuüben usw.

Aber beides trifft wohl nicht die Wahrheit, weder die Idee »ich kontrolliere« noch »ich werde kontrolliert«.

Beides berührt die Wahrheit nicht, denn in jedem Fall gibt es ein separates Ich, welches der Handelnde zu sein scheint. »Ich kontrolliere« steht im Gegensatz zu: »Der Impuls, die Lebenskraft, die Shakti arbeitet aus mir.« Und damit meine ich nicht den Körper. Damit meine ich dieses ICH, das der Urgrund aller Phänomene ist, das du *bist*.

Ja. Aber du bist es und ich auch. Es scheint dennoch eine Dualität zu geben, denn ich spreche von »Du« und von »mir«.

Natürlich, wenn du den Körper bezeichnest, sprichst du von Dualität. Aber wen meinst du sonst?

Ja, ich setze da eine andere Identität. Selbst wenn ich die Augen zumache und mir vorstelle, da ist gar kein Körper, ist es immer noch eine Stimme, ein Impuls, der scheinbar doch von außen kommt. Selbst wenn es nur eine Präsenz ist. Und das macht ja im Grunde auch die Liebe zu einer so wichtigen Sache oder den Reichtum dieser Schöpfung aus, dass man da offensichtlich in gewisser Weise doch von vielen Wesen sprechen kann, die in dem Einem sind.

Diese Wesen sind Erscheinungen, und diese Erscheinungen haben letztlich keine Realität, sie sind leer.

Also von der Sicht aus, von der Du jetzt sprichst, siehst Du mich als eine Erscheinung, die leer ist?

Nicht dich. Nur den Körper. In dem Moment, in dem du erkennst, dass jede Erscheinung aus diesem Urgrund entsteht und in dem diese feste Haftung der Aufmerksamkeit an die Erscheinung gelöst wird, wenn du zum ersten Mal hinter die Kulissen dieses Theaters schaust, in dem Moment wird die Erscheinung selbst als leer erkannt und ist insofern ohne Bedeutung. In dem Moment gibt es keine individuell Handelnden mehr, sondern nur noch DAS, aus dem alle Wesen erscheinen. Ja, und in DEM ist der Reichtum dieser Schöpfung.

Was ich als Sein empfinde, ist eine bestimmte Empfindung, die offensichtlich auch etwas mit dem Körper zu tun hat. Es ist ja nicht absolut nichts. Es ist eine bestimmte Grundempfindung, die da ist. Ich frage mich, ob dieses Empfinden von Sein an den Körper gebunden ist oder ob es noch darüber hinausgeht?

Wie kannst du Sein auf eine Empfindung beschränken?

Es ist keine Beschränkung, glaube ich. Von Innen heraus wird empfunden, es ist eine ganz subtile Empfindung. Es ist ein Zustand, aber es ist nicht »nichts«.

Ich vermute, du sprichst noch von einem Körpergefühl, von einer sehr feinen Ebene von Körpergefühl, welches eben an die Existenz des Körpers gebunden ist.

Wenn das wegfällt, was bleibt dann?

Das ist das, was deiner Erforschung bedarf und der Bereitschaft, tiefer zu gehen, indem du prüfst, ob in dem, was du als *Sein* bezeichnest, noch jemand ist, der sich dessen bewusst ist.

Im Moment sind immer irgendwelche Empfindungen da, die kann ich ja nicht einfach ausschalten. Es ist Atmung da, es sind Geräusche da, es ist ja alles ein Teil dessen, was ich als mein Leben erlebe.

Es ist ein Teil von dem, was du als Lebendigkeit erlebst, nicht als das *Leben.*

Gut, als Lebendigkeit im Unterschied zu Tot-Sein.

Was ist der Ursprung dieser Lebendigkeit in diesem Moment? Wenn du Lebendigkeit tiefer verfolgst, kommst du auf Energie. Denn jede Lebendigkeit ist auf Energie zurückzuführen. Das, was man Energie nennt, ist die erste Ebene von Erscheinungen. Es ist möglich, eine sehr feine Ebene von Energie, von Pulsieren wahrzunehmen, fast so etwas wie ein Flirren. Aber es gibt immer noch jemanden, der sich dessen bewusst ist. Energie ist nicht das Sein selbst. Energie kommt *aus* dem Sein.

Enthält denn nicht das Sein alles, was jetzt im Moment erlebt wird?

Das Sein enthält alles.

Ist es überhaupt möglich, etwas sozusagen aus dem Ganzen herauszufiltern, so dass man sagt: Dies ist das reine Sein.

In gewisser Weise ist es so, dass du eine vorübergehende künstliche Entzerrung vornimmst, indem du die Falschheit der vergänglichen Phänomene trennst vom Leben, von der Wahrheit und sie zurückweist. Du weist alles zurück, was Name und Form hat. Dann bist du mit der Frage: Wer bin ich? Tatsächlich heißt das, alles sterben zu lassen. Doch letztlich erkennst du, dass vergängliche Phänomene nicht getrennt sind vom reinen Sein.

Ich meine, der Test wäre, wenn der Körper wie im Fall Ramana Maharshis starr wird und wirklich diese Situation da ist, dass man sagt: »Ja, jetzt lasse ich das sterben.« Sonst wird es immer so eine Art abstrakte Idee sein: Ich lasse alles sterben.
Was bedeutet das konkret?

Es ist kein Tun in dem Sinne, es ist die Bereitschaft zu sterben. Und Bereitschaft ist kein Tun. Du hast die Vorstellung, dass du irgendetwas tun musst.

Ich komme zurück auf das, was ich als Empfinden des Seins beschreibe, das bei mir offensichtlich an den Körper gebunden ist. Ich kenne keinen anderen Zustand, der darüber hinausgeht oder davon getrennt ist, denn wenn ich mich bewusst empfinde, ist auch das Empfinden eines Körpers da. Sonst wäre kein Körper mehr da.

Es ist nicht so, dass das Empfinden des Körpers nicht da sein darf, aber wer ist sich dessen gewahr? Viele Leute, die therapeutische Körperarbeit machen, gelangen in der Sensitivität der Wahrnehmung zu sehr feinen Ebenen. Sie nennen es dann Energie, aber in Wirklichkeit sind es sehr subtile Ebenen von Körperwahrnehmung, d.h. die »Energie« ist immer noch persönlich. Die Wahrnehmung oder Erfahrung von Energie, die sich über Raum und Zeit hinaus endlos ausdehnt, weit über eine Körpererfahrung hinaus – das ist dann die Urenergie, die aber immer noch nicht die Erfahrung des Selbst ist. Bei Menschen, die Körperarbeit oder Kundalini-Arbeit oder energetische Arbeit machen, geschieht die Anhaftung häufig auf einer sehr feinen Ebene von Körperwahrnehmung. Diese ist aber letztlich auch nichts anderes als eine Anhaftung oder eben ein »Landen« auf sehr feinen Ebenen der Identifikation mit dem Körper, mit körperlichem Sein. Wenn du im Tiefschlaf bist, sind diese Ebenen offensichtlich nicht da.

Ist denn Energie schon körperliches Sein?

Es gibt sehr subtile Ebenen von Energie, die du als körperliches Sein erfährst. Aber es gibt auch die Urenergie, die in dem Sinne nicht mehr als körperliche, sondern einfach nur noch als transpersonale Energie erfahren wird. Aber wann immer du Energie wahrnimmst, wird es auch immer noch etwas geben, was sich dieser Energie gewahr ist. Das ist der »primäre Dualismus« nach Wilber.

Das heißt, es ist immer noch ein Ich vorhanden. Wenn die Wahrnehmung getrennt ist vom Wahrnehmenden, muss es doch noch ein Ich geben?

Ja, es ist nach wie vor Dualität da, und das heißt, dass das Ich natürlich in diesem Moment der Erfahrung in dem Sinne nicht als Gedanke zugänglich ist, sondern nur als eine sehr subtile Form der Dualität erscheint. Bei genauer Prüfung scheint jedoch nach wie vor eine Trennung zwischen dem Wahrnehmenden und dem Wahrgenommenen zu existieren. Man kann sagen, es gibt zwei Wege: Du kannst entweder alles, was falsch ist, zurückweisen …

Falsch im Sinne von: nicht die Wahrheit, vergänglich …?

Falsch im Sinne von vergänglich, unecht, illusorisch, nicht ewig, Nicht-Selbst. Das Nicht-Selbst wird zurückgewiesen. Alles, was Name und Form hat, ist das Nicht-Selbst. Daraus entstehen eine machtvolle Entzerrung und die Möglichkeit, mit *dem* zu sein, was *ist*. Aber häufig, wenn ich sage, »mit *dem* zu sein«, versteht der Geist darunter, was im Moment erscheint, z.B. »ich sitze hier und trinke ein Glas Wasser«. – Das ist *nicht* Das-Was-Ist! Das ist das, was im Moment *erscheint*, aber nicht Das-Was-Ist. Doch der Geist versteht es zunächst einmal so. Es ist die Gegenwart, aber nicht Das-Was-Ist.

Die andere Möglichkeit ist, die Gesamtheit der Falschheit anzunehmen und damit vollkommen zu verschmelzen. Beides führt zum selben Resultat.

Wenn du genauer hinschaust, wie Anhaftung überhaupt im menschlichen Geist geschieht, wie die Menschen an Dingen anhaften, wirst du diesem eigentümlichen Widerspruch begegnen, dass Anhaftung ein Mechanismus ist, der einerseits krampfhaft festhält, aber mit einem Teil seiner selbst in Widerstand dagegen ist. Es ist niemals eine vollkommene Verschmelzung, sondern es ist immer noch eine Spaltung, in der man mit der einen Hand krampfhaft festhält und mit der anderen Hand gegen das, was die eine Hand krampfhaft festhält, rebelliert. Anhaftung ist nie vollkommen, nur Verschmelzung ist vollkommen.

Das liegt auch zum Teil daran, dass das Mögen und Nichtmögen ständig wechseln, einmal ist es ein bewusster Prozess, dann wieder ein unbewusster.

Ja, da siehst du die weitere Spaltung zwischen »bewusst« und »unbewusst«, von Mögen und Nichtmögen. Es ist nie so, dass der denkende Geist sich auf das, an dem er anhaftet, vollständig einlässt. Diese Situation ist niemals gegeben. Wenn du nicht genau hinschaust, erscheint es aber so. Doch bei genauerer Betrachtung wirst du dem Phänomen begegnen, dass der Geist sich weiter aufspaltet, sich in weitere schizoide Spaltungen begibt und dann wie eine Krake mit mehreren Fangarmen auf irgendeine Art und Weise gegen sich selbst kämpft. Sprich: in Widerstand gegen die ursprüngliche Anhaftung geht oder in Angst vor der ursprünglichen Anhaftung.

Und außerdem wird auch nur ein bestimmter Teil herausgefiltert und nicht alle Sinneswahrnehmungen oder alles, was da ist.

Es wird immer ein Teil der Realität herausgefiltert. Der andere Teil ist aber noch irgendwo, er ist nicht einfach weg. In dem Moment, in dem es eine bewusste Anhaftung an eine Polarität gibt, muss eine unterbewusste Ablehnung, Leugnung oder was auch immer gegenüber der anderen Polarität existieren. Daraus entsteht dann dieses Wechselspiel. In dem Moment, in dem du dich mit einer Identität oder Polarität identifizierst, musst du die andere leugnen. Es ist wie bei dem bekannten Vexierbild: Der Rubinsche Becher. Sobald du die Gesichter siehst, leugnest du den Becher und sobald du den Becher siehst, leugnest du die Gesichter. Ein Vexierbild »quält« den Betrachter. Vexieren bedeutet übersetzt: »irreführen, quälen, necken«.

Unterbewusst.

Natürlich, unterbewusst.

Es passiert einfach.

Es passiert einfach. Es ist das Spiel von Identifikation und Projektion, und es gibt innerhalb des Systems des denkenden Geistes überhaupt keine Möglichkeit, dem zu entkommen.

Weil er so funktioniert.

Weil er so funktioniert. Innerhalb des Systems des Denkens, Fühlens und der Sinnesorgane, die im Dienst dieses Geistes arbeiten, gibt es keine Möglichkeit, dem zu entkommen. Das ist im wahrsten Sinne des Wortes fatal und die einzige Möglichkeit ist die von: *No-Mind.* Das ist die Möglichkeit, die dem denkenden Geist überhaupt nicht bewusst ist, weil er konditioniert darauf ist, sich entweder zu identifizieren oder zu projizieren. Er sieht nicht die Möglichkeit, im *No-Mind* zu sein und Dinge lediglich zu bezeugen, ohne identifiziert zu sein, ohne in diesem Wechselspiel gefangen zu sein. Dieses Wechselspiel kann natürlich nur dann stattfinden, wenn du an *einer* Vorstellung anhaftest, an *einer* Seite. In dem Moment, wo du an der *einen* Seite anhaftest, bist du zwangsläufig auch im Gegenpol gefangen, weil du in diesem Spiel von Anhaftung und Ablehnung gefangen bist. Es gibt dort keine Möglichkeit auszusteigen.

Wie ein Gummiband.

Ja, es ist wie ein Gummiband. In dem Moment, wo du an Frieden anhaftest, bist du im Krieg gefangen. In dem Moment, wo du an Liebe – in der Dualität – anhaftest, bist du im Hass gefangen. Es gibt keine Möglichkeit, daraus auszubrechen. Der Geist, der – innerhalb der Dualität – nach der Liebe sucht, ist sich dieser Thematik natürlich nicht bewusst. Er ist sich nicht bewusst, dass er in dem Moment, wo er – innerhalb der Dualität – an der Liebe anhaftet, den Hass ernährt. Das ist ja das Ying-Yang-Zeichen, das du so ungerne siehst, weil es eine ganz tiefe Wahrheit in sich trägt: Das weiße Licht trägt den Samen der Schwärze in sich, und es gibt keine Möglichkeit, dem innerhalb der Polarität zu entkommen. Liebe ist nicht in der Polarität, denn Liebe ist kein Gefühl.

♌

Das Entscheidende ist: wahrzunehmen, woran die Aufmerksamkeit anhaftet. Denn dadurch, dass die Aufmerksamkeit anhaftet, geschieht dieser Prozess, den wir auch *Einschlafen* nennen. Nun ist es zunächst einmal so, dass die meisten Menschen das gar nicht verfolgen, weil sie sowieso ständig überall anhaften, und aus diesem Grunde gibt es die Erfahrung von Nichtanhaften gar nicht. Wenn jemand in der Badewanne badet, kann ich nicht zu ihm sagen: Berühre das Wasser nicht. Er wird mich nicht verstehen, wenn ich ihm vorschlage, das Wasser nicht zu berühren.

Wenn du wissen willst, wie das Einschlafen geschieht, erkenne, an was für Phänomenen du tendenziell festhältst. Sind es Gedanken, Gefühle, Körperempfindungen, Bilder, bestimmte Phänomene im Außen, was ist es? Was auch immer es ist, womit sich die Aufmerksamkeit beschäftigt, es ist genau das, was dich daran hindert, bewusst, wachsam und still zu sein.

Festhalten bedeutet immer, *jetzt* zu ignorieren. Du hängst an irgendeinem Bild aus der Vergangenheit, selbst wenn es aus dem letzten Moment ist. Und immer wenn das passiert, dann erkennst du nicht die Beziehung zum *Selbst*, die in diesem Moment vollkommen lebendig ist. Du hast eine Vorstellung, dass irgendetwas anders sein sollte oder etwas hier sein sollte, was nicht hier ist, und diese Vorstellung überlagert das, was *ist*.

Ich erinnere mich daran, als ich bei Gangaji im Satsang saß und sie immer von Nicht-Identifikation sprach. Eigentlich verstand ich gar nicht genau, was sie meinte. Ich dachte immer, es wäre so eine Art von Technik, die ich anwenden könnte, um mich nicht zu identifizieren. Aber es gibt keine Technik, die anwendbar wäre, um sich nicht zu identifizieren. Genaugenommen: Es gibt Techniken, um sich nicht zu identifizieren, aber sie sind nur von vorübergehendem Wert und führen letztlich nicht zur Nicht-Identifikation.

Anders ausgedrückt: Versuche nicht, dich nicht zu identifizieren. Vergiss die ganze Sache mit der Identifikation. Was es dir vielleicht einfacher macht oder was im Moment stimmig erscheint, das könnte sein: Nimm nichts persönlich. Was auch immer jemand zu dir sagt, wie auch immer jemand dir gegenüber handelt, du hast die Tendenz, alles persönlich zu nehmen. Du glaubst, es hätte irgendetwas mit dir zu tun – nicht weil du willst, dass es dir dadurch besser geht, sondern weil du willst, dass es dir dadurch schlechter geht. Nimm nichts persönlich. Es hat nichts mit dir zu tun. Prüfe einmal, wie oft du etwas persönlich nimmst und dann an dieser Bedeutung leidest, die du Dingen beimisst, die vielleicht gar nichts mit dir zu tun haben. Nichts hat etwas mit dir zu tun.

♌

Ich bin Mutter und habe wenig Zeit, mich der Selbsterforschung zu widmen, weil ich mich ständig um meine Kinder kümmern muss.

Du *bist* keine Mutter. Wenn du dich mit der Rolle der Mutter identifizierst, ist dein Kind für dich eine hervorragende Möglichkeit, um in Trance zu gehen, eine hervorragende Möglichkeit, um einzuschlafen in diesem Traum. Es ist nicht *dein* Kind. Du kannst die Vorstellung aufgeben, dass es dein Kind ist. Wenn es dein Kind wäre, müsstest du Angst haben, es zu verlieren. Aber da es nicht dein Kind ist, kannst du es freigeben. Nimm wahr, wie oft du die Möglichkeit nutzt, die Aufmerksamkeit nach außen zu richten. Was heißt es denn eigentlich, die Aufmerksamkeit nach außen zu richten? Es heißt, sich in Bildern zu verlieren.

Ich habe Schwierigkeiten mit der Wahrheit.

Ja, viele haben damit Schwierigkeiten.

Mein Kind kommt mit seiner Wahrheit zu meiner Wahrheit und da passieren schon wieder Verstrickungen.

Die Verstrickungen passieren ausschließlich in deinem Geist. Du *hast* keine Wahrheit und *dein* Kind auch nicht.

♌

Ich möchte wissen, wie man eine praktische Erfahrung dieser Lehre aus erster Hand haben kann. Im Westen gibt es viel intellektuelles oder schriftliches Wissen über die Advaita Vedanta-Lehre, aber wie kann man das praktisch umsetzen? Normalerweise identifiziert man sich mit den Gedanken, mit den Gefühlen oder Erfahrungen, die man seit seiner Geburt bis jetzt hatte, mit all den Ups und Downs.

Sei bereit, deinen Geist von diesem Wissen zu leeren. Vollkommen. Jetzt. Das Wissen hat dir so weit genützt, dass es dich auf den Weg gebracht hat, aber es kommt der Moment, in dem dieses intellektuelle Wissen nur noch ein unnötiger Ballast ist, eine Begrenzung, die dich in der Vergangenheit hält, aber nicht hier. Du brauchst kein Advaita Vedanta-Wissen, um in der natürlichen Stille deiner selbst zu sein, *jetzt*. Richte die Aufmerksamkeit nach innen. Was nimmst du wahr? Wenn du jede Form von Anstrengung aufgibst, irgendetwas tun zu müssen oder irgendetwas suchen zu müssen, wenn du jeden Gedanken, der vorbeizieht, vorbeiziehen lässt und dich für einen Moment vollkommen geistig entspannst, wenn du einfach in das hineinfällst, was *hier* ist, ohne ein Wissen, einen Gedanken, ein Bild – was ist deine Erfahrung?

Ruhe, aber auch gleichzeitig die Wahrnehmung des Körpers.

Richte deine Aufmerksamkeit auf das, was du Ruhe nennst. Kostet es dich Anstrengung, das wahrzunehmen? Es ist ganz natürlich hier. Die Ruhe ist immer hier, und diese Ruhe führt in tiefe Stille. Und alles, was wahrgenommen wird, wird in dieser Stille wahrgenommen, ohne dass es irgendjemanden gibt, der eine Beziehung haben müsste zu dem, was da auftaucht. Sieh mal, wie automatisch du immer eine Beziehung aufbaust zu irgendwelchen

Erscheinungen oder Phänomenen, die auftauchen: Dies ist »mein« Körper, »meine« Gedanken, das sind »meine« Gefühle, »meine« Bilder, sogar Dinge im Außen werden einfach zu »meins«. Warum begrenzt du dich auf irgendetwas, was dort erscheint? Gib jede Beziehung auf und sei einfach still. Du brauchst keine Identität als ein Gedanke, du brauchst keine Identität als Name und Form, um zu existieren. Ja, es gibt diese tiefe Angst: »Wenn die Identität als Name und Form aufgegeben wird, höre ich auf zu existieren.« Aber auch das sind Worte, die die Angst spricht. In deiner Erfahrung hat es noch nie einen einzigen Moment gegeben, in dem du aufgehört hast zu existieren. Du bist in ständiger vollkommener Existenz! Weder ist es deine Erfahrung, dass du vor der Geburt nicht in Existenz warst, noch ist es deine Erfahrung, dass du nach dem Tod nicht in Existenz bist. All das sind Vorstellungen, Bilder, Gedanken. Und was du suchst, ist DAS, was du in diesem Moment bist, und das ist vollkommenes Bewusstsein. Sobald du dich jetzt auf einen Gedanken beschränkst und versuchst zu verstehen, bist du in Beziehung mit dem Gedanken und damit auf den Gedanken begrenzt. Es ist doch absurd, sich von dem Sog des Denkens ins Leiden führen zu lassen.

Was ist denn Denken überhaupt? Was weißt du über die Natur des Denkens? Wie ist es dem Denken möglich, eine derartig glaubwürdige Situation von Realität zu erschaffen? Was ist das Wesen eines Gedankens? Woher kommt der Gedanke? Und woher weißt du, ob ein Gedanke, den du wie selbstverständlich, automatisch, gewohnheitsmäßig, blind als Wahrheit akzeptierst, woher weißt du, dass dieser Gedanke überhaupt die Wahrheit spricht? Diese blinde Beziehung und dieses blinde Annehmen von Gedanken, von Angst, von Zorn, von mentalen Gedanken und von emotionalen Gedanken, das ist das Leiden. Und diesen Gedanken liegt ein einziger Gedanke zugrunde, und das ist der

Ich-Gedanke. Der Gedanke Ich. Woher kommt der Gedanke »Ich«? Wer sagt »Ich«? Der Körper sagt nicht »Ich«, er sagt nicht »Ich bin der Körper«. Wer spricht »Ich«?

Aber so wie ich Dich verstanden habe, ist das Denken nicht das Problem, sondern eher dieses blinde Greifen danach oder Identifizieren damit.

Das ist richtig. Der Gedanke selbst hat keine Macht. Ein Gedanke selbst hat weder eine negative noch positive Macht. Ein Gedanke ist *nichts*. Ein Gedanke ist ein totes, formloses Nichts, ohne Substanz, ohne Leben. Nur du hast diesen Gedanken aus irgendwelchen mysteriösen Gründen Leben geschenkt, du hast diesen Gedanken deine Seele geschenkt. Du hast dem Ich-Gedanken deine Seele, das Leben, geschenkt. Von dem Moment an erscheint es dir so, als wenn dieser Gedanke ein Eigenleben führt, und du hast völlig vergessen, dass dieser Gedanke nichts ist, denn Gedanken haben keine Substanz. Ein Gedanke steht nicht im Leben. Wenn du wachsam bist, gibt es keine Notwendigkeit, nach Gedanken zu greifen. Und wenn es nichts gibt, was nach Gedanken greift, gibt es kein Problem. Sobald du nach einem Gedanken greifst, hast du ein großes Problem. Das ist alles. Und wenn du schläfst, wenn du im Halbschlaf bist, greifst du ständig nach irgendwelchen Gedanken. Du musst absolut wach sein, um in dem Moment, wo Gedanken auftauchen, diese Tendenz wahrzunehmen, die ich Versuchung nenne und in dem Moment zu bleiben, wo du *bist*. Es passiert nichts. Und du bist erstaunt, dass tiefe negative Zustände, sogar Depressionen, gar nicht auftreten, weil das alles nur Folgen sind, weitere Verwicklungen einer ersten Verwicklung mit einem Gedanken.

Jenseits der Subjekt-Objekt-Beziehung: Das Auge kann sich selbst nicht sehen

Ich habe immer noch nicht begriffen, wie das Beobachten des Ich-Gedankens genau funktioniert, d.h. dieser eigentlich wesentlichen Frage: Wer bin ich? auf den Grund zu gehen und bis zu dem einen letzten Gedanken vorzustoßen. Kannst Du das noch einmal erläutern?

Wer sagt, dass es um das Beobachten des Gedankens geht?

So habe ich das bisher verstanden.

Es geht nicht um das Beobachten des Gedankens, sondern es geht um das Beobachten desjenigen, der an dem Gedanken festhält.

Ist es dabei egal, welcher Gedanke das ist?

Jeder Gedanke ist ein Ich-Gedanke.

Ich dachte, es gibt einen letzten oder ersten Gedanken und wenn man gesehen hat, wie der entsteht, dann ist die Befreiung da.

Die Wahrheit ist, dass jeder Gedanke der erste und der letzte Gedanke ist.

Der Gedanke hat an sich gar keine Form, die irgendwie ungewöhnlich ist – es ist ein ganz normaler Gedanke? Man muss nur sehen, wie er entsteht?

Jeder Gedanke lässt sich zu seiner Wurzel zurückverfolgen. Wenn du von dem ersten Gedanken sprichst, auf den alles zurückzuverfolgen ist, dann sprichst du aus der Zeit, als wenn die Gedanken in der Evolution von Zeit entstanden sind. Es ist jedoch möglich, den Gedanken *in diesem Moment* zurückzuverfolgen. Es gibt in diesem Moment nur *einen* Gedanken.

Das Problem ist, dass dieses Zurückverfolgen des Gedankens so zu sein scheint, dass du – statt den Gedanken wirklich zurückzuverfolgen – weiteren Gedanken Ausdruck verleihst, also eine Ausweichbewegung auf weitere Gedanken vollziehst, die – auf einer relativen Ebene gesprochen – aus tieferen Schichten unterhalb dieses Gedankens ebenfalls aufsteigen. Es scheint schwierig zu sein, einen einzigen Gedanken, der auftaucht, auf seinen Ursprung zurückzuverfolgen. Eben weil die Tendenz besteht zu »landen«, und dieses »Landen« geschieht durch das Anhaften an anderen Gedanken, die ebenfalls aufsteigen können.

Mir erschien es bisher so, vor allem im Satsang, wenn ich immer stiller werde, dass ein Moment da ist, wo ich warte, wie ein Gedanke entsteht, und es scheint, als ob dadurch kein Gedanke entsteht. Als ob dadurch, dass man darauf wartet, wie der Gedanke entsteht, gerade kein Gedanke entsteht.

Das ist die Katze vor dem Mauseloch, von der Gangaji sprach. Ist sie wachsam, zeigt sich keine Maus.

Ich will noch einmal zur ersten Frage zurück. Du sagtest als Antwort: Es geht gar nicht darum, den Gedanken zu beobachten, sondern den Beobachter zu beobachten. Kannst Du das noch einmal genauer darstellen?

Das Zurückverfolgen des Gedankens führt zwangsläufig zur Wurzel des Gedankens und damit zum Zeuge sein. Normalerweise ist die Aufmerksamkeit abgespalten auf ein Objekt und richtet sich zwanghaft auf das Objekt. Auch der Gedanke ist ein Objekt der Wahrnehmung. Es ist also eine Spaltung da zwischen jemandem, der ein Objekt beobachtet, und einem Objekt, das beobachtet wird. Wenn wir also in bestimmten Meditationstechniken Gedanken beobachten, dann wird diese Spaltung offensichtlich nicht aufgehoben. Das ist das, was häufig geschieht, wenn Meditierende die Aufmerksamkeit von der Außenwelt abgezogen haben und die Gedanken im Inneren beobachten. Oft bleiben sie in dieser Spaltung zwischen sich als Beobachter und Gedanken, die aufsteigen, verhaftet. Ich selbst war auch in diesem Gefängnis gefangen, wo ich jeden Gedanken in vollkommener Klarheit und Bewusstheit aufsteigen sah, mich aber dennoch in gewisser Weise als ohnmächtigen Beobachter sah, der auch von den Gedanken, die aufstiegen, getrennt war. Ich empfand es als eine weitere Form des Gefangenseins, den Gedanken dissoziiert zu beobachten, denn die Dissoziation löste die Identifikation nicht. Im Gegenteil, sie fixierte sie.

In gewisser Weise ist sich der Ich-Gedanke nicht bewusst, dass er überhaupt einen Ursprung hat. Jeder Ich-Gedanke hält sich selbst für den Ursprung. Er hält sich für das Subjekt und ist sich nicht bewusst, dass er auch nur ein Objekt ist und dass es tiefer als er selbst seinen eigenen Erzeuger, das Subjekt, gibt, welches das Bewusstsein selbst ist. Realisation geschieht, wenn dieser Ich-Gedanke die Stille des Bewusstseins berührt, wenn diese Schein-Spaltung zwischen dem Ich-Gedanken und dem Bewusstsein aufgehoben wird.

Ist dieser Ich-Gedanke nicht genau das, was ich als »mich selbst« verstehe?

Ja, das ist es gerade, was ich eben sagte. Du verstehst dich auf einer nicht mehr intellektuell fassbaren Ebene als den Ich-Gedanken. Jeder Ich-Gedanke versteht sich selbst als das Subjekt.

Also bin ich in meinem Selbstverständnis nichts weiter als eine Folge von Gedanken, diesen Ich-Gedanken, die glauben, sie seien in sich vollständig?

Das ist richtig.

Die Identität, die ich für mich beanspruche, ist also eine völlig falsche?

Diese Identität ist nichts anderes als eine Abfolge von Ich-Gedanken, die sich selbst für das Subjekt halten. In Wahrheit ist es nur ein einziger Gedanke, und dieser Gedanke kann dann so etwas wie immer schwächer werdende Abdrücke eines Stempels, sozusagen einen Rattenschwanz scheinbar gleicher Gedanken hinter sich haben, den man dann als »Zeit« oder als Erinnerung bezeichnen kann. Aber in Wahrheit ist es nur ein einziger Gedanke, der in diesem Moment entsteht und der wieder diesen Rattenschwanz von Zeit nach sich schleppt. Mit diesem Gedanken bist du identifiziert.

Warum entsteht denn dieser Gedanke?

Die Frage »Warum?« ist wie schon gesagt eine ignorante Frage, weil sie die Frage nach dem Ursprung, der Urgrenze ist. Am Ende jeder Folge von »Warum«-Fragen bleibt aber noch die Frage nach dem Ursprung selbst. Du kommst mit dem denkenden Geist und mit dieser Frage des »Warum?« an den Punkt, wo es ganz offensichtlich kein »Warum?« mehr geben kann. Das »Warum?« ist nichts anderes als der Eintritt in eine Endlosschleife des denkenden Geistes, die sich niemals selbst beantworten kann. Aber, um eine relative Antwort zu geben: Der Ich-Gedanke entsteht, damit Erkenntnis geschehen kann.

Damit er letztlich durchschaut werden kann?

Es ist die Geschichte von Adam und Eva. Adam hat vom »Baum der Erkenntnis« gegessen. In dem Moment, wo er vom »Baum der Erkenntnis« aß, fiel er aus dem Paradies. Sündenfall und die Möglichkeit zur Erkenntnis ist dasselbe.

Wäre das in der Sprache des Ich-Gedankens so, dass das der erste Ich-Gedanke war: das Essen des Apfels vom Baum?

In dem Moment, wo Adam in den Apfel biss, entstand der erste Ich-Gedanke.

Wie ist es, wenn ich das Gefühl habe, ich blicke zurück in das Bewusstsein, das ich wie eine Art »schwarzen Nachthimmel« empfinde und auch als etwas, was nichts ist und zugleich etwas, worin ich mich sogar wohlfühle. Dennoch habe ich immer noch das Gefühl, getrennt zu sein. Ich bin derjenige, der dieses dunkle schwarze Nichts betrachtet. Ich bin immer noch der Beobachter, und da ist das Beobachtete. Muss ich mich einfach umwenden, wenn ja: Wie kann ich das tun?

Ich kann dir keinen Trick, keine Technik, keine Methode nennen, wie du dich umwenden kannst. Tatsächlich geschieht diese Umwendung in dem Moment, in dem sich der Beobachter selbst anschaut, ganz von selbst und aus der Bereitschaft heraus, alles aufzugeben. Denn das, was die Trennung zwischen Subjekt und Objekt verursacht, ist – so könnte man sagen – ja die Nichtbereitschaft des Schein-Subjektes, sprich des Ich-Gedankens, das Objekt loszulassen, was auch immer er betrachtet. Das Objekt haftet nicht an ihm, sondern er haftet am Objekt. Wenn du bereit bist, jedes Objekt, egal wie wertvoll es dir erscheint, aufzugeben, so wie du jede Nacht in dem Moment des Einschlafens bereit bist, jedes Objekt für die Glückseligkeit des Tiefschlafes aufzugeben, wenn du bereit bist, jedes Objekt für das, was du wirklich *bist*, aufzugeben, dann geschieht dieses Sich-Umdrehen in einem Akt der Gnade – im Sog der Sehnsucht – ganz von selbst. Es geschieht von selbst! Es gibt nichts, was irgendjemand dafür machen könnte. Alles, was du »machen« kannst in dem Sinne, um bei diesem missverständlichen Wort zu bleiben, ist eben, dass du immer wieder deine Bereitschaft prüfen kannst, alles, aber auch wirklich alles aufzugeben. Und dieses »alles« sind ausschließlich Objekte deiner Wahrnehmung, die du selbst erzeugst, um daran festzuhalten. Es bezieht sich auf Objekte im Außen, und es bezieht sich auf Objekte im Inneren. Es bezieht sich auf andere Menschen, es bezieht sich auf die ganze Welt.

Meistens gibt es eine Landung auf irgendwelchen Ebenen von Phänomenen. Es mag Bereitschaft da sein, bestimmte Objekte loszulassen, doch im Normalfall selektiert der denkende Geist und hält versteckte Vorlieben aufrecht. Im Hintergrund gibt es noch gewisse Ideen über das Leben, gewisse Ideen über mich selbst, die gar nicht vollkommen als Gedanken auftauchen, eben weil sie versteckte Identifikationen sind, die ich gar nicht aufgeben will. Auf einer bestimmten Ebene von Reife des spirituellen Suchens kannst du dann nicht mehr so tun, als würden diese Gedanken die Wahrheit ausdrücken, wenn du sie sehen würdest: voll, nackt und klar.

Wenn du an bestimmten Ideen über dich selbst anhaftest, mit denen du dich identifizierst – wenn du an bestimmten Inhalten von Ich-Gedanken festhältst und nicht wirklich bereit bist, diese Anhaftung aufzugeben – dann werden sich diese Gedanken im Bewusstsein verstecken, sich der vollkommenen und klaren Sicht des Bewusstseins entziehen und in dem Ort, den wir Unterbewusstsein nennen, abtauchen. Du tust so, als wendest du dich ab und richtest die Aufmerksamkeit auf andere Phänomene, meist äußere.

Nochmals zusammengefasst: Wir sind von der Frage ausgegangen, was dich dazu veranlassen könnte, die Aufmerksamkeit auf denjenigen zurückzurichten, der sieht. Daraufhin sagte ich, dass das deine vollkommene Bereitschaft sein könnte. Diese Bereitschaft ist aber durch deine Wünsche und Anhaftungen an das, was du siehst, verzerrt, beeinträchtigt und letztlich blockiert. Die Anhaftung an das wiederum, was du siehst, kann auch mit der Nichtbereitschaft zusammenhängen, es *genau* anzuschauen. Dadurch entstehen weitere Verzerrungen, weitere Abspaltungen. Zunächst wäre die erste Abspaltung: Du siehst etwas, schaust es an und haftest daran an. In dem Moment, wo du an dem, was du anschaust, anhaftest – wo du »es« anschaust, nicht schaust, sondern »es« anschaust – in dem Moment tritt die primäre Spaltung auf. Es geschehen dann weitere Abspaltungen, indem du nicht bereit bist, das, was du anschaust, *direkt* anzuschauen, sondern lediglich im Augenwinkel. Dieser Augenwinkel ist Unterbewusstsein. Wenn du einen bestimmten Grad der Reife auf der spirituellen Suche erreicht hast, dann kann sich dir das, was direkt angeschaut wird, nicht einfach als Wahrheit verkaufen. Es wird als Lüge erscheinen, und auch dort gibt es eben noch subtile Mechanismen des denkenden Geistes. Um das vollkommene Erkennen dieser Lüge zu vermeiden, werden Gedanken in Bewusstseinsnischen gepackt und dort versteckt.

Wenn ich eine geistige Verbindung zu etwas habe, das ich sehe, ist das Anhaftung?

Was meinst du mit geistiger Verbindung?

Dass ich eine Beziehung zu diesen Objekten habe, in einem bestimmten Sinne: Ich mag sie oder ich mag sie nicht. Ich beurteile sie, ich habe eine gedankliche Beziehung.

Du bist nicht im Bewusstsein des wahren Sehenden. Das ist alles. Der scheinbar Sehende, der dann eine Anhaftung zu dem Gesehenen hat, ist nicht der wahre Sehende. Niemand ist sich des Sehenden bewusst. Es ist nicht intellektuell fassbar, dass der Sehende ein Ich-Gedanke ist, der sich als wahrer Sehender ausgibt.

Dennoch ist diese Tatsache, dass vor mir etwas erscheint, unbestreitbar.

Nein, es erscheint nicht vor dir. Die Tatsache, dass es vor dir erscheint, ist bereits eine Illusion des falschen Sehenden. Etwas, was vor dir erscheint – vor wem?

Sicher, das ist eine Position zum Körper. Da ist der Körper hier, und das, was ich sehe, ist dort, und damit entstehen räumliche Verhältnisse.

Setzt du den Körper mit dem Sehenden gleich?

Nein.

Das tust du, natürlich.

Gut, ich gehe davon aus, dass das Bild auf die Augen trifft, und das ist eine wissenschaftliche Theorie. Insofern sind da Hypothesen im Spiel, die nicht die reine Wahrnehmung sind.

Ja, du gehst davon aus, dass der Körper sieht oder die Augen im Körper sehen, aber wer sieht den Körper? Wer sieht die Augen? Das ist es, was ich meine, dass sich bei genauerer Erforschung der angenommene Sehende nicht als Sehender erweist. Trotzdem ist die Trance natürlich sehr stark und daher ist die Bequemlichkeit, nicht tiefer zu gehen als der scheinbar Sehende, groß. Aber du wirst mir zugestehen, dass der Sehende offensichtlich nicht der Körper sein kann und auch nicht die Augen des Körpers.

Ich gehe dabei noch einen Schritt weiter: Der Sehende ist in dem Körper. Stimmt das?

Ich kann nur sagen, dass diese Frage weiter erforscht werden muss. Finde den Sehenden im Körper und sage mir, wenn du ihn gefunden hast.

ᔓ

Ich habe heute in einem Buch von Poonjaji gelesen, und eine Stelle hat mich besonders angesprochen. Da sagt er sinngemäß: »Wenn du Objekte siehst, bist du im Traum, und wenn du im Traum bist, bist du natürlich auch im Schlaf.« Meine Frage ist, wie ist es, wenn ich keine Objekte sehe?

Meine Frage an dich ist: Was siehst du?

Den Teppich, zwei Mikrofone, die Uhr, ein Buch, den Tisch, Blumen, Dekor, Bilder, Dich, das Sofa.

Hast du schon jemals etwas anderes als Objekte gesehen?

Es kommt vielleicht auf die Definition des Wortes »Objekt« an. Ich meine, ich habe noch nichts anderes gesehen als Objekte.

Ich meine, du *kannst* nichts anderes sehen als Objekte, solange du an-siehst, anstatt zu *sehen*.

Deswegen bin ich wohl so stutzig geworden an dieser Stelle.

Die Dreiheit des Sehens besteht aus dem Objekt, dem Subjekt und dem Prozess des Sehens an sich. Wenn du Objekte siehst, so nimmst du dieses Objekt als außerhalb deiner selbst wahr, den Teppich, das Mikrofon, mich, wie du sagst. Das wäre das Objekt. Was aber ist das Subjekt?

Wahrscheinlich der Beobachter.

Wer ist der Beobachter?

Ich.

Wer ist Ich?

Ich.

Du bist zu bequem, um dir diese Frage wirklich zu stellen. Wenn Ich Ich wäre, wenn das so einfach wäre, warum hast du dann

Probleme mit den Objekten? Du hast nicht erkannt, wer sieht, weil deine Aufmerksamkeit ständig – und das ist der Schlaf – auf Objekte gerichtet ist. Warum ist die Aufmerksamkeit auf Objekte gerichtet? Die Aufmerksamkeit ist auf Objekte gerichtet, weil es von den Objekten etwas gibt, was du willst, weil die Objekte Frieden versprechen, Glück, Freiheit, all das, was du suchst. Und die Versprechen müssen äußerst perfekt sein, sonst würde es nicht ca. 6 Milliarden Menschen geben, die diesem Versprechen nach wie vor nachlaufen. Also musst du dich fragen, was willst du von den Objekten?

Ich habe nicht gesagt, dass ich etwas von den Objekten will.

Du hast es nicht gesagt, aber ich habe es gesagt.

Meine Frage ist: Wie ist es, wenn ich die Objekte nicht sehe?

Diese Frage beantwortet sich, wenn du die Frage geklärt hast, was du von den Objekten willst. Du siehst die Objekte nur dadurch, dass du von ihnen etwas willst. Du siehst sie nicht einfach so, sondern weil du etwas von ihnen willst.

Woher weiß ich dann, dass ein Objekt da ist?

Du weißt, dass ein Objekt da ist, indem du Trennung erfährst. Immer wenn du Trennung erfährst, ist ein Objekt da. Immer wenn ein Objekt da ist, ist auch ein Subjekt da. Und immer wenn ein Objekt da ist, ist auch die Trennung zwischen Subjekt und Objekt da. Das ist doch dein täglicher Zustand: Die Trennung von Objekt und Subjekt. Die Trennung von Ich und Du. Das Objekt ist das Du, und vom Du willst du etwas. Und vom

Du kannst du nur so lange etwas wollen, wie du nicht erkannt hast, wer Ich ist. Es ist doch ein absurdes Schauspiel von einem Ich, welches sich selbst nicht kennt und ein Du sucht, welches es eigentlich auch nicht kennt. Also eigentlich kennt niemand niemanden, aber man sucht. Alle suchen. Ich bin immer wieder erstaunt und gleichzeitig auch fasziniert davon, mit welcher Selbstverständlichkeit das Ich das Du einführt, mit welcher Selbstverständlichkeit du etwas über das Du aussagen möchtest. Wer auch immer das Du für dich ist, dein Partner, deine Mutter, dein Vater, dein Vorgesetzter, deine Freunde, dein Auto, andere Gedanken, die du als Du erfährst, den Körper, den du als Du erfährst – auch der Körper ist als Du abgespalten worden – mit wem auch immer du glaubst zu sprechen, es ist erstaunlich, mit welcher Selbstverständlichkeit du irgendwelche Glaubensvorstellungen als Wahrheit nimmst und dann auf das Du projizierst, vollkommen unhinterfragt. Tief im Kern weiß das Ich natürlich, dass es nichts weiß. Und um diese Tatsache zu verbergen, versucht es so zu tun, als wenn es etwas weiß und versucht dann, dieses »ich weiß« auch auf das Du zu übertragen, um sich noch einmal selbst zu beweisen, dass es etwas weiß.

Das Zulassen der Erkenntnis, nichts zu wissen, kann ein Moment unerträglicher Spannung sein, denn es führt dich an die Vernichtungsangst, es führt das Ich an die Vernichtungsangst. Das Nichtwissen ist der Moment der Vernichtung. Und der Moment der Vernichtung ist der Moment von Glückseligkeit. Dieses vollkommene Nichtwissen ist der Moment, in dem du Satsang erfährst, der Moment, in dem du Unschuld erfährst. Denn dieses Sich-Vormachen von Wissen ist der Prozess, mit dem du dich immer wieder schuldig fühlst, mit dem du dich immer wieder schuldig machst, durch das Vortäuschen von »ich weiß«. Ich weiß etwas über mich, daher folgt, dass ich etwas über dich weiß und zu guter

Letzt folgt: »Ich weiß etwas über das Sein, über das Leben.« Das ähnelt in gewisser Weise der Selbstverständlichkeit eines Kindes, das nicht weiß. Der Unterschied zu dem Kind ist, dass das Kind nicht weiß, dass es nicht weiß, während du als herangereifter Geist in vollkommener Bewusstheit wissen kannst, dass du nichts weißt. Und dieses vollkommene Wissen von »ich weiß, dass ich nichts weiß« ist der Beginn von Realisation. In diesem »ich weiß nichts« ist es möglich, allem und jedem in Offenheit zu begegnen. Offenheit hat keine bestimmte Form. Offenheit bedeutet, dass alles möglich ist. Diese vollkommene Offenheit des Seins schöpft aus der unendlichen Vielfalt seiner Möglichkeiten. Es gibt keinerlei Begrenzung mehr in deinem Verhalten: wie du zu sein hast, wie es zu sein hat, wie du nicht sein darfst, wie es nicht zu sein hat. Oder in deinem Fühlen: was du fühlen darfst, was du nicht fühlen darfst. Überhaupt sind »ich darf«, »ich soll« oder »ich muss« alles Folgeerscheinungen von dem »ich weiß«: »Ich weiß etwas. Ich weiß, wie es zu sein hat.« Insofern stellt sich die Frage, was weißt du über das Objekt? Was weißt du eigentlich über das Objekt?

Nichts.

Sehr gut! Wenn du nichts weißt über das Objekt, dann stellt sich die Frage nach dem Subjekt.

Darüber weiß ich auch nichts.

Wunderbar. Das ist eine gute Bedingung, um Selbsterforschung zu beginnen.

Wie kann ich Selbsterforschung machen, wenn ich nichts weiß? Ich verstehe das nicht. Ich weiß ja gar nichts. Dann ist auch nichts da.

Du bist genau an dem Punkt. Du bist an dem Punkt, wo Selbsterforschung überhaupt erst beginnt. Ich mache hier den Unterschied zwischen *Selbst*erforschung und Icherforschung. Und das, was gemeinhin als Selbsterforschung beschrieben wird, das ist Icherforschung. Icherforschung ist: Du weißt etwas und aus diesem »ich weiß« geschieht eine Erforschung und dann weißt du mehr. Und so sammelt sich Wissen an und scheint sich immer mehr und immer mehr zu erweitern. Was ist denn eigentlich das »ich weiß«? Das »ich weiß«, aus dem heraus du erforschst, was ist das? Das ist Vergangenheit. Stimmst du mit mir überein, dass »ich weiß« einzig und allein Vergangenheit ist? Du hast Erfahrungen und Erkenntnisse gewonnen, und diese Kette hat sich zu etwas zusammengeschmolzen, was du als »ich weiß« bezeichnest – so wie du die »Welt« erfahren hast, sagen wir einmal in unzähligen Reinkarnationen, im Moment der Geburt, in diesem Leben, als Baby, als kleines Kind, als Heranwachsender usw., bis zu diesem Moment, wo du jetzt hier im Satsang sitzt: Das ist das »ich weiß«.

Bist du bereit, diese Last des »ich weiß« einmal fallen zu lassen, auch wenn du die Tendenz bemerkst, das Loch gleich wieder mit einem neuen »ich weiß« füllen zu wollen? Genaugenommen ist es weder »ich weiß« noch »ich weiß nichts«. Es ist das Fallenlassen von allem.

♌

In dem Moment, wo das Denken diesen leichten Schock erfährt, dass es sich selbst nicht überwinden kann, kommt sofort die Tendenz auf, wieder in irgendeine eingefahrene Schiene von »kann, darf, muss, soll« hineinzugehen, um sich dort zu retten. Gib auch das auf.

Das Denken kann nicht einfach aufgegeben werden, vielmehr die Anhaftung und die Identifikation mit dem Denken kann nicht einfach aufgegeben werden. Es erfordert einen Suchenden, der bereit ist, *alles* für die Freiheit zu geben. Wer nicht bereit ist, *alles* zu geben, wird auch niemals bereit sein, sich in diese sich anbahnende Katastrophe hineinzubegeben, die am Horizont auftaucht, wenn das Denken sich entspannt. Das ist der Moment, wo der Tod Einzug hält, nur dass der Tod nicht das ist, was du glaubst, was er ist. Niemals hast du der direkten und vollkommenen Erfahrung – *jetzt* – getraut, indem du einen einzigen Moment still bist. Wenn du daran kein Interesse hast, bleibst du im Glauben. Kein Problem für irgendjemanden, außer für dich. Jeder Standpunkt, den du vertrittst, jede Meinung, die du angeblich hast, ist Glauben, weiter nichts, Glauben – und damit unwesentlich. Wie langweilig es ist, Meinungen auszutauschen, die auf Glauben beruhen, und niemand weiß in Wirklichkeit, *wer* es ist, der diese Meinung vertritt. Finde zunächst heraus, *wer* du bist. Und wenn du dann Meinungen und Standpunkte vertrittst, kein Problem. Aber jetzt nicht zu wissen, *wer* es ist, der eine Meinung oder einen Standpunkt vertritt, blind Meinungen und Standpunkte zu vertreten und daraus zu handeln und diese Standpunkte und Meinungen auch noch zu versuchen, in die »Welt« zu bringen, gegen angeblich »andere« zu kämpfen, die andere Meinungen und Standpunkte haben, was für ein Witz das ist, was für ein Witz.

Die »Welt«, so wie sie dir erscheint, ist auch nur Denken. Entledige dich von allem. Entleere dich vollkommen. Dann bist du frei. Dann erkennst du, DU warst immer schon frei. Denn was dich glauben lässt, dass du gefangen bist, ist der Ballast, mit dem du dich immer wieder selbst belastest, begrenzt, beschränkst. Dieser Ballast sind all die Objekte des Denkens, all die schwerwiegenden Konzepte des Denkens, des Glaubens. Dein ganzer Ballast ist nur ein Gedanke, und dieser Gedanke ist »Ich«. Bist du bereit, die Identifikation zwischen dir und dem Gedanken »Ich« zu lösen? Der Knoten ist die Identifikation zwischen dir und dem Gedanken »Ich«. Das ist der Moment, wo sich das Bewusstsein selbst mit dem Gedanken infiziert hat.

♌

Sind Wahrnehmungen Gedanken?

Die Frage, ob Wahrnehmungen Gedanken sind, ist dieselbe Frage wie: »Ist die Welt, so wie sie erscheint, ein Gedanke?« Und die Antwort darauf ist: »Ja, sie ist ein Gedanke.«

Allerdings gibt es im normalen menschlichen Zustand gar keine *Wahr*nehmung. Es gibt nur Interpretationen von Wahrnehmung. In dem Moment, wo ich diesen »Blumenstrauß« anschaue, ist er schon zu einem Blumenstrauß geworden. Du kannst Phänomene wahrnehmen, aber benenne sie nicht. Das Hindernis liegt nicht in den Phänomenen selbst, sondern darin, dass die Aufmerksamkeit auf das Phänomen oder auf das, was wahrgenommen wird, gerichtet ist, anstatt auf das Wahrnehmende. Es spielt letztlich keine Rolle, was erscheint. Das Wahrnehmende wird geleugnet, denn in dem Moment, wo du das Wahrgenommene wahrnimmst, bist du in dieser Dreiheit von Wahrnehmendem, Wahrgenommenem und der Wahrnehmung gefangen. In dem Moment ist offensichtlich Trennung und Spaltung da, denn das, was du wahrnimmst, nimmst du zwangsläufig als außerhalb von dir wahr. Du sprichst zwar von Wahrnehmung in dir selbst, aber wenn du genau bist, ist es außerhalb von dir selbst.

Wenn du eine Verschmelzung mit einem Objekt, z.B. deinem Partner erlangst, dann nur kurzfristig und vorübergehend. Körperlich kann niemals Verschmelzung erlangt werden, so wie du sie suchst, d.h. materiell. Mit Objekten kann niemals Verschmelzung erlangt werden, vielmehr ist es so, dass die Verschmelzung an sich ein Konzept ist und auf der Idee beruht, dass es irgendjemanden gibt, der verschmelzen müsste. Es gibt niemanden, der verschmilzt, nichts, mit dem verschmolzen werden muss, keine Verschmelzung, keine Objekte und kein Subjekt, denn all das sind Konstrukte des Ich-Gedankens.

In dem Moment, wo du sagst »ich sehe etwas oder ich nehme etwas wahr«, ist das Denken. Das beruht bereits auf der Illusion, auf dem Glauben, dass es ein Ich gibt, welches wahrnimmt. Du siehst, wie weit dieser Glaube geht. Wenn du sagst »ich nehme wahr«, dann beruht das auf Glauben, und die Frage ist: Wer nimmt wahr? Wer nimmt wahr, jetzt?

Indem ich einen Gedanken wahrnehme, wird er zu etwas Beobachtetem, und es entstehen wieder Grenzen.

Wo ist die Grenze? Wenn du das Gefühl hast, eine Grenze entsteht, geh mit deiner Aufmerksamkeit direkt an diese Grenze und prüfe: Was ist von was getrennt? Überprüfe es. Was nimmst du wahr, besser gesagt, was ist deine Erfahrung?

Dass immer, wenn ich die Wahrnehmung auf den Beobachter zurücknehme, diese Trennung auftaucht.

Siehst du, der Beobachter ist auch ein Gedanke. Das ist der Witz an der Sache.

Also werden wir durch alles, was wir wahrnehmen, automatisch Beobachter?

Eben, und ich sage, gib das Beobachten auf. Das Problem ist, dass etwas beobachtet wird. Wie kannst du *sein*, wenn du etwas beobachtest? Das, was beobachtet wird, erscheint in jedem Fall außerhalb deiner selbst. Beobachtung fixiert die Aufmerksamkeit auf irgendetwas außerhalb deiner selbst und führt dich weg vom Bewusstsein deiner selbst, von Sein, Bewusstsein und Glückseligkeit, Sat-Chit-Ananda.

Beobachten ist immer noch eine Anstrengung, die du unternimmst. Satsang bedeutet, jede Anstrengung für was auch immer aufzugeben und vollkommen in das Unbekannte dieses Moments einzukehren, zu erforschen Was-Ist. Nur aus dieser Geisteshaltung heraus ist es möglich, überhaupt zu verstehen ohne einen Gedanken, denn wirkliches Verstehen geschieht ohne einen einzigen Gedanken und ohne die geringste Bemühung.

♌

Das, was du für Wahrnehmung hältst, ist in Wirklichkeit eine Verbindung zwischen einer Interpretation des Geistes und einer Benutzung der Sinne im Dienste dieses Geistes, von dem du nicht weißt, wer er ist. Das Ganze ist ziemlich unheimlich, denn du weißt überhaupt nicht, wer da fungiert. Aber er täuscht Normalität vor, alles erscheint ganz normal, so wie es immer war. Nur wenn du einen Moment in die Tiefe schaust, sehr genau in die Tiefe, dann schwindet plötzlich diese Normalität, diese Selbstverständlichkeit, dass die Dinge so sind, dass da Menschen sind, die sich ausdrücken. Das sind Konventionen, aber nicht deine Erfahrung. Es könnte ja auch sein, dass da niemand ist in einem Körper, der sich ausdrückt.

Bei dieser Vorstellung wird es mir ein bisschen unheimlich.

Es ist der Moment, in dem die Fixiertheit der Wahrnehmung plötzlich unterbrochen wird, und dann wird es etwas unheimlich, weil die Fixiertheit der Wahrnehmung von ganz bestimmten Grundkonzepten, Grundinterpretationen ausgeht, die du für selbstverständlich hältst. Aber wenn du diese Konvention zum ersten Mal in Satsang prüfst, stellst du plötzlich fest: »Moment, das war ein Konzept, aber eigentlich ist es gar nicht selbstverständlich, dass da ›jemand‹ ist, der sich ausdrückt.« Natürlich, die Sprache deutet darauf hin, die Sprache ist so angelegt, als wenn es »jemanden« gibt, der sich ausdrückt. Der Körper bekommt einen Namen, ein Bild entsteht, aber wo entsteht dieses Bild? Ist es nicht Zeit und Raum, aber gar nicht *jetzt*? Stell dir vor, du klopfst an und da ist niemand. Du bist immer davon ausgegangen, dass da jemand ist, und plötzlich klopfst du an und da ist niemand. Es ist einfach niemand da. Du fällst in die Leere und du verlierst *nichts.*

ꝺ

Ich habe noch eine Frage zu dem Bild der Katze – einem Gleichnis für den Meditierenden – die wachsam sein oder einschlafen kann. Ist es möglich, eine Katze zu sein, die einschläft und gleichzeitig die Katze zu beobachten, die einschläft?

Ja, das ist möglich. Aber der Beobachter ist auch die schlafende Katze. In dem Moment besteht die schlafende Katze aus dem scheinbaren Objekt, nämlich der schlafenden Katze, und dem scheinbaren Subjekt, nämlich dem Beobachter der schlafenden Katze. Aber das scheinbare Subjekt ist gar kein wirkliches Subjekt, d.h. der Beobachter ist nicht der wirkliche Beobachter. Vielleicht ist es nicht ganz korrekt von einem wirklichen Beobachter zu sprechen, denn einen wirklichen Beobachter gibt es nicht. Ein Beobachter existiert nur so lange, wie etwas beobachtet werden muss. Was ich sage ist, gib die Beobachtung auf und *sei!*

Der Beobachter selbst beruht auf deinem Glauben. Dass es überhaupt einen Beobachter gibt, der etwas beobachtet, ist ein Glaubenskonstrukt, aber nicht deine Erfahrung. Was wäre, wenn es in dir überhaupt keinen Beobachter gibt? Was wäre, wenn das nur eine gewohnheitsmäßige Fixierung der Wahrnehmung wäre? Es gibt keinen Beobachter, und es gibt auch nichts, was beobachtet wird. Es ist nur ein Konzept, und ich möchte dich einladen, das zu erforschen. Der Beobachter existiert nur so lange, wie der Glaube an die Realität dessen da ist, was beobachtet wird.

♌

Ich lade dich ein, das zu erkennen, woraus sowohl Formen als auch Inhalte entstehen, die Quelle von Form und Inhalt.

Meinst du den Geist?

Nein. Das, was du Geist nennst, ist nicht deine Erfahrung, sondern ein Scheinwissen, welches selbst Inhalt ist! Aber der Inhalt kann das nicht erkennen, weil der Geist sich nie selbst erkennen kann. Was können Augen nicht sehen?

Sie können alles sehen, sie können Gefühle sehen und durch etwas hindurch sehen …

Stelle dir bitte Augen vor, die einen höchstmöglichen Grad an Sensitivität erreicht haben und alles durchdringen können. Sie vermögen sogar das Immaterielle zu sehen. Sie können in größtmöglicher Sensitivität all das sehen, was bis in die subtilsten Formen entsteht, so tiefgründig können Augen, je nachdem wie sie geschult sind, sehen. Aber was können sie nicht sehen? Das ist die große Falle, der der Geist immer wieder erliegt, dieser Illusion, als wenn er sich selbst sehen könnte. – Augen können nicht sich selbst sehen, das ist das, was Augen nicht sehen können.

Wenn wir in den Spiegel schauen, dann sehen wir sie doch.

Nein, du siehst nicht das Auge selbst, du siehst die Reflektion des Auges, und du machst den Fehler, dass du die Spiegelung für das Auge selbst hältst. Du hast nicht erkannt, *wer* sieht. Diese Frage bleibt unbeantwortet. Jetzt ist der Moment, in dem der Geist aufgeben kann, diese Frage beantworten zu wollen. Du beginnst zu ahnen, dass Augen sich nie selbst sehen können. Denn der Prozess des Sehens an sich beinhaltet bereits die Spaltung von Subjekt (Sehender) und Objekt (Gesehenes). Das ist vollkommen klar. Wie können Augen sich selbst sehen? Augen können nur Objekte sehen. Wenn du in einen Spiegel siehst, dann ist das nur ein Objekt. Der Spiegel muss zerstört werden.

Du kannst dein *Selbst* nicht sehen. Wenn du dein Selbst sehen könntest, wäre es ein Objekt. Und sobald es ein Objekt ist, ist es eine Spiegelung. Du kannst nur Spiegelungen deines Selbst sehen. Es ist radikal. Das Missverständnis besteht genau darin, dass du diese Spiegelungen bis in ihre subtilste Form, bis in ihre

Gefühle als wahr annimmst und für das Selbst hältst. Aber es sind nur Spiegelungen in einem Spiegelkabinett, und du verwirrst dich in dem Labyrinth von Spiegelungen, bis du erkennst, *wer* es ist, der all das sieht. DU bist es.

♌

Der Schmerz des Erwachens

OM liest einen Brief vor:

Lieber OM,
gerade erkannte ich, dass das, was ich als Sumpf wahrnahm, bisher festgehaltene Gedanken sind, die nicht abgeschlossen sind, sondern herausgepickt, um daraus Christiane oder was auch immer zusammenzusetzen. Eine Gestaltwerdung von Gedanken und Ideen. Aus der Sicht dessen, was ein Eigenbewusstsein, das Ego, entwickelt hat, bin ich dieses willkürliche Wesen, das zufällig entstanden ist aus dem Festhalten, Nichtvergehenlassenwollen des Augenblicks. Im Ich-Bewusstsein, so konnte ich erkennen, gab ich mir die Rolle des personifizierten Sündenfalls. Jeder kann daran sehen, dass ich, also das Ego, in Sünde gefallen, schuldig geworden ist. Es kann nur Sinn dieses Sumpfes sein, als wesenlos erkannt zu werden, doch noch ist dies eher eine Ahnung als Wissen. Ich kann den Sumpf wahrnehmen, aus dem sich dieses Ego nährt, doch ich nehme auch wahr, dass eine unerkannte Identifikation mit ihm dort verborgen liegt. Ein Sumpf im Sumpf. Das Ego selbst kann nicht den ersten Schritt gemacht haben, um sich ins Leben zu rufen. Ich ahne und doch ist es im Geiste unfassbar, dass dieser Sündenfall gewollt ist, zum Spiel gehört, ohne Schuld, ohne Sünde. Morast ist der Nährboden und Ursprung von

Gedanken. Das Bild, das sie aufrechterhalten, wird scheinbar verborgen gehalten. Wahrscheinlich ist noch nicht einmal im Morast ein Bild und wenn, wie sollte es jemand entdecken? Gleichzeitig ist der Nährboden genährt vom Sein, entstanden vom Sein und ist auch der Weg zurück. Das ist meine Erfahrung, die ich sehr versucht bin zu leugnen. Doch wenn es so etwas wie einen Weg gibt, dann diesen: durch das Erkennen des Morastes. Das Leben oder das, was sich als solches darstellt, erscheint mir immer paradoxer und verdrehter.

Es ist richtig, dass Gedanken aus einem Morast entstehen. Dieser Morast ist nicht der Ursprung von Gedanken. Dieser Morast ist so etwas wie Hintergedanken von Gedanken. Du kennst den Begriff Hintergedanken? Einen Hintergedanken zu haben bedeutet, dass dir der Gedanke hinter dem Gedanken, nämlich der Hintergedanke, nicht voll zugänglich ist. Das heißt, du hast einen Gedanken und du tust so, als sei dieser Gedanke die eigentliche Motivation. Die Wahrheit aber ist: Du hast Hintergedanken. Das Ego ist voll von diesen Hintergedanken. Hinter jedem Gedanken ist ein anderer Gedanke. Zum Beispiel sagt der Gedanke: »Ich bin so und so.« Aber was ist der Hintergedanke dazu? Oder der Gedanke sagt: »Ich finde, dass…«. Der Hintergedanke dazu aber findet etwas ganz anderes. Der Morast ist der Nährboden. Dieser Sumpf ist das Unterbewusstsein. Dieses Unterbewusstsein muss auftauchen. Und das, was du als den Morast im Morast beschrieben hast, ist so etwas, wie der Gedanke hinter dem Hintergedanken. Es ist eine nicht endende Kette von Gedanken, die aus diesem Morast kommt. Normalerweise ist es so, dass du, wenn du aufrichtig erforschst, irgendwann an ein Ende stößt. Wenn du an dieses Ende stößt, lässt du das Ende erscheinen, und das Ende verbrennt in deinem Bewusstsein.

Die Gefahr besteht, dass du irgendwo in dieser Kette des Erforschens der Hintergedanken »landest« und so tust, als sei es das, anstatt einfach alle Gedanken und Hintergedanken erscheinen zu lassen, auch wenn sie manchmal nicht sehr angenehm sind. Die bewussten Gedanken sind häufig die guten Gedanken, besonders wenn sich das Ego auf einen spirituellen Weg begeben hat. Denn da geht es ja vermeintlich um die guten Gedanken. Die Wahrheit ist: Es geht überhaupt nicht um Gedanken. Es geht darum, diese Gedanken und damit letztlich diesen Morast trockenzulegen, indem du ihn verbrennen lässt, indem du *nichts* tust. Du hörst auf, all das zu tun, was es bisher verhindert hat, dass dieser Morast aufsteigt und verbrennt. Was du tust, um das zu verhindern, sind die Identifikationen mit »Christiane«, mit »Birgit«, mit wem auch immer. Diese Identifikationen, dieser SelbstschrumpfungsProzess in der Identifikation, »ich bin das, aber ich bin nicht das – ich darf das sein, aber niemals das – o mein Gott, lass diesen Kelch an mir vorüberziehen – lass die Schuld an mir vorüberziehen«, das ist das Landen, und genau das verhindert das Verbrennen des Sumpfes, des Morastes, wie du es genannt hast. Und das bringt es mit sich, dass du durch Momente sehr starken Unwohlseins gehst. Dieses Unwohlsein ist wiederum ein Gift für die spirituelle Bequemlichkeit. Und wenn die Bequemlichkeit wieder zuschlägt, setzt zunächst wieder einmal Wohlsein ein, aber letztlich Leiden.

Diese Momente von Unwohlsein, von »spirituellem Unwohlsein«, haben den größten Wert für dich. Dieses Unwohlsein sind die Momente, in denen »es« verbrennt, in denen das Brennen geschieht. Das Brennen ist das, was das Unwohlsein auslöst. Der Versuch, dieses Unwohlsein durch Betäubung oder andere Mechanismen zu beenden, ist die Falle und die Fixierung im Leiden. Die Möglichkeit, dieses Unwohlsein zu ertragen, ohne etwas damit tun zu müssen, das ist die große Herausforderung. Denn wenn dieser Morast anfängt zu brennen, tritt teilweise extremes Unwohlsein auf, körperlich, geistig und emotional. Ich habe extremes Unwohlsein erlebt. Aber ich sage nicht, dass das Ziel des Weges Unwohlsein ist, ich sage nur, dass der Moment des Unwohlseins ein großes Geschenk sein kann, welches du schätzen lernst. Unwohlsein und Wohlsein ziehen vorüber, ohne dich zu berühren.

Ist dieses Unwohlsein immer noch Teil Deiner Erfahrung?

Das Unwohlsein verbrennt, und das Unwohlsein brennt so schnell oder so langsam, wie es eben brennt. Niemand weiß, wie lange es brennt, niemand kann das sagen. Es ist vollkommen unterschiedlich, und es spielt auch letztlich keine Rolle mehr.

Tatsächlich brennt es, solange der Körper erscheint. Solange brennt das Unwohlsein, welches in seinem Herzen die Sehnsucht ist, auch die Form abzugeben. Im Buddhismus nennt man es ja das »Bodhisattva-Gelübde«, was diejenigen abgelegt haben, die die Form eigentlich schon verlassen haben, aber in der Form und durch die Form noch auf Erden sind, um der Erde zu dienen und um den Menschen zu dienen.

Wie?

Die Möglichkeiten sind unbegrenzt: durch unkonventionelle Methoden oder durch das Lehren an einen einzigen Schüler oder an Tausende oder indem überhaupt nicht offen gelehrt wird.

Dieser wertvollste Moment des Unwohlseins ist ein Eintrittstor, um das Feuer wirklich brennen zu lassen. In dem Moment kommen alle Tendenzen deiner gesammelten Geschichte hoch, die diesen Moment vermeiden wollen, die hinter diesem Moment das Schlimmste vermuten, die hinter diesem Moment die Hölle vermuten. Und es gibt die verschiedensten Vorstellungen von dieser Hölle, je nachdem wie »Christiane« oder »Birgit« oder irgendjemand funktioniert. Und das ist ja das große Paradox, das absurde und fatale Schauspiel, dass der Geist genau diejenigen Momente vermeidet, die das Eintrittstor zur Glückseligkeit sind.

Die Bequemlichkeit ist ein missverstandenes Lustprinzip. Und nach diesem animalischen Lustprinzip führt der Geist sein Leben und geht letztlich auch seinen spirituellen Weg. Die Beendigung des Lustprinzips bedeutet nicht, als Asket zu leben. Ich hatte auch Angst vor Askese oder Kälte und vollkommener Zurückweisung jeglichen Genusses oder jeglicher Schönheit. So ist es nicht. Aber du kannst dieses missverstandene Lustprinzip erkennen, das ein verkapptes Selbstzerstörungsprinzip ist. Das »Ich« ist auf scheinbaren Lustgewinn aus, geistig, emotional, körperlich und will nicht erkennen, dass es genau dadurch Leiden erzeugt und sich immer wieder Schmerz zufügt – denn das Lustprinzip funktioniert nicht, nicht auf dem spirituellen Weg!

♌

Die Kunst des Nicht-Tuns

Was hindert dich daran, einfach den Geist zu entspannen? Was hindert dich daran, den Geist in Ruhe zu lassen? Es geht um etwas, das sehr viel einfacher ist als alles, was du dir jemals vorgestellt hast. Du brauchst nichts zu beobachten, und du brauchst auch nichts nicht zu beobachten. Es geht nicht darum, dass du dich anstrengst, irgendetwas zu tun. Wie wäre es, wenn du jede Anstrengung, irgendetwas zu tun, einfach nur für einen Moment aufgibst? Die Anstrengung aufzugeben bedeutet, den Widerstand aufzugeben. Es bedeutet, die Angst aufzugeben und jegliches Tun aufzugeben, irgendwo anders hingehen zu müssen als wo du bereits bist. Du kannst das ganze Konzept von Beobachtenmüssen und Nichtbeobachtendürfen zurücklassen. Wenn du bewusst bist, dass du bewusst bist, ist es ganz natürlich, dass alles auftaucht. Es gibt kein Unbewusstsein. Es bedarf nicht der Anstrengung oder Konzentration des Bewusstseins, irgendetwas, was im Bewusstsein ist, wahrzunehmen. Es ist nur eine vorübergehende Hilfskonstruktion, wenn ich behaupte, es ginge darum, irgendetwas zu beobachten. Es ist möglich, tiefer zu fallen. In Wirklichkeit gibt es nichts zu beobachten. Du hast die Idee, dass du dich anstrengen musst. Und es geht darum, genau diese Anstrengung nur für einen Moment aufzugeben. Was ist *jetzt*?

Jetzt ist Ruhe, und die Gedanken können einfach vorbeiziehen ohne dass ich mich involvieren muss. Aber wenn ich erst einmal in so einer Kette drin bin, ist es ein Problem, sie wieder loszulassen.

Nein, das Problem ist, dass du glaubst, dass Loslassen auch durch Gedanken erfolgt. Du erkennst nicht, was *Loslassen* wirklich heißt. Wenn ein Gedanke auftaucht und du plötzlich erkennst, dass du in der Kette involviert bist, versuchst du, durch weitere Gedanken, die beurteilen, andere Gedanken loszulassen. Es ist aber nicht möglich, den Teufel mit dem Beelzebub auszutreiben. Das ist bekannt. Es geht darum, diesen inneren Kampf von Gedanken gegen Gedanken aufzugeben und bereit zu sein, in dem Moment zurückzutreten und still zu sein. Gedanken an sich laufen sich tot, wenn du in der Stille des *No-Mind* verweilst, denn Gedanken an sich besitzen kein Leben. Gedanken haben ein künstliches Leben. Sie leben durch deinen Glauben an die Realität, die angeblich einem Gedanken innewohnt.

Ich denke, dieses Zurücktreten in dem Moment, wo ich in so einer Kette bin, scheint für mich nicht realisierbar zu sein.

Nur weil du die Einfachheit des Loslassens leugnest.

Wie geht Loslassen?

Das ist, als wenn du mich fragst: »Ich laufe und laufe und ich weiß nicht, wie ich anhalten kann. Sag' mir, wie ich anhalten kann.« Loslassen heißt, deine künstlich aufrechterhaltene Aktivität aufzugeben, die notwendig ist, um dich überhaupt in Gedanken zu involvieren. Wenn du diese Anstrengung aufgibst, dann siehst du, was passiert. Das Problem liegt darin, dass du Loslassen nach wie vor als eine Anstrengung verstehst, du willst Loslassen tun. Aus diesem Grund ist das Wort »Loslassen« auch nicht wirklich geeignet, um das zu beschreiben, um was es wirklich geht. Es ist ein Begriff aus der therapeutischen Welt.

Der Geist kann nicht verstehen, was es heißt, nichts zu tun, weil selbst »nichts tun« als »tun« verstanden wird. Warum gehen Menschen überhaupt einen spirituellen Weg? Sie gehen einen spirituellen Weg, weil sie glauben, dass sie etwas tun müssen.

Ich habe eben gedacht, dann muss ich jetzt das Nichtstun üben.

Das ist die ganze Tragik an der Geschichte. Wenn du sagst, »jetzt muss ich das Nichtstun üben«, frage dich, *wer* das Nichtstun üben muss. Das ist die Frage: Wer ist Ich? Dieser Begriff von Loslassen ist letztlich ungeeignet, um das zu beschreiben, was ich meine. Weil Loslassen immer noch so tut, als gäbe es eine Aktivität. Sie ist zwar minimal, aber immer noch eine Aktivität. Das, was ich meine, könnte ich eher beschreiben als die Hingabe, die in dem Moment erfolgt, wo jeder Kampf aufgegeben wird. Die Verkrampfung, die geschieht, wenn du um das Loslassen kämpfst, ist nach wie vor die Nichtbereitschaft, sich wirklich hinzugeben. Wenn du in diesem Moment bereit bist, dich einfach hinzugeben, ohne zu wissen an was, dann kann der Kampf – gegen was auch immer und in wessen Namen auch immer – aufgegeben werden.

Es gibt keinen Kampf im Namen der Wahrheit. Wenn es irgendjemanden gibt, der behauptet, er würde im Namen der Wahrheit kämpfen, kämpft er nur für eine Idee. Wahrheit hat keinen Namen. Gib diese gesamte Verkrampfung auf und gib dich hin an das Unbekannte. Du kannst dich nicht an etwas hingeben, das du kennst. Hingabe ist nur möglich an das Unbekannte. Was ist jetzt da?

Zumindest Ruhe ist da.

Ich habe das Gefühl, es ist der Zeitpunkt gekommen, wo du dir sehr klar darüber sein musst, in was du dich eigentlich involvieren möchtest. Es ist nicht so, dass du dich in Dinge involvierst, in die du nicht auf irgendeine Art und Weise involviert sein willst. Meine Frage vorhin war, was willst du von diesen Gedanken? Es gibt viele Dinge, von denen du glaubst, nichts zu wollen, aber doch etwas willst. Warum solltest du freiwillig zu einem Ort gehen, von dem du nichts willst, wenn du nicht dazu gezwungen bist? Und es gibt offensichtlich niemanden, der dich zwingt, dich in Gedanken zu involvieren.

Vom Konzept her ist mir das auch klar, aber sag das mal den Gedanken.

Ich sage das nicht den Gedanken, ich sage das *dir*. Diese Frage bedarf einer vollkommenen Konsequenz: »Was willst du wirklich?«

Für mich ist es nicht beantwortbar, warum diese Gedanken kommen, obwohl ich eigentlich Ruhe haben will.

Es ist eben nicht das Problem, dass Gedanken kommen. Es ist das Problem, dass du dich aktiv in diese Gedanken involvierst, anstatt sie in Ruhe zu lassen. Lass Gedanken kommen. Es ist kein Problem, wenn Gedanken kommen.

Du brauchst das Bereitsein dafür, wirklich in Meditation zu sein. Das ist nichts, was so nebenbei irgendwie passiert, sondern es erfordert dein vollkommenes Bereitsein und absolute Konsequenz. Und letztlich erfordert es die Bereitschaft in deinem Herzen, wirklich frei zu sein, die Sehnsucht, wirklich frei zu sein. Das ist keine sentimentale Sehnsucht nach irgendetwas,

was in der Zukunft oder in der Ferne liegt, sondern es ist die Einfachheit des Herzens, die überall und immer zugänglich ist für denjenigen, der es wirklich will.

Früher habe ich Gefühle immer unterdrückt, und dann nach mehreren Gruppen und Therapien habe ich sie immer ausgedrückt. Aber wie kann ich jetzt die Gefühle kommen lassen, ohne mich zu involvieren, also ohne dass ich sie einfriere oder ausdrücke? Indem ich sie einfach wieder zerplatzen lasse in nichts?

Es gibt kein Ich, welches Gefühle in nichts zerplatzen lässt. Wie gesagt, die Einfachheit ist, dass du nichts tun musst, als dich diesem unbekannten Strom hinzugeben und in dieser Hingabe das zu realisieren, was die Quelle dieses Stroms ist. Solange du mit Gedanken beschäftigt bist, bist du nicht mit dem Wesentlichen. Solange du versuchst, dich *nicht* mit Gefühlen oder Gedanken zu beschäftigen, bist du auch nicht mit dem Wesentlichen. Es ist einfacher als das. Was ist, wenn du nicht weißt und keine Ahnung hast, was im nächsten Moment geschieht? Was ist, wenn du nichts, aber auch gar nichts darüber weißt, welche Handlung im nächsten Moment durch diesen Körper-Verstand-Mechanismus ausgedrückt wird?

Im Moment kommt mir da Panik hoch.

Lass die Panik hochkommen und bleib still, aber involviere dich nicht darin. Die Panik ist in ihrer Essenz Energie. Richte deine Aufmerksamkeit auf die Energie, anstatt die Interpretation dieser Energie, die du Panik nennst, abzukaufen. Es ist genau das, was ich sage: Du weißt aus dieser Hingabe an diesen Strom nicht, was im nächsten Moment geschieht, welche Handlung ausgedrückt wird, welches Gefühl aufsteigt oder nicht aufsteigt, du weißt nichts über die Erfahrung des nächsten Momentes.

Ich habe das Gefühl, wenn ich mich auf das einlasse, spüre ich, wie sich sofort alles entspannt.

Nimm die Tendenz wahr, diese Panik, die auftaucht, zu betäuben. Wenn du dich auf diese Panik einlässt, diese Panik vollkommen erlaubst, dann bist du bereit tiefer zu gleiten als diese Panik. Es ist der vollkommene Kontrollverlust. Und der Geist hat nur naive und kindliche Ideen über das, was geschieht, wenn vollkommener Kontrollverlust einsetzt. Der Geist hat keine Ahnung von der Natur des Chaos, er hat nur naive Vorstellungen über das Chaos, Vorstellungen einer Katastrophe, Vorstellungen von Tod, Vorstellungen, dass nichts mehr funktioniert, weil er glaubt, er ist der Herrscher der Welt und hält die Dinge zusammen. In Wirklichkeit funktioniert das Leben prächtig ohne ihn.

♌

Wie kann ich dieses Knäuel an Gedanken entwirren?

Du tust so, als ob die Entwirrung eines Prozesses bedarf. Entwirren bedeutet Loslassen, und Loslassen ist nichts, was in der Zeitung steht. Du hast die Einfachheit des Loslassens nicht erkannt. Du glaubst, dass die Verwirrung real ist und weil sie real ist, muss sie auch real entwirrbar sein. Die Verwirrung ist nicht real und muss auch nicht entwirrt werden. Die Verwirrung ist nur eine »Seifenblase«, die du in diesem Moment erzeugst – als

Abwehrmechanismus, um nicht in der Realität zu sein, um mich nicht *direkt* verstehen zu müssen, um nicht die Wahrheit in dir zu erkennen, in der du bereits weißt, dass du mich verstehst. Du erzeugst die Verwirrung, und die Verwirrung erzeugt scheinbar eine Abtrennung von mir, die eben eine Abtrennung von dir selbst ist. Aber auch diese Abtrennung ist nicht real. Erkenne das! Es sind nur Gedanken. Gedanken kannst du in jedem Moment als etwas erkennen, was nicht einmal losgelassen werden muss.

Es ist ein Gefühl.

Gut, es ist auch ein Gefühl, was daraus entsteht. Aber dieses Gefühl entsteht aus einem Gedanken. Auch dieses Gefühl ist ein Gedanke. Du kannst aufhören zu glauben, dass Gefühle keine Gedanken sind. Es ist einfach gefühlsmäßiges Denken oder körperliches Denken, bei dir geht es in den Körper. Es ist nicht nötig, die Aufmerksamkeit auf den Körper zu fixieren, um ihn am Leben zu halten, denn *du* schenkst diesem Körper kein Leben. Dieser Körper entsteht aus dem Leben selbst. Prüfe das!

Das Absurde ist ja, dass du nach dem *Sein* suchst, so wie jeder nach dem Sein sucht, aber gleichzeitig vor dem Sein flüchtest. Dann flüchtest du dich in die Adern, in die Poren, in die kleinen Zwischenräume zwischen Körperzellen. Stimmt's? Bist du da sicher vor dem Sein? Vorübergehend vielleicht.

Das ist zumindest etwas, was mir bekannt ist.

Was dir bekannt ist. Gut. Jetzt geht es darum, das Bekannte aufzugeben, indem du erkennst, dass das Bekannte die Grenze ist, in der du dich bewegst und du weißt, dass diese Grenze dich gefangen hält wie in einer Zwangsjacke. Solange du das leugnest und dir selbst vortäuschst, dass dieses Bekannte das Leben selbst ist, kannst du dich weiter damit aufhalten. Der Körper wird sterben, und ein neuer Körper wird geboren werden. Du wirst dich im ewigen Kreislauf von Leben und Tod weiterbewegen, nur weil *du* glaubst, das zu sein.

Um das Wesentliche zu erkennen, musst du die Aufmerksamkeit nach innen richten und die Grundgewohnheit aufgeben, die Aufmerksamkeit nach außen zu richten. Denn im Außen gibt es wirklich nichts zu finden, was wesentlich ist, nur sehr viel Unwesentliches, aber nichts Wesentliches. Du bist vom Wissen und damit auch von der direkten Erkenntnis nie getrennt. Es ist nur deine Vorstellung. Insofern ist es möglich, jede Frage in absoluter Wahrhaftigkeit sofort zu beantworten, ohne Zweifel.

Die ganze Psychotherapie verfolgt das Modell eines kontinuierlichen Prozesses, um von einem unbefriedigenden Ort durch viele, viele Schichten zu einem besseren Ort zu gelangen. All das ist nur ein Modell und entspricht nicht der Wirklichkeit. Die Wirklichkeit ist die, dass es nicht einen Ort gibt, der woanders ist als der Ort, zu dem es zu gelangen gilt, dass überhaupt keine Wegstrecke gegangen werden muss, um direkt das Wesentliche im Kern zu erkennen. Der Kern ist nicht verborgen. Selbst der Begriff des Unterbewusstseins ist nur ein Hilfsmittel, das immer noch von dem Konzept der Wegstrecke ausgeht, die es in Wirklichkeit gar nicht gibt. Das, was dir unterbewusst ist, ist nur dadurch unterbewusst, dass du es in diesem Moment leugnest. Es gibt nichts, was wirklich unterbewusst ist. Es ist die Leugnung, die gesehen werden muss. Leugnung, Verrat und Täuschung. Das Ende der Leugnung ist das Ende der Lüge. Jeder lebt bis zu einem gewissen Grad eine Lüge. Diese Lüge ist es, die unfrei macht. Es ist die Lüge, die das Gefängnis ist – die Lüge über mich, wer ich bin, wer ich glaube zu sein, die Bedeutung, die ich habe oder die ich nicht habe, die Stellung, die ich habe oder nicht habe, all das. Diese Lüge muss aufgegeben werden, wenn du wirklich frei sein willst.

Du sagst häufig, es ginge um direktes Erforschen. Und obwohl ich es schon so oft gehört habe, weiß ich immer noch nicht so recht, was es ist. Fadenscheinig bekomme ich so eine Ahnung davon, dass es darum geht, einfach das Denken aufzugeben und dann abzuwarten, was kommt.

Ja. Das kommt dem näher. Dieses Abwarten ist ein vollkommen unpersönliches Abwarten. Es ist ein offenes Gefäß, das darauf wartet, dass Wasser einströmt. Wenn das Gefäß ständig voll ist, wie soll etwas einströmen? Du bist einfach still und wartest ab. Dieses Abwarten kann der Geist natürlich sofort als Hoffnung auf eine bessere Zukunft oder schlicht als Passivität missverstehen. Abwarten heißt nicht, passiv zu sein. Abwarten ist die vollkommene Bewusstheit eines jeden Impulses, der auftritt, egal ob positiv oder negativ, das klare und bedingungslose Gewahrsein dieses Impulses. Und wenn du in dieser Forschung noch tiefer gehst, dann stellst du fest, dass es auch nicht mehr »jemanden« gibt, der diesem Impuls folgen kann.

Meinst Du damit: Verfolge zurück, woher ein Impuls kommt?

Nein. In dem Moment, wo sich das Denken des Impulses bemächtigt, wird der Impuls persönlich, und in dem Moment berührst du die Schuld. Immer wenn du persönlich wirst, berührst du die Schuld. Wenn du erkennst, dass dieser Impuls unpersönlich ist, dass Dinge eben geschehen so wie sie geschehen, dann ist da nur noch dieser Impuls, der auftritt, der sich manifestiert, der einen bestimmten Weg zurücklegt, aber es gibt kein Ich, was diesen Weg zurücklegt. Es gibt kein Ich, welches einen bestimmten Impuls verfolgt oder unterdrückt, denn das ist dasselbe.

Mir fällt ein Beispiel ein: Bei einer manuellen Arbeit wie z. B. Abspülen kann es vorkommen, dass man sich im Geist lange damit beschäftigt: »Ach, jetzt steht schon wieder so ein Berg da und nichts geht vorwärts.« Dann kommt der Punkt, an dem man nicht mehr darüber nachdenkt, man macht es einfach und irgendwann passiert es auf einmal wie von alleine, man kann sogar etwas anderes dabei denken oder singen. Vielleicht ist es das, was Du meinst?

Das gibt eine Andeutung davon, was ich meine. Es gibt in dem Moment niemanden, der abspült.

Eine andere Situation, in der ich mich völlig aufgebe, ist in der Diskothek, wo 500 Menschen zusammenkommen und ich mich in Trance fallen lasse.

Das ist keine völlige Aufgabe. Aber es ist gut, das zu ergründen und wahrzunehmen, dass das möglicherweise auch noch ein Zustand des denkenden Geistes ist, also ein Tun. Es gibt Zustände des denkenden Geistes, die ohne Gedanken sind. Es ist erstaunlich, aber wahr.

Wie kann ich das überprüfen?

Die Frage, wie du das überprüfen kannst, ist natürlich berechtigt. Ich würde sagen, zunächst musst du überhaupt erst einmal den Wunsch haben, dies zu überprüfen, denn diesen Wunsch haben ja nur die wenigsten. Der Normalzustand des Geistes ist der, dass irgendwelche Gedanken, Widerstände, Ängste, Bilder und Gefühle auftauchen, und diese werden dann wahllos angenommen oder zurückgewiesen, ohne dass überhaupt eine Instanz da ist, die zwischen Realität und Nichtrealität unterscheidet. Wenn du also diesen Wunsch hast, der gleichbedeutend mit dem Wunsch nach Befreiung ist, und wenn dieser Wunsch stärker wird als jeder andere Wunsch, wenn er zu einer Sehnsucht wird, dann wirst du Unterstützung bekommen in der Form, in der du sie brauchst. Du wirst überprüfen bis zu dem Grad, der dir innerlich möglich ist und wirst in dieser Überprüfung an eine Grenze stoßen. In diesem Moment wird sich, wenn diese Sehnsucht noch stärker wird, ein Lehrer zeigen, der mit dem Finger auf diese Unterscheidungsmöglichkeit deutet und dich immer wieder auf die innere Überprüfung zurückstoßen wird. Letztlich ist die Überprüfung immer eine innere. Und dennoch ist irgendwann der Moment erreicht, wo innere Überprüfung nicht mehr ausreicht, wo sie an eine Grenze stößt. Das ist der Moment, in dem es des Lehrers bedarf, der Reflektion des Lehrers im Außen. Der Lehrer ist innerlich natürlich da, es ist nicht so, dass er abwesend ist. Aber es sind bestimmte verfeinerte Strukturen dieses denkenden Geistes erreicht, wo die Überprüfung beginnt, sich im Kreise zu drehen.

In der Stille ist Überprüfung sehr einfach. Wenn die Gedanken zur Ruhe kommen, fällt die Überprüfung ins Herz, und im Herzen geschieht die Überprüfung ganz natürlich. Alles kann überprüft werden. Aber welche hartnäckigen Gedanken oder welches Festhalten an hartnäckigen Gedanken steht davor, beispielsweise der Gedanke »ich kann nicht, darf nicht, will nicht?« Welche Gedankenkonstrukte, welche Worthülsen verdecken die

Überprüfung? Du brauchst das Vertrauen, dass du die vollkommene Autorität zur Überprüfung in dir trägst, und gleichzeitig brauchst du die Demut, um wahrzunehmen, dass diese innere Überprüfung an eine Grenze stößt.

Erkenntnis: Der Fall ins Bodenlose

Erkenntnis ist ein nicht fassbares Phänomen, das nirgendwo landet. Erkenntnis ist der Sturz ins Bodenlose. Sie stürzt ins Bodenlose in einem zeitlosen Moment. Erkenntnis ist kein Prozess. Das Verstehen ist ein Prozess und das echte Verstehen folgt der Erkenntnis. Aber der Moment der Erkenntnis ist wie das Platzen einer Seifenblase, und in dem Moment ist alles verfügbar. Alles Wissen ist verfügbar, und dennoch gibt es keinen Gedanken im Moment der Erkenntnis. Verstehen geschieht durch Gedanken. Erkenntnis offenbart sich, wenn Gedanken zur Ruhe kommen. Sie kann niemals durch Gedanken erreicht werden. Es ist das große Missverständnis einer theoretischen Philosophie, dass Erkenntnis durch Gedankenanstrengung erreicht wird.

ℌ

Erkenntnis ist ein Moment im nicht-denkenden Geiste, ein Moment von *No-Mind*. In diesem Moment gibt es keinen Geist, der von Bewusstsein getrennt ist. Mit anderen Worten, dieser scheinbar abgetrennte individuelle Geist berührt in einem Moment reines Bewusstsein, und in dem Moment der Berührung geschieht Erkenntnis. Verstehen hingegen vollzieht sich innerhalb des geschlossenen Systems des Geistes. Deswegen ist für mich diese Unterscheidung zwischen Verstehen und Erkenntnis sehr wesentlich.

Kann man diese Unterscheidung auch auf alltägliche Situationen anwenden?

Nein. Für das Bekannte ist das Verstehen zuständig, als eine Funktion des arbeitenden Geistes.

Gibt es dann nur eine einzige Erkenntnis? Nicht verschiedene Schritte, bei denen man erst eine bestimmte Erkenntnis gewinnt und später kommt eine neue Erkenntnis usw.?

Von einem absoluten Standpunkt aus gesehen gibt es nur eine einzige Erkenntnis, und das ist die *Selbst*erkenntnis.

Und damit ist es dann vorbei?

Die Erkenntnis geschieht in einem zeitlosen Moment der Gnade. Was nicht vorbei ist, ist der Prozess des Verstehens.

Ja, aber das könnten ja mehrere Erkenntnisse sein. Immer wieder in einem bestimmten Moment, man könnte auch sagen, mehrere Erleuchtungen.

*Selbst*erkenntnis geschieht nur einmal.

Da bist Du sicher?

Warum sollte sie mehrfach geschehen?

Eine Vertiefung sozusagen.

Ja. Diese Vertiefung kann ich bestätigen, aber ich würde diese

Vertiefung beschreiben als ein Fallen des Geistes in die Erkenntnis, als ein Fallen des arbeitenden Geistes ins *Selbst*. Und diese Vertiefung kennt kein Ende, solange der Organismus besteht.

Solange der Organismus da ist?

Ja, solange der Organismus aufrechterhalten wird.

Hat es einen besonderen Hintergrund, dass Du das sagst?

Ja, es deutet auf das Paradox, dass die Realisation einerseits das Ende ist, das Ende jeglichen Werdens, andererseits aber auch ein Beginn von weiterreichender Erforschung.

ꝛ

Es ist so, dass der Geist des Suchenden in gewisser Weise mit der Möglichkeit der vollkommenen Erkenntnis kokettiert und sich immer wieder in die Nähe des Abgrundes begibt und mal hinunterschaut. Diesen Prozess kann man auch als den Prozess des Verstehens bezeichnen. Oft wird versucht, das, um was es angeblich geht, intellektuell zu verstehen, um es handhabbar zu machen. Glaubst du wirklich, man könne den Fall ins Bodenlose vorausberechnen, Risiken und Nebenwirkungen ausschalten, den Fall handhabbar machen? Aus dem Verstehen entstehen tatsächlich auch manchmal Teilerkenntnisse. *Die* Erkenntnis jedoch, von der ich spreche, die Erkenntnis deiner S*elbst*, ist kein Prozess. Es ist der Moment, in dem du bis an den Abgrund, an den Rand der Klippe gegangen bist und bereit bist zu fallen. Diese Bereitschaft, diese vollkommene Bereitschaft, ist bereits das Fallen. Das ist der Moment, in dem vollkommene Erkenntnis geschieht und sie geschieht nur einmal, augenblicklich, wie Poonjaji sagte, im zwölfmillionsten Teil eines Augenzwinkerns.

Kann nicht ein Denken in Wachheit auch zur Erkenntnis führen?

Im Denken selbst gibt es keine Wachheit. Es gibt Denken, welches *aus* der Wachheit kommt. Es gibt Denken, welches *aus* der Erkenntnis kommt. Aber im Normalzustand des Geistes kommt erst das Denken und dann das Verstehen, was häufig mit Erkenntnis verwechselt wird. Verstehen kommt aus dem Denken. Aber Verstehen verlässt das karmische Rad nicht und damit auch nicht die Leidensgeschichte. Es gibt nur eine Möglichkeit, das Ende dieser Leidensgeschichte zu erkennen: einen einzigen Moment vollkommen still zu sein.

Verstehen ist Denken. Erkennen geschieht, ohne zu denken. Vielleicht geschieht es trotz des Denkens, in jedem Fall aber nicht aufgrund des Denkens. Der Verstandesgeist ist nicht erkenntnisfähig. Verstehen ist ein Imitat, eine Imitation von Erkenntnis. Wenn die Suche nach Erkenntnis aufgegeben wird, ist Erkenntnis möglich. Vorher nicht. Ist es nicht absurd, dass derjenige, der nach Erkenntnis sucht, nicht erkenntnisfähig ist?

In diesem Zusammenhang erscheint es mir wichtig, zwei Arten von Wissen zu unterscheiden. Das eine Wissen ist das Wissen, was erlangt wird, wenn du »davor« stehst und etwas anschaust. Wenn du »davor« stehst heißt das, dass du in der »Vor-Stellung« bist, nicht in der »Stellung«. Diese Art des Wissens ist sehr begrenzt und vermittelt nicht die Erfahrung des inneren Wesens dessen, was du anschaust.

Die zweite Art des Wissens ist das *innere* Wissen, das Wissen der eigentlichen »Stellung«, wenn die »Vor-Stellung« aufgegeben wird. In dieser »Stellung« sind derjenige, der weiß, *der Wissende*, das Objekt des Wissens, also *das Gewusste*, und *das Wissen* selbst eins. Es gibt keinen Unterschied mehr zwischen Wissendem, Gewusstem und Wissen. Es ist nur DAS, was bleibt, das Wissen, das auf ganz natürliche Weise ohne Trennung weiß, zu hundert Prozent. Und das ist die vollkommene Hingabe an das So-Sein.

♌

Ich glaube, dass jeder Mensch einen persönlichen Gott hat. Ich könnte mir vorstellen, dass es für mich Jesus Christus ist. Aber dann gibt es aus meiner Sicht auch einen unpersönlichen Gott, das Absolute, das jenseits jeglicher Dualität steht. Und daran glaube ich, davon bin ich vollkommen überzeugt.

Dann würde ich dir vorschlagen, diesen Glauben, diese Überzeugung aufzugeben und zu sehen, was passiert.

Da ist eine ganz unglaubliche Angst.

Du kannst glauben, was du willst, aber Glaube ist nicht Wissen. Glaube und Unglaube, Glaube und Atheismus sind dasselbe. Glaube steht dem Geiste im Weg, sich einer Erfahrung zu 360° zu öffnen. Wenn du glaubst, kannst du keine *Erfahrung* machen. Im Satsang geht es darum, eine *direkte Erfahrung* zu machen. An Gott kannst du glauben oder nicht glauben, aber Gott kannst du *erfahren*.

Also für mich schließt das eine das andere nicht aus. Man kann glauben und über den Glauben die Erfahrung haben.

Glaube ist imitierte Erfahrung. Glaube ist ein Konzept des Denkens. Glaube ist ein Denkkonstrukt, und aus Denkkonstrukten geschehen keine Erfahrungen, keine Erkenntnisse. Die Menschen kommen zum Satsang und glauben alle irgendetwas. Sie glauben, wer sie sind, sie glauben, wer sie nicht sind, sie glauben etwas über die Welt, sie glauben etwas über andere, sie glauben alles Mögliche. Was ist Glaube? Ist Glauben nicht Denken? Was ist, wenn das Denken zur Ruhe kommt?

Stille.

Ja! Dann möchte ich dir vorschlagen, das, was du Stille nennst, zu erfahren und den Mut zu haben, dich darauf einzulassen, denn offensichtlich ist es deine Tendenz, immer wieder aus der Stille aufzutauchen und in irgendwelche Rationalisierungen zu gehen, weil du Angst vor der Stille hast. Du hast Angst davor, vollkommen von der Stille verschlungen zu werden, wenn das Denken zur Ruhe kommt, denn dann tritt die Empfindung einer Tieferbewegung ein, so als wenn du im Ozean beginnst, tiefer zu sinken. Und mit diesem Tiefersinken kommen all die Schichten des Denkens hoch, die unterhalb des mentalen Denkens liegen. Denken ist ja nicht nur mental, Denken ist auch emotional und physisch. Indem du dich also immer wieder in das mentale Denken flüchtest, vermeidest du es, die Schichten auftauchen zu lassen, die darunter liegen, nämlich emotionales Denken. Alles muss auftauchen. Und dieses Auftauchen hat nichts mit Verstehen zu tun. Es ist »Müllverbrennung«. Es gibt tatsächlich im Satsang nichts zu verstehen, denn du verstehst immer das, was du glaubst. Glauben und Verstehen ist fast dasselbe.

Der Glaube kommt ja aus irgendeiner Quelle und ist auch eine Art von Intuition. Es ist doch irgendetwas da, sonst würde man nicht glauben. Es muss eine Verbindung da sein zu irgendetwas, was man glaubt.

Natürlich, unter dem Glauben verbirgt sich ein Wunsch, und es ist meine Erfahrung, dass in der Tiefe immer der Wunsch danach existiert, wieder Zuhause einzukehren, weil man glaubt, dieses Zuhause verlassen zu haben. Jeder Mensch hat den tiefsten sehnsüchtigen Wunsch, wieder Zuhause zu sein, wieder im Herzen zu sein, wieder an der Quelle zu sein, die war und ist, bevor das ganze Drama begann. Und so ist die Suche im Denken der Ausdruck davon, dieses verlorene Zuhause wiederzufinden. Aber ich kenne noch niemanden, der es dort gefunden hat. Ich kenne keinen Philosophen, der über das Denken dorthin gelangt ist, wohin das Denken vorgibt zu führen. Es gibt eine Quelle des Denkens. Es gibt die Quelle des Ich-Gedankens. »Wer denkt?« ist die Frage im Satsang. Was ist der Ursprung des Ich-Gedankens? Was ist der Ursprung eines jeden Gedankens? Die Aufmerksamkeit ist vollkommen auf Objekte fixiert. Und in dieser fixierten Trennung verharrst du in Leugnung deiner selbst. Warum richtest du die Aufmerksamkeit auf Gedanken oder auf andere Objekte im Außen? Warum bist du nicht, wer du *bist*? Es ist so einfach.

Das ist doch nicht einfach.

Das *glaubst* du. Du siehst, wie schon im allernächsten Moment der Glaube einsetzt. Aber ich rede eben davon, diesen Glauben aufzugeben, denn dieser Glaube prägt jede Erfahrung, die du vermeintlich machst, die aber gar keine *Erfahrung* ist, denn im Grunde bewegst du dich in deinem sich ständig bestätigenden Glauben, weiter nichts. Der Glaube darüber, wer du bist, bestätigt sich wieder und wieder. Gedanken bestätigen sich selbst. Jeder Glaube, alles, was du glaubst zu wissen, beruht auf Gedanken, die sich ständig selbst bestätigen, wobei dir die Quelle des Denkens unbewusst ist. Wenn ein Gedanke auftaucht, der sagt »ich weiß«, wer bestätigt den Wahrheitsgehalt dieses Gedankens? Was ist die Prüfinstanz?

Ist diese Frage, ob das Denken sich selber erklären kann, nicht wieder ein Spiel des Denkens mit sich selber?

Ja, denn wenn ein Gedanke auftaucht, der nach dem Ursprung des Denkens fragt, bleibt die Frage, was der Ursprung dieses Gedankens ist, der nach dem Ursprung des Denkens fragte. Es ist ein Spiel ohne Ende. Und ich frage mich, ob du den Mut hast, jeden Gedanken zurücksinken zu lassen und zu erfahren, was ist, wenn Stille da ist. Ein stiller Geist ist der Schlüssel für alles.

Das Problem ist für mich, diesen Glauben aufzugeben, dass ich das Denken bin.

Ja, das ist ein Problem, weil dann Angst auftaucht. Und wenn du nicht bereit bist, dich dieser Angst zu stellen, dann wirst du die Neigung haben, dich wieder ins Denken zurückzuziehen. Das Denken ist für dich ein scheinbar sicherer Zufluchtsort. Es ist absurd, aber die gesamte Menschheit benutzt das Denken als scheinbar sicheren Zufluchtsort, um dem Chaos des Lebens zu entkommen, denn wenn das Denken versinkt, scheint Chaos Einzug zu halten, wenn nichts mehr erklärbar ist, wenn das Unbekannte regiert. Das Denken selbst erzeugt katastrophale Vorstellungen davon, was geschieht, wenn es selbst nicht mehr ist. Das ist der Moment, wo sich die Katze in den Schwanz beißt, der Moment, wo du beginnen könntest, den Braten zu riechen. Denn der denkende Geist an sich ist eine unglaubliche Ignoranz. Er erkennt nicht, dass er selbst alles andere als logisch und nachvollziehbar ist, wenn doch keinerlei Klarheit darüber besteht, *wer* denkt und *wer* den Wahrheitsgehalt eines Gedankens bestätigt. Das Denken ist ein System, welches sich selbst ad absurdum führt.

In *diesem* Moment ist Das, was du suchst, vollkommen erfahrbar. Solange du deine Fühler über das Denken irgendwo anders hin ausstreckst, weißt du nicht, was dich in diesem Moment erwartet. Aber es ist die Frage, ob du bereit bist, ohne Zukunft zu leben? Vielleicht sagst du, du bist bereit ohne Vergangenheit zu leben, aber bist du auch bereit, ohne Zukunft zu leben? Ohne Zukunft zu leben, heißt in der vollkommenen Akzeptanz, in vollkommenem Gewahrsein des Todes zu leben, denn der Tod ist der Moment, ohne Zukunft zu leben. Aber wer will sterben? Also erzeugst du dir eine künstliche Zukunft, weil du nicht sterben willst. Weil du Angst hast zu sterben, brauchst du eine Zukunft. Dein ganzes Streben richtet sich darauf, diese angebliche Zukunft zu untermauern und Sicherheiten für eine imaginäre Zukunft zu schaffen.

Dein ganzes Leben geschieht nur in deiner Vorstellung. Wenn diese Vorstellung zu Ende kommt, existiert es nicht mehr. Das, was du als dein Leben bezeichnet hast, mit deiner Vergangenheit, mit deiner Geschichte, mit deiner Gegenwart und deiner Zukunft existiert in Wirklichkeit nicht. Es ist deine Phantasie. Und an dieser Phantasie hängst du mit deinem Glauben fest, weil du glaubst, dass es der einzige Zufluchtsort ist, in dem du Sicherheit vor dem Unbekannten findest. In der Hingabe an den Moment, in dem du die Vorstellung von Vergangenheit, von Gegenwart und von Zukunft aufgibst – diesen Gedanken, der dich wegführt vom

Jetzt und damit wegführt aus dem Gewahrsein deiner selbst – bist du eingebettet in das *Sein*, welches niemals getrennt ist von dir. Du bist getragen und du bist geführt vom Sein. Du kannst dich vollkommen diesem Sein überlassen. Du brauchst dich nicht mehr um den Körper zu sorgen, der Körper muss nicht mehr am Leben gehalten werden, nichts muss mehr an Leben gehalten werden. Wenn gezeigt wird, dass etwas sterben muss, stirbt es. Wenn z.B. deine Freundin plötzlich sagt: »Ich verlasse dich«, ist es das, was zu sterben hat. Du akzeptierst immer das, was zu sterben hat, und du akzeptierst das, was geboren wird, ohne Unterschiede. Das heißt nicht, dass nicht auch Trauer oder Schmerz oder Zorn auftaucht. Es geht nicht darum, dass du irgendetwas unterdrückst, wenn es auftaucht. Du bist damit, ohne Unterschied, in Einfachheit, ohne daran festzuhalten, ohne es zu unterdrücken.

Es ist so einfach, mit allem zu sein, was *ist*. Die Vermeidung davon, mit irgendetwas zu sein, kommt aus dem Glauben, dass es nicht sein darf, weil es falsch ist. *Dürfen*, *müssen* ist auch Glauben. *Sollen*, können ist auch Glauben. Bitte schau dir nur mal diese vier an: Ist nicht dein ganzes Selbstbild auf diesen vieren aufgebaut? Ist das nicht ein unglaubliches Glaubenskonstrukt, bei dem ich mich frage, worauf beruht es eigentlich? Du musst dich ernsthaft fragen, worauf dein Glaube wirklich beruht. Es spielt keine Rolle, ob du an Christus glaubst oder nicht an Christus glaubst. An Christus zu *glauben* bedeutet: Christus nicht zu kennen. In Satsang zu sein bedeutet: Christus zu *kennen*. Und wer Christus kennt, braucht nicht an ihn zu glauben.

♌

Ich wollte Dich ganz persönlich fragen: Glaubst Du an Gott?

Nein.

Oh, dann bin ich hier am falschen Ort.

Ich glaube nicht an Gott, und ich glaube auch nicht nicht an Gott.

Sondern an was?

In Satsang geht es nicht mehr um Glauben. Es geht darum, Glauben zu beenden und zu *wissen*. Was nützt es dir, wenn du an Gott *glaubst*? Ich spreche davon, dass du von Gott *weißt*.

Satsang ist die Einladung, jeglichen Glauben zu beenden. Und Glaube wird nicht nur in kirchlichen Kreisen gepflegt, sondern Glaube durchzieht ebenso alle spirituellen Kreise. Sie glauben dann eben nicht mehr an Gott, sondern vielleicht an Erleuchtung oder an das Alleinssein, an die Rettung der Erde durch Ufos, an das Finden eines Seelenpartners oder an das Aufsteigen der Kundalini. Das Objekt des Glaubens verändert sich, aber im Wesen ist er derselbe geblieben. Und Satsang ist ganz radikal das Ende eines jeden Glaubens, und das heißt keinesfalls, dass du in den Atheismus verfällst, denn Atheismus ist auch Glauben.

An irgendetwas musst Du doch glauben. »An nichts« gibt es nicht. Jeder Mensch glaubt an etwas. Oder glaubst Du nur an Dich?

Was ich sage ist, du kannst alles glauben oder nichts glauben. Es spielt keine Rolle.

Natürlich, jeder ist frei, das ist klar.

Nein, ich will damit sagen, dass es einfach ist, Dinge zu glauben, genauso wie es einfach ist, Dinge zu bezweifeln. Und das Konzept von Glaube und das Konzept von Zweifel, beide Konzepte bringen dich weg von der *Erfahrung*, die ich vorhin ansprach, als ich sagte: Die vollkommene Autorität, eine *direkte Erfahrung von Wahrheit* zu machen, ist in dir. Und das brauchst du nicht zu glauben, dazu brauchst du keinen Glauben.

Weil Gott in mir ist.

Ja. Nur: Das *glaubst* du. Es ist nicht deine *Erfahrung.*

So ist es.

Du kannst natürlich Bücher über Spiritualität, über Zen, über Satsang und Advaita lesen und das glauben. Aber Glaube verkauft sich sehr leicht als deine Erfahrung, so fanatisch und so real kann er werden. Es gibt viele Prediger, die diesen Glauben mit der reinen Erfahrung verwechseln und das spirituelle Lehre nennen.

Glaube nicht, was ich sage. Es nützt nichts zu glauben, was ich sage. So entstehen Anhängerschaften: Hunderte, Tausende, Abertausende von Leuten glauben, was jemand sagt. Es nützt nichts. Und heutzutage treten immer mehr Menschen aus der Kirche aus, besonders in unserer Kultur, weil sie eben nicht glauben, was jemand sagt. Das nützt aber auch nichts. Bemerkst du diese unglaubliche Leugnung von Autorität?

Um Selbsterforschung zu betreiben, brauchst du vollkommene Autorität. Wenn diese Autorität geleugnet wird, ist Selbsterforschung nicht möglich. Dann musst du andere Wege gehen; aber dann steht dir dieser kürzeste aller Wege nicht zur Verfügung. Du musst wissen, dass vollkommene Autorität da ist, um diese

Frage: »Wer ist der Geist?« zu klären. Solange du aber bewusst oder unterbewusst glaubst, was »andere« sagen, bist du gefangen in diesem Glauben. Denn offensichtlich kannst du alles glauben. Ich weise ja im Satsang immer wieder darauf hin: Je näher du prüfst, was alles für Konzepte da sind, mit denen du dich identifizierst, um so haarsträubender ist es festzustellen, dass alles auf Glauben beruht.

ᔕ

Die Worte einfach anzunehmen heißt, sie zu glauben, und sie zu glauben heißt, sie in bestehende Vorstellungen einzubinden, um sie so zu verifizieren. In der authentischen Unterscheidung aber ist es nicht mehr möglich, im Glauben zu sein. Die wahre Unterscheidung zwischen dem, was echt und dem was falsch ist, kommt in der Stille und beginnt, wenn du Glauben und Nicht-Glauben aufgibst. Nicht-Glauben ist meistens die Rebellion gegen Glauben, Glauben ist die Rebellion gegen Nicht-Glauben. Das ist ein absurdes Schattenspiel.

Wie kommst du überhaupt auf die Idee, dass in dir nicht das Potential sein sollte, in jedem Moment zu unterscheiden? Wie kommst du überhaupt auf die Idee, dass jeder Moment nicht das Potential enthalten sollte, selbst zu unterscheiden? Wie kommst du auf diese Idee, dass das Potential abwesend sein sollte? Und wenn es abwesend sein sollte, frage ich dich, wo soll es sein?

Es scheint abwesend zu sein, weil du es leugnest. Das ist Selbstverleugnung. Und dann suchst du das Potential woanders, du suchst es dann in anderen Momenten, in der Erinnerung, du suchst es in der Zukunft, aber du findest nichts. Denn diese Suche ist nur im Denken, und im Denken ist keine Unterscheidung möglich. Du leugnest den inneren Quell.

Ich bin mir sehr wohl der Gefahr bewusst, die im »Verstehen« oder im Glauben an das »Verstehen« liegt. Und seitdem diese Nicht-Lehre an die Öffentlichkeit tritt, treten neue Missverständnisse bei spirituell Suchenden auf. Es gibt Leute, die kamen aus Lucknow von Poonjaji zurück und sagten: »Es gibt nichts zu tun, wir sind ja alle erleuchtet.« Aber dieses »wir« oder dieses »Ich«, welches dann konzeptionell von sich annimmt, erleuchtet zu sein, ist die Unerleuchtung. Es ist die Unerleuchtung selbst. Und was auch immer die Unerleuchtung denkt, es wird unerleuchtet sein. Auch die Erleuchtung wird zum Denken, jede spirituelle Erfahrung wird vom Denken vereinnahmt und rationalisiert. Aber du brauchst tatsächlich den Mut, jedes Bild, jede Vorstellung zurückzuweisen, um zu fallen, endlos zu fallen.

♌

Satsang ist das Ende von jeglicher Annahme, von jeglichem Glauben. Es ist der Eintritt in reines *Wissen*. Wissen ist jenseits. Es ist keine Polarität zur Ignoranz. Selbst Ignoranz entsteht aus dem Wissen. Wissen ist jenseits der Polarität von Ignoranz und Wissen über das Bekannte – es ist *reines Wissen*, nicht Wissen über irgendetwas. Dieses *reine Wissen* ist *Liebe*. Es gibt keinen Unterschied zwischen reinem *Wissen* und *Liebe*.

♌

Eine Aussage wie »wir sind alle gleich« ist nur ein scheinheiliges spirituelles Konzept. Wir sind nicht alle gleich. Wer ist »wir«? Oder: »Wir kommen alle von einem Gott.« Wir kommen nicht alle von einem Gott. Wer ist »wir«? Solche Aussagen kann man glauben oder auch nicht glauben, aber sie beruhen niemals auf der direkten Erfahrung deiner selbst. »Wir sind alle Wesen, die von Gott kommen« oder »wir sind alle ein Teil von Gott« – das sind doch Aussagen, die gar nicht auf deiner Erfahrung beruhen. Das hat irgendjemand irgendwo einmal gelesen. Und nachdem irgendjemand das irgendwann irgendwo einmal gelesen hat, war zufällig jemand dabei, der es dann auch geglaubt hat, und so hat sich dann Religion ausgebreitet. Plötzlich war aus einem eine Million geworden und aus einer Million waren hundert Millionen geworden. Und dieser erste war ein Schüler, der seinen Meister missverstanden hat. Denn der Geist kann gar nicht anders, als den Meister missverstehen. Er glaubt, er versteht, aber in Wirklichkeit versteht er immer miss. Verstehen und Missverstehen ist dasselbe, wenn es um das *Selbst* geht. Aber diese endlosen Ketten von Missverständnissen führen dennoch auf mysteriöse Weise zu dem Punkt, an dem du verstehst, dass du nichts verstehst. Daraus öffnet sich die Unschuld und in der Unschuld die Erkenntnis.

Es ist eines der größten Hindernisse für spirituell Suchende, dass sie glauben, sie hätten verstanden, was der Lehrer sagt. Natürlich ist es ein genauso großes Problem, dass ebenso viele glauben, sie hätten nicht verstanden, was der Lehrer sagt. Beide Probleme sind fast gleichwertig. Sprache ist dazu prädestiniert, in Verständnis und damit in Missverständnis zu führen, aber über das Missverständnis ist es auf rätselhafte Art und Weise möglich, dass Erkenntnis geschieht. Es scheint so ungewohnt zu sein, so neu und so unbekannt, jenseits von Verstehen und Missverstehen zu sein und alles zu *erkennen*, weil du oft von Lehrern geprägt bist, die nur das Verstehen des Bekannten lehrten. Und tatsächlich ist es so, dass das Bekannte verstanden wird. Alles, was dir gelehrt wurde, war das Bekannte: Wie man zwei plus zwei zusammenzählt, wie ein Benzinmotor funktioniert, wie die Gesetze der Schwerkraft funktionieren, wie Grammatik funktioniert usw. Was auch immer im Bekannten gelehrt wurde, du konntest es irgendwie verstehen. Tatsächlich erschien es geradezu so, als wenn dieses Verstehen ein Mittel zum letzten Verstehen, zur Erfüllung dieser letzten Sehnsucht sei. Und tatsächlich kommt dieser Moment – und dieser Moment ist *jetzt* – wo deutlich wird, dass dieses Verstehen ein Ende findet, denn dieses Verstehen ist Denken, und Denken kann niemals das erfassen, was jenseits des Denkens ist. Ich beneide keinen Astrophysiker, der versucht oder immer noch daran glaubt, das letzte Geheimnis mit dem Denken lüften zu können, so wie Stephen Hawking.

Dennoch möchte ich behaupten, dass du immer wieder Momente von Erkenntnis berührt hast. Bei ungenauer Betrachtung erscheint es so, als wenn dieser Moment von Erkenntnis ein Moment ist, in dem ein Gedanke da ist, aber wenn du ganz genau prüfst, dann stellst du fest, dass der Gedanke nicht *im* Moment der Erkenntnis, sondern direkt *nach* dem Moment der Erkenntnis da war, als »Übersetzung«, damit sie im Geiste zugänglich wird. Aber genau genommen war auf einer tieferen Ebene im Moment der Erkenntnis alles zugänglich. Das heißt also: Dieser Moment, in dem du es einfach fühlst oder anders ausgedrückt, wo *es* sich selbst fühlt, was richtig ist, dieser Moment ist ein Moment, der keinen Gedanken enthält. Kennst du den Moment, in dem die Seifenblase platzt? Es ist ein Moment der Stille. Die Erkenntnis kommt plötzlich und unvorhergesehen und du hast nichts dafür getan, dass sie kommt. Genaugenommen ist es häufig so, dass sie dann kommt, wenn du endlich aufgegeben hast, alles Mögliche zu unternehmen, um Klarheit zu finden, wenn du endlich die Bemühungen und den Kampf *um* die Bemühung, *gegen* die Bemühung, *für* die Nicht-Bemühung aufgegeben hast.

ℌ

Zweifel ist nichts anderes als die andere Seite des Glaubens. Auf Glauben sind ganze Religionen aufgebaut. Religionen sind auf Glauben aufgebaut. Psychologie ist auf Glauben aufgebaut. Nihilismus und Positivismus sind auf Glauben aufgebaut. Alles, was du über dich weißt, ist auf Glauben aufgebaut. Wenn du nicht glaubst, ist auch das auf Glauben aufgebaut, weil es auf Zweifel aufgebaut ist. Glaube und Zweifel ist dasselbe. Glaube kann Berge versetzen, wir wissen das. Der Glaube kann dich bis zu einem gewissen Grad führen, aber irgendwann kommt der Punkt, wo du erkennen kannst, dass es dieser Glaube ist, der unterschwellig auch den Zweifel mit nährt. Denn alles, was du glaubst, nährt gleichzeitig den Zweifel und umgekehrt. Das erkennst du nicht in dem Moment, wo du es glaubst. Es ist so, weil Glaube in der Polarität ist, Wissen jedoch nicht. Wissen ist nicht in der Polarität. Und wenn ich von Wissen spreche, meine ich nicht »jemanden«, der irgendetwas weiß, sondern das *Wissen* selbst. Es gibt Menschen, die sich Jahrzehnte, ja viele Leben lang in diesem Glauben aufhalten und nicht bemerken, dass unterschwellig auch der Zweifel mitgenährt wird. Irgendwann kommt dann der Moment, in dem der Zweifel durchbricht. Beispielsweise kann ein spirituell Suchender einem Lehrer jahrelang glauben, aber es wird zwangsläufig der Moment kommen, wo dieser Glaube umkippt. Das ist vorhersehbar. Dieser Glaube wird umkippen in Zweifel, weil er nicht auf Wissen gefußt hat. Glaube ist ein Ersatz für Wissen.

ℌ

Kannst Du etwas über Vertrauen sagen?

Ich würde sagen, dass Vertrauen nur solange nötig ist, solange kein Wissen da ist oder solange du vorgibst, nicht im Wissen zu sein. Vertrauen kann von vorübergehender Bedeutung sein, weil es ein Heilmittel gegen Ängste und Misstrauen ist. Nur – was willst du tun, um es zu erlangen? Wenn du versuchst, Vertrauen zu erlangen, indem du bestimmte Dinge glaubst, die ich dir sage, wird das Vertrauen nicht wirklich auf etwas fußen, sondern es wird lediglich ein Kartenhaus sein, welches in einem bestimmten Moment zusammenfällt, in dem zwangsläufig die andere Seite, nämlich der Zweifel, wieder hereinbricht. Es gibt nichts zu tun, um Vertrauen zu erlangen. Wenn du zu einem Lehrer gehst, der dich etwas über Vertrauen lehrt und was du angeblich machen musst, um es zu erlangen, dann wird dieses Vertrauen nur von vorübergehendem Nutzen sein, weil es nicht wirklich auf deiner inneren Erfahrung fußt.

Wenn du bereit bist, dich dem Leben zu geben, wenn du bereit bist, eine Erfahrung zu hundert Prozent zu machen, wenn du bereit bist, ein Experiment zu machen, wirklich – dann ist Vertrauen die natürliche Konsequenz. Umgekehrt kann ich sagen: Wenn kein Vertrauen da ist, heißt es, dass Angst da ist, und wenn Angst da ist, dann heißt es, dass du nicht bereit warst, dich dem Leben wirklich zu geben und eine Erfahrung zu hundert Prozent zu machen, sondern du weichst zurück vor dem Leben und weichst aus in das Denken. Und wenn du in das Denken ausweichst und – anstatt eine Erfahrung vollkommen zu machen – denkst oder dir vorstellst, wie es wäre, eine Erfahrung zu machen, dann fehlt dir die Substanz der Realität. Wenn diese Substanz fehlt, kann kein Vertrauen entstehen, denn Vertrauen ist das natürliche Nebenprodukt dieser Erfahrung der Substanz von Realität. Tatsächlich ist es gleichgültig, ob du sogenannte positive oder negative Erfahrungen machst. Wenn du eine vollkommene Erfahrung machst, gibt es letztlich keine negativen Erfahrungen, negativ in dem Sinne, dass sie schlecht laufen, dass sie in eine falsche Richtung gehen. Das ist nur ein Konzept des denkenden Geistes. Wenn du dich einer Erfahrung wirklich hingibst, kann sie nicht in eine falsche Richtung gehen. Erfahrungen gehen immer in die eine, in die richtige Richtung. Auch wenn es dir in einem bestimmten Moment negativ erscheint, kannst du im Nachhinein immer die Kenntnis gewinnen: »Aha, das hat jetzt dazu geführt.« Dieses Ergebnis war in dem Moment, wo du es negativ gesehen hast, gar nicht absehbar.

Es gibt diese bekannte indische Geschichte, in der ein Bauer ein Pferd hat, das ihm eines Tages wegläuft. Die Nachbarn kommen alle zu ihm und sagen: »Was für ein Pech!« Er sagt nur: »Kann schon sein.« Tage später kommt dieses Pferd plötzlich zurück und bringt eine ganze Herde von Wildpferden mit sich. All die Nachbarn kommen zusammengelaufen und sagen: »Oh, was für ein Glück!« Er sagt nur: »Kann schon sein.« Und eines Tages ist sein Sohn dabei, diese Wildpferde zuzureiten, und er fällt vom Pferd und bricht sich ein Bein. All die Nachbarn kommen wieder zusammen und rufen: »Was für ein Pech!« Der Bauer sagt nur: »Kann schon sein.« Einige Zeit später kommen Soldaten in den Ort, um alle wehrpflichtigen jungen Männer einzusammeln, aber ihn können sie leider nicht mitnehmen, weil er sich gerade das Bein gebrochen hat, und sie ziehen wieder ab. Die Nachbarn kommen wieder zusammen und rufen: »Was für ein Glück!«

Der denkende Geist ist im Grunde naiv in den Beziehungen und Vorstellungen, die er über angebliche Konsequenzen aufbaut, die aus der Sprache der Angst kommen. Die Angst versucht, scheinbar glaubwürdige Regeln aufzustellen, um dem drohenden Chaos des Lebens zu entkommen. Das wirkliche Leben *ist* Chaos, Chaos geregelt vom Herzen. Alle kausalen

Gesetzmäßigkeiten gelten nur für das Bekannte, nicht aber für deine wirkliche und vollkommene Existenz. Wenn du bereit bist, eine Erfahrung, die dir vom Leben gezeigt wird, zu hundert Prozent zu machen – ohne Bremsklotz, ohne ängstliches Ausweichen in Berechnungen, Strukturen, ohne Widerstände – dann ist es egal, welche Erfahrung du machst. Wirklich, es ist vollkommen egal. Es geht nicht darum, welche Erfahrung du machst, es geht darum, *dass* du die Erfahrung, die dir das Dasein anbietet, zu hundert Prozent nutzt. Das ist es. Und in diesem Moment entsteht die Verschmelzung mit der Substanz von Realität. Und diese Trennung, die du selbst aufrechterhältst, weil du dich durch das Denken von der Realität zurückziehst, diese Trennung ist aufgehoben. Selbst wenn du diese Erfahrung nur vorübergehend machst und sie dir wieder entweicht: Wenn du einmal den Nektar von vollkommener Umarmung mit dem, was ich *Leben* oder *Liebe* oder *Sein* nenne, gekostet hast, dann wirst du nicht wieder vollkommen bereit sein, dich davon abzuwenden, um erneut vom Leiden zu kosten.

♌

Intellektuelle sollen angeblich schwerer erwachen als einfache, wenig gebildete Menschen. Was sagst Du dazu?

Das ist ein Konzept, aber es wirft die Frage der Gelehrsamkeit auf. Gelehrsamkeit kann je nach Standpunkt als Hindernis betrachtet werden oder auch als Wegweiser. Durch verschiedene Formen des *einen Lehrers* können beide Facetten zu unterschiedlichen Anlässen betont werden, um die Erkenntnis des Schülers zu wecken. Ramesh zum Beispiel sagt häufig sinngemäß: »Gib' dem Verstand das Futter, nach dem er verlangt.« Der

Verstand ist auf einer gewissen Ebene wie ein Tier: Wenn er gefressen hat und vorübergehend befriedigt ist, entspannt er sich. Diesen kurzen Augenblick, in dem ein Riss in der Wolkendecke entsteht, kann der Lehrer nutzen. Tatsächlich ist Erwachen völlig unabhängig von einem bestimmten Geisteszustand, auch wenn es so erscheint, als wenn Erwachen bestimmte Voraussetzungen hätte. Es gibt keine Voraussetzun-gen für Erwachen, es gibt keine Bedingungen für Erwachen. Und die Frage stellt natürlich latente Bedingungen auf. Wenn wir soweit gehen wollen zu sagen: »Gut, auch ein Psychopath kann erwachen« – dann scheint es der Erfahrung nach bestimmte Grenzen zu geben. Ich will damit sagen, dass offensichtlich ein Minimum an Verstehen, ein Minimum klarer Auffassungsgabe – vorsichtig gesagt – zumindest förderlich zu sein scheint. Ich würde von einem absoluten Standpunkt aus sagen, es gibt überhaupt keine Bedingungen. Aus jedem Zustand ist Erwachen möglich. Von einem relativen Standpunkt aus betrachtet, könnte ich natürlich sagen, es muss ein Interesse daran vorhanden sein zu erwachen. Es muss die Bereitschaft da sein. Ein Psychopath zum Beispiel hat keine Bereitschaft. Wenn du dir die wenigen Beispiele ansiehst, wo volles Erwachen geschehen ist, dann ist da *ein* Phänomen, was ich bei diesen Menschen beobachtet habe: eine vollkommenene Radikalität, eine Kompromisslosigkeit in der Zurückweisung der Erscheinungen der falschen Wünsche, die mit diesen Erscheinungen verknüpft sind. Von Buddha wird erzählt, dass er das Leben eines Prinzen führte, mit allen Annehmlichkeiten, die zu relativem Glück notwendig sind, und dennoch gab es eine Kraft in ihm, die alles bedingungslos zerstörte und zum Erwachen führte. Und diese Kraft ist keine persönliche Kraft, und sie tritt durch manche Menschen auf und aus mir nicht bekannten Gründen durch viele nicht.

Die Idee hinter dieser Annahme, dass Gebildete weniger Chancen haben als einfache Menschen, ist, dass die Gebildeten oder Intellektuellen eine größere Investition in ihren Geist haben, sie sind stolz auf ihr Wissen. Und vor allem scheint gerade esoterisches Wissen vom Verstand so geschickt aufgenommen zu werden, dass der Betroffene glaubt, er sei bereits erwacht.

Ich stimme dir vollkommen zu. Nur wollte ich darauf hinweisen, dass dies ein Standpunkt ist, und immer wenn wir von einem Standpunkt sprechen, gibt es auch einen gegenteiligen Standpunkt. Man kann grundsätzlich den Geist, also das Ego, als einen Freund oder als einen Feind betrachten. Beide Betrachtungsweisen sind möglich. Wenn wir es als einen Feind betrachten, dann ist Gelehrsamkeit ein Hindernis, weil sie ein Verstehen von Realität vorgibt. In Wirklichkeit jedoch bewegt sich dieses Verstehen lediglich innerhalb des geschlossenen Systems des Egos, innerhalb von Gedankenwelten. Es hat Realität gar nicht berührt. Ich würde sagen, dass nicht die Gelehrsamkeit an sich das Hindernis ist, sondern die *Landung* in der Gelehrsamkeit.

Die Einstellung dazu?

Ja. Alles, jedes Konzeptwissen kann im Sinne der Befreiung oder im Sinne der Verfestigung des Egos benutzt werden. Beides ist möglich. Und nach meiner Beobachtung tritt sehr häufig bei Gelehrten dieses Problem eines Pseudo-Verstehens auf, in dem jedoch der denkende Geist in keinster Form transformiert worden ist. Er hat sich lediglich auf verfeinerte Ebenen innerhalb des geschlossenen Systems des Verstehens zurückgezogen, die – da schwieriger erkennbar – noch viel »gefährlicher« sind. Das wird dann mit bestimmten Ebenen von Erleuchtung verwechselt. Gleichzeitig kann diese Gelehrsamkeit aber auch ein Verstehen sein im Dienste der authentischen Bereitschaft aufzuwachen.

Es gibt eine schöne Sufi-Geschichte zur Gelehrsamkeit:

Eines Abends geht ein Sufi-Gelehrter am Ufer eines Flusses spazieren. Da erschallen plötzlich aus der Ferne, vom anderen Flussufer, laute Rezitationen eines Mantras: Allah-huh-ja, Allah-huh-ja. Er traut seinen Ohren kaum. Versucht sich doch ein Unwissender daran, das von ihm genauestens studierte Mantra »Allah-huh« zu rezitieren. Hastig schwingt sich der Gelehrte in ein Ruderboot, um den Fluss zu überqueren. »Ich muss diesem armen Manne beibringen, wie dieses Mantra korrekt rezitiert wird«, denkt er. Auf der anderen Seite des Flusses angekommen, klopft er an die Tür einer kleinen Holzhütte, aus der die Rufe schallen. Allah-huh-ja, Allah-huh-ja. Es schmerzt in den Ohren des Gelehrten. In der Hütte findet er einen Asketen vor, der offensichtlich den Tag über meditierend verbringt und Mantras falsch rezitiert. Höflich aber bestimmt erklärt der Gelehrte dem Asketen seinen Fehler und korrigiert Aussprache und Atmung. Voller Genugtuung verabschiedet sich der Gelehrte und rudert, sichtlich erleichtert, zurück. Als er etwa in der Mitte des Flusses angekommen ist, hört er plötzlich ein seltsames Geräusch näher kommen: Pitsch, patsch, pitsch, patsch, pitsch, patsch. Kaum, dass er sich umdrehen kann, klopft ihm schon jemand auf die Schulter. Der Asket ist ihm über das Wasser nachgelaufen und fragt: »Entschuldigung, aber wie ging das Mantra noch?«

ໃ

Meditation ist Stille jenseits von Bedingungen

Wie verstehst Du »Zen«?

Zen heißt Meditation. Es ist wichtig, Meditation von Konzentration zu unterscheiden. Wenn spirituelle Suchende von Meditation sprechen, meinen sie häufig Konzentration, d.h. eine Übung des Geistes, durch die er sich mit Hilfe von Konzentration und Bemühung sozusagen selbst vorübergehend ausblenden oder zumindest beruhigen kann. Es ist eine scheinbare Widersprüchlichkeit. Diese Übungen der Meditation bezeichnete Poonjaji auf Sanskrit mit »dhâranâ« im Gegensatz zu »dhyâna«*, was dann weiter ins Japanische als »Zen« übersetzt wird. Die Erfahrung zeigt, dass der Geist durch diese Übungen tatsächlich vorübergehend zur Ruhe kommt und *No-Mind* vorübergehend erfährt. Aber eine Übung kann den Geist niemals in seiner Realität als individuelles Wesen auslöschen aufgrund der einfachen Tatsache, dass es natürlich der Geist selbst ist, der sich um diese Übung bemüht. Ramana spricht davon, dass ein Dieb, der sich als Polizist verkleidet, niemals den Dieb fangen wird. Dennoch kann eben die Übung der Konzentration vorübergehend unterstützend sein, um den Geist zu zähmen, nicht um ihn auszulöschen. Suchende können häufig die Tendenz haben, an der

*Anm. der Lektorin: Vgl. Patanjâli Yoga Sûtras III, 1: Wird die Aufmerksamkeit der Geist-Substanz in einem einzigen Strom auf ein ausgewähltes Gebiet gerichtet, ohne zerstreut und dadurch abgelenkt zu werden, so ist das Konzentration (dhâranâ). 2: Wird die Wahrnehmung vollständig auf jenen Bereich konzentriert und auf diese Weise selbst zum Bereich der Beobachtung, d.h. wird der Beobachtende beobachtet, so ist das Meditation (dhyâna).

Technik anzuhaften und die vorübergehenden Ergebnisse, die durch die Technik erzielt werden, mit dem endgültigen Zustand der Realisation zu verwechseln. Es entsteht ein starkes Anhaften an der Technik. Dieses Anhaften an der Technik ist nichts weiter als eine Verlagerung der Suchtthematik des denkenden Geistes, der dann nach einer Technik süchtig wird. Und das wiederum ist nichts anderes als der Ausdruck davon, dass der denkende Geist, der süchtig nach sich selbst ist, wieder einmal eine Übung praktiziert, die nicht zum Ziel führt, denn keine Meditationspraktik kann letztlich dorthin führen, wohin sie vorgibt zu führen.

ꝺꝛ

Es geht darum, still zu sein. Die Meditation, von der ich spreche, beruht nicht auf einer Übung. Was nützt eine Übung der Meditation, wenn die Gedanken nach der Meditation wieder genauso aufgenommen werden wie vor der Meditation? Was nützt jegliche Übung, wenn die Übung letztlich auch vom denkenden Geist dazu benutzt wird, um vorzugeben, er sei vorübergehend ruhig gestellt, aber hinterher fängt alles wieder von vorne an. Es geht um 24 Stunden Meditation. Es ist vollkommen gleichgültig, wo Satsang stattfindet, auf der Müllhalde oder im Schloss, in der Natur, ob du alleine bist oder mit anderen Menschen. Es ist gleichgültig, ob es laut ist oder leise, ob sich der Ventilator dreht oder nicht. ES ist immer da. Jeder Moment enthält das vollkommene Potential für Sein, Bewusstsein und Liebe.

ꝺꝛ

Bist du bereit, diese Denkmaschinerie zur Ruhe kommen zu lassen und in einen äußerst wachsamen, aber gleichzeitig entspannten

Zustand von *Hiersein* einzutreten? In diesem natürlichen *Hiersein*, in dem Gedanken vorbeiziehen wie Wolken am Himmel, bist du bereit, diese geistige Verspannung einfach für einen Moment ganz bewusst loszulassen. Du erkennst plötzlich, du musst nichts tun, du musst nichts denken, du musst nichts verstehen, du musst gar nichts. Das ist der Moment, in dem du beginnst, tiefer zu sinken. In dem Moment setzt eine Empfindung von Sinken oder Fallen ein, ohne dass du etwas dafür tust. Du bist ganz natürlich *hier*. Du kannst es genießen zu sinken oder zu fallen. Und du kannst es genießen, nichts tun zu müssen und nichts nicht tun zu dürfen: einfach *hier* zu sein. Und du bist dir vollkommen all dessen bewusst, was auftaucht. Du selbst richtest die Aufmerksamkeit auf das zurück, was wahrnimmt, auf das, was sich all dessen gewahr ist. Und du lässt dich zurückbegleiten in die unergründlichen Tiefen des Bewusstseins, ohne zu wissen, wohin die Reise geht. Es ist ein Prozess, der sich selbst vollzieht. Es ist wie eine Motte, die vom Licht angezogen wird. Und in dem Moment, wo sie ins Licht eintaucht, geschieht das Verbrennen ganz von selbst.

♌

Meditation ist häufig falsch verstanden worden. Letztlich ist sie keine Abkehr von irgendetwas. Letztlich ist sie ohnehin nur Das-Was-Ist. Sie ist lediglich die Auflösung deiner künstlichen Welt, die durch Denken verewigt wird. Ein künstliches Ich mit einer künstlichen Welt, in der jeder lebt: »Ich und meine kleine Welt, ich heiße so und so, ich habe das und das, ich kann das und das, ich bin der und der, ich bin jemand.« Eine Plastikwelt. Und diese künstliche Welt dringt vor bis in die möglichen Identifikationen damit, ein spiritueller Lehrer, Prediger oder Therapeut zu sein, jemand der wichtig ist und etwas zu sagen hat. Wenn du beginnst, die Zwischenräume zwischen den Gedanken mehr und mehr zu schätzen und dich in diese Zwischenräume fallen lässt, nimm wahr, was sich auftut.

Wie können wir die Quelle des Wissens erfahren?

Was ist Wissen? Wenn der Geist sagt »ich weiß«, bedeutet das nicht unbedingt, dass *du* weißt. Wissen ist die Realisation, dass es keines Gedankens bedarf, um zu wissen. Dass Wissen in Gedanken erfahrbar ist, ist die weitverbreitetste Illusion vieler westlicher Philosophien. Wissen ist nicht in Gedanken erfahrbar. Wissen ist in Meditation erfahrbar, in Satsang. Und Satsang ist der Aufruf dazu, 24 Stunden am Tag zu meditieren – ohne Anstrengung. Meditation erfordert keine Anstrengung, auch wenn es sich zunächst für den Geist so darstellt, als wenn Meditation ein Kraftaufwand wäre und Wachsamkeit erfordert. Ich möchte auch nicht unbedingt bestreiten, dass das am Anfang so zu sein scheint. Letztlich jedoch ist Meditation weder ein Aufwand, noch ist es kein Aufwand. Sie ist dein natürlicher Zustand, den du in Wirklichkeit nie verlassen hast. Wenn der menschliche Geist beginnt, sich an die Quelle, an die Stille, aus der er selbst entsteht, hinzugeben, wenn er diese »Süße« schmecken kann: Das ist Meditation. In dieser Stille liegt das Wissen verborgen.

Alle Menschen fühlen sich von diesem Wissen getrennt, weil sie die Aufmerksamkeit auf den Geist richten und nicht auf die Quelle des Geistes. Meditation bedeutet, die Aufmerksamkeit auf die Quelle deiner selbst zu richten. In dem Moment, wo sich deine Aufmerksamkeit zurückzieht in sich selbst, ruhst du in deinem Zuhause, in deinem ewigen Zuhause. Es gab nie den Verlust dieser Quelle. Das ist nur eine Annahme, nur eine Idee.

Es ist überhaupt nur eine Idee, dass du jemals getrennt warst von dieser Quelle. Das gilt es zu erforschen – in diesem Moment. *Jetzt.* Verlust ist eine Annahme. Jegliche Annahme und jeglicher Glaube muss verifiziert werden. Aus dem Verständnis des eher mental orientierten westlichen Geistes gleicht das dem Ansatz des Wissenschaftlers, der sich nicht mehr mit Annahmen und Glauben zufriedengibt. Selbsterforschung geschieht mit der Haltung eines Wissenschaftlers, der im inneren Labor des Bewusstseins forscht.

Alles, deine gesamte Existenz, alles wofür du dich hältst, ist reiner Glaube. Nichts davon ist in seiner Essenz erforscht. Und diese Glaubensvorstellungen – das wissen wir aus der Psychologie – entstehen aus willkürlichen Zusammensetzungen der Zeit. Sie sind angeblich in der Kindheit entstanden, während und vor der Geburt usw. Es ist vollkommen egal, wann irgendetwas entstanden ist. All das spielt überhaupt keine Rolle, um zu erkennen, wer du jetzt bist, dass du DAS bist, *jetzt*, dass du es immer warst und immer sein wirst.

♌

Du hast in der letzten Zeit zweimal zu mir gesagt, dass Du es für sinnvoller hältst, wenn ich einige Zeit nicht meditieren würde. Du hast aber bisher noch nicht zu mir gesagt, was ich stattdessen tun sollte. Kannst Du etwas dazu sagen?

Was ich damit meine ist, dass du prüfen solltest, ob die Praxis der Meditation eine Rechtfertigung für dich ist, nicht 24 Stunden lang zu meditieren, sondern nur 15 Minuten morgens und 15 Minuten abends, und dazwischen kannst du dir erlauben einzuschlafen. Es ist ein ganz subtiler Mechanismus. Du hast mir gesagt, dass die Diskrepanz zwischen deiner Erfahrung in der Meditation und der Erfahrung danach offensichtlich ist. Diese Diskrepanz deutet auf die Falle hin, dass der Geist Meditation missbraucht und sie vom Alltag abspaltet. Meditation ist *nicht,* wenn der *Geist* meditiert. Wahre Meditation ist nicht auf Zeit und Raum begrenzt und hat mit Zeit und Raum nichts zu tun. Es kommt der Punkt, wo ganz deutlich gesagt werden muss, dass es eine Falle sein kann zu meditieren. Glaube mir nicht, was ich dir sage, sondern prüfe es selbst.

Ich sehe es so, dass ich in der Stille zumindest die Chance habe zu lernen, wie ich 24 Stunden in Meditation sein kann.

Ja, die Chance hast du. Und jetzt hast du die Chance, Stille in *dem* Moment zu verwirklichen, wo du nicht in Meditation sitzt. Verstehst du, du tust so, als könntest du in einer Praxis vorbereitende Maßnahmen treffen oder irgendetwas verwirklichen, was dann für die Zukunft gilt. Verwirklichung ist nur in dem Moment. Sie ist kein Lernen, so wie du eine Sprache lernen kannst oder wie du lernen kannst, einen Motor zu reparieren. Das Lernen, um das es hier geht, ist ein Lernen, was ausschließlich in *diesem* Moment geschieht. Ein anderes Lernen gibt es nicht. Alles andere Lernen sind nur Vorstellungen. Das heißt, dass du dich in dem Moment, in dem du offensichtlich nicht in Meditation bist – z.B. wenn du am Telefon bist, mit jemandem über Geschäftliches sprichst und dich vollkommen darin verlierst – erkennst, dass du in Meditation sein kannst und die Gewohnheit abbrichst, die dich aus dieser Meditation herausbringt. Das ist die Herausforderung. Ansonsten kannst du viele Übungen machen und zu vielen Workshops gehen. Du wirst nichts für die Zukunft lernen. Du lernst *jetzt.*

♌

Die Meditation, die mir lange geholfen hat, beim Arbeiten nicht abzudriften, bestand darin, dass ich den ganzen Tag über meine Hände beobachtet habe. Das hat mir bis vor kurzem viel gegeben, aber auf einmal stimmte es nicht mehr, und ich wurde ganz irritiert.

Das ist eine Übung, deren Wert darin besteht, den Geist, der von einem Ort zum anderen springt, auf einen Punkt zu konzentrieren. Aber letztlich bist du immer noch in der Spaltung. Wenn du deine Hände beobachtest oder etwas, was du wahrnimmst, das scheinbar außerhalb von dir ist, bist du in der Dualität und damit in der Illusion. Solange du deine Aufmerksamkeit auf Bilder richtest, erliegst du der Täuschung, dass es eine Trennung zwischen dir und dem Bild gibt. Wenn du jedoch deine Aufmerksamkeit auf dich selbst zurückrichtest, nicht auf den Körper, sondern auf das, was sich gewahr ist in diesem Moment – das ist Das, was spricht, das ist Das, was hört, was sieht, was fühlt. DAS ist grenzenlos. Und es bedarf keinerlei Anstrengung, um DAS zu sein. Du kannst es nicht wahrnehmen. Alles, was du wahrnehmen kannst, muss von dir getrennt erscheinen. Du kannst es nur *sein*. Du bist es schon.

♌

Ich fühle mich gestört vom Geräusch des Ventilators. Ich bin gekommen, um Stille zu erfahren. Ich bin es nicht alleine, die sich gestört fühlt.

Wer fühlt sich denn gestört?

Derjenige, dem es um Stille geht.

Wo willst du die Stille finden?

Die Stille ist hier und fühlt sich gestört. Und sie ist hier, um Unterstützung zu erfahren und nicht das Gegenteil.

Ich glaube nicht, dass sich die Stille gestört fühlt. Und ich glaube auch nicht, dass es der Ventilator ist, der dich stört.

Ich kann dir darauf keine Antwort geben, außer dass ich sage, der permanente Dauerton des Ventilators beeinflusst die Tiefe meiner Stille.

Vielleicht magst du jetzt einmal überprüfen, ob das, was du den Dauerton nennst, außerhalb von der Stille ist, die du suchst. Richte deine Aufmerksamkeit nach innen und prüfe, ob dieser Ton außerhalb der Stille ist und wenn ja, was ist es, was zwischen diesem Ton und der Stille ist?

Die Stille ist da und der Ton ist da.

Die Stille ist da und der Ton ist da. Wo ist die Stille, wo ist der Ton?

Ich merke, dass die Aufmerksamkeit jeweils die Stärke bestimmt.

Ja. Also ist es das Richten deiner Aufmerksamkeit, das dich stört?

Nein, so würde ich das nicht bezeichnen.

Wie würdest du es bezeichnen?

Also ich merke, es steigt Wut in mir auf, und ich denke an den Satz von Poonjaji, der sagt: Wenn dich laute Musik stört, wechsele dein Zimmer und halt es nicht aus. Ich halte den Ventilator für völlig verfehlt. Es ist nicht zu heiß, und er macht Windzug, der stört.

Ich wusste doch, dass der Ventilator heute seinen Sinn hat. Du hast jetzt die Möglichkeit zu erfahren, dass du nicht gegen den Ventilator kämpfst. Es ist deine Gewohnheit zu glauben, dass immer etwas falsch ist. Wenn du den Kampf aufgibst und mit dem bist, *was ist*, kannst du diese unglaubliche Einfachheit dessen erkennen, *was ist*. Du bist nicht getrennt von *dem, was ist*. Wieso machst du den Ventilator zu irgendetwas außerhalb deiner selbst? Du bist Das-Was-Ist. Du erkennst es, wenn du Gedanken vorbeiziehen lässt, anstatt an den Inhalten dieser Gedanken festzuhalten, so wie das deine Tendenz ist. Es ist leicht, in Stille zu sein, wenn die äußere Stille dies unterstützt.

Ja, deswegen bin ich hier. Ich habe permanent im Alltag Situationen, in denen die äußeren Gegebenheiten die innere Stille nicht unterstützen, und ich bin hier, weil ich Unterstützung möchte.

Diese Unterstützung ist Erkenntnis. Und diese Erkenntnis besteht darin, dass Meditation nicht an irgendeinem Ort stattfindet und nicht an irgendeinen Ort gebunden ist. Du kannst Meditation und Stille nicht auf einen Ort begrenzen. Wenn du Meditation auf einen Ort begrenzen willst, dann wirst du von diesem Ort abhängig sein. Und du wirst feststellen, dass dieser Ort einem stetigen Wandel unterliegt. Ich aber spreche nicht von »Stille an einem bestimmten Ort«. Ich spreche von Stille. Warum glaubst du, dass Poonjaji Schüler auf den Marktplatz geführt hat?

Ja, das habe ich mich vorhin auch gefragt. Auf einem Marktplatz sind ständig wechselnde Geräusche: der Wind, Bäume, Menschenstimmen, die Rikschas. Indien ist furchtbar laut, das weiß ich – und die Stille bleibt.

Die Stille ist HIER. Nicht in Indien, nicht woanders. Das sind alles deine Vorstellungen. Die Stille ist HIER. Wo immer du bist, ist Stille. Die Stille ist nichts, was von außen kommt. Sie ist nichts, was du haben kannst, indem du bestimmte Bedingungen schaffst, indem du das Sein so manipulierst, dass die Bedingungen optimal sind und Stille erfahren werden kann.

Aber es gibt Orte, die stiller als andere sind.

Das ist *relative* Stille. Das ist *begrenzte* Stille. Ich spreche von *Stille*. Und *Stille* bedeutet, den Geist aufzugeben, der ständig gegen das kämpft, *was ist*. Es ist doch ein absurder Kampf. Es ist dieser Kampf, in dem du die Abtrennung erfährst von dem »anderen«, von dem Ventilator, von Indien, von der Stille. Es sind Gedanken, die diese Abtrennung schaffen. Was passiert, wenn du tiefer gehst als das »Wetter«? Du hast eine Vorstellung davon, wie es sein sollte. Jeder hat eine Vorstellung davon, wie es sein sollte oder wie es nicht sein sollte. Das ist die Arroganz des Geistes. An wen richtest du diese Vorstellung? Dinge geschehen. Dass der Ventilator angeschaltet worden ist, ist *in dir* geschehen, nicht außerhalb von dir. Es ist *Das-Was-Ist*. Es ist ein aussichtsloser Kampf gegen das Sein.

Wenn ich die Dinge nicht ändern kann, kann ich sie nicht ändern, aber warum muss ich sie extra produzieren? Also in diesem Fall wäre es möglich, das zu ändern und außen die Störung abzustellen.

Der Geist will immer irgendetwas anderes, als *Das-Was-Ist*. Und Satsang ist die Herausforderung, mit dem zu sein, *was ist*, ohne zu wissen, *was ist*. Wenn du glaubst, du weißt irgendetwas über *Das-Was-Ist*, täuschst du dich. Es ist deine Vorstellung. Der Geist besteht aus Vorlieben und Abneigungen. Woher kommen Vorlieben und Abneigungen? *Wessen* Vorlieben, *wessen* Abneigungen? Siehst du, es ist dieses krampfhafte Festhalten an Vorlieben und Abneigungen, die nicht aus diesem Moment kommen, sondern aus der Vergangenheit.

Das Problem liegt in der Stärke dieser Gedanken. Manchmal sind die Gedanken so stark, dass sie mich überschatten.

Sag mir ein Beispiel eines Gedankens, der so stark ist, dass er dich überschattet.

Zum Beispiel ein Schmerz, egal welcher Art. Durch den Windzug des Ventilators bekomme ich Halsschmerzen, und gegen diesen Schmerz habe ich eine Abneigung.

Ja, es ist ganz natürlich, gegen körperliche Schmerzen eine Abneigung zu haben. Und es ist dann auch ganz natürlich, den Ventilator auszuschalten, wenn die Möglichkeit dazu besteht. Aber es geht um die Möglichkeit zu erkennen: Wenn es nicht der Ventilator ist, ist es irgendetwas anderes. Irgendetwas ist immer, verstehst du? Irgendetwas ist immer falsch. Andere Menschen sind falsch, irgendwelche Umstände sind falsch, Gedanken sind falsch usw. Aber was passiert, wenn dich dieser Gedanke überschattet? Das würde mich interessieren?

Dann bin ich in dem Moment nicht in der Lage, ihn loszuwerden, d.h. so tief in Stille zu sinken, dass der Gedanke sich verflüchtigt.

Woher weißt du, dass die Stille außerhalb dieses Gedankens ist? Das ist deine Annahme. Du schaffst schon wieder Bedingungen für die Stille. Erst ist es der Ventilator, jetzt ist es der Gedanke.

In dem Augenblick empfinde ich das aber so, dass keine Stille ist, wenn dieser Gedanke kommt.

Du empfindest die Stille nicht, weil du auf irgendeine Art und Weise gegen diesen Gedanken kämpfst und etwas anderes willst als das, was in dem Moment *ist*, nämlich dieser Gedanke. Wenn du vollkommen mit diesem Gedanken bist, wenn es keine Trennung zwischen dir und diesem Gedanken gibt, wo ist das Problem? Du hast gesagt: Ich fühle mich von dem Gedanken überschattet. Wenn du dich überschattet fühlst, muss es also ein Ich geben und einen Gedanken, der das Ich überschattet. Das beruht auf deiner Annahme, dass du getrennt bist von diesem Gedanken und diesen getrennten Gedanken beobachten kannst. Du schaffst immer wieder Trennungen zwischen dir und der Realität, zwischen dir und irgendetwas, was erscheint, und das ist die beständige Tendenz, eine Spaltung zu schaffen, eine Abtrennung zu schaffen. Das ist es, was man Leiden nennt. Wenn du erkennst, dass es in Wirklichkeit zwischen dir und diesem Gedanken überhaupt keine Trennung gibt, kann es auch keine Trennung zwischen Stille und diesem Gedanken geben. Dieser Gedanke ist Stille selbst. Gedanken sind nicht außerhalb von Stille.

Es klingt alles so, als wenn Meditation überflüssig wäre.

Die Stille ist nicht begrenzt auf 15 Minuten Meditation, nicht begrenzt auf einen Zustand, in dem es keine Gedanken gibt, nicht begrenzt auf einen Zustand, der durch äußere Stille gekennzeichnet ist usw. Wenn du Stille finden willst, musst du sie *jetzt* finden. Aber der Geist versucht, sich Bedingungen zu schaffen: »Ja – wenn …« Verstehst du? »Wenn endlich der Ventilator abgestellt ist, dann kann ich endlich in Frieden sein. Wenn meine Mutter gestorben ist, dann bin ich endlich frei. Wenn ich meinen Partner gefunden habe, dann bin ich endlich in Frieden und in Stille und frei.« Wir könnten noch anderthalb Stunden über diverse Bedingungen sprechen, die sich der Geist immer wieder schafft.

Satsang heißt, tiefer zu gehen, als diese Bedingungen. Denn die Stille ist *jetzt*. Widme dich dem Jetzt, indem du aufgibst, dich in Gedanken irgendetwas anderem zu widmen. Wenn du wirklich und vollkommen gegenwärtig bist, bist du still. Nicht still zu sein bedeutet, nicht gegenwärtig zu sein.

♌

Du sprichst immer von Wachsamkeit. Ich versuche wachsam zu sein, aber es strengt mich an. Ich werde müde.

Aus diesem Zustand des Halbschlafs, den die Menschen Wachbewusstsein nennen, sieht es so aus, als wenn es zunächst einer

Mühe oder Anstrengung bedarf, wachsam zu sein, sprich: als wenn es eines Tuns bedarf, um wachsam zu sein. Es bedarf keines Tuns, um wachsam zu sein. Es ist der natürliche Zustand, jederzeit wachsam zu sein, wenn du jegliches Tun aufgibst, jegliche Anstrengung, die Aufmerksamkeit auf irgendetwas zu richten und das kontrollieren zu müssen. Was muss kontrolliert werden? Wozu muss das, was wahrgenommen wird, kontrolliert werden?

Um mich zu orientieren, was zu tun oder was nicht zu tun ist.

Es gibt keine Notwendigkeit, sich zu orientieren. Die Aufmerksamkeit ist ganz natürlich innen in der Stille, wenn du für diesen Moment jede Anstrengung aufgibst. Du kannst feststellen, dass Wachsamkeit in diesem Sein ganz natürlich ist. Du brauchst keine Orientierung, und du brauchst auch keine Beschäftigung. *Die Orientierung kommt von selbst aus der Stille.* Wenn du still bist, zeigt sich dir, was zu tun ist. Wenn du aufhörst, danach zu suchen, zeigt sich dir, was zu tun ist. Wenn du danach suchst, erlaubst du nicht, dass sich dir zeigt, was zu tun ist.

Ich sitze hier im Satsang und habe keine Ahnung, was ich im nächsten Moment sagen werde. Ich weiß nicht, *wie* ich es sagen werde, ich weiß nicht, *was* ich sagen werde. Keine Ahnung. Ich weiß nicht, was im nächsten Moment zu tun ist. Aber offensichtlich folgt dieses Tun einem selbstkontrollierten Strom. Es ist unpersönliches Tun und es bedarf keines Ich's, um es zu kontrollieren.

Der Freiraum entsteht, wenn der fruchtlose Versuch, etwas zu kontrollieren, was nicht kontrolliert werden muss, aufgegeben wird. Wenn du den Versuch machst, etwas zu kontrollieren, kannst du nicht gleichzeitig wachsam sein. Du kannst nicht wachsam sein, während du mit Widerstand beschäftigt bist. Du kannst nicht wachsam sein, wenn du Angst hast vor etwas. Du kannst nicht wachsam sein, wenn du ständig nach irgendetwas suchst. Du kannst nicht wachsam sein, wenn du dich in Gedanken verlierst. Und du kannst nicht wachsam sein, wenn du versuchst, irgendetwas zu verbergen. Wenn du all dieses unnötige Tun aufgibst, ist Wachsamkeit ganz natürlich.

♌

Prüfe, was deine Wachsamkeit unterstützt. Vielleicht kannst du deine Gewohnheiten nicht einfach so fortsetzen. Ich denke, es geht darum zu unterscheiden, was dich wirklich fördert, in vollkommenem Selbstrespekt zu sein, was dich fördert, in Meditation zu sein und was dich eben nicht fördert. Und es ist mit Sicherheit so, dass es viele Dinge gibt, die du tust, denkst oder fühlst, Dinge, denen du Raum gibst, die dich nicht hundert Prozent fördern. Das Hindernis ist, dass der denkende Geist Kompromisse eingeht, mit Irgendwies, Irgendwanns, Irgendwos, Sozusagens und Eventuells. Du brauchst einhundertprozentige Konsequenz. Das ist diese Form von Rücksichtslosigkeit, die der denkende Geist immer wieder missversteht: alles das konsequent abzuschneiden oder zurückzuweisen, was dich nicht hundert Prozent fördert. Es gibt vielleicht Dinge, die dich zu neunundneunzig Prozent fördern. Aber das reicht eben nicht. Alles aufzugeben, was dich nicht hundert Prozent fördert und ausschließlich das zu suchen, was dich hundert Prozent fördert in allem, was du tust, denkst, fühlst, das ist vollkommener Selbstrespekt, absolute Selbstachtung.

Es bedeutet nicht, und das könnte dein Missverständnis sein, in Zwanghaftigkeit zu verfallen, wenn das deine Tendenz ist. Die Geschichte zeigt viele Beispiele von Mönchen, Nonnen, Sadhus,

Asketen, Einsiedlern, die radikal alles im Außen zurückgewiesen haben und dann ein Leben in Askese gesucht und sich abgesetzt haben, um sich in Ashrams, Klöstern, Höhlen oder Wäldern zurückzuziehen. Äußere Zurückweisung bleibt jedoch völlig wirkungslos, wenn sie nicht mit innerer Zurückweisung einhergeht. Dann wird sie zu einem bloßen Ritual. Und in dem Moment, wo der denkende Geist wieder mit der ursprünglichen Versuchung konfrontiert ist, beispielsweise für den Mönch die Begegnung mit einer Frau, beginnt dasselbe wieder von vorne, weil die Tendenz, die innerlich da ist, nämlich die Tendenz des Anhaftens im Denken, Fühlen und Empfinden nicht zurückgewiesen wurde. Es gibt keine allgemeine Regel darüber, was zurückgewiesen werden muss und was nicht.

ഒ

Gib Bemühung auf. Gib Nicht-Bemühung auf.

Das ist der Kôan. Es ist einfacher als Bemühung, und es ist einfacher als Nicht-Bemühung. Wieso sollte es so sein, dass du etwas tun musst, dass du dich bemühen musst, um Das zu werden, was du *bist*? Niemand *wird* jemals Das, was er ist. Jeder *ist* immer Das, was er ist. Indem du eine ständige Pendelbewegung zwischen Bemühung und Nicht-Bemühung vollziehst, um Das zu *werden*, was du *bist*, leugnest du Das, was du *bist. Jetzt* und immer. Du leugnest die Selbstverständlichkeit des Seins, weil du an den Unterschieden verhaftet bist, und mit den Unterschieden kommen die Vergleiche.

Ein Zen-Meister hat einmal gesagt: Die einzige Antwort auf ein Zenkôan ist dein vollkommenes Sein. Satsang ist ein Kôan.

ഒ

Die Realisation des Selbst: Keine Person wird »erleuchtet«

Die Realisation des Selbst ist das Ende von Werden. Etwas entwickelt sich, aber nicht DU. DU entwickelst dich nicht. Der Versuch, vollkommen zu werden, ist diese tragische Identifikation mit der Entwicklung. Wenn du erkennst, dass DU dich nicht entwickelst, dass DU DAS BIST, was du warst, bevor der Körper geboren wurde und DAS bist, was DU immer sein wirst, nämlich das Selbst, Sein – Bewusstsein – Glückseligkeit – dann findet Entwicklung in DIR statt, so wie der Körper und die Menschen in DIR stattfinden und alles, was erscheint, in DIR stattfindet, aber es berührt dich nicht. Was bedeutet: Es berührt dich vollkommen und dennoch bleibst DU unberührt. Die Vorstellung, dass DU dich entwickelst, beruht auf dieser Identifikation mit Raum und Zeit, mit der Idee von Raum und Zeit. Tatsächlich kannst du in diesem Moment, in der Stille, nicht sagen, dass deine Erfahrung Zeit ist oder Raum. Raum entsteht durch den Glauben, dass es irgendjemanden gibt, z.B. einen Seher, der getrennt ist von dem, was er sieht. Raum entsteht durch die Subjekt-Objekt-Beziehung. Aber diese Beziehung ist ungeprüft. Diese Beziehung ist unerforscht. Sie ist nicht wirklich deine Erfahrung, sie beruht auf deinem nicht überprüften Glauben, auf deiner gewohnheitsmäßigen Wahrnehmung, auf der Bequemlichkeit, die sich weigert, den Ich-Gedanken, der ja ganz offensichtlich der Auslöser dieser Subjekt-Objekt-Beziehung ist, zu erforschen und den Ursprung dieses Ich-Gedankens ein einziges Mal zu erkennen. Wenn du erkennst, dass DU dich nicht entwickelst, kann eine große Last von dir abfallen.

Im Grunde beruhen viele spirituelle Lehren und auch die gesamte Psychologie auf der Illusion von Entwicklung deiner selbst, anstatt dass unpersönliche Entwicklung *geschehen* kann. DU entwickelst dich nicht, die gesamte Lehre beruht auf der Illusion, dass es »jemanden« gibt, der sich entwickeln muss. Es gibt niemanden, der sich entwickeln muss. Entwicklung ist die Wandlung von Illusion, die Wandlung in diesem Spiel, das sich im Hinduismus Lila nennt. Das göttliche Spiel, das ist Entwicklung. Und in dieser Entwicklung gibt es keine Entwicklung weg von einer Unvollkommenheit hin zu einer Vollkommenheit. Es gibt nur Vollkommenheit in der Entwicklung. Aus diesem Grunde gibt es auch keine Vollkommenheit dem Ideal entsprechend in der Persönlichkeit. Es bedarf eines willkürlichen Maßstabes des Denkens, um Vollkommenheit oder ein höheres Maß an Vollkommenheit eher hier zu finden als dort. In der Stille gibt es nur den vollkommen authentischen Ausdruck des Selbst in diesem Moment. Und wenn der Körper eben so und so alt ist, dann wird der Ausdruck anders sein, als wenn der Körper so und so jung ist, wenn die soziale Stellung so und so ist, gibt es Unterschiede, aber es spielt keine Rolle, all das ist unwesentlich.

Ist es bei diesem illusionären Selbstbild dann so, dass es sich von einem mangelhaften Selbstbild zu einem besseren Selbstbild entwickelt?

Solange die Realisation nicht vollkommen ist, erscheint Entwicklung. Entwicklung kann nur aus einem Vergleich heraus existieren. Wenn es keinen Vergleich gibt, kann Entwicklung nicht existieren. Es ist der Vergleich zwischen einem vergangenen Bild und einem zukünftigen Bild. Aus diesem Vergleich entsteht dann die Illusion von Entwicklung. In Wirklichkeit jedoch existieren beide Bilder, sowohl das Vergangene als auch das Zukünftige *jetzt*. Wenn das Verstehen da ist, dass beide Bilder *jetzt* existieren, gibt es auch keine Entwicklung von einem Bild, was *jetzt* existiert, zu einem anderen Bild, was *jetzt* existiert. Da macht es keinerlei Sinn, von Entwicklung zu sprechen. Und dennoch gibt es auf einer relativen Ebene diese Entwicklung, solange die Erkenntnis nicht vollkommen ist. Erkenntnis ist die Berührung der Stille, die Berührung der Stille ist das Ende von Entwicklung. Ich habe noch von niemandem gehört, der in Meditation eine Entwicklung erfuhr.

Ist es denn so, dass der Geist sich entwickelt?

Der Geist entwickelt sich. Aber nur so lange, wie du an die Realität dieses Geistes glaubst.

Alles, was Du sagst, klingt so verlockend und dennoch geschieht der Sprung nicht ans andere Ufer. Was hält mich zurück? Wenn ich Dir zuhöre, dann geht alles auf. Ich möchte mit fliegenden Fahnen ans andere Ufer, aber irgendwie geschieht es nicht.

Entspanne dich. Vieles, was ich sage, ist insofern gefährlich, als es natürlich »verstanden« wird und wenn es »verstanden« wird, wird es missverstanden. Aber das ist gut, damit rechne ich. Ich betrachte es als meine Aufgabe, die Illusion von Erleuchtung zu zerstören, die Scheinheiligkeit und falsche Mystifikation, die Jahrtausende lang um Erleuchtung gelehrt worden ist und unter der wir heute noch leiden. Erleuchtung ist ein vollkommen gewöhnlicher Zustand. Er ist leider so gewöhnlich, dass der Geist – der häufig nach wie vor nach dem Ungewöhnlichen sucht, vom Ungewöhnlichen angezogen wird und glaubt, dort das Glück zu finden – blind gegenüber der einfachen Wahrheit seiner selbst ist. Das ist etwas, was Ramana in fast gleichen Worten bereits vor 50 Jahren gesagt hat. Solange du an Besonderheiten interessiert bist – und das Ego ist an Besonderheiten interessiert, wenn du dir das Gros der spirituell Suchenden und Lehrer anschaust – verlagert sich die Dimension der Besonderheit des Egos einfach auf eine pseudospirituelle Ebene und gärt dort weiter. Das Besondere, das Einzigartige, das Außergewöhnliche findet man in allen möglichen Erfahrungen des Labyrinths des Körpers, der Emotionen, der feinstofflichen Körper usw. All das sind Ebenen, die vom denkenden Geist selbst geschaffen werden. Sie sind nicht permanent, sondern vergänglich, und alles, was vergänglich ist, wirst du verlieren. Und da du es verlieren wirst, wirst du leiden. Wenn du also glaubst, es ist der kosmische Orgasmus, der durch tantrische Techniken erreicht werden kann und der *es* dann bringen wird, dann kann ich nur sagen: Du wirst auch ihn verlieren.

Es geht darum, diese Einfachheit wieder zu erahnen, die Einfachheit, die darin besteht, in *dem* zu sein, was du *bist*. Die Einfachheit, die keine großartigen oder besonderen Taten erfordert, die keinerlei Identifikationen mit Höherem oder Minderwertigem erfordert. Es ist diese Einfachheit, mit dem zu sein, was eben ist. Wie der Zen-Spruch schon sagt: Wenn Holz gehackt werden muss, wird Holz gehackt. Wenn Wasser geholt werden muss, wird Wasser geholt. Was auch immer gerade getan wird, wird getan. Wenn es gerade nichts zu tun gibt, wird nichts getan. Sehr einfach. Aber schau dir das Denken an. Schau dir den denkenden Geist an mit seinen großartigen und verbrämten Vorstellungen und Ideologien, was alles getan werden müsste und wie die Welt gerettet werden sollte, was natürlich übersetzt heißt, wie er selbst gerettet werden sollte oder auch wie die Welt vernichtet werden sollte. Es ist ja dasselbe – es sind beides Ideologien, die verfolgt werden. Ob die Welt nun vernichtet wird oder nicht, ist nicht das Entscheidende. Das Entscheidende ist, dass derjenige, der glaubt, darüber Kontrolle zu haben, ohnehin keine Kontrolle darüber hat. Du hast nur die Möglichkeit, das zu sein, was du *bist*. Und dann wirst du sehen, dass du nicht getrennt bist von Dem-Was-Ist und auf ganz natürliche Art und Weise der Welt dienst, ohne eine Vorstellung davon, wie es geschieht.

Ramana Maharshi ist immer wieder dafür angefeindet worden, dass er einfach nur so da saß und nichts tat, um das Leid der Welt zu lindern. Er müsse hinausgehen und den Leuten sagen, sie sollten aufwachen und die Welt nicht weiter zerstören. Er tat nichts. Er saß einfach da, still, unglaublich still. Es ist die Macht dieser Stille, die sich auf eine nicht vorhersehbare Art und Weise weiter entwickelte und den Satsang durch weitere Formen des Lehrers möglich machte. Es gab in Ramana weder den Gedanken, dass er etwas tun müsste, um die Welt zu retten, noch gab es in ihm den Gedanken, dass er nichts tun dürfe, um die Welt zu retten. Es gab schlichtweg gar keinen Gedanken. Und wenn es gar keinen Gedanken, keine Idee gibt, dann geschieht das, was richtig ist, denn es geschieht nur aus dem Selbst. Es ist göttliche Handlung, unpersönliche Handlung, nicht Handlung, die aus dem denkenden Geist kommt, der Göttlichkeit imitieren möchte.

♌

Wenn Du sagst, Du seist aufgewacht – wer ist da aufgewacht? Dein Bewusstsein oder die Bilder in Deinem Bewusstsein?

Es gibt letztlich kein Ich, welches erwacht. Es ist das *Bewusstsein*, welches zu sich selbst erwacht, es ist das, was man Erkenntnis nennt. In dem Sinne gibt es keine Person, die aufwacht. Das ist ein Konstrukt, welches vom äußeren Betrachter so gesehen wird, aber in Wirklichkeit gibt es keine Person, die erwacht ist. Es gibt keine »erleuchtete« Person. Es gibt nur das Selbst. Es gibt Erkenntnis, und aus dieser Erkenntnis kann das Selbst sprechen. Es ist der natürliche Zustand eines jeden Menschen.

Der authentische Zustand eines jeden Menschen ist es, in ungetrübtem Bewusstsein zu sein, ohne Identifikation mit Körper, Gefühlen oder Gedanken. Nur auf diese Art und Weise wird das Leben vollkommen gelebt. Der Geist hat eine tiefe Angst davor, dass ihm irgendetwas weggenommen wird, wenn man ihm sagt, er müsse Gefühle, Gedanken und alles aufgeben. Es ist die Angst, etwas zu verlieren. Aber wenn du nicht bereit bist, alles zu verlieren, wie willst du alles bekommen?

Wieso? Wenn ich doch alles habe?

Die Frage ist nicht, ob du alles hast. Die Frage ist, ob du *realisiert* hast, dass du alles hast.

Ja.

Gut, dann gibt es kein Problem. Ich kenne viele, die glauben alles zu haben.

Kennst du auch welche, die glauben, nichts zu haben?

Ja, ich kenne auch viele, die glauben, nichts zu haben, und beides ist Illusion.

Wenn du erkennst, dass du DAS bist, was alles durchdringt und was in jedem Moment hier ist, dann spielt es keine Rolle, welche Bilder dort hineinprojiziert werden und dann gibt es auch niemandem in dem Sinne, der in Gefühle oder in Gedanken hinein- oder hinauszugehen hätte. Es ist eine unglaubliche Einfachheit, mit jedem Gefühl zu sein, was da ist oder mit all dem zu sein, was da ist. Normalerweise geschieht aus den verschiedensten Vorstellungen und Konzepten heraus ein Kampf gegen irgendwelche Phänomene, die im Bewusstsein auftauchen, welche dann auch noch im Dienste einer spirituellen Lehre vermieden oder ausgeblendet werden. Aber es ist möglich, vollkommen mit allem zu sein, was da ist, ohne dich hineinfallen lassen zu müssen, ohne anhaften zu müssen, ohne dass du das Gefühl haben musst, du müsstest irgendetwas von einem Moment zum nächsten Moment hinübertragen. Aber der Geist ist ein Esel, der alles von einem Moment zum nächsten hinübertragen will. Er glaubt, er müsste irgendetwas festhalten, denn wenn alles verlorenginge, wäre er ja nichts. Wenn du nichts, aber auch gar nichts, von einem Moment zum nächsten hinübertragen musst, wo ist die Hürde? Du bist vollkommen in der Erfahrung dieses Momentes, und es ist eine Erfahrung, die sich selbst lebt. Ein ganz natürlicher Zustand. Du kannst nichts verlieren und du kannst nichts bekommen, denn du bist DAS, du bist DAS – immer.

Natürlich musst du in dem Moment, wo du dich mit dem Körper identifizierst, Angst haben, etwas zu verlieren. Aber es gibt in Wirklichkeit nichts zu verlieren. Das war meine Erfahrung durch den Unfall. Ja, der Körper kann verloren werden, und es war sozusagen kurz davor, dass dieser Körper verloren wurde. Und ich verbrachte nach diesem Unfall Monate in einem Zustand vollkommener Gleichgültigkeit dem Leben dieses Körpers gegenüber. Es war eigentlich kein Impuls da, den Körper weiterleben zu lassen, kein Interesse. Das kam dann zurück, ohne dass ich irgendetwas dafür getan hätte. Es kam mehr und mehr Lebensenergie zurück, und jetzt ist es so, dass sehr viel dafür getan wird, dass dieser Körper aufrechterhalten wird. Aber es gibt kein Konzept, dass das notwendig wäre. Wenn ich an die Erfahrung von Ramana Maharshi denke, dann verbrachte er jahrelang in vollkommener Vernachlässigung des Körpers, in vollkommener Gleichgültigkeit dem Körper gegenüber und auch das änderte sich.

ൻ

Du gibst ja jetzt Satsang und ich möchte wissen: Bist Du jetzt in dem Zustand, von dem Du sprichst – voller Ekstase und Glückseligkeit?

Ich habe nicht gesagt, dass du in der Realisation von Satsang, in der Realisation deiner *selbst*, in jedem Moment in einem Zustand von Ekstase, Gefühlsglückseligkeit und erhöhtem Dasein bist. Da hast du mich missverstanden, aber es ist gut, dass du das ansprichst, denn eins meiner Anliegen in Satsang ist, das Thema Erleuchtung von abergläubischen Vorstellungen zu befreien. Eigentlich muss dieses Wort bereits in die Irre führen, weil es mit kollektiven Missverständnissen behaftet ist und irgendwo in die Ferne zeigt, wo Meister in Höhlen des Himalaya in Zuständen von Glückseligkeit verharren, die ganz offensichtlich nicht mit der hier vorhandenen Realität übereinstimmen und aus denen ein normales Funktionieren gar nicht möglich scheint. Hör auf nach besonderen Zuständen zu suchen.

Glückseligkeit ist DAS, was in diesem Moment die Quelle aller Zustände ist. Sie ist DAS, aus dem in diesem Moment der

Körper entsteht, DAS, aus dem in diesem Moment diese Worte entstehen, Der, der spricht und Der, der zuhört, Der, aus dem in diesem Moment alles entsteht. DAS ist die Quelle. Es ist das Bewusstsein selbst. Und dieses Bewusstsein ist in diesem Moment vollkommen. Es muss nicht gesucht werden, und es muss nicht gefunden werden. Es ist längst verwirklicht. Es geht darum, dich von der Ignoranz zu befreien, dass es in Zukunft verwirklicht werden muss. Du bist bereits DU Selbst, und du bist bereits die Vollkommenheit deiner selbst. Und wenn du diese Vollkommenheit des Moments wirklich erlaubst, dann ist tatsächlich alles möglich, alles klärt sich. Die Probleme, mit denen du behaftet bist und die niemals aus diesem Moment kommen, lösen sich auf. Es scheint ein Wunder zu sein, aber es ist natürlich kein Wunder. Es ist nichts anderes als die Bereitschaft, einen Moment in Frieden zu verbringen.

Das Geheimnis des Seins offenbart sich dir als dein Selbst. Es kann nicht in Worte gefasst werden. Es kann vom Denken nicht erfasst werden. Es kann nicht verstanden werden. Diese Bewusstheit ist endlos. Alle Organismen erscheinen in Dir. Alles ist von Dir erfüllt und durchdrungen. Dieses Bewusstsein ist leer. Es gibt nichts. Wenn du dich ihm zuwendest, wird es die Ignoranz aufsaugen, das Missverständnis, dass es jemals etwas anderes gegeben hat als DAS. ES wird jeden Gedanken, jeden Ich-Gedanken, jede Erscheinung in sich aufsaugen, bis du vollkommen erkennst: »Es gibt nur DAS und sonst nichts.« In dieser Bewusstheit hört jede Suche auf, denn die Suche selbst ist nur ein Gedanke, und der Gedanke versinkt.

Du sagst, wenn jemand realisiert ist, kann er auch negative Gefühle haben wie z.B. Zorn. Kann er auch noch Angst haben?

Zunächst möchte ich grundsätzlich die Gegenfrage stellen: Sollte Erleuchtung überhaupt irgendetwas ausschließen, was im Sein erscheint? Erleuchtung ist letztlich ein Konzept, das unnötig und uninteressant ist, einfach deshalb, weil es behaftet ist mit spirituellem Aberglauben, und weil es weder Erleuchtete gibt noch Unerleuchtete. Es gibt Realisation, und Realisation ist unpersönlich, sie beinhaltet nichts Individuelles.

Angst gibt es in dem Sinne, dass spontane Reaktion da sein kann. Wenn dieser Körper-Verstand-Mechanismus die Straße entlanggeht und plötzlich springt jemand mit einer Waffe hervor, kann es sein, dass in dem Moment Angst auftritt. Aber das ist nicht die Angst, die Leiden erzeugt oder die Angst, mit der du dich vom Sein distanzierst. Die Angst, mit der du dich distanzierst, sind Gedanken. Diese Gedanken lassen die Emotion von Angst entstehen.

♌

Es ist ein Geheimnis, dass du das übersiehst, was am offensichtlichsten ist, die Offensichtlichkeit deiner *selbst*, die unberührt ist von Formen, von Körpern, von Gefühlen und von Gedanken. Das vollkommene Bewusstsein von Bewusstsein beendet deine Leidensgeschichte, die nicht einmal »deine« ist. Was auch immer in diesem Prozess namens Evolution geschieht, es gibt etwas, was nicht davon berührt wird. Aber der Geist ist ausschließlich mit dem beschäftigt, was in der Evolution geschieht und misst dem, was in der Evolution geschieht, willkürliche Bedeutung bei. Und das in die Evolution eintauchen geschieht durch das Instrument des Denkens. Ohne Denken ist es nicht möglich, in die Evolution einzutauchen. Wenn du nur einen einzigen Moment vollkommen still bist, wenn das Denken auch nur einen einzigen Moment in vollkommenem Bewusstsein zur Ruhe kommt, dann wird Evolution unterbrochen. Damit wird all das unterbrochen, was du als Ich identifizierst. Es ist wie ein Moment von Sekundenschlaf. Aber dieser Sekundenschlaf ist ein Moment vollkommener Wachheit.

♌

Wenn der Geist nach innen geht in die Stille und dem Selbst begegnet, äußert sich das in Glückseligkeit?

Ja, aber Glückseligkeit ist kein Gefühl. Es äußert sich in der »Glückseligkeit der Glückseligkeit«. Es ist nicht Glückseligkeit, die als Gefühl kommt und wieder geht. Auch das Gefühl von Glückseligkeit kann kommen und wieder gehen. Nur wird das Gefühl von Glückseligkeit sehr häufig mit Glückseligkeit selbst verwechselt. Viele suchen nach diesem Gefühl und sind geradezu süchtig danach, weil es sich so gut anfühlt. Aber die Glückseligkeit, die du im Zustand reinen Seins erfährst, welches kein Zustand ist, sondern das, aus dem alle Zustände emporsteigen, diese Glückseligkeit ist der Hintergrund jeder Erfahrung, egal, ob sie gewöhnlich oder außergewöhnlich ist. Sie ist nie abwesend. Das Gefühl jedoch kann abwesend sein und stärker oder schwächer werden. Aber viele suchen nach diesem Gefühl und fahren deshalb nach Indien, weil dieses Gefühl für Liebe gehalten wird. Doch es ist nicht Liebe selbst, es kommt *aus* der Liebe. Liebe ist kein Gefühl. Es gibt ein Gefühl von Liebe, das aus der Liebe kommt, aber Liebe selbst ist kein Gefühl. Wenn Liebe ein Gefühl wäre, wäre sie sehr begrenzt. Es ist besonders der denkende Geist, der sich sehr stark von Gefühlen abgetrennt hat und nun nach diesen Gefühlen sucht und zum Satsang kommt, um dort ein Gefühl zu erfahren. Es kann sein, dass dem nicht entsprochen wird. Gefühle sind wie das Wetter. Und das Wetter wechselt ständig.

Wie definierst Du das Selbst? So wie ich Dich verstanden habe, gehört es zum Unpersönlichen. Bisher habe ich immer gelernt und geglaubt, es gehöre zum Persönlichen.

Was ist persönlich?

Für mein Verständnis ist das Selbst der Teil, in dem die Emotionen sind, der Teil, der nicht erleuchtet ist.

Das nenne ich das Ich. Der Grund, warum Ramana für »Gott« den Begriff des »Selbst« gebrauchte, besteht darin, dass dieser Begriff bereits darauf hinweist, dass das Selbst nicht außen zu finden ist. Denn Religionen basieren ja im Wesentlichen auf Gotteserfahrungen und -projektionen im Außen.

Du meinst, dass Gott nicht im Außen ist, sondern im Innern.

Ja, als Selbst, das ist dasselbe. Es deutet bereits auf das Geheimnis, dass das, was Ramana das Selbst nannte, das göttliche Selbst, identisch mit der Göttlichkeit ist, dass es DAS ist, aus dem das Ich entspringt, und zwar *jetzt*, nicht in der Evolution. Vergiss die Evolution. Die Evolution beruht auf Glauben. Dass du jemals geboren worden bist, ist dein Glaube. Natürlich wird der Geist erst einmal lachen und denken: »Ach, das ist doch ganz selbstverständlich.« Alles, was du glaubst, jemals erfahren zu haben, ist deine Interpretation. Auf dieser indirekten, nicht direkten Erfahrung beruht deine gesamte Person.

Denn was bleibt von dieser gesamten Person, wenn all diese Interpretationen in diesem Moment nicht mehr vorhanden sind? Was bleibt davon? Was bleibt von der ganzen Identität als der und der, soundso alt usw.? ES bleibt. Dieses ES. Sich diesem ES hinzugeben, das ist Satsang. Und das kann nur passieren, wenn das Denken aufhört. Mache diese Erfahrung für 5 Sekunden, Gangaji sagte für 5 Tage. Das ist das Unbekannte, in dem es nichts Bekanntes gibt, was durch einen Maßstab erfasst werden könnte, kein Diagramm, keine Struktur, kein Konzept, nichts, was diese Erfahrung beschreiben könnte.

Und Du hast diese Erfahrung auch gemacht?

Jeder macht diese Erfahrung jeden Moment. Das ist die Wahrheit, nur Menschen leugnen diese Erfahrung. Sie leugnen sie, weil sie, wie gesagt, einfach ganz woanders hinschauen, so wie du jetzt. Daran ist nichts Schlimmes. Es ist nicht verkehrt. Es ist nur die Frage, was du willst.

♌

Du hast vorhin das Selbst als Quelle, als Ursprung bezeichnet. Meine Frage ist: Warum gibt es dieses Selbst überhaupt? Existiert es aus sich selbst heraus oder was ist der Grund für seine Existenz, für die Existenz des Ursprungs? Hat das irgendwo angefangen oder war es auf einmal da? Oder gibt es einen konzentrierten Ursprung davon?

Die direkte Erfahrung des Selbst zeigt, dass es für das Selbst keinen Ursprung gibt, weil es für den Ursprung keinen Ursprung geben kann, sonst wäre er nicht der Ursprung. Und die Erfahrung zeigt, dass dieses Selbst, das vollkommene Bewusstsein, welches in diesem Moment existiert, keinen Anfang und kein Ende hat. Der Geist denkt in diesen Dimensionen von Anfang und von Ende, von richtig und falsch, von verstehen und nicht verstehen, von wissen und nicht wissen, und der normale Zustand des Menschen ist, dass dieser Geist nicht zur Ruhe kommt. Ständig hält er sich an irgendetwas fest, glaubt, er weiß etwas oder glaubt, er versteht etwas oder glaubt umgekehrt, er weiß nichts oder er versteht nichts. So erreicht er niemals diesen Punkt in der Mitte, von dem ich spreche, der in Satsang notwendig ist, um in diese Erfahrung des Selbst zu sinken. Das ist nur ein Wort, aber auf jeden Fall ist es DAS, was du *bist*. Es ist dein Selbst, und es ist nicht begrenzt auf den Körper. Es ist das, aus dem der Körper existiert. Dein Körper ist *in* DIR, nicht DU bist im Körper, sondern dein Körper ist *in* DIR.

ᘓ

Wenn du an dem haftest, was »entspringt«, haftest du an dem, was stirbt. Denn alles, was »entspringt«, stirbt bereits in dem Moment, wo es »entspringt«. Durch diese große Illusion der Zeit entstehen völlig subjektive Wahrnehmungen von Schnelligkeit und Langsamkeit. Das Selbst jedoch entspringt nicht, das Selbst *ist*. Der Körper entspringt. Gedanken entspringen. Gefühle entspringen. Die ganze Welt entspringt in diesem Moment – was aber deiner Wahrnehmung entzogen ist, weil die Vibration zu schnell ist. Ähnlich wie ein Fernsehbild aufgebaut wird, wird die ganze Welt und was in diesem Moment entspringt aufgebaut, und im selben Bruchteil der Sekunde fällt alles in sich zusammen, stirbt und wird sofort wieder aufgebaut. Das passiert aber so schnell, dass es deiner momentanen Wahrnehmung scheinbar entzogen ist. Es entsteht eine Vibration daraus, die scheinbar so etwas wie eine Kontinuierlichkeit hat, aber nur scheinbar. Und der Geist, der so stark an dem haftet, was entspringt, erkennt seinen eigenen Ursprung nicht. Aus der Haftung an dem, was entspringt, entsteht Angst vor dem Verlieren, vor dem Sterben, die auch berechtigt ist, denn das, was entspringt, stirbt tatsächlich sofort wieder. Was bleibt, bist DU.

♌

Was ist Wahrheit?

Ich kann dir im Grunde nur damit antworten, was Wahrheit nicht ist. Wahrheit ist nichts, was du mit dem Denken erfassen kannst, so wie du es bisher versucht hast. Wahrheit ist nichts, was du durch die fünf Sinne erfassen kannst und auch nicht durch »übersinnliche« Sinne, durch gar keine Sinne. Wahrheit ist kein Objekt. Wenn du Wahrheit also weder durch die Sinne noch mit dem Denken erfassen kannst, was bleibt?

Das Sein.

♌

So-heit ohne Bedeutung

Die meisten Menschen brauchen eine Vorbereitung für die Frage »Wer bin ich?«, indem sie sich damit beschäftigen, was sie nicht sind. Das ist Therapie. Therapie und Esoterik beschäftigen sich damit, was du nicht bist. Es ist eine grobe Verwechslung, dass die meisten tatsächlich denken, sie beschäftigen sich in der Therapie oder welcher Suche auch immer mit sich selbst. Sie beschäftigen sich nicht mit sich selbst, sondern ausschließlich mit dem, was sie nicht sind. Das ist gut so. Das entkrampft das Nicht-Selbst.

♌

Ich mache Therapie oder lasse mir ein Horoskop anfertigen, um herauszufinden, was hinter meiner Trauer steckt.

Wenn du normalerweise irgendeine negative Erfahrung machst, sei es Schmerz, Trauer oder Wut, stülpt der Geist irgendeine Geschichte darauf, irgendein Drama und gibt dem eine Bedeutung, die es nicht hat. Nichts hat in Wirklichkeit die Bedeutung, die der Geist ihm gibt. Es gibt diese Bedeutung in Wirklichkeit nicht.

Esoterik geht soweit, wie Bedeutung geht. Sie gibt den Dingen die Bedeutung, die der noch stumpfe und ignorante Geist nicht bereit war, den Dingen zu geben. Und dann kann es vorübergehend wichtig sein, die Bedeutung hinter den Dingen zu erkennen, aber letztlich ist es wichtig, noch tiefer zu gehen als

Bedeutung, nämlich *in diesen Moment.* Bedeutung ist nie in diesem Moment. Bedeutung ist immer eine Geschichte, ein Konzept, ein spirituelles, psychologisches oder wie auch immer geartetes Konzept, welches aus der Vergangenheit herangeholt wird, um irgendetwas zu erklären. Das Ganze ist nichts anderes als ein System des Denkens, welches niemals in der Lage ist, DAS zu erkennen, was tiefer ist als Denken. DAS, was du *bist.*

♌

Jede Handlung geschieht einfach. Es hat keine Bedeutung, dass sie geschieht. Es hat auch keine Bedeutung, wie sie geschieht. Sie geschieht einfach. Wenn du jegliche Interpretation von richtig und falsch, die aus den nobelsten therapeutischen oder spirituellen Lehren gerechtfertigt wird, zurückweist, dann bist du bereit für das, was sich im Zen die So-heit nennt. Die So-heit ist nicht zu begreifen. Zen-Lehrer aller Generationen verbrachten ihr Leben damit, diese Lehre der So-heit an ihre Schüler weiterzugeben. So-heit ist, wie es im Zen heißt, dass »die Wiesen grün« sind und »die Blumen rot« sind.

Es gibt viele positive Ansätze in der Psychologie und in der Esoterik, aus dieser Dumpfheit aufzuwachen, in der der Geist sich zunächst befindet, diese Dumpfheit, die eine Bedeutungslosigkeit nur vortäuscht. Es ist keine wirkliche Bedeutungslosigkeit. Es ist nur Dumpfheit. Um aus dieser Dumpfheit aufzuwachen, kann es wichtig sein, vorübergehend nach Bedeutung zu fragen. Das tut Esoterik. Was ist die verborgene Bedeutung? Der Geist jedoch, der sich mit Esoterik beschäftigt, glaubt, dass diese verborgene Bedeutung irgendeine Realität hätte. Auch sie hat keine Realität. Es ist nur eine Landung des Verständnisses in der verborgenen Bedeutung. Da wo Esoterik aufhört, beginnt

Satsang, beginnt Zen: die wirkliche Erkenntnis der Bedeutungslosigkeit dessen, was gegenständlich ist.

Wenn es eine Geschichte von einer Person gibt, dann muss es Leiden geben. In der Bedeutungslosigkeit gibt es kein Leiden. Leiden gibt es nur dadurch, dass du dir irgendeine Form von Bedeutung beimisst. Aber das, was du glaubst zu sein, hat keine Bedeutung. Wenn du Bedeutungslosigkeit erkennst, bist du frei. Jede Vorstellung davon, wie die Dinge zu geschehen hätten oder was es bedeutet, wenn die Dinge nicht so geschehen, wie du glaubst, dass sie geschehen müssten – das ist die Bedeutung, die ich meine. Zum Beispiel du arbeitest als Therapeut. Plötzlich kommen keine Klienten mehr. »Oh, mein Gott, was habe ich falsch gemacht?« Nichts! Es kommen keine Klienten mehr. Das bedeutet: Es kommen keine Klienten mehr. Solange du an der Bedeutung festhältst, werden die Dinge auch Bedeutung haben. Was du in dem Moment vielleicht nicht erkennst, ist, dass die Bedeutung, die die Dinge haben, eine sich selbst erfüllende Prophezeiung ist. In Wirklichkeit haben diese Dinge überhaupt keine Bedeutung. Gehe tiefer als Bedeutung. Neulich erzählte mir jemand von einer Übung, bei der der Schüler sich selbst jeden Morgen nach dem Aufstehen sagen sollte: »Die Dinge, die geschehen, haben keine Bedeutung.«

Mit der Übung wird Bedeutungslosigkeit zu einem Konzept, sie wird rationalisiert. So gewinnt das Konzept von Bedeutungslosigkeit an Bedeutung. Der Geist ist ein Scharlatan. Bedeutungslosigkeit kann nicht geübt werden. Sie wird erkannt in der Stille.

Bedeutung ist die Frage: *Wie*? oder *Warum*? Satsang ist die Frage: *Wer*? Wenn die Frage: *Wer*? beantwortet ist, spielt die Frage: *Wie*? keine Rolle mehr.

♌

Wenn negative Gedanken auf mich einströmen, kann ich nur dagegen angehen, indem ich positiv bin und positiv denke. Dann ist es weg, es ist jedes Mal so.

Das ist ein bekanntes Phänomen, und du unterliegst offensichtlich immer noch der Täuschung, dass es wirklich weg ist. Wenn du Valium nimmst, sind die Schmerzen auch weg, und genau wie das Valium körperlich wirkt, kannst du geistig, ohne dass es dir bewusst ist, ähnliche Methoden anwenden, die negative Zustände vorübergehend lindern oder dir sogar den Eindruck vermitteln, sie seien weg. Dass es möglich ist, durch positives Denken oder durch irgendeine Art von Positivität Negativität auszulöschen ist jedoch eine vollkommene Illusion. Eine versalzene Suppe wird nicht durch Zucker neutralisiert.

Das funktioniert nicht, und man leidet weiter?

Mein Vorschlag ist, dass du einmal bereit bist, ohne Manipulation – denn positives Denken, welches bewusst vom Geist eingesetzt wird, ist eine Manipulation – mit dem zu sein, *was ist*, ohne daran etwas verändern zu müssen, ohne es durch ein positives Konzept oder durch ein negatives Konzept verändern zu müssen. Vergiss überhaupt das ganze Konzept von Negativität und von Positivität.

Es ging ja darum, dass der negative Einfluss, der einem in dieser Welt doch sehr zusetzt, durch positives Denken weggeht.

Wenn du das glaubst und dieses Experiment so fortsetzen möchtest, möchte ich dich nicht davon abhalten.

Man versucht sich ja irgendwie zu helfen. Ist das falsch?

Das ist überhaupt nicht falsch. Alles, was ich damit einfach sage, ist, dass du dir letztlich nicht damit hilfst. Du sagst, du hilfst dir. Ich sage, du hilfst dir nicht. Da sind wir offensichtlich anderer Auffassung. Das ist alles. So einfach ist das.

Ich habe das Gefühl, wir verstehen uns sehr gut, auch wenn wir vielleicht nicht übereinstimmen. Ich möchte dich nur einladen, falls du Interesse daran hast, diese Manipulation durch positives Denken für einen Moment aufzugeben und wahrzunehmen, was geschieht, wenn du mit dem bist, *was ist*. Das ist alles. Und dann sehen wir weiter. Das ist eine Einladung, kein Druck oder Zwang. Es ist nur die Frage, was dein Interesse ist.

ℌ

Ich habe noch eine Frage zu der Fähigkeit des Geistes, seine Realitäten zu erschaffen. Das schöpferische Denken wird ja in gewissen Richtungen oder Schulen als die essentielle Fähigkeit des Menschen gesehen. Wenn du also in einer Welt lebst, die dir nicht gefällt, dann visualisierst du dir eine neue. Ich begegne diesem Konzept immer wieder, und obwohl ich es schon oft verworfen habe, merke ich immer wieder, dass es eine Verführungskraft hat. Wo ist der Punkt, wo der Geist als Ich-Geist wirklich eine Kraft hat? Hat diese Kraft etwas Spirituelles oder gehört dies alles zur Ebene der Illusion? Ist es wichtig für mich, diese Kraft in meiner Entwicklung, in meinem Leben, als Möglichkeit zur Befreiung zu benutzen?

Du sprichst nicht von schöpferischem Denken, du sprichst von Phantasie. Schöpferisches Denken kann nicht vom Geist eingesetzt werden, um Welten zu visualisieren. Wenn z.B. Engelswelten visualisiert werden, glauben Suchende auch noch, das sei spirituell. Schöpferisches Denken, kreative Intelligenz, die unpersönlich ist, entsteht erst in dem Moment, in dem jeder Versuch eines vermeintlichen Ich, irgendetwas zu erschaffen oder zu visualisieren, aufgegeben wird.

Was für dich wichtig ist, ist, den Schmerz zu spüren, der im Erschaffen künstlicher Welten liegt. Du kannst so viele Welten erschaffen, wie du willst. Aber wenn du Welten erschaffst, dann muss ich dich fragen: Wovor flüchtest du denn? Nur jemand, der auf der Flucht ist, bemüht sich, Welten zu erschaffen. Anstatt deine Zeit damit zu verschwenden, Welten zu erschaffen, stelle dich dem, wovor du flüchtest und finde heraus, was es ist. Erst dann erkennst du diese Welten als Illusion. Vorher bleibt es ein bloßes mentales Verstehen, und dieses mentale Verstehen bringt dich nicht weiter. Natürlich kannst du diese Kraft nutzen, wenn du willst. Das ist Magie. Viele machen sich die Magie zunutze. Der Geist ist ein Magier. Bist du schon einmal jemandem begegnet, von dem du wirklich das Gefühl hattest, er sei durch die Anwendung von Magie zu vollkommener Befreiung erlangt?

Nein.

Siehst du, das meine ich. Ob es sich um Weiße oder Schwarze Magie handelt, macht keinen Unterschied. Es ist dasselbe. Du kannst durch Magie alles Mögliche erreichen, nur das einzig Wesentliche erreichst du nicht, und das ist die Erkenntnis deiner *Selbst* und damit die Realisation deiner natürlichen Freude, deines natürlichen Glücklichseins in diesem Moment. Magie ist nur eine weitere Form von Anstrengung, von Bemühung, die tiefer ins Labyrinth der Illusionen führt. Und mein Vorschlag an alle ist, jede wie auch immer geartete Bemühung für einen Moment fallenzulassen und dann zu erfahren, *was ist*, und zwar vollkommen. Und wenn du dich dem stellst, dann taucht das auf, was dich bisher in die Flucht trieb, und das ist der Moment deiner Wahl. Stellst du dich dem? Lädst du es ein in Satsang oder ziehst du es vor, weiterhin davor zu flüchten? Das Absurde ist ja, dass du nicht wirklich weißt, vor was du eigentlich flüchtest. Niemand weiß das. Wenn du es wüsstest, würdest du nicht davor flüchten.

Frei von Laster, frei von Tugend

Werden Handlungen besser, tugendhafter, wenn man aufgewacht ist? Ich finde manchmal den Umgang der Menschen untereinander so schlecht.

Du versuchst Erleuchtung über richtige und falsche Handlung zu definieren. Erleuchtung ist nicht über richtige und falsche Handlung definierbar. Die Frage, welche Handlung richtig und welche Handlung falsch ist, ist eine Frage, die sich in Wahrheit nicht erhebt. Du brauchst nicht mehr zu versuchen, deine Handlungen zu rechtfertigen oder zu entschuldigen, wenn du erkennst, *wer* derjenige ist, der wirklich handelt. Denn derjenige, von dem du glaubst, er handelt, ist nicht derjenige, der handelt. Er ist eine Täuschung. In dem Moment, wo du den Handelnden in seinem *Wesen* erkennst, in dem Moment, wo du weißt, *wer* der wirklich Handelnde ist, in dem Moment stellt sich die Frage nicht mehr.

Aus diesem Grunde geht es nur um eine einzige Frage, und das ist die Frage nach Selbsterkenntnis. Alle anderen Fragen: »Was muss ich dann machen? Wie mache ich es besser? Wie wird es gemacht? Was ist richtig? Was ist falsch?« erübrigen sich vollkommen. Es ist eine Falle und ein Ablenkungsmanöver, sich mit richtigen oder falschen Taten zu beschäftigen. Eigentlich hat diese Frage nach richtig und falsch nur damit zu tun, dass du dich unterbewusst falsch fühlst. Und das tut jeder. Unterbewusst sagst du: »Ich bin falsch.« Was ich mache ist unvollkommen und muss daher gerechtfertigt werden, muss entschuldigt werden, muss in politische oder spirituelle Korrektheit umgemünzt werden, in korrektes Verhalten, in integres Verhalten, in positives Denken usw. All diese Systeme aus dem sogenannten New Age, egal ob sie politisch, sozial oder esoterisch betont sind, sind letztlich Ablenkungsmechanismen, die damit zu tun haben, dass das Ich vor der einfachen Erkenntnis wegläuft, dass im tiefen Unterbewusstsein eine Identifikation mit »ich bin schlecht« oder »ich bin falsch« besteht. Das ist der Sündenfall. Und auf diesen Sündenfall geht jedes Ich zurück. Es gibt gar keine Möglichkeit, dem durch »Positivsein« zu entrinnen. Es gibt nur die Möglichkeit, dich dem zu stellen und dann zu erkennen, wer du *wirklich* bist. Jeder Versuch, dem zu entrinnen, schafft neue Schuld. Du legst dir neue Schuld auf die Schultern und gerätst in einen Teufelskreis, in dem du dich bereits seit mehreren Millionen Jahren befindest, so wie jeder. Tief innen verbirgt sich der Schmerz der Schuld und das kann erkannt werden, denn die Wirklichkeit über dich ist, dass du nicht schuldig geworden bist. Du bist unschuldig. Niemand ist schuldig geworden. Aber diese Geschichte erzählst du dir. Und es gibt auch keine Möglichkeit, so zu tun, als würdest du dir diese Geschichte nicht erzählen. Es ist die große Selbsttäuschung, der große Selbstbetrug der Positiv-Denker, die glauben, sie könnten Salz mit Zucker neutralisieren. Es gibt nur eine Möglichkeit, und das ist direkte Erkenntnis.

Bist du bereit, ein für alle Mal aus diesem Teufelskreis auszusteigen, indem du nur noch den *einen* Wunsch verfolgst: den Wunsch zu erkennen, wer du wirklich bist?

♌

Könnte man sagen, bei einem nicht-realisierten Bewusstsein ist der Geist noch da? Und da gibt es eben das, was von anderen

»Ego« genannt wird, so dass eben alles aus einem selbstsüchtigen Motiv entsteht, wie Sorge, Angst, Befürchtung usw.? Ist das so?

Nein. Auch im nicht voll realisierten Bewusstsein ist nicht in jedem Moment Ego da. Wenn Ego da ist, sprich: wenn eine Idee (aus der Zeit) da ist, die zur Handlung motiviert, dann *muss* dieses Ego egoistisch, also selbstsüchtig handeln. Wie sollte ein Ego anders sein, als egoistisch? Also sei vollkommen egoistisch, denn du bist es sowieso. Höre auf, gegen das Ego zu kämpfen, indem du versuchst, nicht egoistisch, nicht selbstsüchtig zu handeln. Das Ego ist nicht dein Feind.

Es ist ein großes Paradox, dass wahre Selbstlosigkeit sich aus vollkommenem Egoismus entfaltet. Dann nämlich, wenn dieses Ego und sein Egoismus von dir zu hundert Prozent willkommen geheißen werden. Dann fragst du dich, was du *wirklich* willst. In Wahrheit will das Ego zurück zum *Selbst* und frei sein.

Wir müssen die Unterscheidung zwischen selbstsüchtigem und selbstlosem Handeln verlassen, und zwar aus dem Wissen heraus, dass dieser denkende Geist jegliche Form des Handelns imitieren kann, auch selbstloses Handeln. Selbstloses Handeln ist nicht durch die Art des Handelns zu sehen. Die Haltung, die sich hinter dem Handeln versteckt befindet, ist das Entscheidende. Im *Zen des Handelns* gibt es eben überhaupt keine Haltung, die sich hinter dem Handeln verbirgt. Es gibt nicht einmal ein Konzept von Selbstlosigkeit, ein Konzept von Liebe, ein Konzept davon, dass auf eine bestimmte Art und Weise der Menschheit gedient werden muss, was häufig ein Konzept hinter scheinbarem selbstlosen Handeln ist, welches nichts anderes ist als eine Ebene der Scheinheiligkeit des Egos.

Um bei Ramanas Terminologie zu bleiben: Es gibt kein *selbst*-loses Handeln, nur ich-loses Handeln. Das ist Handlung ohne

Idee, ohne fixiertes Konzept oder Motiv, Handlung, die sich ins Unbekannte öffnet, indem sie jeden Ausgang offenlässt. Und diese Handlung *ist* Liebe.

♌

Selbst der, der die Wahrheit erkannt hat, ist doch immer wieder im alltäglichen Leben gefordert, sie zu leben. Deswegen sagen ja manche Lehrer, es sei leicht die Wahrheit zu erkennen und sich dann zurückzuziehen und sich nicht mehr den alltäglichen Bedingungen zu stellen. Es komme doch darauf an, diese Realisation nach außen in diese Welt zu bringen.

Das ist ein sehr begrenztes Verständnis: Es geht nach wie vor davon aus, dass da »jemand« ist, der etwas erkennt, also eine Person oder ein Wesen, ein Individuum, eine Seele, die etwas erkennt und dann bereit ist, diese Erkenntnis entsprechend einem sehr hohen Tugend-, Moral- oder Ethikkodex zu leben. Wenn das gesagt wird, dann *erscheint* das Ganze als Prozess, als Bemühung, als wenn es überhaupt die Möglichkeit gäbe, sich für oder gegen Erkenntnis zu entscheiden, also für Erkenntnis zu leben oder gegen Erkenntnis zu leben. Solange es diese Möglichkeit zu geben scheint, ist Erkenntnis nicht wirklich geschehen. Es ist nach wie vor ein System des denkenden Geistes, das die Wahrheit nicht berührt, ein dualistisches Konzept über »jemanden«, der eine Erkenntnis »besitzt« und diese Erkenntnis leben muss – als wenn es überhaupt die Möglichkeit gäbe, dass Erkenntnis sich *nicht* selbst lebt. Das ist nicht Erkenntnis. Das ist allerhöchstens Verstehen innerhalb von Denkstrukturen, wo noch Vergleiche und spirituelle Moralvorstellungen notwendig sind. Entsprechend dem in Amerika immer wieder gern benutzten

Begriff von »politischer Korrektheit« habe ich den Begriff von »spiritueller Korrektheit« geprägt, die ja von vielen Lehrern gepflegt wird. Sie behaupten, dass es sich viele Sucher zu einfach machen würden und sprechen von »persönlicher Erleuchtung« versus »unpersönlicher Erleuchtung« in dem Sinne, dass man eine Pflicht der Menschheit gegenüber hätte. Es sei zu einfach – grob ausgedrückt – sich ein schönes Leben zu machen und sich mit »seiner« Erleuchtung zurückzuziehen, egal, was mit der Welt passiert.

Das klingt erst einmal glaubwürdig, und ich verstehe auch, warum es so glaubwürdig klingt: Es ist Futter für den denkenden Geist, der eine hehre Vorstellung von Erleuchtung als Tugendhaftigkeit hat, der Erleuchtung nur imitieren kann und keinen Zugang hat zu der vollkommenen Unbegrenztheit aller Möglichkeiten, die niemals die Konsequenzen haben, die direkt für den Geist ersichtlich sind. Praktisches Beispiel ist für mich immer wieder Ramana, der eben »keinen Finger gekrümmt hat«, um das Leiden in der Welt zu beseitigen, nicht in die Welt hinausgegangen ist und deshalb von vielen westlichen Philosophen und Denkern, die alle in irgendwelchen idealistischen Vorstellungen lebten, kritisiert wurde und wird.

Die Chaosforschung zeigt auf, dass die Konsequenzen einer Handlung ist keinster Form absehbar sind. So kann der Flügelschlag eines Schmetterlings an einem Ende der Erde einen Orkan am anderen Ende der Erde auslösen. Wenn sich also ein Meister vollkommen zurückzieht oder ein ganz normales, unauffälliges Leben führt, dann ist es für den denkenden Geist innerhalb seiner Vorstellungsgrenzen in keinster Form ersichtlich, dass er irgendetwas tut, um das Leiden der Welt zu lindern, dann sind die Konsequenzen seines Handelns oder Nicht-Handelns für den denkenden Geist nicht fassbar.

Es gibt nichts, was du zu leben oder nicht zu leben hast. Denn in wirklicher Erkenntnis gibt es die Entscheidung nicht, dass etwas gelebt wird oder nicht gelebt wird. Poonjaji gab folgenden Kôan weiter: »Accept, what comes. Reject, what goes.« »Das annehmen, was kommt. Das zurückweisen, was geht.«

Es gibt keinen persönlich Handelnden?

Nein, es gibt keinen persönlich Handelnden, also auch keinen »persönlichen« Auftrag.

Du hast doch auch einen Persönlichkeitsanteil, Du wirkst ja zugleich als Person und arbeitest und funktionierst als Person mit den entsprechenden Verhaltensweisen. Da geschieht doch etwas. Du wirst Dich im äußeren Bereich verändern, Du wirst reifen. Die Art und Weise, mit Menschen umzugehen, wird in zehn Jahren anders sein.

Ja. Nur: Um das als Reifung zu bezeichnen, musst du in die Erinnerung gehen. Und wenn du in die Erinnerung gehst und aus der Erinnerung heraus vergleichst, so ist das ein Grundpfeiler der Trance, in der der Mensch lebt. Da es in Wirklichkeit nichts gibt, was jemals vor diesem Moment geschehen ist und ich in dieser Realisation lebe, dass kein Moment vorher jemals real existiert hat, gibt es auch keine real existierende Erinnerung, und weil es keine real existierende Erinnerung gibt, gibt es auch kein real existierendes Wachstum oder Reifung. Dennoch spreche ich mit Menschen darüber so, als würde ich das genauso wie sie annehmen, als würde das real existieren.

Dieser Reifung Bedeutung zu verleihen, ist ein spirituelles Konzept, welches Selbstverkrampfung auf weiteren pseudospirituellen

Ebenen des denkenden Geistes auslösen kann. Es gibt die Illusion vor, dass es etwas zu beachten gäbe oder nicht zu beachten gäbe. Diese Reifung, wenn du sie überhaupt benennen willst, berührt *Das-Was-Ist* nicht.

Da es nur die völlige Diskontinuität gibt.

Diskontinuität und Kontinuität sind beides Konzepte des denkenden Geistes. Es ist weder das eine noch das andere. Es ist das, was *ist*. Und je nachdem, von welchem Standpunkt innerhalb des Geistes du es betrachten willst, kannst du es als vollkommene Diskontinuität oder als vollkommene Kontinuität betrachten. Es ist beides möglich. Und beides entspricht nicht dem, was *ist*. Wenn du es als Kontinuität betrachtest, dann könnte man sagen, es geschieht eine Reifung, doch diese Reifung ist relativ. Sie entspricht dem, was ich mit dem Begriff von Gangaji als »Vertiefung« bezeichnet habe. Nur für den äußeren Betrachter entspricht das einem persönlichen Prozess, der sich nach der Realisation innerhalb der »Person« des Realisierten vollzieht.

Reifung impliziert eine Idee von Unreife. Immer wenn du von Wachstum sprichst, wirst du sehen, dass es darauf hinausläuft, dass dieses Konzept von Wachstum, Evolution und Reifung häufig ein vom denkenden Geist verfärbtes Konzept sein wird, d.h. es wird bewusst oder unbewusst Ideen von Wertung enthalten. Von weniger gut hin zu mehr gut. Es ist heikel, dieses Konzept zu betrachten, ohne ihm eine – wenn auch sehr subtile – Wertung beizumessen.

Dann wärst Du also in zehn Jahren sozusagen »besser« als heute.

Ja. Und vom Standpunkt des denkenden Geistes ist es sogar vertretbar und nachvollziehbar, und natürlich ist es auch das, was du in Büchern über spirituelle Lehrer liest. Aber die Erfahrung, die vollkommene Realität von Ramana, war von dem Moment, wo der Körper sechzehn war, bis zu dem Moment, wo er gestorben ist, vollkommen unverändert. Egal, ob *ein* Schüler da war oder am Ende einige hundert oder tausend – wenn ein paar tausend Schüler da sind, ist eben die Reflektion entsprechend stärker. Und wenn die Reflektion größer wird, gibt der denkende Geist diesem Umstand mehr Macht. Aber es ist nicht in Wahrheit so, dass mehr Macht da ist. Es ist nur in der Reflektion mehr Macht oder Ausstrahlung da. Und es hat im Wesentlichen alles überhaupt keine Bedeutung. Aber die Schüler, Geschichtsschreiber und Religionswissenschaftler ergötzen sich natürlich an den Geschichten von Körpern von Erwachten, und es sind auch schöne Geschichten dabei, das finde ich auch. Aber die Anhaftung an diese Geschichten zu sehen ist genauso wesentlich. Auf jeden Fall projiziert es Vollkommenheit in die Zukunft.

Du sagtest: »Nachdem« Ramana dann mit sechzehn Jahren usw. Das hört sich so an, als ob da doch ein Unterschied ist, eben eine Entwicklung von »nicht realisiert« zu »realisiert«.

Ja, natürlich. Solange die Realisation nicht zur Verfügung steht, scheint ein Ich eine Entwicklung durchzumachen, und diese Entwicklung kann nicht geleugnet werden. Insofern kann man schon sagen, dass bei ihm nach sechzehn alles anders war als das, was vor sechzehn war.

Aber das ist der einzige entscheidende Einschnitt?

Das ist der einzige entscheidende Einschnitt.

Würdest Du das bei Dir auf den Moment des Zurückkommens nach dem Unfall beziehen? Oder gibt es da einen späteren Zeitpunkt?

Da gibt es einen späteren Moment: der Moment, in dem der Ich-Gedanke erkannt wurde oder sich selbst erkannt hat. Wie soll es einen Prozess geben, wenn es keinen Ich-Gedanken gibt, der irgendwo fundiert ist? Wie soll es einen Prozess geben, wenn es nichts mehr gibt, was Wurzeln hat? Wie soll es Wachstum geben, wenn es keine Zeit gibt?

Tatsächlich ist die Entwicklung von Tugenden natürlich innerhalb des Systems des Geistes hilfreich und förderlich, doch in Wahrheit können Tugenden nicht entwickelt werden, sondern Tugenden sind auf natürliche Art und Weise da, aber als Nebenprodukt. Nicht, weil es irgendjemanden gibt, der sich um sie bemüht, der sie »kreiert«, wie es in New-Age Kreisen so schön heißt, sondern weil sie als natürliche Erscheinungsform des *Seins* da sind, weil Authentizität natürlich ist. Wahre Tugend sucht nicht danach, tugendhaft zu sein, genau das ist es, was sie zur Tugend macht.

Im Amerikanischen gibt es den Begriff der »do-goodies«. Er bezeichnet Menschen, die außerordentlich darum bemüht sind, gut zu sein, oder besser: gut zu erscheinen. Diesem aufgesetzten Gut-sein bin ich bei spirituell Suchenden häufig begegnet, besonders in Amerika. Es ist ein Kompensationsversuch gegen die am Grunde des Geistes vorhandene Identifikation mit »Ich bin schlecht«. Erst bemüht sich der Geist, schlecht zu sein, und dann bemüht er sich, gut zu sein. Wie wäre es, wenn du beides aufgibst?

Wie sollte das *Sein* anders sein als authentisch? Die Vorstellung, dass das *Sein* anders sein könnte als authentisch, ist in sich schon vollkommen absurd. Und Authentizität und wahre Tugendhaftigkeit sind dasselbe. Es gibt keinen Unterschied zwischen Tugendhaftigkeit und Authentizität, auch wenn Authentizität im Augenblick als Laster *erscheinen* kann. Tugendhaftigkeit ist in Wirklichkeit nicht in der Polarität zur Lasterhaftigkeit. Es ist in Wirklichkeit »die Tugendhaftigkeit der Tugendhaftigkeit«, jenseits von Polarität, die nichts anderes ist als die authentische Ausdrucksweise des *Seins* an sich, in der es niemanden mehr gibt, der eine Kontrolle darüber ausübt: *Wie* verhalte ich mich jetzt? *Wie* darf ich mich jetzt nicht verhalten? *Was* denken die anderen jetzt? *Wie* wäre es jetzt richtig, sich vor anderen Leuten zu verhalten usw.? In dieser Bemühung zum Gut-Sein spiegelt sich die Selbstverkrampfung vieler Suchender. Solche Fragen tauchen überhaupt nicht auf, weil es niemanden gibt, an den die Fragen gestellt werden könnten.

Ist es eine praktische Möglichkeit oder Technik, bestimmte Dinge zu tun oder nicht zu tun, um Energie für die Selbstrealisation zu sammeln?

Ich würde nicht sagen, dass das die Selbstrealisation möglich macht.

Oder wahrscheinlicher macht?

Was es erleichtert, ist Entspannung des Geistes. Wenn Entspannung möglich ist, wenn die Selbstverkrampfung nachlässt, wie Da Free John es ausdrückte, ist Selbsterforschung aus dieser Entspannung vielleicht leichter möglich. Aber selbst das möchte ich in letzter Instanz nicht einmal behaupten, weil Entspannung auch sofort wieder dazu benutzt werden kann, um dabei einzuschlafen. Ich tue mich immer schwer damit, Vorbedingungen zu bejahen. Dennoch: Ich möchte Realisation nicht als ganz unabhängig vom Energieniveau des Menschen betrachten. Don Juan, Castanedas Lehrer, behauptet ja sogar angeblich, dass die Leidensgeschichte eines Menschen ausschließlich mit einem Mangel an Energie zu tun habe. Der denkende Geist verschwendet Lebensenergie dadurch, dass er das Fließen der Shakti nicht vollkommen versteht oder respektiert. Das bedeutet: Das anzunehmen, was kommt, und das zurückzuweisen, was geht. Alle Energie, alles Sehnen muss für den Wunsch nach Befreiung zur Verfügung stehen. Um auf unser Thema der Tugendhaftigkeit zurückzukommen: Wenn du dich gut damit fühlst, bestimmte Tugenden zu leben, dann tue es. Wenn du dich nicht gut damit fühlst, dann tue es nicht.

Es gibt widersprüchliche und gegensätzliche Kräfte, die durch jede Persönlichkeit auftreten. In einem Moment tritt Sanftheit auf, möglicherweise tritt im nächsten Moment Härte auf, einen Moment tritt Freude auf und im nächsten Moment tritt Zorn auf. Diese Kräfte überhaupt widersprüchlich oder gegensätzlich zu nennen, bedarf eines Vergleiches, den der Verstand anstellt. In dem Moment, wo du diesen Vergleich aufgibst, den Vergleich mit einer Vorstellung vom letzten Moment oder den Vergleich mit einer Vorstellung vom nächsten Moment, wie er sein könnte, oder den Vergleich mit einem Moment der Phantasie, einem idealisierten Moment – wenn du jeden Vergleich aufgibst und mit der So-heit dessen verweilst, was *ist*, dann tritt Sanftheit auf, wenn Sanftheit auftritt und Härte tritt auf, wenn Härte auftritt. Abgrenzung tritt auf, wenn Abgrenzung auftritt und Verschmelzung tritt auf, wenn Verschmelzung auftritt. Wenn du jeden Vergleich aufgibst, wenn du sogar den Versuch aufgibst, das, was auftaucht, überhaupt zu benennen, was passiert dann?

Dann wird nur der Moment gelebt und ich bin völlig im Hier und Jetzt. Der Moment ist eben der Moment, ohne Wertung, und es ist, wie es ist. Dann gibt es, glaube ich, keine Probleme mehr. Dann darf alles sein. Aber in dem Augenblick, wo man aus unterschiedlichen Zeiträumen heraus vergleicht oder idealisiert, muss es immer eine Diskrepanz geben?

Der Vergleich ist immer ein Eintrittstor in die Ignoranz. Es gibt zwei wesentliche Eintrittstore in die Ignoranz: das eine ist der Vergleich und das andere ist die Wertung. Beide arbeiten zusammen. Kannst du in diesem Moment in die So-heit dessen, was *ist*, eintauchen, ohne Begrifflichkeit, ohne Interpretation, indem du die Distanz zu dem, was auftaucht, aufgibst, indem du jedes Nachdenken darüber aufgibst?

Nach-denken oder Vor-stellen ist immer danach oder davor, und du bemerkst nicht, dass du immer kurz danach oder kurz davor bist, aber nie *hier*. Wenn du *hier* bist, können die Kräfte, die aus dieser spontanen Lebendigkeit des Momentes auftauchen, leben, und wenn der Impuls stark genug ist, dann wird er sich ausleben. Und wenn der Impuls nicht sehr stark ist, dann wird er innen verweilen und sich nicht ausleben. Es gibt keinen Zwang, irgendetwas auszuleben, und es gibt auch keinen Zwang, irgendetwas nicht auszuleben. Es unterliegt nicht der Kontrolle eines persönlichen Ichs, was ausgelebt wird und was nicht.

Oft scheint es erschreckend zu sein, wenn sich der Geist im Vergleich gefangen hält und diese Widersprüchlichkeit, diese Gegensätzlichkeit von Kräften sieht. Das erschreckt den Geist, weil der Geist die Dualität nie vollkommen akzeptiert. Er akzeptiert nie beide Seiten der Dualität gleichermaßen. Im natürlichen Zustand der Stille jedoch gibt es keinen Drang oder keinen Zwang mehr, irgendwelche negativen Kräfte zwanghaft auszuleben. Das bedeutet aber nicht, dass sie nicht auftauchen. Der natürliche Zustand hat nichts damit zu tun, dass negative Kräfte des Universums aus dem Sein ausgeklammert werden. Er hat nichts damit zu tun, dass überhaupt irgendetwas ausgeklammert wird. In dem Moment, wo die zwanghafte Identifikation mit dem Ich-Gedanken ausfällt, im wahrsten Sinne des Wortes, und zurücktritt, ist es ganz natürlich, das Gute zu leben, denn deine Natur ist gut, ohne dass es ein Konzept gibt von »ich bin gut«, ohne dass es eine Vorstellung davon gibt, was »Gutsein« heißt. Gutsein ist die natürliche Manifestation des Menschen und die natürliche Manifestation eines jeden Wesens.

Es ist nicht so, dass es ein Tugendgebot im Namen angeblicher spiritueller Korrektheit gibt. Wenn es »jemanden« gibt, der etwas dafür tun muss, um gut zu sein, gibt es ein Problem. Wenn es »jemanden« gibt, der etwas dafür tun muss, um schlecht zu sein, gibt es auch ein Problem. Wenn du beide Seiten der Dualität aufgibst und durch die Mitte fällst, dort wo es still ist, dort wo das Pendel weder in die eine noch in die andere Richtung ausschlägt, dann kann diese natürliche Güte, das natürliche Gutsein, welches unpersönlich ist, sich in Einfachheit durch dich zeigen.

Es bedarf keiner Anstrengung, um gut zu sein. Es ist sehr wesentlich zu verstehen, dass jede Anstrengung, gut zu sein, aufgegeben wird, und auch jede Anstrengung, schlecht zu sein. Das ist die grundsätzliche Pendelbewegung des Verstandes: eine Bemühung dafür aufzuwenden, gut zu sein, sich gut zu machen, sich zu erhöhen und dann die Pendelbewegung zur anderen Seite: sich schlechtzumachen, sich herabzusetzen. Beides kostet Bemühung, denn beides ist künstlich und entspricht nicht deiner Natur. Gib jeden Versuch auf, ein besserer Mensch werden zu wollen. Gib jeden Versuch auf, ein schlechterer Mensch werden zu wollen. Gib beide Versuche auf. DAS, was du bist, hat damit nichts zu tun und wird nicht berührt von diesen Versuchen, die nichts als Gedanken und Vorstellungsbilder sind. Wie ist es, wenn die Last dieser Pendelbewegung von dir abfällt, nur für einen Moment? Wenn überhaupt jeder Versuch, irgendwie oder irgendjemand sein zu wollen, abfällt?

Ja, es ist gut. Ich bin gelöst.

Lass alles abfallen. Es ist eine unnötige Last, eine Gedankenlast, ein Missverständnis, das du mit dir herumträgst.

♌

Du sagtest, es gibt in der Wahrheit keine Moral und keine Ethik, Gut und Böse seien nicht voneinander getrennt.

Was macht dir Verständnisschwierigkeiten?

Wenn ich z.B. einen Menschen umbringe, dann ist das von meiner bisherigen Konditionierung her etwas Schlechtes. Oder ich sage es einmal so: Die Tat eines Mörders klassifiziere ich als schlecht, auch wenn er als Mensch vielleicht so im Affekt war, dass er nicht anders konnte.

Natürlich. Nur möchte ich folgende Frage in den Raum stellen: Ist es »schlechter«, einen Mord auszuführen oder ist es »schlechter«, an Mord zu denken und diese Mordgedanken mit positiven Gedanken zu kaschieren? Relativ gesehen ist es ein großer Unterschied, denn durch ausgeübten Mord verursachst du noch größeres Leid für dich selbst. Ich wollte mit diesem unangenehmen Vergleich nur darauf hinaus, dass deine Vorstellungen von dem, was schlecht ist, sicherlich nicht nur daran orientiert sein können, *dass* es ausgelebt wird. Es geht auch darum, das zu sehen, was nicht ausgelebt wird und vielleicht unter dem Deckmäntelchen von Scheinheiligkeit unterdrückt wird, während gleichzeitig mit dem Finger auf das Schlechte und Böse im »Außen« gezeigt wird.

Was ist schlecht, was ist gut? Sowohl feindselige als auch liebende Gedanken vorbeiziehen zu lassen und da zu sein, wo du *bist*, nämlich in Stille und Nichtberührung dessen, was erscheint, das bedarf einer großen Wachsamkeit. Dann gibt es das System von Gut und Schlecht in dem Sinne nicht. Denn solange es dieses System von Gut und Schlecht, von Gut und Böse gibt, wird es dich immer verleiten, dich mit der einen Seite zu identifizieren, nämlich nach dem Guten zu suchen und dich dementsprechend mit den guten, den positiven Gedanken zu identifizieren, mit dem, was du für moralisch, psychologisch oder spirituell einwandfrei hältst, und dir wird nicht bewusst, dass du damit genauso im Labyrinth gefangen bist, weil nämlich unterbewusst die andere Seite in dir gärt. Dir ist nicht bewusst, dass du den Dämonen genauso den Finger gereicht hast, wie wenn du dich auf der anderen Seite eingeklinkt hättest. Es ist egal, wo du einklinkst, in jedem Fall bist du im System gefangen und damit im Labyrinth, in der Selbsttäuschung, in der Illusion, im Leiden.

Ich spreche von etwas, das jenseits ist von Gut und Böse, und aus dem heraus sich das ganz natürlich Gute zeigen kann. Jegliche Suche nach Tugenden ist eine Illusion. Jeder Versuch, Laster zu vermeiden, ist eine Illusion und ein großes Missverständnis.

Das alles sind Aktivitäten des Denkens, Aktivitäten des Geistes, und es geht darum, diese Bagage jetzt einen Moment loszulassen und still zu sein. Lass es einfach.

Es ist sehr unwahrscheinlich, dass aus diesem natürlichen Zustand der Impuls, einen Menschen umzubringen, entsteht. Was sollte dein Interesse daran sein, einen Menschen umzubringen, den du als dein eigenes *Selbst* erkennst, weil du nicht getrennt bist von irgendjemanden oder irgendetwas? Was sollte dein Interesse sein, aus dem tiefen Verstehen, dass du ohnehin nichts zerstörst, lediglich Erscheinungen, aber nicht das Leben selbst? Wenn jemand aus irgendwelchen Konzepten des Egos heraus einen Mord begeht, dann ist es nicht der Mord selbst, sondern die Gedanken, der »mind-stuff«, der aufgewirbelt wird, der das eigentliche Leiden verursacht, sowohl beim Täter als auch beim Opfer.

Es ist mir gerade bewusst geworden, wieviel Krach es in meinem Kopf macht mit diesem Moralischen, auf der richtigen oder falschen Seite sein. Also die Anstrengung und die Beschäftigung damit, mich gut zu verhalten, richtig zu verhalten, ist mir wie so ein Riesenkrach bewusst geworden, der verhindert zu sehen, was wirklich los ist. Ich habe es bisher zwar gewusst, aber eben war es als eine Erfahrung da, dass mich dieser Krach völlig ablenkt und wegbringt von dem, was wirklich wahr ist, was wirklich jetzt gelebt werden soll oder was dran ist.

Was sich selbst leben will.

Ja. Das wollte ich einfach nur mitteilen, das war sehr kräftig. Danke.

♌

Wie haben sich Deine Emotionen verändert? Du identifizierst Dich ja nicht mehr damit.

Alle Gefühle können sein.

Du bist im Moment und denkst einfach nicht darüber nach?

Gefühle tauchen auf und verbrennen im Bewusstsein, genauso wie Gedanken auftauchen und im Bewusstsein verbrennen. Es gibt nichts, was das Ganze zusammenhält, keine Seele, die ein vorgestelltes Wesen ist. Alles, was das zusammenhält, ist das Bewusstsein selbst, und das Bewusstsein selbst ist vollkommen unpersönlich.

Ist es dann so etwas wie Gleichgültigkeit?

Nein, es ist keine Gleichgültigkeit, es ist Gleichmut. Ist dir der Unterschied bewusst, den ich meine? Der Begriff Gleichgültigkeit hat etwas von Distanziertheit, oft auch von versteckter Resignation und ist häufig nur eine Reaktion des Denkens, z.B. auf dem spirituellen Weg als Ausdruck von Frustration aufgrund von vergeblicher Bemühung oder einer versteckten Anhaftung an den Tod. In Gleichmut gibt es keine wirkliche Distanz oder niemanden, der in Distanz gehen kann, denn es gibt keine Trennung zwischen *dir* und dem, was *ist*. Authentische Erfahrung ohne jede Anhaftung eines Ich ist gleichmütig.

Wie würdest Du dann das Menschliche charakterisieren?
Was ist ein Mensch?

Der Mensch ist reines Bewusstsein, welches sich *selbst* empfindet und mit sich selbst in Beziehung tritt, jetzt. Zeit ist ein reines Konstrukt des Denkens. Wenn du also von »Charakteren« sprichst, dann definierst du etwas in der Zeit. Aber um Zeit überhaupt zu erzeugen, muss Denken geschaffen werden, denn ohne Denken gibt es keine Zeit. Kannst du mir Zeit nennen außerhalb von Denken? Es gibt außerhalb des Denkens nichts, was vor diesem Moment jemals geschehen ist. Aber die Trance des Denkens ist so stark, dass sich ein scheinbar kontinuierlicher Fluss von Sein zusammensetzt, aber es ist nicht deine *wirkliche* Erfahrung. Es ist nicht deine vollkommene Erfahrung, dass irgendetwas vor diesem Moment real existiert hat. Es ist Erinnerung, aber was ist denn Erinnerung? Was ist Erinnerung außerhalb eines Gedankens, eines Bildes, eines Gefühls, einer Empfindung? All das entsteht ja *in diesem Moment*. Die Erinnerung tut so, als seien diese Dinge in der Vergangenheit entstanden. Aber es ist doch deine Erfahrung, dass diese Dinge *jetzt* entstehen. Erinnerung entsteht *jetzt*. Vergangenheit entsteht *jetzt*. Alles entsteht in diesem Moment, und alles stirbt auch in diesem Moment.

Alle diese Gesetze von Moral und Ethik sind vom denkenden Geist als Ersatz erschaffen worden, weil das *Selbst* verloren wurde, weil der Ursprung geleugnet wurde. Und in diesem Ursprung von Bewusstsein, im *Nichtdenken*, gibt es keine Notwendigkeit, irgendein Gesetz aufrechtzuerhalten. Das, was Moral lediglich imitiert, wird vom *Sein* selbst ganz natürlich eingehalten, und es gibt niemanden, der das kontrollieren müsste. Es gibt weder Moral, noch gibt es Antimoral. Es ist ein künstlich erzeugtes Gedankengefüge. Wenn auch Handlung spontan aus dem natürlichen Zustand des Seins heraus erfolgt, gibt es nicht die Möglichkeit, dass Handlung richtig oder falsch ist und dementsprechend auch keine Notwendigkeit, Handlung zu bewerten.

Wer bewertet? Wie viele Prediger gibt es, deren ganze Lehre darin besteht, dem Denken, Fühlen und Handeln neue Werte zu geben? Aber das Ganze geschieht nur im Rahmen eines Denkkonstruktes, welches künstlich erzeugt ist. Im natürlichen Zustand ist es nicht notwendig, richtige von falschen Handlungen zu unterscheiden.

♌

Es ist paradox, wie Du es einmal etwa so beschrieben hast: Man kann Gott nicht suchen, aber man kann Ihn auch nicht finden, wenn man Ihn nicht sucht. In diesem Sinne kann man nicht sagen: »Ich brauche nichts zu tun, ich kann sowieso nichts machen.« Auf der einen Seite ist es richtig, andererseits wiederum nicht. Ich muss schon das tun, was ich meine, dafür tun zu müssen.

Ein Meister gab seinem Schüler zwei Lehrsätze mit auf den Weg: »Erstens: Wisse, dass alle Bemühungen, Gott zu finden, vergeblich sind. Und zweitens: Handele so, als wüsstest du vom ersten nichts.«

Du tust immer das, was du zu tun hast. Einfach und klar.

Das ist ohnehin der Fall, ob ich verwirklicht bin oder nicht.

Was willst du damit sagen?

Dass ich auch jetzt, in diesem Moment, authentisch sein muss. Es gibt doch gar keine andere Möglichkeit. Wenn es keine Dualität gibt, dann gibt es auch keine Alternativen.

In der Erfahrung von Dualität, in der der denkende Geist lebt, gibt es sehr wohl Alternativen. In dieser Erfahrung gibt es die

Notwendigkeit, spirituell zu unterscheiden zwischen der Stimme des Herzens und der Stimme des Geistes. Offensichtlich ist Dualität eben genau das, dass es eine authentische Stimme gibt und möglicherweise eine fast perfekte Kopie dieser Stimme, die dann als Versuchung auftritt: Sie versucht dich, dies nicht zu unterscheiden. Es ist einzig und allein deine Aufgabe, die authentische Stimme zu erkennen und dementsprechend zu handeln. Das könnte man als Essenz dieses »Wachstums«, als Aufgabe eines Suchenden bezeichnen.

Liebe ohne Beziehung

Kannst Du etwas über Liebe sagen?

Du fragst mich nach Liebe? Ich kann dir nur sagen, was sie nicht ist. Ich würde sagen, dass Liebe nach dem Konzept von Erleuchtung oder noch davor das am meisten missverstandene Konzept ist, denn sie ist durch kein Konzept fassbar. Aber was soll ich dir über Liebe sagen, ohne dass du ein Konzept daraus machst?

Es gibt verschiedene Facetten von Liebe, und durch verschiedene Lehrer werden verschiedene Facetten ausgedrückt. Vielleicht könnte man sagen, dass durch eine Form mehr eine emotionale Facette ausgedrückt wird, die du Liebe nennst, und durch eine andere Form mehr eine mentale Facette, die du Wahrheit nennst. Wie auch immer, Liebe ist kein Gefühl.

Keine Emotion.

Sie ist keine Emotion und kein Gefühl, weder noch. Neulich meldete sich ein Osho-Anhänger im Satsang und sagte: »Alles, was Du sagst, klingt so intellektuell, aber ich vermisse die Liebe!« Ich erwiderte, dass Liebe in diesem Moment *ist* und dass sie das ist, aus dem Satsang geschieht. Er hatte, wie viele Suchende, ein sentimentales Konzept von Liebe und dieses Konzept stand zwischen ihm und dem Lehrer, zwischen ihm und seinem *Selbst.* Wenn der Geist von Liebe spricht, meint er meistens Sentimentalität.

Was ist denn ein Gefühl?

Ein Gefühl ist eine bestimmte Qualität von Erfahrung, die zwischen Gedanken und Körperempfindungen aufsteigt, der Leim zwischen diesen beiden inneren Erfahrungsebenen. Das, was du suchst, ist das, was nicht vergeht. Zustände vergehen. Gefühle vergehen. Wenn Liebe ein Gefühl wäre, müsste sie vergehen. Liebe findest du in dem, was nicht vergeht. Und was nicht vergeht, ist nichts, was wahrgenommen werden kann. Es ist Das, was wahrnimmt. Und Das, was wahrnimmt, ist Das, was du *bist*. Und Das, was du bist, hat keinerlei definierbare Facetten, auf die die Liebe beschränkt wäre.

Liebe ist nicht in der Polarität. Sie ist nichts, was bezeichnet werden kann. Alles, was aus dem Selbst kommt, *ist* Liebe. Aus dem Selbst kann auch ein Zornesanfall kommen, und auch dieser Zornesanfall geschieht in Liebe. Es gibt keine Wahl, dass etwas in Liebe geschieht und etwas nicht in Liebe. In dem Moment, wo jedes Konzept, wo jede Vergangenheit, jede Zukunft zerfällt, wo du bereit bist, vollkommen in Wahrheit und in diesem Moment aus dem, was du *bist*, zu sein, ohne Rücksicht auf irgendetwas, was jemals war oder was jemals sein wird, ohne Berechnung, ohne Kalkulation – in dem Moment i s t Liebe. Aber wie willst du sie messen? In dem Moment, wo du sagst, Liebe sieht so aus, aber nicht so, verlierst du sie. Viele spirituelle Lehren lehren etwas über Liebe, und wie es ist, in Liebe zu sein und wie es ist, nicht in Liebe zu sein. Was es bedeutet, was es nicht bedeutet und was es verbietet. Das sind die Konzepte über Liebe, nicht die *Liebe* selbst.

Es bedarf keiner Lehre der Liebe, es bedarf lediglich der Erkenntnis deiner selbst, und in dieser Erkenntnis deiner selbst ist Liebe verwirklicht. Und welche Form das annimmt, wer weiß?

♌

Was ist die praktische Bedeutung von Beziehung? Gerade im alltäglichen Leben stellt die Beziehung zu anderen Menschen immer wieder neue Herausforderungen, an denen man auch wachsen kann. In diesem Sinn kann sie auch als ein Modell der Beziehung zu Gott gesehen werden. Wie siehst Du das? Wie können z.B. Mann und Frau als Partner spirituell zusammen wachsen?

Der Ansatz ist vom Verständnis her zu begrenzt. Ich gehe davon aus, dass du keineswegs in Beziehung zu jemand anderem stehst, sondern du stehst in Beziehung zu Bildern und Vorstellungen, die du auf sogenannte andere projizierst. Das heißt: Das, was man im normalen Fall Beziehung nennt, ist sowieso nicht eine Beziehung in einer tatsächlich existierenden Dualität zwischen Ich und dem anderen; es ist ein Dualismus innerhalb des denkenden Geistes. Bestimmte Teile aus diesem denkenden Geist, diesem falschen Ich, werden abgespalten, werden projiziert und erscheinen dann als Außen. Das nennt man dann *Beziehung*.

Es gibt also zunächst einmal gar keine Beziehung zwischen »mir« und dem »anderen«. Das, was man als Wachsen oder als Prozess des Verstehens bezeichnet, ist nichts anderes, als dass diese scheinbar im Außen erscheinenden Reflektionen, die aus dem denkenden Geist stammen, in irgendeiner Form verstanden und integriert werden. Diese Reflektionen stammen aus dem Schatten des Geistes. Es ist also alles ein Prozess, der innerhalb des denkenden Geistes, innerhalb des Konstruktes dieses Geistes, innerhalb der Illusion abläuft. Es berührt die Realität nicht.

Wenn wir den Begriff der partnerschaftlichen Beziehung auf die Ebene von Lila, dem göttlichen Spiel, bringen, setzt das voraus, dass der denkende Geist erkannt ist. Auf dieser Ebene vollzieht sich nichts anderes als das Spiel zwischen zwei Armen des *Selbst*: der urweiblichen Kraft und der urmännlichen Kraft. Und diese beiden Kräfte spielen miteinander. Das ist eine Erfahrung von Schönheit, von Freude. Aber sie reiben sich auch aneinander, es gibt Auseinandersetzung. Dennoch gibt es in dieser authentischen Erfahrung nicht die Identifikation eines Ich mit einem Mann oder mit einer Frau, sondern es sind lediglich Kräfte des Selbst, die sich miteinander erfreuen.

Der Begriff der Beziehung ist immer auf ein scheinbares, nicht-realisiertes Ich anzuwenden. Was heißt denn Beziehung überhaupt? Beziehung heißt: Es muss »jemanden« geben, der sich bezieht, sprich, ein Subjekt und ein Objekt, auf das sich bezogen wird. Wer bezieht sich überhaupt auf wen? Weder Subjekt noch Objekt halten der genauen Selbsterforschung stand. Je tiefer du forschst, desto mehr entpuppt sich die angebliche Beziehung als ein Witz.

Eli Jaxon-Bear hat »Beziehung« ohnehin auf einen einfachen Nenner gebracht, der, wie ich finde, alles aussagt: »Gib' du mir was, was ich nicht hab'.«

Von Beziehung zu sprechen, macht nur Sinn, solange es ein Ich gibt, welches glaubt, dass es irgendetwas zwischen mir und dem Leben gibt – was auch immer das Leben ist. Dann macht es Sinn, sich zu beziehen, dann macht es Sinn, sich durch Beziehung dem vielleicht anzunähern, die Distanz zu verringern, um *vollkommen* in Beziehung zu gehen. In *vollkommener* Beziehung gibt es kein Ich mehr, welches sich bezieht und kein Du, auf das sich bezogen wird. Das Paradoxe ist: Beziehung bedeutet Distanz. Wenn ein Mann also eine »Beziehung« zu einer Frau hat, bedeutet das Distanz. Daraus erwächst der letztlich fruchtlose Versuch des Geistes, diese Distanz durch

Verschmelzung zu überwinden. Erst baut der Geist durch das Konzept von Beziehung Distanz auf und dann versucht er, durch das Konzept von Nähe diese künstlich erschaffene Distanz wieder zu überwinden. Daraus besteht das gesamte absurde Schaffen dieses Geistes: Erst werden Hindernisse von ihm aufgebaut, um dann zu versuchen, sie wieder zu beseitigen. In Wahrheit gibt es keine Distanz, keine Nähe, keine Beziehung.

Mit anderen Worten: Ich verwende den Begriff der Beziehung überhaupt nicht, zumindest nicht in der Realität. Beziehung gibt es ausschließlich von Mind zu Mind. Dieser denkende Geist vermag es, Bilder, die er selbst erzeugt, also Bilder seiner selbst, im Außen als »der angebliche andere« erscheinen zu lassen. Jegliches Wachsen zwischen Menschen oder Paaren oder Geliebten ist zunächst ein Prozess des Verständnisses innerhalb des eigenen denkenden Geistes und hat nichts mit einer Beziehung zwischen einem Menschen und einem anderen Menschen zu tun.

Ich meinte damit ja auch eher, dass im Zusammenleben mit einem anderen bestimmte Herausforderungen entstehen, die zu der Erfahrung führen können, dass es kein Ich gibt.

Aber was sind das für Herausforderungen? Herausforderungen entstehen aus Vorlieben und Abneigungen der eigenen Struktur. Wenn also dein Partner jetzt scheinbar im Außen etwas lebt, was z.B. deinem Selbstbild widerspricht, was außerhalb deines gesteckten Rahmens ist, was in deine Abneigung fällt, dann ist das eben genau diese Beziehung, von der ich spreche, dass ein Schattenpotential aus deiner falschen Struktur ins Außen projiziert wird und dann in irgendeiner Form ein Widerstand dagegen aufgebaut wird. Dieses Konzept eines nie endenden Schattenboxens ist das, was man normalerweise Beziehung nennt. Wenn in einem meditativen Geisteszustand, im Zustand von *No-Mind*, der dein natürlicher Zustand ist, Dinge passieren, gibt es in dem Sinne auch keine Herausforderung, denn du bist mit den Dingen, die geschehen, und es gibt weder eine Bewegung dagegen noch gibt es eine Bewegung davon weg. Es gibt einfach nur das, was *ist*.

Aber du setzt eben immer die Erleuchtung bereits voraus. Und das ist ja auch wahr: Von Deiner Seite aus ist die Erleuchtung, die Wahrheit, die Einheit immer da. Aber wie sieht es von der anderen Seite aus, wo diese Frage überhaupt erst aufkommt: Wie können zwei Menschen zusammen durch ihre Beziehung an sich arbeiten und dahin kommen?

Du gehst davon aus, dass du da überhaupt »hinkommen« musst. In dem Moment, in dem du dich mit diesen Konzepten, mit dieser Verständnisebene überhaupt beschäftigst – erzeugst du sie erst als Realität. Es ist möglich, sie bewusst zu machen, aber es ist möglich, sie auch sofort wieder zu verlassen, denn sie entspricht nicht der Realität. Und warum willst du dich mit etwas beschäftigen, was nicht der Realität entspricht? Dieser denkende Geist hat das Potential zu höchster Erkenntnis. Und diese höchste Erkenntnis ist in diesem Moment möglich.

Es geht um eine völlig radikale Herangehensweise, die bereit ist, alle relativen Ebenen von Verständnis sofort hinter sich zu lassen und einzutauchen in die Einfachheit der Realität, von mir aus auch über das Verstehen in die Erfahrung – und zwar *jetzt*. Das ist ja das, was die wenigen unterschieden hat von der Masse, die wenigen, die bereit waren, in der vollkommenen Realität zu sein: die Nicht-Kompromissbereitschaft, sich mit verschiedenen Ebenen von Unwesentlichkeit zu beschäftigen. Etliche spirituell

Suchende beschäftigen sich mit sehr interessant erscheinenden Ebenen des Verständnisses wie z.B. Beziehungen zwischen Mann und Frau, die aber unwesentlich sind. Auch Lehren über »Mann-Frau-Beziehungen« sind unwesentlich.

Du musst Erleuchtung voraussetzen, denn Erleuchtung ist die reale Erfahrung. Wenn du keine Erfahrung von Erleuchtung machst, bist du nicht in der Realität – das ist alles. Also musst du Erleuchtung voraussetzen. Ich muss in unserem Gespräch Erleuchtung voraussetzen, weil ich dadurch nichts anderes tue, als die Realität voraussetzen. Wie kann ich etwas anderes voraussetzen als die Realität? Es wäre ja absurd. Insofern ist es nicht möglich, sich auf Ebenen einzulassen, die nicht deinen authentischen Erfahrungen entsprechen. Und mein Anliegen ist es, einen Fingerzeig auf die Erforschung deiner authentischen Erfahrung zu geben, und das ist in diesem Moment möglich.

Tatsächlich gibt es keine Beziehung zwischen mir und dem anderen. Das ist die Wahrheit. Ich beschäftige mich mit Beziehung nur auf der Ebene der kleinen Selbsterforschung des denkenden Geistes, der Ich-Erforschung. Da macht es für mich Sinn. Das Thema der Projektion ist ein absolut wesentliches Thema in der kleinen Selbsterforschung, und Beziehung wird ausschließlich von Projektionen geprägt. Insofern macht es Sinn, Projektion zu erforschen. Wenn wir aber von Beziehung sprechen, dann gehen wir von einem nicht erforschten Konzept eines Ichs aus, welches mit einem nicht erforschten Du in Beziehung tritt. Und all die Lehren, die etwas über gute Beziehungen lehren, haben die Ebene der *Selbst*erforschung, die Ramana lehrte – die Möglichkeit der direkten Schau der Realität – nicht erkannt. Sie arbeiten ausschließlich innerhalb eines Denkkonstruktes des Geistes und erfassen die Möglichkeit einer direkten Erforschung von Realität nicht, die das Konstrukt dieses denkenden Geistes verlässt. Es ist nicht möglich, dass eine *Lehre* dieses Konstrukt überhaupt jemals verlassen kann. Erkennst du die absolute Radikalität darin?

Du musst vollkommen radikal sein. Radikal bedeutet: »an den Wurzeln« (lat. radix = Wurzel). Freiheit ist radikal, und es ist nicht möglich, einen Kompromiss einzugehen für die Freiheit und sich mit bestimmten begrenzten Verständnisebenen zu beschäftigen, nur weil du glaubst, du bist nicht bereit für das absolute Verständnis. Du *bist* bereit dafür! Aber wenn du *glaubst*, dass du es nicht bist, bist du es auch nicht. Der denkende Geist ist eine sich selbst erfüllende Prophezeiung, ein sich beständig selbst erzeugendes Phänomen, welches sich auch selbst bestätigt und bewahrheitet. Es erzeugt sich selbst und gibt sich selbst Wahrheit.

Wenn du in der authentischen Erfahrung des *No-Mind* bist, dann spielt es keine Rolle, ob du mit Menschen zusammen bist oder nicht. Du bist in Freude mit Menschen zusammen. Du bist in Freude allein. Die *eine* vollkommene Beziehung, die Beziehung zum *Selbst*, ist immer da.

Ein Wachsen im Sinne eines Tiefersinkens in die Realisation kann durch alles geschehen, und es bedarf dazu nicht unbedingt anderer Menschen als Reflektionen. Es bedarf möglicherweise überhaupt keiner Reflektion im Außen. Es ist möglich, dass dieser Prozess ein rein innerlicher Prozess ist, der völlig losgelöst von irgendwelchen Reflektionen im Außen geschieht. Es ist auch möglich, dass es im Außen Reflektionen gibt, die diesen Prozess des Tiefersinkens immer wieder unterstützen wie zum Beispiel eine Partnerschaft. Aber dem Konzept einer Beziehung zwischen mir und anderen Wichtigkeit zu verleihen bedeutet, die *eine* Beziehung zu leugnen.

Aber es kann doch unterstützend sein, wenn zwei Menschen sich beide auf das Finden dieser Wahrheit einlassen und sich gegenseitig helfen. Warum gibt es z.B. so viele Probleme, wenn die Frau anfängt zu suchen und der Mann nicht. Das sind Fragen, die immer wieder auftauchen.

Wenn du das Schattenboxen aufgibst und die Aufmerksamkeit, die im Normalfall veräußerlicht ist, zurückziehst, geschieht aus dieser vollkommenen Verinnerlichung heraus, in der es praktisch nicht mehr um ein »gib du mir etwas, was ich nicht habe« geht, das scheinbare Paradox, dass du von deinem Partner nichts mehr willst. Wenn du von deinem Partner nichts mehr willst, erst dann ist es überhaupt möglich, mit deinem Partner zu *sein*, das zu berühren, was es heißt, mit einem Partner zusammen zu *sein* im Selbst. Die unerfüllten Wünsche, die du an deinen Partner hast, sind nicht wirklich Wünsche an deinen Partner, sondern es sind Wünsche innerhalb des denkenden Geistes, die dann lediglich auf deinen Partner projiziert werden. Und damit bist du wieder in diesem Spiel des Schattenboxens gefangen.

Auf der relativen Ebene kann man auf jeden Fall sagen, dass natürlich eine gegenseitige Unterstützung da sein kann. Immer dann, wenn es in dir diesen authentischen Wunsch und die Bereitschaft gibt, in Wahrheit zu sein, reflektiert sie sich auch im Außen. Nur hat auch das nichts mit einer Beziehung im absoluten Sinne zu tun. Ich weiß, es kann sehr viel Schönheit zwischen Geliebten entstehen. Die natürliche Art und Weise zu sein tritt immer wieder auch aus einem nicht vollkommen realisierten Zustand heraus ganz natürlich auf, z.B. in der Art und Weise, wie du mit deiner Freundin zusammen bist – in Momenten, in denen ihr z.B. zusammen lacht oder vielleicht beim Sex oder in Momenten gemeinsamer Meditation. In den Momenten ist einfach das Herz mit dem Herz, und es sind in jedem Fall nichtdenkende Zustände, aus denen heraus das geschieht, was dann in der Realisation beständig ist. Das ist der Unterschied: Es ist dann beständig. Doch alles ist Lila.

♌

Was ist das Wesen der Liebe und wie hängt Sexualität damit zusammen?

Genaugenommen würde ich sagen, dass diese Frage nicht allgemein beantwortet werden kann, sondern nur in Bezug auf den, der fragt. Wenn ich versuche, die Frage allgemein zu beantworten, müsste ich die Antwort aufspalten insofern, als Sexualität ein zweischneidiges Schwert ist, welches sowohl eine Feier sein kann, aber auch dazu missbraucht werden kann, Liebe in der Sexualität zu suchen und Sexualität mit Liebe zu verwechseln. Sexualität ist auch deshalb ein zweischneidiges Schwert, weil der Geist dazu tendiert, sich über Sexualität stärker mit dem Körper zu identifizieren. Über Sexualität wird die Identifikation mit dem Körper stärker. Es fällt dem Geist zunächst einmal sehr schwer, in der Sexualität zu meditieren, weil Sexualität die gleichen Nebenwirkungen hat wie eine Droge. Es ist eine Droge. Wenn du eine Droge nimmst, dann wird der Geist die Tendenz haben, anstatt zu meditieren und mit dem *Wesen*tlichen zu sein, die Aufmerksamkeit auf den »Staub« zu richten, den die Droge aufwirbelt. Wenn du jetzt LSD nimmst, dann besteht der Staub aus irgendwelchen Halluzinationen, und wenn du Sexualität als Droge nimmst, besteht der Staub in all den Nebeneffekten, die durch Hormonausschüttung im Körper erzeugt werden. Durch Sexualität wird so viel Staub aufgewirbelt, die Reize überschwemmen den Geist und er verliert die Bewusstheit des Seins, jenseits von Körpergrenzen.

Satsang hat nichts mit irgendeiner Lehre zu tun. In Satsang zu sein bedeutet, jenseits von Lehre zu sein. Insofern gibt es über Sexualität nichts Allgemeingültiges zu lehren, was jenseits der bekannten Körperfunktionen ist. Wenn ein Lehrer eine Aussage über Sexualität macht und sich in dem Moment auf einen bestimmten Fragenden bezieht, besteht die Gefahr, daraus allgemeine Schlussfolgerungen zu ziehen: »Aber damals hat er doch gesagt, dass …«, »ein anderer Lehrer hat aber gesagt, dass …« – anstatt zu erkennen, dass sich die Gültigkeit der Aussage auf den betreffenden Moment und eine bestimmte Person, die fragt, bezieht. Einen anderen Wert hat sie nicht. Man kann kein Konzept daraus machen: Sexualität ist gut. Oder: Sexualität ist schlecht. Es gibt Menschen, die versucht haben, den asketischen Weg zu gehen und gescheitert sind. Und andere haben versucht, über den Weg der körperlichen Vereinigung zur endgültigen Transzendenz zu gelangen, und es ist misslungen. Jeglicher Weg über die Sexualität ist letztlich misslungen, soweit ich es sehen kann.

Eine Schwierigkeit mit der Sexualität für den Suchenden besteht darin, dass sich der Geist, wenn er einen spirituellen Weg geht, ja in gewisser Weise vom Materialismus zur Spiritualität bewegt. Sich vom Materialismus zu entfernen bedeutet, sich von der Materie zu entfernen, d.h. die Aufmerksamkeit von der Materie und damit auch vom Körper wegzurichten. Der Körper ist ein Ausdruck von Materie, er ist Materie. Das Problem dabei ist, dass die Entwicklung vom Materialismus zur Spiritualität noch keine wirkliche Entwicklung ist, sondern dass die Missverständnisse und Konzepte, die Glaubensvorstellungen des Geistes nur auf eine andere Ebene, nämlich auf die spirituelle Ebene, gebracht werden. Das wird dann als spiritueller Weg bezeichnet.

Mit anderen Worten: Ich sehe bei manchen Suchenden, besonders solchen, die sich feinstofflichen Ebenen zugewandt haben und von grobstofflichen abgewandt haben, das Problem, dass Sexualität geleugnet wird, weil Sexualität einer noblen pseudospirituellen Vorstellung von Läuterung unterworfen wird. Ich sehe das große Hindernis, dass Sexualität durch eine Jahrtausende alte christliche Konditionierung verteufelt und der Heiligkeit gegenübergestellt wurde. Das betrifft westliche Suchende, die sich zwar nicht als christlich bezeichnen, aber an diesen Kollektivvorstellungen tief unterbewusst anhaften und Sexualität aus spirituellen Glaubensvorstellungen verleugnen. Die USA sind ein gutes Beispiel dafür. Die Gründer waren Puritaner, deren religiöse Missverständnisse über Askese und Enthaltsamkeit heute noch das unterbewusste Kollektiv des denkenden Geistes prägen, der sich als »Amerikaner« identifiziert. Auch bei suchenden Amerikanern ist spürbar, wieviel Spannung der Geist in diesem Bereich festhält. Selbst bei vielen amerikanischen Lehrern spürt man meistens eine Einfärbung, wenn es zum Thema Sexualität kommt.

All das gilt es zu durchtrennen. Ich sage nichts darüber aus, wie Sexualität gelebt werden muss, dass sie gelebt werden muss, dass sie nicht gelebt werden darf. Ich sehe nur, dass das vordergründige Konzept unter spirituell Suchenden zu sein scheint, dass Sexualität nicht gelebt werden darf (Ausnahme sind bestimmte New-Age-Subkulturen, Tantriker u.a.), während bei materiell Suchenden oder dem Geist, der noch stark in der Materie verhaftet ist, das vordergründige Konzept zu sein scheint, dass Sexualität als Abwehrmechanismus ausgelebt wird, um das tiefe Unglücklichsein nicht zu erkennen. Sexualität kann ja auch darüber hinwegtäuschen, dass ich im Tiefsten nicht erfüllt bin, aber dennoch nicht bereit bin, wirklich zu suchen und mein

Selbst zu erkennen. Insofern ist die Frage nicht so einfach zu beantworten.

Was ist das Problem mit Sexualität? Das Problem ist nicht im Körper, das Problem ist im Geist. Sexualität ist genauso wie alle Manifestationen, die aus dem Selbst kommen, ein Ausdruck der Feier, ein Ausdruck des Selbst, ein Ausdruck von Lust. Jegliche Färbung in dem, was ich sage, hin zum Negativen oder zum Positiven zu sehen, wäre schon eine Verzerrung. Denn letztendlich gibt es, wie gesagt, über Sexualität genauso wenig zu sagen, wie über irgendein anderes Thema, über das es nichts zu lehren gibt. Satsang ist die Möglichkeit, jenseits von Lehre zu sein. Das ist das Ende von Lehre. Wie viele Lehren gibt es und wie viele Lehren gibt es, die sich scheinbar widersprechen? Sie widersprechen sich nicht, weil sie sich *wirklich* widersprechen, sondern, weil sie auf verschiedenen Ebenen von begrenztem Verständnis gegeben werden. Beantwortet das deine Frage?

Ja, über Sexualität, aber nicht über die Liebe.

In der Essenz ist Sexualität ein Ausdruck von Liebe und ein Ausdruck des Wesens von Liebe. Wenn Sexualität gelebt wird, ohne Investment auf das, was dabei herauskommt, wenn sie spontan gelebt wird, so wie alles spontan aus dem Moment gelebt wird, gibt es in Sexualität genauso wenig eine »Gefahr« wie in irgendetwas. Aber es ist wichtig, wachsam zu sein, gerade in der Sexualität – sowohl auf der einen Seite, als auch auf der anderen Seite. Es gibt Lehrer, die erkannt haben, dass es mit Sexualität ein Problem gibt und die dann angefangen haben, in Askese zu leben. Aber auch das ist ein Problem, denn in Askese zu leben, kann auch aus einer Zwanghaftigkeit des Geistes geschehen. Dennoch kann es möglich und wichtig sein, in bestimmten Momenten oder bestimmten Phasen asketisch zu sein. Das kannst nur du wissen.

Wie verstehst Du Askese?

Askese hat nichts mit der Enthaltsamkeit von »fleischlichen Begierden« zu tun. Wieviel unnötiges Leiden hat das Missverständnis hervorgebracht, dass der spirituelle Weg ein Weg sei, bei dem es darum ginge, »niedere« fleischliche Begierden zu sublimieren. Mir sind spirituelle Lehrer bekannt, die die angebliche »Sexfalle« betonen oder mit dem Zeigefinger der »spirituellen Korrektheit« auf andere Lehrer zeigen, die Sex mit Schülern haben. Und? Ich kann in meiner Erfahrung die Wesentlichkeit des Themas Sexualität auf dem spirituellen Weg letztlich nicht bestätigen. Die einzige Enthaltsamkeit, derer es bedarf, ist die Enthaltsamkeit von Ich-Gedanken. Der Ich-Gedanke dringt allerdings bis in körperliches Denken vor und scheint mit dem Körper zu verschmelzen. Hier ist der wahre Kern der verbreiteten Vorstellung von Askese. Ein Suchender in Selbsterforschung kann das erkennen. Für denjenigen, der das ICH vom Körper unterscheidet, ist es nicht notwendig, sich der Sexualität zu enthalten.

Gangaji sagte allerdings, dass Sexualität nicht notwendig sei.

Stimmt genau, und ich ergänze, dass die Enthaltsamkeit von Sexualität genauso wenig notwendig ist.

ꝗ

Kannst Du etwas zur Einsamkeit und zum Alleinsein sagen?

Die Wahrheit ist: Es gibt keine Möglichkeit, einsam zu sein. Es ist in jedem Moment die vollkommene Beziehung zum göttlichen *Selbst* präsent. Wenn du dich einsam fühlst, dann musst du diese Umarmung mit dem Selbst leugnen. Wenn sich Menschen einsam fühlen, dann ist das meistens eine Konsequenz aus dem frustrierten Wunsch nach Beziehung. Häufig ist es so, dass dieser Wunsch nach Beziehung, solange er scheinbar erfüllt ist, dieses darunterliegende Gefühl von Einsamkeit verdeckt, welches erst dann auftaucht, wenn du z.B. mit einem Lehrer zusammen bist und die Gewohnheit von Beziehung unterbrochen wird. Dann suchst du nur noch *eine* Beziehung, und das ist die Beziehung zum Selbst. Solange du andere Beziehungen suchst, wirst du dich einsam fühlen, denn du wirst – auch wenn diese Beziehungen scheinbar vorübergehend glücklich machen können – immer die Erfahrung machen, dass unterschwellig Einsamkeit da ist, denn du weißt, dass die Beziehung verloren werden kann und davor hast du Angst. In keiner sogenannten Beziehung kann Erfüllung erlangt werden. Auch die Geschichte mit dem Seelenpartner ist ein Mythos. Das ist eine Glaubensgeschichte, die vielfach verbreitet wird und sich im ersten Augenblick ganz gut anhört, aber wenn du sie genauer beleuchtest, erkennst du: Sie ist vergänglich. Deshalb suche nicht nach vermeintlichen Seelenpartnern oder anderen Beziehungen, sondern erkenne in diesem Moment, dass die vollkommene Beziehung zum Selbst *ist*. Du kannst es nicht glauben oder denken. Du hast nur die Möglichkeit, still zu sein und nach innen zu lauschen.

Egal an was du dich hängst, es ist eine Ablenkung und eine Abwehr gegen dich selbst, gegen die Wahrheit deiner selbst. Was ich über Beziehungen gesagt habe, gilt nicht nur für Beziehungen zu Menschen. Der Geist unterscheidet nicht zwischen Menschen und einem Haus – für ihn sind alles Objekte. In seinen

Wünschen unterscheidet er nicht wirklich zwischen Dingen und Menschen. Für ihn gibt es nur Objekte als potentielle Erfüller seiner Begierde, Objekte, die potentiell in Frage kommen, seine Begierden zu erfüllen. Das können Menschen sein, Häuser, alles Mögliche. Und es geht darum, diese Beziehung aufzugeben. Du kannst in dieser Welt von Illusionen jede Illusion ausreichend erforschen, solange du sie für gewinnbringend hältst. Das scheint frei zu sein, denn die einzige Freiheit, die der Mensch hat, ist die Freiheit zu leiden. Das ist die wahrlich einzige Freiheit, die er hat.

Es ist eine Verschwendung von Lebensenergie, eine Verschwendung von Shakti, sie an ein Objekt zu binden. Das ist das, was der Geist im Normalfall immer und nur tut, die Shakti an Objekte zu binden: Erst ist es ein Objekt im Außen, Häuser, Materie, Menschen und dann Objekte im Innen, Gedanken, Gefühle, Körperempfindungen, Bilder, Energien, Licht, welche Phänomene auch immer. Und immer wieder tritt dasselbe auf: die Bindung, die Haftung, das Gefängnis, die Beziehung.

Wie ist es, wenn du dich an nichts mehr bindest? Wenn du dich nicht mehr binden musst an irgendein Phänomen, an dem du dich festhältst, weil du glaubst, wenn du es loslässt, dann stirbst du. Es geht darum, jede Bindung zu jedem Phänomen aufzugeben und dann zu sehen, was geschieht. Es geschieht nicht das, was du dir vorstellst, weder im Positiven noch im Negativen. Denn du musst auch die Bindung zu dieser Vorstellung aufgeben. Du brauchst keine Beziehung zu einem Objekt. Erkenne, wer du *bist*. Du bist vollkommen allein, und jede Beziehung zu einem Objekt täuscht über das Alleinsein hinweg. Es ist kein depressives Alleinsein, was sich da auftut. Es gibt *eine* einzige Beziehung, die wirklich existiert, und das ist die Beziehung zwischen dir und dem *Selbst*: Eine beziehungslose Beziehung. In dem, was sich als formloses Bewusstsein *nicht* manifestiert und in dem, was sich als Bewusstsein-in-Form manifestiert, bist du allein, und jede Beziehung ist nur eine Täuschung, ein Weglaufen vor der Einsamkeit, die immer darunter liegt. Und unter der Einsamkeit liegt die Eins-sam-keit, die Stille des Selbst.

♌

Was heißt es, wenn Du sagst: »Wenn zwei Menschen heiraten, heiratet das Selbst«?

Im Wesen ist Heirat für mich ein Akt der Liebe. Im Wesen ist es kein Akt konditionierter Liebe. Es ist auch keine Bindung an einen Menschen. Es ist tragisch, wie Heirat als Beziehung missverstanden wird. Eine Verbindung zwischen zwei Menschen kann nie zur vollkommenen Erfüllung gelangen, solange es eine Beziehung zwischen diesen beiden Menschen gibt. *Wer* bezieht sich auf *wen*? Wer bin *ich* und wer bist *du*? Leider entsteht der Wunsch nach Heirat allzu oft nicht aus dem Sein und aus der Freude des Seins, welches keiner Erfüllung bedarf, weil es in sich selbst bereits erfüllt ist, sondern aus irgendeiner Idee von Mangel. Da ich diesen Mangel empfinde, diesen Seinsmangel, glaube ich, dass irgendjemand, wer auch immer, das Loch dieses Mangels füllen könnte. »Gib' mir das, was ich nicht habe«, ist das Credo einer jeden Beziehung. Das ist die konditionierte, konventionelle Heirat, die leider die Norm ist. Aber es ist natürlich ein wesentlicher Schritt innerhalb des Verstehens zu erkennen, dass diese Suche unerfüllt bleibt.

Ein Mann bedarf nicht einer Frau, um ganz zu sein, und eine Frau bedarf nicht eines Mannes, um ganz zu sein. Das sind Konzepte, die in vielen Lehren gelehrt werden und die nicht aus der

Selbsterforschung stammen, sondern aus dem Verstandesgeist. Wenn Heirat in dem gegenseitigen Versprechen der Selbsterkenntnis geschehen würde, wäre es ein Akt der Erfüllung. In einem Akt der Erfüllung gibt es paradoxerweise gar keine Notwendigkeit, die Verbindung aufrechtzuerhalten. Das Sein hält diese Verbindung aufrecht, wenn es so bestimmt ist. Es gibt natürlich auch diese Mär, dass Heirat für immer ist. Heirat ist genauso vergänglich, wie alles andere, was aus dem Selbst kommt. Wer kann sagen, wie lange eine Verbindung zwischen zwei Menschen aufrechterhalten werden soll und wie lange nicht? Aber im Normalzustand des Verstandesgeistes, der sein Dasein durch Denken aufrechterhält, entstehen fast alle Handlungen aus irgendeinem Mangel heraus, offensichtlich oder versteckt. Das Wesen von Heirat ist für mich so etwas wie eine Feier des Selbst, der Shakti aus dem Selbst. Dieser scheinbare Seinsmangel, an dem jeder leidet, kann durch nichts, durch überhaupt nichts erfüllt werden. Es gibt keine Handlung der Welt, die diesen Seinsmangel in irgendeiner Form ausgleichen könnte. Nur die reine Realisation, die reine Erkenntnis, wer ich wirklich bin, erlöst mich von diesem Traum, dass es einen Seinsmangel in irgendeiner Form gibt.

♌

Was ist Liebe wirklich?

Im Advaita, in der Lehre der Nicht-Dualität, wird von Liebe wenig gesprochen. Das liegt daran, dass alles, was mit dem Begriff Liebe verbunden ist, nichts mit Liebe oder genauso viel oder so wenig mit Liebe zu tun hat, wie alles andere auch. Das, was der Geist für Liebe hält, ist Hormonausschüttung. Es gibt kein Konzept von Liebe, was der Geist erfassen könnte. Sobald du dir auch nur die geringste Vorstellung von dem machst, was Liebe ist, musst du eine Vorstellung davon haben, was sie nicht ist oder was sie nicht sein darf. Liebe ist, dass Kriege geführt werden, und Liebe ist, dass Frieden ist. Ich könnte dir sehr viel darüber sagen, was Liebe nicht ist. Sie bedeutet nicht, so und nicht anders zu sein. Sie ist überhaupt nicht durch irgendeine Vorstellung berührbar. Es gibt niemanden, der mehr oder weniger liebevoll ist als irgendjemand anders. Liebe hat nichts mit irgendetwas in der Persönlichkeit zu tun. Sie hat nichts Individuelles. Sie hat nichts mit Beziehung zu tun. Aus Liebe entsteht alles, was entsteht.

Das heißt, wenn man sagt: »Ein Mann und eine Frau lieben sich«, dann ist das nicht wirklich Liebe?

Der Unterschied zwischen »Ich liebe« und »Ich liebe dich« ist wesentlich. Das Ego versteht Liebe nur in Bezug auf ein Objekt. In der Verbindung zwischen Mann und Frau wird die Flamme der Liebe entfacht. Doch dieses Feuer, welches in Wahrheit das Feuer der Liebe zum göttlichen Geliebten ist, wird leider allzu oft nicht erkannt und dann vom Ego in Besitz genommen. Das Ego will Liebe »haben« und dazu braucht es ein Objekt. Also wird der Partner zum geliebten Objekt, der dann in Besitz genommen werden muss. Das nennt das Ego dann: »Ich liebe dich«. Löse das »Ich liebe« vom »dich« und lass die Liebe frei. Dann erkennst du: Du kannst zwar das »dich« verlieren, nicht aber die Liebe.

Du kannst keinen »anderen« Menschen lieben. Wenn du glaubst, einen anderen Menschen lieben zu müssen, musst du irgendeine Form von Bemühung oder Anstrengung aufbringen. Dann bist du wieder dabei, »das Auto anzuschieben, was den Berg herunterfährt«. In der Stille *bist* du, und aus der Stille zeigt sich Liebe von selbst. Und es bedeutet nicht zwangsläufig, dass du dafür – wie der Geist es ausdrücken würde – geliebt wirst, weil du natürlich in der *Wahrheit* der Liebe alle *Vorstellungen* von Liebe konfrontierst. Das sieht der Geist nicht so gern.

Liebe *ist*. Liebe wirkt.

Jemand hat einmal gesagt, täglich – als Partnerin – mit dem Meister zusammen zu leben, ist wie ein nasser Waschlappen ins Gesicht. Es gibt nichts mehr zu verstecken, nichts mehr vorzumachen.

Wenn Hingabe an das Herz da ist, ist große Einfachheit da, dann ist tiefe Erfahrung von Schönheit da. Aber die klassischen Abwehrmechanismen, die in einer »normalen« Beziehung greifen, greifen einfach nicht mehr: Das Universum hat Beziehung so geschaffen, dass der Geist des einen Partners genau in den Abwehrmechanismus des anderen greift, um ihn zu schließen. Was man Beziehung nennt, ist ein harmonisches Wechselspiel zwischen Neurosen. Harmonisch insofern, als dass die Neurosen immer perfekt ineinander greifen und sich verflechten. Innerhalb dieser Verflechtung gibt es keine Möglichkeit, Klarheit zu finden. Wie bereits gesagt ist Beziehung zwischen »Ich« und »Du« nichts anderes als die Beziehung zwischen einer Ich-Vorstellung und einer projizierten Du-Vorstellung. Wenn der Lehrer jedoch nichts persönlich nimmt von dem, was auf seine Person projiziert wird und einfach im stillen Zeuge-Sein verweilt, funktioniert das Ich-Du-Spiel des Geistes nicht mehr. Der Geist des Partners wird auf sich selbst zurückgeworfen. Und das kann vorübergehend äußerst unbequem sein.

♌

Es ist ein gängiges Konzept der Psychologie: Der Partner ist ein Spiegel für dich. Was bedeutet es, wenn Du sagst: »Auch der Spiegel muss zerstört werden?«

Aus der Identifikation mit dem Frau-Sein oder dem Mann-Sein ergeben sich zwangsläufig Projektionen, die Polarität der anderen Urkraft wird auf das andere Geschlecht projiziert. Und diese Spiegelungen werden zunächst einmal eine Beziehung vortäuschen.

In Wirklichkeit ist die Frau kein Spiegel von ihrem Mann oder umgekehrt, wenn es niemanden mehr gibt, der in den Spiegel schaut. Deswegen kommt der Punkt, an dem Poonjaji sagte: »Ja, jetzt muss der Spiegel zerstört werden.«

Ich verstehe das nicht.

Das bedeutet, dass du nicht mehr in den Spiegel schaust, sondern in denjenigen, der schaut. Denn solange du in den Spiegel schaust, siehst du offensichtlich nur Reflektionen. Da jeder ständig in den Spiegel schaut – zunächst unbewusst und dann durch entsprechende Techniken aus Psychologie und Metaphysik bewusster – kann einiges verstanden werden. Aber es bewegt sich immer noch innerhalb von Denkstrukturen und damit von Illusionen. Tatsächlich ist nicht nur das, *was* im Spiegel gesehen wird, eine substanzlose Kreation des denkenden Geistes, sondern auch der Spiegel selbst. Es gibt die Möglichkeit, eben nicht mehr in den Spiegel zu schauen, sondern den zu sehen, der sieht. Dann gibt es keine Notwendigkeit mehr für einen Spiegel.

Also das, was man ist, im anderen zu erkennen?

Nein. Der Versuch, das, was du bist, im anderen zu erkennen, ist nach wie vor ein »in den Spiegel sehen«. Es ist kein Schauen mehr in dem Sinne, dass »etwas« angeschaut wird. Wenn es ein Anschauen gibt, gibt es »jemanden«, der schaut und »etwas«, was angeschaut wird. Das ist Dualität. In der reinen Schau, in dem, was *ist*, gibt es weder »jemanden«, der schaut, noch »etwas«, was angeschaut wird, noch gibt es ein Schauen. Es ist einfacher als der Akt des Schauens. Die Erkenntnis, dass auch der »andere« das ist, was *ist*, ist kein Prozess oder eine Folge von Schauen, sondern ist in jedem natürlichen Moment der Wahrnehmung enthalten und bedarf keines Schauens als Prozess in Zeit und Raum oder als bewusste oder unbewusste Bemühung.

Es ist eine Spielart der Natur, dass wir uns zunächst in einem Spiegelkabinett befinden und über Reflektionen im Innen oder im Außen erst Erkenntnis möglich wird. Da die Reflektion im Innen erst für einen sehr reifen Geist voll nutzbar wird, ist das, was man als Reflektion im Außen betrachtet, zunächst noch sehr viel wichtiger. Ich würde letztlich sagen, dass ein sehr reifer Geist, der sich mehr und mehr nach Innen gewandt und die Aufmerksamkeit aus der Außenwelt und damit auch vom Partner zurückgezogen hat – was übrigens nicht bedeutet, dem Partner nicht mehr nah zu sein – die inneren Reflektionen sofort als authentisch oder falsch unterscheiden kann. In dem Fall kann also ein rein innerer Prozess ablaufen, ohne dass Reflektionen über das Außen notwendig werden.

ꝛ

Meine Frage ist: Deine Mutter, Dein Vater, Deine Geschwister sind nicht realisiert. Sie haben keinen Kontakt mit dem, was Du wirklich bist. Wie ist die Beziehung zu ihnen für Dich? Empfindest Du manchmal Schmerz oder Mitgefühl?

Von meinem Standpunkt aus gibt es nur eine einzige Beziehung, und das ist die einzige Beziehung, die du suchen solltest. Andere Beziehungen zu suchen – egal, ob sie als »Familie« auftauchen oder als »Partner« – das sind die beiden Hauptmöglichkeiten – ist ein Ablenkungsmechanismus. Es gibt nur die eine einzige Beziehung und das ist die Beziehung zum *Selbst*. Das ist die einzige Beziehung, die du überhaupt jemals in Wirklichkeit eingehen kannst. Das, was wir als Beziehung zur Familie bezeichnen oder Beziehung zu den Kindern, ist meistens ein Konstrukt aus Sentimentalität, Verlustängsten und Besitzansprüchen des Egos, und dieses Konstrukt von Sentimentalität gilt es zu durchbrechen. Mit anderen Worten: Es ist nicht so, dass ich eine tiefe Beziehung habe zu der Person, die sich meine Schwester nennt, weil sie meine Schwester ist. Denn dieses »Schwestersein« ist nur ein Konzept. Dennoch gibt es eine natürliche Anziehung, die dadurch gegeben ist, dass es Menschen sind, die in körperlicher Nähe oder Verwandtschaft aufgewachsen sind. Aber ich würde in letzter Instanz jedes Konzept darüber zurückweisen bzw. jede Bedeutung, die das hat.

Es geht tatsächlich nur noch darum, dass du den Kontakt zum *Selbst* suchst. Dort, wo du diesen Kontakt durch einen anderen Menschen nicht findest, wird auch die Verbindung mit diesem anderen Menschen unwesentlich – egal, ob das dein Vater ist oder der Postbote, der jeden Morgen kommt. Es spielt letztlich keine Rolle, wer es ist, denn du lebst in der Beziehung zum Selbst und du siehst: Da, wo das Selbst in reiner Form durchscheint, da bist du. Das ist deine Familie. Alles andere ist nicht deine Familie. Das ist mind. Dennoch werden auf natürliche Art und Weise Interaktionen geschehen: Es ist so, dass ich – ohne ein Pflichtgefühl meiner Mutter gegenüber zu haben – auf ganz natürliche Art und Weise Dinge für sie tue, weil das die Aufgabe ist, die in dem Moment gezeigt wird, ganz natürlich. Die Aufgabe, die mir in dem Moment zugewiesen ist, wird getan. Das Ganze ist befreit von irgendwelchen psychologischen oder spirituellen Konzepten, dass sie meine Mutter ist und ich deshalb bestimmte Pflichten hätte.

Es gibt das Phänomen, dass Menschen in Familien aufwachsen können, in denen die Familienmitglieder total auseinandergehen. Das wird von der Psychologie als Trauma betrachtet. Die *Bindung* in einer Familie mag zwar zeitweilig dazu beitragen, dass der Geist besser funktioniert, denn die Familie im Außen gibt ihm die Illusion von Sicherheit und Geborgenheit. Doch der Schein trügt. In Wirklichkeit ist diese *Bindung,* die Identifikation über Beziehung mit dem Außen, eine Verschleierung der Selbstbeschränkung des Geistes, der freiwillig im Gefängnis der von ihm geschaffenen Abhängigkeiten verharrt.

Ich messe den angeblichen Beziehungen in der Familie nur solange Bedeutung bei, wie du in den Spiegel schaust, denn natürlich schaust du auch da in den Spiegel. Und die Familientherapie nach Bert Hellinger zum Beispiel ist ja eine Arbeit, die auf verschiedenste Art damit zu tun hat, dass du in den Spiegel schaust. Aber was passiert, wenn du nicht mehr in den Spiegel schaust – nicht weil du nicht mehr hineinschauen willst, sondern weil es niemanden mehr gibt, der in den Spiegel schaut? Dann fallen diese ganzen verqueren Familienvorstellungen einfach weg, weil du nur noch und ausschließlich am *Selbst* interessiert bist. Und die ganze Sentimentalität, die an diese verquere Familienvorstellung geknüpft ist, fällt ebenfalls weg.

Auf einer tiefen Ebene kann ich sehen, dass diese Arbeit von Hellinger einfach wirksam ist, um alte Schulden und alte Geschichten abzutragen.

Ja. Aber nur solange du an die Realität dessen glaubst. Die Frage ist, inwieweit bist du bereit, tiefer zu gehen als das? Bist du bereit, die Ewigkeit und die vollkommene Nicht-Identifikation mit all dem zu erfahren, was auftaucht, wenn es niemanden mehr gibt, der in den Spiegel schaut – wenn eben der Spiegel zerstört wird? Wenn es *nichts* mehr gibt, was dich reflektiert oder *alles*. Es kommt der Punkt, an dem du dich fragen musst, woran du eigentlich noch interessiert bist an diesem Spiegel. Und das Konzept von Familie ist natürlich ein wesentlicher Teil der Trance, ein Grundpfeiler des Gefängnisses des Denkens.

Ist die Illusion des sogenannten Seelenpartners auch ein Teil der Trance?

Ja. Ich hätte auch für den Begriff der Familie den Begriff des Seelenpartners einsetzen können. Es ist dasselbe, dieselbe Trance, derselbe nicht vorhandene Spiegel.

♌

Ich möchte wissen, ob es eine Liebe geben kann, die einzelne Teile oder den allergrößten Teil der Welt ausschließt?

Das, was der denkende Geist als Liebe versteht, muss immer etwas ausschließen. Solange der denkende Geist überhaupt existiert, muss Liebe etwas ausschließen, selbst wenn er sich das Konzept vormacht, dass Liebe alles umfasst. Selbst wenn er intellektuell verstehen kann, dass Liebe alles umfasst, selbst dann wird Liebe etwas ausschließen. In der Stille des Geistes stellt sich die Frage von Einschließen oder Ausschließen überhaupt nicht. Im Sein des Selbst stellt sich die Frage nicht. Und in dieser grundsätzlichen Schwingung von Liebe oder Mitgefühl geschieht ganz natürlich Anziehung und Abstoßung. Der Geist kann nichts über Liebe lernen, aber wie oft versucht er das? Wie viele spirituelle Sucher versuchen, etwas über Liebe zu lernen? In dem Moment, in dem ich versuche, etwas über Liebe zu lernen, muss ich ein Konzept von Liebe haben, Konzepte, von denen die Liebe ausgeht, z.B. herzlich, warm, annehmend, freundlich und was auch immer für Qualitäten der Liebe zugeordnet werden. Es gibt nichts zu lernen über Liebe. Liebe ist bereits verwirklicht.

Es ist unmöglich, dass Liebe abwesend ist. Was abwesend sein kann, ist ein Gefühl, eine Gefühlsqualität. Aber solange der Geist nach etwas sucht, was abwesend ist oder abwesend zu sein scheint, sucht er am falschen Ort. Denn das, was du suchst, muss *jetzt* anwesend sein. Es muss *jetzt* anwesend sein, es muss *immer* anwesend sein.

Hingabe gibt es doch nur dann, wenn jemand sich etwas hingibt. Dann setzt das doch voraus, dass es zwei gibt. Mir wird bewusst, dass dies eigentlich auch nur ein Konstrukt ist.

Ja. In Wirklichkeit gibt es auch niemanden der sich hingibt. Aber das ist ja zunächst einmal nicht deine Erfahrung. Die Erfahrung ist, dass das, was wir Hingabe nennen, der Moment ist, in dem aus der scheinbaren Zwei Eins wird. Hingabe ist nur möglich, wenn jede Vorliebe aufgegeben wird. Hast du dir das Wort »Vorliebe« einmal genauer betrachtet?

Vorstellung von Liebe?

Ja. Das, was vor der Liebe steht, ist die Vor-liebe. Und das, was Poonjaji so ausgedrückt hat, »das anzunehmen, was kommt und das zurückzuweisen, was geht«, das ist das Geheimnis, was hinter der Hingabe steckt. Wenn jede Vorstellung von dem, was sein sollte, wie es sein sollte, wie es nicht sein sollte, aufgegeben wird und du zum ersten Mal das *Sein* selbst berührst, jenseits von Vor-, Neben- und Ab-neigung, wenn du die Unpersönlichkeit des Seins berührst, berührst du in dem Moment Liebe. Du gibst den Standpunkt eines persönlichen Menschen auf, den Standpunkt eines persönlich Handelnden, der Entscheidungen trifft, der Motive, Wünsche und Absichten, Abwehr, Vorlieben, Vermeidungen und Abneigungen, der all diese künstlich erzeugten Gedankenkonstrukte hat. Es läuft immer wieder darauf hinaus, dass es das Denken selbst ist, was der Hingabe im Wege steht. Denn in dem Moment, in dem das Denken zurücktritt, gibt es tatsächlich niemanden mehr, der sich hingeben könnte. Hingabe ist dieser Moment, in dem das Denken zurücktritt. Ich meine geistiges, emotionales oder körperliches Denken, jedes Denken. Körperliches Denken wird häufig als Energie bezeichnet. Körperlicher Widerstand oder angebliche Energien, die im Raum sind, das sind Formen körperlichen Denkens. Es gibt sie nicht. Sie werden von dir erzeugt, während du sie wahrnimmst. In dem Moment, wo der denkende Geist zurücktritt, fällst du in die Liebe.

♌

Ist es ein Konzept, dass es eine männliche und eine weibliche Energie in jedem menschlichen Wesen gibt? Und ist die Vereini-

gung, die Verschmelzung beider Energien zu einer Einheit, die zwar im Körper geschieht, aber über den Körper hinausgeht, der Moment, in dem diese Flamme »übertragen« wird?

Nein. Absolut nicht. Das eine hat mit dem anderen nichts zu tun. Tatsächlich gibt es gar keine Notwendigkeit zur Vereinigung dieser männlichen und weiblichen Energie. Das ist ein bestimmtes Verständniskonzept, welches therapeutisch weitergegeben wird. In Wahrheit sind diese Energien bereits im natürlichen Zustand des *No-Mind* vereinigt. In Meditation ist eine natürliche Harmonie, ein natürliches Wechselspiel zwischen unpersönlicher männlicher und unpersönlicher weiblicher Energie vorhanden. Diese »Harmonie« kann durchaus auch disharmonisch sein, wenn sich diese Kräfte zum Beispiel in einer Partnerschaft reiben. Es gibt also überhaupt keine Notwendigkeit dazu, dass irgendjemand sich mit irgendetwas vereint. Denn die Energien sind bereits vereint. Die Trennung geschieht nicht zwischen männlicher und weiblicher Energie, sondern sie geschieht durch das Denken über männliche und weibliche Energie. Die Trennung geschieht niemals zwischen den Energien selbst, sondern sie wird ausschließlich durch das Denken hervorgerufen. Die *Vorstellungen* von männlicher und weiblicher Energie sind getrennt, und es sind die *Vorstellungen*, die sich vereinigen. Sowohl die Trennung als auch die Vereinigung geschehen ausschließlich in Vorstellungen und beide berühren die Realität nicht. Die Realität ist, dass die männliche und die weibliche Energie in vollkommener Vereinigung – genaugenommen weder in Vereinigung noch in Trennung – agieren. Das ist Lila.

ꝭ

Mir kommt es so vor, als ob alles, was ich, d.h. der Geist, nicht haben will, das spaltet er ab und damit ich es nicht erkenne, nimmt es die Gestalt von anderen Personen an. So kommt es mir vor. Ich sehe mich hier sitzen in tausend verschiedenen Positionen, schuldig und lieb, und ich habe nur immer wieder gemerkt: »Das bist du, das bist du.« Ich habe hundert Dus in einem Augenblick.

Genauso ist es. Denn das Du scheint der Ausweg aus der Unerträglichkeit zu sein.

Irgendjemand sagt »Du« und dadurch bin ich alles andere nicht. Das scheint unfassbar.

Das »Ich und Du«-Spiel ist das beliebteste Gesellschaftsspiel. Das Du ist eine Ablenkung, die sich der Geist geschaffen hat, um seiner selbst nicht gewahr zu werden. Sich mit dem Du zu beschäftigen führt vom Wesentlichen weg. Mit dem Du meine ich alles, was du als andere Menschen empfindest, diejenigen, die du »liebst« und die du »hasst«, beide gleichermaßen. Und das Du nimmt noch viel subtilere Verkleidungen an, die sich im Innen abspalten. Das Du sind also nicht nur »andere Menschen«, sondern das Du geschieht auch innerhalb deiner selbst in Form von Täter-Opfer-Dialogen, die übrigens nichts anderes sind als die subtilere Ausdrucksweise desselben »Ich und Du«-Spiels, welches sich sonst von innen nach außen vollzieht. Nur ist es so, dass es manchmal nach außen tritt und manchmal nicht, aber es ist dasselbe Spiel von »Ich und Du«. Und du hast bereits gemerkt, wann immer du das Spiel spielst, dass du dich nicht mit beiden Parteien gleichzeitig identifizieren kannst. Das ist wie bei einem Vexierbild: Du kannst nicht beide Bilder gleichzeitig sehen, das ist unmöglich. Das liegt in der Natur der Sache. Alle Dus sind abgespaltene Ichs: Ichs, die du nicht haben willst und die du dann in die Welt hinausprojizierst, um draußen mehr oder weniger erfolgreich gegen sie zu kämpfen.

Um sagen zu können: »Das bin ich nicht«.

Natürlich. Es sind ja immer die anderen. Das ist bekannt. Und dann wird die Zeit damit verbracht, die Geschichte über diese Ichs und Dus breitzutreten, auszudiskutieren usw. usf. Bloß nicht das Wesentliche aufkommen lassen. Es könnte ja gefährlich werden für das Ich. Lieber Zeit verbringen mit »Ich und Du«-Geschichten.

Das merke ich auch jetzt, wo die Frage sehr naheliegt: Wer inszeniert das eigentlich? Wer ist denn »Ich«, wenn es hier lauter »Dus« gibt?

Das ist eine wesentliche Frage. Ich möchte sagen, das ist die einzige Frage, um die es hier im Satsang geht.

Das muss die einzig wichtige Frage sein, denn ich merke, dass – wenn ich an den Punkt komme, wo diese Frage auftaucht – ganz viele Du-Geschichten entstehen.

Natürlich. Sobald du diesen Mechanismus erkennst, kannst du diesen Mechanismus als Signal nehmen, um zum Wesentlichen zurückzukehren, nämlich zu der Frage: »*Wer* bin ich?« *Wer* ist der Schöpfer dieser Geschichte? *Wer* ist der Schöpfer von Ich und Du? Es geht darum, zum Schöpfer zurückzukehren. Das, was Menschen unter Beziehungen verstehen, ist eine endlos breitgetretene »Ich und Du«-Geschichte. Wenn du wirklich bereit bist, die Frage »Wer bin ich?« tiefer zu verfolgen, wirst du bemerken, dass es für diese Geschichten keine Notwendigkeit mehr gibt, dass es unheimlich langweilig ist, diesen Geschichten immer wieder und immer wieder Ausdruck zu verleihen, denn es sind immer wieder dieselben Geschichten. Das ist es, was der Geist ist: Eine alte Langspielplatte, die irgendwo in der Rille steckengeblieben ist. Das sind die 60 000 Gedanken am Tag, von denen achtzig Prozent repetitive Gedanken sind. Das ist genau das. Jeden Tag, 60 000 am Tag x 365 im Jahr x 75 Jahre – da kannst du dir ausrechnen, was dabei zusammenkommt.

Auch das Leiden ist Du. Du – Afrika, dritte Welt, Du – Bosnien, Du – mein Partner, Du-Gedanken, Du-Gefühle. Das Leiden ist ja immer Du. Solange das Leiden Du ist, ist das Ich nicht bereit, die volle Verantwortung dafür zu übernehmen. Nur aus dieser vollen Verantwortung ist Befreiung möglich.

Das Du wird erschaffen durch versteckte Sehnsüchte des Ich. Das ist das, was das Du erschafft. Und das ist das, was die Beziehung zum Du erschafft: versteckte Sehnsüchte, die sich ihrer selbst nicht gewahr sind. Aus diesem Grunde gibt es so etwas wie eine offene Beziehung gar nicht. Jede Beziehung ist verdeckt. Zu wem oder was du auch immer eine Beziehung hast, die wahren Motive sind verdeckt. Es gibt keine offene Beziehung. »Offene Beziehung« ist ein Widerspruch an sich. »Offene Beziehung« würde bedeuten, dass das Ich realisiert ist und das Du auch entsprechend realisiert ist. Das Du wird in dem Moment realisiert, wo das Ich realisiert wird. Wenn das Ich realisiert ist, gibt es keine Beziehung mehr. Aus diesem Grunde kann es nie eine offene Beziehung geben.

♌

Es gibt Situationen im Zusammenhang mit anderen Menschen, z.B. mit Eltern, in denen ich mir – wie auf Knopfdruck – plötzlich ganz fremd bin, als ob ich mir zuschaue und denke: »So warst du früher« oder »das kenne ich noch«. Es ist wie ein alter Film, der sich da abspielt. Ich habe zwar nicht mehr das Gefühl, dass ich wie früher richtig darin versacke oder dem ausgesetzt bin. Aber es ist wie eine Erinnerung, die plötzlich wieder auftaucht, obwohl ich weiß, dass es noch einen ganz anderen Zustand gibt.

Es ist für dich und für jeden ein wesentlicher Moment, was geschieht, wenn du mit einem anderen Menschen zusammen bist. Das, was da geschieht, ist wesentlich umfassender als Erinnerung. Es kann nicht nur durch Erinnerung beschrieben werden. Es geschieht eine grundsätzliche Leugnung deiner selbst in dem Moment, wo du Bilder siehst, wo du »andere Menschen« siehst. Und in dem Moment tritt die Versuchung in Kraft. Aber wenn die Versuchung nicht wäre, gäbe es keine Erkenntnis.

Welche Versuchung?

Die Versuchung, eines unerfüllten Wunsches, der sich nach außen richtet. Zum Beispiel der Wunsch: »Ich möchte von ›dir‹ verstanden werden« oder »Ich möchte von ›dir‹ endlich anerkannt werden«. Und diese Versuchung zieht dich immer wieder an die Oberfläche, weg von der Realisation dieser Leere, weg von dem Ozean, hin zu den Wellen an der Oberfläche des Ozeans. Werde dir dieser Versuchung und der Folgen, die sie für dich hat, bewusst, denn in dem Moment spaltest du dich. Es erscheint dir so, als wenn du dich in diesem Moment spaltest. Du spaltest dich in »mich« und »den anderen«. Das ist ein Prozess, der zwangsläufig in Gedanken geschieht, die dir vielleicht in ihrem vollen Umfang nicht bewusst werden. Es muss etwas ganz Grundsätzliches, eine energetische Spaltung, in dem Moment geschehen, in dem du mit anderen Menschen zusammentriffst. Und bei bestimmten Menschen geschieht es besonders stark.

Ich habe den Eindruck, dass Erwartungen da sind, die an mich gestellt werden, wie ich zu sein habe oder mich verhalten soll. Und der kindliche Aspekt, deswegen erwähne ich auch die Eltern, ist eben die Konditionierung, diese Erwartungen dann auch erfüllen zu wollen.

Es sind nie Erwartungen, die von anderen an dich gestellt werden. Es sind immer Erwartungen, die innerhalb deiner selbst in Form von Gedanken auftauchen. Es sind Gedanken. Und diese Gedanken werden dann nach außen projiziert und kommen zurück. Aber es sind immer deine Gedanken. Du bist mit diesen Gedanken verflochten, anstatt tiefer zu gehen als Gedanken. Erwartungen sind noch Inhalte von Gedanken. Sie zeigen, dass du in dem Moment etwas anderes willst als die Erfüllung in dieser Leere. Und wenn man Erwartungen an andere hat, wie du selbst sagst, dann will man etwas von anderen.

Ich habe ja nicht von den Erwartungen, die ich an andere habe, gesprochen, sondern von denen, die sie an mich haben.

Ich glaube, du hast noch nicht verstanden: Niemals haben »andere« Erwartungen an dich. Vielmehr sind die Erwartungen, die »andere« an dich haben, deine eigenen, die du auf »andere« projizierst.

Du sagst, dass das meine Gedanken sind, aber es spielt sich doch auch bei dem anderen etwas ab, was dann zu mir herüberkommt.

Was sich bei dem anderen abspielt, geht dich gar nichts an.

Das ist sehr erleichternd.

Wobei man sagen muss, dass das, was sich bei dem anderen abspielt, zunächst einmal das ist, was du denkst, was sich bei dem anderen abspielt.

Das kann natürlich durchaus unterschiedlich sein?

Das ist ein wesentlicher Unterschied. Sei bereit für Meditation, nicht wenn du dich hinsetzt, sondern in dem Moment, wo du mit anderen zusammen bist. Meditation ist keine Übung, die die anderen 23 3/4 Stunden des Tages ausschließt. Es geht darum, in jedem Moment in Meditation zu sein, egal mit wem du zusammen bist und was um dich herum passiert, egal was passiert. Es geht um die Möglichkeit, in Stille zu sein, anstatt in Gedanken, Wünschen, Erwartungen, Vorstellungen, Befürchtungen, Ängsten, Beurteilungen, Bewertungen, in all diesen Gedankenstrukturen zu verharren. Es erfordert offensichtlich außerordentlichen Mut, tiefer zu gehen als Gedanken, als die Wünsche, die durch Gedanken projiziert werden.

♌

Warum ist es so schwer, einem Partner gegenüber klar zu sein, Dinge klar auszusprechen, ihn nicht einer Täuschung zu überlassen?

Dem Partner gegenüber klar zu sein, ist nicht der wesentliche Punkt. Du wirst feststellen, dass Denken, Handeln und Fühlen in dem, was du Partnerschaft oder Beziehung nennst, ständig die Tendenz haben, auf den Partner fixiert und nach außen gerichtet zu sein, einen äußeren Bezugspunkt zu wählen. Diese Tendenz kennst du, denn es ist eine Grundtendenz des denkenden Geistes. In der Partnerschaft wird diese Tendenz extrem verstärkt, weil sich der Partner als beständige Projektionsfläche anbietet und zur Verfügung stellt. Es ist gar nicht deine Aufgabe, den Partner zu enttäuschen, sondern es ist deine Aufgabe, dich selbst zu ent-täuschen.

Wenn du selbst bereit bist, koste es was es wolle, die Wahrheit zu erforschen, und wenn du selbst diese Reife in dir spürst, mit dem zu sein, was im Zentrum deines Wesens ruht, dann ist es deine Aufgabe, dem gegenüber wahrhaftig zu sein. Es ist nicht deine Aufgabe zu kontrollieren, was dann davon nach außen dringt und wie es aussieht oder überhaupt die Frage danach zu stellen. Wenn du bereit bist, still zu sein, um dich so von diesem ganzen Müll aus Gedanken und Emotionen, der zwangsläufig immer wieder auftaucht, zu befreien, wenn du ihn immer wieder gehen lassen kannst, anstatt ihn weiter auf den Partner zu projizieren, und einfach mit dir bist, dann geschehen Handlungen und Dinge, die nicht mehr deiner Kontrolle unterliegen. Es ist nicht der wesentliche Punkt zu versuchen, die richtige Handlung dem Partner gegenüber zu finden. Der Partner ist nicht der Bezugspunkt.

Das Paradox ist, dass letztlich nur aus diesem vollkommenen Rückzug – welcher nach außen nicht ein wirkliches Zurückziehen sein muss, aber sein kann – wirkliche Nähe entstehen kann. Je mehr du nach etwas im Außen greifst, desto weniger wird Nähe möglich sein. Das ist meine Erfahrung. Das gilt nicht nur für die Partnerschaft, sondern das gilt für alles. Es ist dieses Dilemma von unerfüllten Wünschen, die aus Gier, Habsucht und Unersättlichkeit, aus einer Bettlermentalität entstehen, und je mehr du diesen Wünschen folgst und in das Greifen verfällst, desto weniger wird dir die Nähe zum *Selbst* zugänglich. Nähe ist nicht erreichbar durch Techniken. Nähe zu anderen Menschen ergibt sich aus dem natürlichen Seinszustand.

♌

Wenn ich jemanden treffe, zu dem ich mich hingezogen fühle, kommt ein Gefühl auf, sich selbst zu erkennen und zu sehen.

Es ist die Ahnung, dass du dir selbst ins Gesicht schaust?

Ja, ich habe manchmal das Gefühl. Aber ich brauche irgendwie jemand anderen dazu.

Du brauchst jemand anderen, um in den Spiegel schauen zu können, um dich selbst zu sehen. Und wenn du einen reinen Spiegel siehst, dann siehst du dich selbst nicht in verzerrten Grimassen, sondern dann siehst du dich selbst in der reinen Form. Allerdings, und das ist nach wie vor deine Verwechslung, verwechselst du den Spiegel mit dem *Selbst*. Erinnere dich daran, es ist nach wie vor nur ein Spiegel, und dieser Spiegel zeigt nichts, was außerhalb deiner selbst ist – auch wenn es zunächst so aussieht, als wenn der Spiegel außerhalb deiner selbst ist. Dieses warme Gefühl, was dann entsteht, ist an sich wunderschön und erzeugt auch kein Leiden. Das Problem entsteht in dem Moment, in dem mit diesem Gefühl irgendetwas gemacht wird, d.h., es wird interpretiert. »Ah, das also bedeutet jetzt das« oder »das müsste jetzt heißen, dass …« und »hoffentlich wird daraus das«, »aber bitte nicht so« usw. Das Problem entsteht in dem Moment, wo du dieses authentische Gefühl, einfach die Schönheit dieses Gefühls, in irgendeine Art von Geschichte in Form von Bedeutung und Wünschen einbaust. Die Folge wird sein, dass dieses Gefühl so verzerrt auftreten wird, dass es sich als Leiden zeigt. Dann wird aus diesem ursprünglich authentischen warmen Gefühl ein Habenwollen, das aus einem Mangel entsteht, der nicht wirklich da ist. Wenn du das Gefühl hast, dass ein Mangel da ist, dann kannst du diesen Mangel nicht überwinden, indem du so tust, als wäre er nicht da. Du kannst nicht positiv denken. Du kannst nichts tun mit diesem Mangel. Solange du diesen Mangel glaubst oder bezweifelst und versuchst, ihn psychologisch oder spirituell zu überwinden, wirst du dir etwas vormachen, und dieser Mangel wird dennoch da sein. So erscheint es zumindest. Aber du kannst forschen, ob dieser Mangel die Wahrheit ist über dein Selbst.

Den Mangel empfinde ich in mir.

Dieser Mangel ist deine Lüge, er ist die Lüge deines Geistes. Du kannst diese Lüge nicht überwinden. Du kannst sie nur *erkennen, jetzt*. Wo ist der Mangel? Ich sehe ihn nicht. Wenn du ihn siehst, musst du mir sagen, wo er ist.

Du siehst ihn nicht?

Ich sehe ihn nicht. Du musst mir sagen, was es ist. Wenn du *direkt* schaust, wo ist der Mangel? Schau hin. Nicht nach außen, nach innen. Sei in Meditation. Sei einfach mit *dir*. Wo findest du ihn?

Ich empfinde keinen Mangel bei mir. Aber ich habe den Verdacht, wenn ich das so allein lebe und nicht in der Begegnung mit jemandem, fällt es mir ganz schwer. In so einem Verschmolzensein, wo man überhaupt keinen »anderen« mehr fühlt, ist ja dann alles nicht mehr notwendig. Was für Beziehungen sind das, die sich dabei ergeben? In einem Moment habe ich mal gesagt: »Nein, das will ich nicht.« Ich habe mich irgendwie geweigert. Ich glaube, ich habe eine Angst, allein zu sein in so einer Verschmelzung. Verstehst Du?

Ja, ich verstehe. Jeder Geist empfindet Mangel, egal, wie der Geist sich nach außen hin gibt, ob der Mangel kompensiert wird oder nicht. Jeder Geist ist auf Mangel aufgebaut, egal, ob er nach außen hin selbstbewusst erscheint oder nicht, ob er schüchtern oder stark oder wie auch immer erscheint. Das sind alles Manipulationen, die innerhalb des Geistes ablaufen. Tatsache ist, dass jeder Geist auf Mangel aufgebaut ist und Beziehung sucht. Die Tatsache, dass er Beziehung sucht, zeugt von diesem Mangel, einem Mangel, den er nicht als solchen erkannt und in seiner Essenz erforscht hat. Tatsächlich ist es so, dass viele, die nicht bereit sind, tiefer zu gehen, eben aus Angst vor dem Alleinsein in der Illusion der Beziehung landen. Aber Alleinsein ist nicht das, was du dir unter Alleinsein vorstellst.

Die Wahrheit ist: Du bist sowieso allein. Ob du in einen Spiegel schaust oder in hundert Spiegel oder in keinen Spiegel, es ändert nichts. Die Illusion besteht natürlich darin, dass die Bilder, die im Spiegel erscheinen, außerhalb deiner selbst sind. Dann verliebst du dich in den Spiegel, in das Bild, aber du musst das *Selbst* leugnen, um dich allein in den Spiegel zu verlieben. Und das ist es, was dem Geist widerfährt.

Das, was wir Beziehung nennen, ist eine der größten Quellen von Leid auf der Welt. Natürlich gibt es schöne Momente. Es gibt ekstatische Momente. Es gibt Momente, die Glück verheißen. Sonst wäre der Geist ja auch nicht so dumm, sich darauf einzulassen. Aber natürlich wird auch das missverstanden, was ich eben erzählt habe. Beziehung oder Nichtbeziehung hat nichts damit zu tun, in wie viele Spiegel du schaust, sprich, ob du mit Menschen zusammen bist oder nicht mit Menschen zusammen bist. Je nachdem, wie es deine natürliche Anlage ist, bist du mit Menschen zusammen oder nicht. Manchmal bist du mit einem Mann zusammen, manchmal nicht. Und wenn du mit einem Mann bist, genießt du es. Wenn du nicht mit einem Mann bist, genießt du es auch. Verstehst du, es hat keine Bedeutung, ob du mit einem Mann zusammen bist oder nicht. Ich möchte nicht einmal sagen, dass es geschieht, wenn es so sein soll, denn »dass es so sein soll« oder »nicht sein soll«, ist immer noch ein Konzept von Bedeutung. Es geschieht einfach.

Viele missverstehen Spiritualität als ein Verbot. Erst war Spiritualität verboten. Für einen normalen weltlichen Geist ist Spiritualität verboten und gefährlich. Und was kann auf dem spirituellen Weg passieren? Plötzlich ist für den spirituellen Geist alles andere verboten. Mit anderen Worten, es hat sich nichts verändert. Der Geist hat nichts gelernt. Er hat nur seine eigenen Grenzen und Verbote übertragen, er hat die Karten neu gemischt, und jetzt ist das Weltliche verboten.

Es ist nichts verboten, aber es ist auch nichts nicht verboten. Und in Wahrheit weißt du in der Stille sehr genau, wenn es um die Frage der richtigen Handlung geht, welches Zusammensein mit welchen Menschen dich in der Realisation deiner selbst fördert und welches dich nicht fördert. Besonders in dieser Phase, die ich die Phase der Wachsamkeit nennen möchte, ist es nicht so, dass dich das Zusammensein mit einem Menschen unbedingt fördert. Das ist nicht unbedingt so. Es ist auch nicht so, dass dich bestimmte Rituale, die du gewohnheitsmäßig vollziehst, unbedingt fördern. Nein, es kann sein, dass es radikaler Veränderungen bedarf. Und viele Lehrer sind durch radikalste Veränderungen der Umstände und des Zusammenseins mit anderen Menschen gegangen. Ich selbst auch. Aber die Gefahr besteht wieder darin, auch daraus ein Konzept zu machen und zu glauben: »Buddha hat seine Frau verlassen, hat die Familie verlassen, hat das Schloss verlassen, er ist in den Wald gegangen und hat meditiert. Das muss ich jetzt auch tun.« Das wäre reine Imitation, reine Fälschung. Vielleicht entspricht es überhaupt nicht dem, was der Lehrer dir jetzt sagt. Und der Lehrer ist das Innen und lehrt von selbst, aus dem Selbst. Der Lehrer ist jetzt lebendig, nur jetzt. Wenn viele z.B. von Buddha sprechen, den sie für den Lehrer halten, meinen sie damit etwas, was tot ist: »Ja, Buddha hat damals gesagt …« Buddha hat damals überhaupt nichts gesagt. Entweder Buddha sagt jetzt etwas oder Buddha sagt gar nichts. Das Selbst, der Lehrer spricht jetzt zu dir, aus dir heraus, nicht außerhalb deiner selbst in der Vergangenheit. Es ist ganz natürlich, in dieser Liebesbeziehung zu sein, die du suchst, denn die Liebesbeziehung, die du wirklich suchst, das ist die Liebesbeziehung zu deinem Lehrer, deinem Selbst.

ℌ

Wenn Realisation Alleinsein bedeutet, will ich nicht realisiert sein.

Diese Angst hat etwas mit dem ursprünglichen Missverständnis des weiblichen Geistes zu tun. Der Geist, der sich mit dem Frau-Sein identifiziert, glaubt, er sei nicht vollständig und er oder sie brauche die Vollständigkeit durch einen Mann. Und dann kommen die schlimmsten Befürchtungen hoch. Aber wie ich eben sagte, diese Befürchtungen sind nicht das, was *ist*. Hinterfrage diese Angst. Wenn ich das sage, dann meine ich nicht: »Schlage sie mit Gedanken tot.« Wenn ich überhaupt das Wort »hinterfragen« benutze, dann meine ich damit keinerlei Gedankenaktivität, sondern die Realität dieser Angst zu überprüfen. Denn das, was den Schmerz verursacht, ist ein Missverständnis.

Den Schmerz verstehe ich so, dass ich eine Lüge geglaubt habe.

Ja. Du *bist* eben keine Frau. Aber solange du dich mit dem Frau-Sein identifizierst, wirst du genau diesem Missverständnis unterliegen. Frau-Sein und Mann-Sein sind beides Konzepte des Geistes. Sie existieren in der Wirklichkeit nicht. Es gibt niemanden, der entweder Mann oder Frau *ist*. Aber es gibt Lehrer, die sehr viel darüber lehren, was es bedeutet, Frau zu sein oder was es bedeutet, Mann zu sein, wie Mann und Frau sich zueinander verhalten müssten, was einen »wilden« Mann ausmacht, was eine moderne Frau ausmacht, ob eine Frau sich emanzipieren oder am Herd stehen sollte. Das sind Denkentwürfe, die der Geist über Mann- und über Frau-Sein geschaffen hat. Satsang beginnt, wenn du bereit bist, jedes Konzept über Frau-Sein oder Mann-Sein zurückzuweisen. Dann entsteht eine Dynamik über Frau-Sein und Mann-Sein in ihrer natürlichen Weise, aber es gibt nichts darüber zu lehren.

Das finde ich unheimlich befreiend.

Frau-Sein ist ein Konzept des Geistes, genauso wie Mann-Sein. Jedes Attribut, was dem Sein verliehen wird, ist ein Konzept des

Geistes und wird willkürlich erschaffen. Wenn du keine Vorstellung mehr über Frau-Sein und über Mann-Sein hast, dann kannst du bereit sein, das zu *sein*, was du wirklich *bist*.

♌

Im Fluss des Seins

OM, kann ein Mensch ohne Gedanken leben?

Ja. Es bedarf nur eines Minimums an Gedanken, um die Arbeit, die getan wird, zu organisieren. Wenn du glaubst, dass ein Zustand frei von Gedanken ein Zustand von Dumpfheit ist, dann täuschst du dich. Im Gegenteil, es ist ein Zustand, in dem Intelligenz sich erst entfalten kann. Leider wird Intelligenz in unserer Gesellschaft als Umgang mit Denken definiert. Aber es gibt eine tiefere Intelligenz, die von dem herkömmlichen Begriff der Intelligenz nicht berührt wird. Das ist eine Intelligenz, die aus einem nichtdenkenden Geisteszustand auftritt. Es ist die eigentliche freie und reine Intelligenz, eine unpersönliche Intelligenz, die im Dienste der Menschheit arbeitet und unvorhersehbar ist, die keinerlei Vorstellungen entspricht, die keinerlei Moral kennt, die unbekannten Gesetzen des Herzens folgt, die nicht mit dem Verstand oder mit der Denkmaschine erfasst wird. Genaugenommen können diese Gesetze nicht erfasst oder verstanden werden, sie können nur gelebt werden, und es kann sein, dass sie bestimmten Normen widersprechen oder auch nicht. Alles wird sehr einfach: In jedem Moment wird das getan, was gerade anliegt. Du überlässt das System, den ganzen Organismus, seiner Selbstorganisation. Du brauchst keinen Gedanken »ich bin durstig«, um nach diesem Wasserglas zu greifen und einfach einen Schluck Wasser zu nehmen. Alles geschieht von selbst. Und indem du die Aufmerksamkeit zurückrichtest, beginnst du, diesen Ursprung, diesen Quell all dessen zu ahnen, was das hervorbringt, der Quell, der den Bewegungsimpuls hervorbringt, um nach diesem Wasserglas zu greifen. Und das ist kein Gedanke.

Jede Anstrengung, jeder Gedanke kann aufgegeben werden. Ich weiß, dass der Geist unendlich viele »Abers« parat hat, unheimlich viele Bedingungen, unter denen das angeblich nur möglich ist. Prüfe diese Abers, eins nach dem anderen, wenn du möchtest, oder mache die Erfahrung, alle »Abers« für einen Moment fallen zu lassen und dich der Stille des Geistes hinzugeben. Mache diese Erfahrung für fünf Sekunden oder für fünf Tage. Du kannst die Erfahrung immer wieder machen, dass aus diesem nichtdenkenden Geisteszustand unpersönliches *Sein* vollkommen ist und dass keinerlei Tun dafür vonnöten ist. Das ist der eigentliche Schlüssel. Alle Erfahrungen, die auf dem spirituellen Weg gemacht werden, außergewöhnliche Erfahrungen, paranormale Erfahrungen, Körpererfahrungen oder emotionale Erfahrungen sind von begrenztem Wert, weil sie vergänglich sind. Aber die Erkenntnis der Stille deiner selbst ist unvergänglich. Und das, was vergänglich ist, sollte nicht im Zentrum deiner Aufmerksamkeit liegen. In dieser Stille bist du jenseits von Sorgen.

Es gibt auch keine Probleme mehr zu lösen, denn Probleme im Sinne von Reibungen oder Turbulenzen, die es im Verlaufe dieses Stromes gibt, lösen sich auch ohne diese Maschine, die glaubt, sie könne etwas zur Problemlösung beitragen. Es sind letztlich alles natürliche energetische Phänomene, die manchmal disharmonisch und manchmal harmonisch verlaufen. Es gibt keine Vorstellungen darüber, dass die Dinge immer harmonisch ablaufen. Warum sollte das Sein und die Unendlichkeit des Seins den vorübergehenden disharmonischen Ablauf der Dinge ausklammern? Sobald du dir ein Bild darüber machst, sprich, sobald du einem Gedanken folgst, wie es sein müsste, wie es hätte sein können, wie es sein sollte, wie es nicht sein dürfte usw., hast du ein Problem. Das *Sein* hat dieses Problem nicht. Niemand hat ein Problem. In Wirklichkeit gibt es dieses Problem nicht. Es ist ein künstliches Problem. Alle Probleme sind künstlich erzeugt. Und wenn das Wort »Problem« für natürlich auftretende Reibungen und Disharmonien verwendet wird, ist es etwas ganz anderes. Wenn z.B. zwei Menschen zusammenkommen und die Persönlichkeiten sind konträr oder haben konträre Kräfte, die durch sie wirken, dann kommt es zu Reibungen. Aber das ist nicht ein Problem. Das Problem ist der Gedanke darüber, niemals ist das, was geschieht, das Problem. Wenn schlimme Dinge passieren, z.B. dein Haus brennt ab, dann ist das sicherlich sehr unbequem und nicht sehr angenehm, aber es ist kein Problem, denn: Das Haus ist abgebrannt, und nun ist das zu tun, was zu tun ist, z.B. eine Wohnung finden. Es gibt noch »schlimmere« Verluste wie der Tod von Menschen, die dir liebgeworden sind, oder von Familienmitgliedern, die plötzlich sterben. Zuletzt der Tod deines Körpers. Du verlierst alles. Nur nicht dich *Selbst*.

♌

Es ist eine neurotische Gewohnheit, die du entwickelt hast, ständig zu glauben, du müsstest in Gedanken etwas tun, wo es gar nichts zu tun gibt. Ich vergleiche dies immer wieder mit jemandem, der im Boot sitzt, stromabwärts treibt und unglaublich viel Anstrengung dafür aufwendet zu paddeln, obwohl es in Wirklichkeit nichts zu tun gibt.

Das eigentliche Problem ist deine Unkenntnis über das Wesen des *Nicht-Tuns*. Wenn du jedoch das Nicht-Tun einmal berührst, so wie jetzt, wenn du dir einmal diese Erfahrung erlaubst, dann kann sich diese Erfahrung des Nicht-Tuns ausdehnen. Auch wenn du wieder in diese alte Tendenz, etwas tun zu müssen, zurückfällst, so macht das gar nichts. Ich bin sicher, du wirst – wenn du ihn einmal gekostet hast – diesen Zustand der Gelöstheit, der Entspannung und der Öffnung des Bewusstseins vorziehen. Und tatsächlich kann in dieser Öffnung des Bewusstseins in bestimmten Momenten auch unbequemes Material auftauchen. Wenn du jedoch im *Nicht-Tun* verweilst, spielt es keine Rolle. Siehst du, es ist ein ständiges *Tun*, Dinge verstehen zu wollen, Dinge analysieren zu wollen, Dingen eine Bedeutung zu geben, die glaubwürdig klingt, aber die nicht der Realität entspricht. Und dieses Nicht-Tun, die erste Erfahrung des Nicht-Tuns, ist ein Schritt, diese Bedeutung aufzugeben, die du ständig allen Phänomenen gibst, und den ständigen Zweifel aufzugeben.

Wenn du dieses Nicht-Tun berührst, berührst du auch die Einfachheit des Seins, und in dieser Einfachheit des Seins vollzieht sich das ganze Leben. Alles nimmt seinen Gang. Es ist, wie Ramesh Balsekar es nennt, der Ablauf der Totalität: Es gibt niemanden, der etwas tun müsste, alles *wird* getan. Und das Erstaunliche ist, all das, was wirklich getan werden muss, wird sehr viel effektiver getan, weil du nicht ständig damit beschäftigt bist zu paddeln, wo doch der Strom ohnehin, wie ja jeder weiß, abwärts fließt und nicht aufwärts. Es ist wirklich eine Fülle von unnötigen geistigen Bewegungen, und diese geistigen Bewegungen sind sowohl mentale Gedanken als auch emotionale Gedanken. Sie erzeugen unnötige Reibungsverluste. In diesem ganz natürlichen Zustand deiner selbst reichen ein Hundertstel der Gedanken, um das zu organisieren, was organisiert werden muss.

ᔕ

Wie ist es mit dem Planen, wenn man z.B. etwas vorhat. Zum Planen ist doch Denken erforderlich.

Ramesh Balsekar unterscheidet den arbeitenden Geist und den denkenden Geist. Der arbeitende Geist ist das Selbst in Aktion. Er ist ausschließlich mit der Arbeit beschäftigt, die getan werden muss. Der arbeitende Geist ist das Instrument, damit diese Arbeit, dieses Werk, dieses göttliche Werk, was geschaffen, aufrechterhalten und zerstört wird, geschehen kann. Dieser arbeitende Geist ist nicht eine persönliche Identifikation. Der denkende Geist hingegen ist die Täuschung, die Leiden verursacht. Der arbeitende Geist verursacht kein Leiden. Angenommen, etwas wird geplant, dann ist es möglich, dass es jeden Moment anders kommt, als ursprünglich geplant. Der arbeitende Geist ist wie ein Tropfen Wasser in diesem Strom. In dem Moment, wo der Strom umgelenkt wird, wird das Wasser umgelenkt. Wenn etwas geplant und eine bestimmte Richtung vorgegeben wird, so kann diese sich jeden Moment vollkommen verändern, denn es ist unbekannt, wie sich die Dinge verändern, jeden Moment. Es ist nicht so, dass die Dinge in jedem Moment positiv verlaufen, so wie man sich »positiv« vorstellt. Es ist nicht möglich, dass in der Dualität alles positiv verläuft. Auch das ist eine scheinheilige spirituelle Vorstellung, wenn positives Denken vorhanden sei, würden die Dinge auch positiv laufen. Nein, die Dinge laufen immer positiv und negativ, aber was heißt negativ überhaupt? Es heißt nichts anderes, als dass Dinge sterben müssen, die geboren worden sind. Weiter heißt es nichts. In dem Moment der Identifikation mit dem Gedanken »Ich« entsteht die Idee eines scheinbar abgetrennten Ichs, welches eine andere Vorstellung hatte, von dem wie es läuft, zu laufen hätte, sollte, hätte müssen, können usw. Und auf mysteriöse Art und Weise hält dieser

Geist an der Vorstellung fest, weil er selbst die Illusion von Zeit zulässt.

Der arbeitende Geist arbeitet mit der Illusion der Zeit, ohne in der Zeit zu leben. Im arbeitenden Geist gibt es immer nur das, was in diesem Moment zu tun ist, und das wird makellos getan. Handlungen, die bestimmt sind, zu Ende geführt zu werden, werden zu Ende geführt. Handlungen, denen es nicht bestimmt ist, werden nicht zu Ende geführt. Alles geschieht in vollkommener Klarheit, im Bewusstsein. Es gibt keinerlei Vermeidung von Handlungen, Vermeidung von Phänomenen, keinerlei Ausweichen in Handlungen vor Phänomenen, es gibt keinerlei Hinwendung zu Phänomenen, und es gibt keinerlei Gegenwendung, und doch – und das ist das Paradox, was nicht verstanden werden kann – kann es Kampf geben, denn es ist keine blinde Akzeptanz gegenüber der Falschheit des Geistes, der du begegnest, vorhanden. Es kann nichts darüber gesagt werden, wie Handlung durch dich geschieht. In jedem Fall ist die Planung des arbeitenden Geistes ohne eine Spur von Leiden. Der arbeitende Geist ist ein sich selbst organisierendes System, welches durchaus auch vergangene Erfahrungen benutzt und in die Arbeit integriert. Er ist ein arbeitendes System. Alle Erfahrungen, die gemacht worden sind, werden benutzt, damit sich die Arbeit ent-wickelt, ohne dass du eingreifst, ohne dass es ein Ich gibt, welches sie für sich in Anspruch nimmt. Niemand tut etwas, aber alles geschieht.

Es gibt keine Enttäuschung, weil es keine Täuschung gibt. Und es gibt auch niemanden, der das, was geschieht, akzeptiert oder nicht akzeptiert. Finde heraus, wer das *Ich* ist. Frage dich: *»Wer bin ich?«* Wer ist das Ich, welches handelt, wer ist das Ich, welches irgendeine Arbeit tut?

♌

Von meinem bisherigen Leben her muss ich ja erst einmal nachdenken, bevor ich etwas tue. Wie kann ich es also mit der Vorstellung »ich muss hier sein, darf aber nicht daran denken, dass ich hier bin« schaffen, das wirklich zu tun, ohne wieder diesen Krampf zu bekommen, an was ich alles denken muss und was ich alles nicht darf?

Es ist tatsächlich so, wie du sagst, dass der Geist darauf konditioniert ist, zu denken und dann zu handeln, und dass diese ständige Trance aufrechterhalten wird, dass Handeln aus dem Denken kommt. In einer Notfallsituation denkst du nicht, bevor du handelst, weil keine Zeit bleibt, um zu denken. Tatsächlich ist es so: Wenn du denkst und dann handelst, bist du niemals *hier*, weil immer der Gedanke zwischen dir und der Handlung ist, und das erfordert Zeit. Deshalb bist du nicht *hier*. In dieser Trance des Denkens bist du niemals *hier*.

Wovon ich spreche, ist die erstaunliche Möglichkeit, dass alles in Wahrheit aus einem gedankenlosen Geisteszustand geschieht, ohne dass es ein Ich gibt, welches das kontrollieren müsste. Nimm die Gedanken wahr. Und wenn du die Gedanken wahrnimmst, nimm wahr, wie du dich im Denken verkrampfst. Erlaube dir, die Erfahrung zu machen, was passiert, wenn du das Denken nicht einschläferst, sondern einfach zur Ruhe kommen lässt und dich entspannst, nicht körperlich, sondern geistig. Lass die Dinge auf dich zukommen, und du wirst sehen, dass du in der Tiefe mit etwas in Kontakt kommst, das *weiß*, dass alle Dinge geschehen, ohne den Eingriff eines angeblichen Ichs, das glaubt, es tue etwas in diesem Leben. Tatsächlich tust *du* hier nichts, alles geschieht. Alles ist ein Ablauf in der Totalität, und du brauchst nicht einzugreifen. In Wahrheit gibt es niemanden, der eingreift. Die Frage ist, ob du das Vertrauen hast, die Erfahrung zu machen, was passiert, wenn du bereit bist, das Denken einfach zu entspannen. Du brauchst keinen Versuch des Verstehens, du brauchst keinen Versuch der Kontrolle, du brauchst kein ängstliches Zurückweichen, du brauchst keinen Widerstand, du brauchst keinen Zweifel, du brauchst *nichts*.

♌

Ich habe einmal fast einen Autounfall gehabt, mein Denken war ausgeschaltet und irgendeine Energie hat das Auto übernommen. Ich habe das auf der Autobahn wirklich erlebt, als ich abgedrängt wurde bei Glatteis.

Du hast das erlebt, was du als »ausgeschaltetes Denken« bezeichnest?

Ich habe es gespürt und technisch war es unmöglich, dass dieser Unfall verhindert wurde, aber er ist verhindert worden.

Und es war kein Denken in dem Moment?

Nein. Irgendeine Kraft hat das Auto übernommen.

Ja, diese Kraft, die das Auto in dem Moment übernommen hat, das ist die Erfahrung von göttlicher Energie.

Ich habe mehrere solche Beinahe-Unfälle erlebt, die ich mit Denken nicht hätte verhindern können.

Es ist nicht so, dass die göttliche Energie in einem Moment das Handeln übernimmt. Es mag so erscheinen, aber es ist nicht so. Es ist so, dass der denkende Geist mit seinen Vorstellungen, selbst der Handelnde zu sein, die göttliche Energie überlagert, das ist alles. So wie Wolken, die den Himmel »überlagern«, aber kann der Himmel wirklich »überlagert« werden? Die göttliche Energie handelt sowieso, nur dass der Geist gleichzeitig bestimmte Vorstellungen hat, was es bedeutet, wenn göttliche Energie handelt und was es bedeutet, wenn sie nicht handelt, wie es aussieht, wenn sie handelt oder nicht. Die Wahrheit ist: In jedem Moment ist es diese Kraft, die das Handeln übernimmt, nicht nur in einer Notfallsituation. Erst wenn der Geist in eine derart missliche Lage gerät, dass das körperliche Leben bedroht ist, erst in dem Moment ist er bereit, die Kontrolle aufzugeben und wenigstens für Bruchteile von Sekunden der göttlichen Energie gnädiger Weise das Handeln zu überlassen.

♌

Ich muss für mich auch materiell sorgen und bin hier in der materiellen Welt inkarniert. In meinem normalen Alltag muss ich fast den ganzen Tag Ziele verfolgen und Entscheidungen treffen, und ich kriege diese beiden Welten – Innen und Außen – schwer zusammen.

Wenn du still bist, wer sorgt dann für dich? Wird nicht auch für dich gesorgt, wenn du still bist? Wird nicht auch für dich gesorgt, ohne dass du den Gedanken denken musst: »Für mich wird nicht gesorgt« und »ich weiß nicht, wie für mich gesorgt wird«? Woher weißt du, dass für dich nicht gesorgt wird? Wenn du in Stille bist, muss irgendetwas dafür getan werden, um zu *sein*, um in Perfektion, in vollkommener perfekter Funktion zu sein? Wenn du in diesem Moment hier sitzt, bist du in der *Selbstverständlichkeit des Seins*, und in dieser Selbstverständlichkeit gibt es keine Notwendigkeit, einen Aufwand dafür aufzubringen zu *sein.*

Auf eine paradoxe Art und Weise kostet es mich keinen Aufwand, dieses Glas zu nehmen und daraus zu trinken. Dennoch könntest du sagen, physikalisch bedeutet es Aufwand. Wenn du aber genau wahrnimmst, geschieht es einfach. Und genauso wie ich dieses Glas aufnehme und daraus trinke, geschieht alles. Es bedarf keines Ichs, keines Zutuns, um irgendetwas geschehen zu machen, was sowieso geschieht.

Der Geist selbst ist ein Gedanke, eine Idee. Die Angst, nicht überleben zu können, ist auch eine Idee. Sie hat mit dir nichts zu tun. Es ist einfach eine Idee, die entsteht, nicht mehr und nicht weniger. Sie ist bedeutungslos. Du gehst nicht zurück in irgendeinen Alltag. Wenn du glaubst, dass du in einen Alltag zurückgehst, dann musst du die Realität verlassen. Du *bist* in der Realität, denn du *bist jetzt.* Wenn du von Alltag sprichst, kannst du nicht von *jetzt* sprechen. Du musst von irgendeiner Geschichte sprechen, die sich in deinem Geist abspielt, und diese Geschichte ist nichts als Gedanken. Du lebst nicht im Alltag. Niemand lebt im Alltag. Du lebst *jetzt.* Und das *Jetzt* muss auch nicht in irgendeinen Alltag integriert werden. Es gibt gar keinen Alltag. Es ist *jetzt* deine Erfahrung, dass es keinen Alltag gibt, stimmt's?

Jetzt ja.

Jetzt ja. Was unterscheidet jetzt von *jetzt*? Gibt es in einem anderen Moment etwas anderes als *jetzt*, wenn du genau prüfst?

Ja, ich tue es gerade, z.B. Entscheidungen zu treffen. Ich prüfe jetzt gerade: Muss ich jetzt eine Entscheidung treffen?

Wer trifft *jetzt* die Entscheidung? Um das, was geschieht, geschehen zu lassen, bedarf es keiner Entscheidung, keiner Idee. Eine Entscheidung ist eine Idee.

Das *Sein* trifft Entscheidungen von selbst. Du triffst gar keine Entscheidungen. Derjenige, der glaubt, Entscheidungen zu treffen, das ist nur eine Idee, und diese Idee trifft überhaupt keine Entscheidungen. Sie tut zwar so, es sieht so aus, aber es gibt keine Entscheidungen zu treffen. Selbst das Denken, was nötig ist, um zu funktionieren, geschieht von selbst. Auch das Denken muss nicht »angeschoben« werden. Du lebst in der Idee, dass du irgendjemand bist, der Entscheidungen trifft. Der Körper trifft keine Entscheidungen. Wer trifft dann Entscheidungen? Es ist nur ein Glaube, dass da irgendjemand ist, der Entscheidungen trifft. Es ist gar nicht deine Erfahrung.

Das *Sein* vollzieht sich von selbst. Alles ist bereits entschieden. Es ist längst entschieden. Das ist kein Fatalismus, denn Fatalismus ist auch nur ein Konzept des Geistes. Fatalismus ist Resignation. Es ist jenseits von Fatalismus und freiem Willen, jenseits dieser Polarität. Es ist weder das eine noch das andere. Du *bist* einfach. Und wenn du *bist*, trifft das Sein Entscheidungen. Die Entscheidungen kommen zu dir, du brauchst dafür nichts zu tun. Du bist still, einfach still, und alle Entscheidungen kommen zu dir. Ja es gibt vorübergehende Reaktionen und Zustände des Geistes, der in bestimmten Momenten Schwierigkeiten hat zu funktionieren. Aber das sind nur vorübergehende Zustände, und sie können dich jeden Moment verlassen. Also brauchst du daran nicht festzuhalten. Stell dir vor, da ist ein Pilot (der denkende Geist), der glaubt, er würde dieses Flugzeug fliegen (das Individuum), und plötzlich erkennt der Pilot: Das Flugzeug fliegt von selbst! Es gibt überhaupt keine Notwendigkeit, ein Flugzeug, welches von selbst fliegt, zu steuern. Wenn der Pilot sich dann in *Nichts* auflöst – er ist immer Nichts gewesen, aber wir tun einmal so, als würde er sich jetzt in Nichts auflösen – dann bestehen gewisse mechanische Schwierigkeiten vorübergehender Art.

Speziell beim Landen.

Ja, in der Funktion der Leitung dieses Flugzeuges. Aber damit hast du nichts zu tun. Auch das geht vorüber. Die Erfahrung ist, wenn sich das Flugzeug als sich selbst fliegendes Objekt realisiert – es ist gar kein Objekt! –, dann ist die Folge vollkommene Klarheit, vollkommene Transparenz in allem. In Handlungen und auf jeder Ebene der Phänomene ist vollkommene Stille. Es ist eine alte Idee, dass möglichst viel Bewegung auch möglichst viel entstehen lässt. Aber es ist bekannt, dass Menschen, die viel Unnötiges tun, häufig sehr bequem sind. Das ist eins der Merkmale der Bequemlichkeit des Geistes, dass der Geist sehr viel arbeitet, sehr viel in Bewegung bleibt. Das bedeutet, viel zu arbeiten, aber wenig am Wesentlichen zu tun. Deswegen benutze ich so gerne den Vergleich zwischen Löwen und Schafen. Schafe brauchen den ganzen Tag dafür, um Gras zu fressen und sind immer noch nicht satt, während Löwen einfach nur zwanzig Stunden in der Sonne liegen und dösen. In den verbleibenden vier Stunden jagen sie in vollkommener Präsenz. Ein Problem kann nur entstehen, wenn beispielsweise in einem Zustand, in dem es nicht möglich ist, irgendetwas Bestimmtes zu tun, eine Vorstellung entsteht »ich müsste aber«. Du müsstest überhaupt nicht. Es ist nur deine Gewohnheit, dass du in bestimmten

Momenten glaubst, irgendetwas Bestimmtes zu müssen. Alles ist neu. Alles ist anders. Und das Erstaunliche ist: Es wird mehr geschafft, nicht weniger. Der Geist, der aus der Essenz der Stille arbeitet, in der Realisation seiner selbst, arbeitet klar, effektiv und am Wesentlichen.

♌

OM, wenn Du etwas geprüft hast und herausgefunden hast, dass es die Wahrheit ist, gehst Du dann immer den Weg der Wahrheit?

Es ist nicht so, dass es eine Person im Sinne eines Ichs gibt, die prüft, sondern es ist auf unverständliche Art und Weise das BEWUSSTSEIN, was sich selbst prüft, was selbst unterscheidet zwischen der Echtheit und der Falschheit, die auch aus dem BEWUSSTSEIN kommt. Und dennoch ist es die Falschheit, die das Leiden bringt, und das Leiden ist da, um Erkenntnis zu ermöglichen, und in dieser Erkenntnis gibt es nur die Möglichkeit, in Wahrheit zu sein. Es gibt keine Entscheidung, der Wahrheit zu folgen oder der Wahrheit nicht zu folgen. In der Stille deiner selbst, im Zustand von *No-Mind*, in dem natürlichen Zustand, in dem du das *bist*, was du immer warst, *jetzt* bist und auch immer sein wirst, gibt es nicht die Möglichkeit, nicht in Wahrheit zu sein.

Die Möglichkeit oder die scheinbare Möglichkeit, nicht in Wahrheit zu sein, kann es nur im Denken geben. Es ist möglich, mit allem zu sein, was da ist, sowohl mit Gut als auch Böse, sowohl mit Positivem als auch Negativem, ohne zu *versuchen*, gut zu sein oder schlecht zu sein. Eigentlich pendelt der Geist in seiner Anstrengung ständig zwischen beiden Möglichkeiten hin und her. Du versuchst, gut zu sein, aber das kostet dich Anstrengung, so dass es früher oder später zwangsläufig umschlägt, und du erkennst, dass du eigentlich schlecht bist. Daraus versuchst du dich wieder aufzuraffen, versuchst, das wiedergutzumachen, und so pendelst du immer zwischen diesen beiden Polen hin und her. Manchmal dauert eine Phase ein Leben, manchmal eine Minute.

Was ist, wenn du weder versuchst, gut zu sein, noch versuchst schlecht zu sein? Wenn du einfach, ohne dich selbst mit dem zu identifizieren, was auftaucht, mit dem *bist*, was *ist*. Wenn ein Gefühl auftaucht, welches dir überhaupt nicht behagt, z.B. Neid oder Eifersucht, dann bezeugst du es, ohne es zu berühren, du tust nichts. Du gibst ihm keinen Gedanken, keine Bedeutung. Du bezeugst es in vollkommenem Bewusstsein, wie es verbrennt, und es wird verbrennen. *Alles verbrennt im Bewusstsein.* Das ist die unglaubliche Möglichkeit, von der der Geist nichts ahnt: Alles, was auftaucht, in jeder Situation zu bezeugen, ohne es zu berühren. Und es erfordert keinerlei Anstrengung. Im Gegenteil, du musst eine Anstrengung aufbringen, um nach dieser Eifersucht zu greifen und daraus dann eine Geschichte zu machen mit Schmerz und Verzweiflung und Drama.

Aber dann gibt es keine Kontinuität, oder? Dann ist eigentlich der Augenblick der Augenblick.

Ja, der Augenblick ist der Augenblick und basta.

Und wenn ich etwas will?

Wenn du etwas willst, dann wird es einen Impuls geben, der das ohne dein Zutun verfolgt. Wenn du Hunger hast, bewegt sich der Körper plötzlich zum Kühlschrank, macht den Kühlschrank auf, holt ein Stück Käse heraus, macht ihn wieder zu und isst das Stück Käse. Es ist etwas geschehen ohne dein Zutun. Wenn jetzt aber der Gedanke auftaucht »oh, ich bin hungrig«, dann hast du das Gefühl, der Handelnde zu sein, weil du glaubst, du *bist* dieser Gedanke. Aber der Gedanke ist auch nur ein Instrument, welches in dem Moment vom Bewusstsein eingesetzt wird, um diesen Impuls zu übersetzen.

Du wirst keine Vorstellung haben, dass ein Wunsch nicht erfüllt werden darf, weil er verboten oder falsch ist. Und gleichzeitig gibt es auch kein Gefühl von Unerfülltheit eines Wunsches. Es gibt in jedem Moment ganz natürliche Wünsche, aber das sind nicht die Wünsche, von denen spirituelle Lehrer immer wieder behaupten, sie seien Hindernisse für den Sucher. Die Wünsche, die aufgegeben werden müssen, sind die Wünsche des Denkens, die sich auf die Zukunft richten und die aus der Vergangenheit kommen, aber die nichts damit zu tun haben, dass in diesem spontanen Moment ein spielerischer Wunsch aus der Freiheit entsteht, z.B. der Wunsch, wie ein Kind zu spielen oder der Wunsch, einfach in Stille dazusitzen oder der Wunsch, ins Kino zu gehen oder der Wunsch, Sex zu haben – irgendein Wunsch, der in diesem Moment ganz spontan entsteht. Andererseits können natürlich Wünsche, die spontan erscheinen, hintergründig in einen Abwehrmechanismus verflochten sein, der keineswegs spontan ist.

Du machst die Erfahrung, dass all diese unerfüllten Wünsche nie wirklich und endgültig erfüllt werden. Es sind diese Wünsche, die die Suche nach dem Glück verewigen, weil du nicht glauben willst, dass du das, was du suchst, in absoluter Vollkommenheit in diesem Moment bereits vorfindest.

Wie ist es, wenn Du z.B. sagst: Okay, heute ist hier Termin für Satsang. Und Du nimmst Dir vor, hierherzukommen. Aber am nächsten Tag oder im nächsten Moment kann ja plötzlich etwas anderes sein, so dass Du überhaupt keine Lust mehr dazu hast.

Es geht nicht darum, dass es irgendjemanden gibt, der Lust hat, etwas zu tun oder keine Lust hat, etwas zu tun. Das ist Ignoranz. Es geschieht das, was geschieht. Und es werden die Handlungen ausgeführt, die vorgegeben werden, auszuführen. Es gibt niemanden, der getrennt ist von dieser Handlung, und es entsteht nicht die Frage nach Lust oder Unlust in dem Sinne, wie du einem Gedanken folgst von »Ich habe keine Lust«. Wenn du nicht mehr das Gefühl hast, von der Handlung, die durchgeführt wird, getrennt zu sein, wenn du den Glauben nicht mehr mit dir trägst, dann ist es ganz natürlich, dass sich ein Impuls umsetzt und zu seiner Bestimmung geführt wird. Wenn Satsang als Termin angesetzt ist, bin ich nicht in der Eisdiele und esse Eis, denn dieser Körper-Verstand-Mechanismus, dieser Organismus organisiert sich von selbst. Und darin ist er in seiner Imperfektion perfekt.

Du hast aber etwas für die Zukunft geplant in dem Moment, wo Du den Entschluss für die Zukunft gefasst hast. Ich kann mir im Moment gar nicht vorstellen, dass ich in dem Zustand an übermorgen denke oder an die Zukunft in drei Monaten.

Du kannst es dir nicht vorstellen, weil es ein Widerspruch ist. Ich würde vorschlagen, es auch nicht zu versuchen, denn auf mysteriöse Art und Weise ist es ein sich selbst regulierendes System, das selbst Illusionen in seine Arbeit miteinbeziehen kann, ohne dass es ein Ich gibt, was darunter leidet. Es gibt keine Verkrampfung dabei, dass etwas in der Zukunft geplant werden muss, während *du* dennoch vollkommen in diesem Moment und in der einzigen Realität dieses Momentes verweilst.

Du musst aber Satsang geben. Das ist das, was Du eben gesagt hast, so habe ich es verstanden. Du hast Dich da hineinbegeben, hast gesagt: Okay, am soundsovielten um soundsoviel Uhr, dort und dort ist Satsang. Und das musst Du jetzt tun oder nicht?

Nein. Ich muss nicht Satsang geben. *Satsang* wird gegeben. Es gibt niemanden außerhalb meiner selbst, der sagt: »Du musst.« Es gibt keinen strafenden oder belehrenden Gott. Es ist so, dass das geschieht, was dem *wahren* Willen entspricht. Und dieser Wille ist in mir. Ich könnte also sagen: »*Ich* will Satsang geben in diesem Moment.« Und ich habe kein Konzept darüber, wie lange das zu geschehen hat. Ich meine, vielleicht ist es das nächste Jahr anders, ich weiß es nicht. Es geschieht in jedem Moment das, was *Ich* will. Und dieses »was *Ich* will« ist »Dein Wille geschehe«. »Dein Wille« ist nicht getrennt von meinem Willen. Der freie Wille ist nicht getrennt vom Willen Gottes.

♌

Ich möchte gerne wissen, was eigentlich der Wille ist?

In seiner Essenz ist der *wahre Wille* zunächst der Impuls, der jeden Menschen zur Selbstbefreiung führt.

Ist das dieser Impuls, der nicht mit Gedanken zu fixieren ist und der aufsteigt, wenn ich ganz still bin und nicht mehr denke?

Ja, das ist ein Impuls, der dir zur Verfügung steht, wenn du still bist. Das ist ein Impuls, der dir zur Verfügung steht, wenn du in Meditation bist. Es ist ein Impuls, der dir spontan immer zur Verfügung steht, nur dass er eben häufig vernebelt ist vom Denken, Fühlen, Empfinden, von irgendwelchen Aktivitäten des Geistes. Und es geht darum, all diese Aktivitäten zur Ruhe kommen zu lassen. Das, was Menschen normalerweise als »Wille« bezeichnen, ist eine Kraft, die vorgibt, dass ständig Dinge passieren sollen, um ein darbendes Ich zu befriedigen. Das ist der falsche »Wille«, die Kraft, die versucht, alle möglichen Wünsche, Erwartungen und Sehnsüchte zu erfüllen. Der falsche Wille ist eine Idee, kein direkter Impuls.

Entscheidungen zu treffen oder Entscheidungen zu blockieren – auch das ist der falsche »Wille«. Dieser persönliche »Wille« versucht ständig, etwas zu erreichen, etwas zu erfüllen oder aber auch Dinge zu blockieren. Keine Entscheidungen zu treffen ist auch eine Aktivität dieses falschen Willens. Es ist nicht fehlende Aktivität, keine Entscheidung zu treffen. Es ist auch ein Tun in Form von Festhalten. Also das, was normalerweise als der »Wille« bezeichnet wird, ist diese Kraft, die ständig dort agiert, wo es nichts zu tun gibt. Es braucht kein Wille von dir eingesetzt werden, um das zu bekommen, was du *wirklich* willst. Es braucht auch kein Wille eingesetzt zu werden, um Gefahren zu blockieren, die dem vermeintlich im Wege stehen, was du wirklich brauchst. Mache diese Erfahrung, was es bedeutet, wie Gangaji sagte, »slow down«, d.h. wirklich zur Ruhe zu kommen. Je weniger du tust, desto mehr passiert. Dieses Tun ist natürlich kein körperliches Tun, es ist ein Tun im Denken. Tun ist Denken. Es ist kein Gebot an die Faulheit, was ich hier vertrete. Im Gegenteil.

ည

Du sagst häufig: »Geh' vollständig in die Erfahrung hinein. Ist das nicht auch ein Tun?«

Wenn ich sage »geh in die Erfahrung hinein«, dann suggeriert das ein Tun, aber in Wirklichkeit ist es so, dass du, indem du dir vormachst, nicht in eine Erfahrung hineingehen zu können, ja schon etwas tust. Das heißt, wenn du dieses Tun aufgibst, sind du und die Erfahrung eins. Es geht darum, dieses Tun, dieses Konzept von Tun, auch wenn es nur ein Festhalten ist, aufzugeben. Denn es ist ein künstlich hervorgerufener Zustand, dass du und die Erfahrung nicht eins sind. Wenn du beispielsweise das Gefühl eines Bremsklotzes hast, der eine Distanz zwischen dir und vollkommener Erfahrung bewirkt, dann ist das bereits ein Tun. Wenn jedes Tun unterlassen wird, selbst das Unterlassen von Tun, dann ist das, was ganz natürlich *ist*, eine vollkommene Verschmelzung zwischen dem, was du Ich nennst, wer auch immer das ist, und der Erfahrung selbst.

Ich habe es so verstanden, dass es um kein Tun eines Ichs geht. Es gibt nichts zu tun, denn ich bin in diesem Arrangement schon lange drin. Die einzige Möglichkeit ist, einfach zu sehen: Es ist, wie es ist. Es gibt überhaupt keinen Ausweg für mich.

Du bewegst dich auf Messers Schneide. Wenn ich den Geist vom Nicht-Tun reden höre, dann spüre ich sehr schnell den Geschmack des Fatalismus. Und was ich meistens beobachte, ist eine Art Pendelbewegung von einem Sich-gehen-lassen – entweder in der Resignation oder im Fatalismus – hin zu einer verkrampften Suche. Es ist, wie immer, die Annäherung an ein Paradox. Ich sage dir, du kannst *nichts* tun, aber du musst bereit sein, *alles* zu tun. Wenn du nicht bereit bist, alles zu tun, offenbart sich dir nichts, denn wer nicht sucht, findet auch nichts. Die Nichtsuche als »Nichtnotwendigkeit zu suchen« zu verstehen, ist ein Konzept, welches dich immer auf Messers Schneide führt. Diese Bereitschaft, alles zu tun, beinhaltet nicht die Notwendigkeit zur geistigen Verkrampfung. Immer dann, wenn du eine Form von geistiger Anspannung oder Verkrampfung wahrnimmst, nimm das zum Signal zu entspannen. Denn das ist niemals das Tun, was ich meine: die Bereitschaft, *alles* zu tun, *alles* zu geben.

Ich spüre da einfach noch ganz viel Betonung auf dem Willen, deshalb komme ich nicht damit klar.

Mache den Willen nicht zu deinem Feind, denn derjenige, der den Willen zu seinem Feind macht, ist auch der Wille. Das ist absurd. Mache nichts zu einem Feind in dir. Wenn du irgendetwas in dir zu einem Feind machst, spaltest du es ab, und in dem Moment entsteht ein sinnloser Kampf, auch wenn dieser Kampf im Namen der Erleuchtung geführt wird. Es ist sinnlos. Entspanne dich. Eine Frage, mit der ich sehr viel arbeite und die dich sehr, sehr tief führt, ist die Frage: *»Was ist es, was du wirklich willst?«* Das Problem ist nicht der Wille selbst, sondern dass du Ebenen, Schichten von unerfüllten Bedürfnissen verfolgst, die in Wahrheit nicht *dem* entsprechen, was du wirklich, wirklich willst. Das könnte man auch als den falschen Willen bezeichnen. Und der falsche Wille ist nichts anderes, als deine Landung auf dieser Schicht des Willens. Und wie Gangaji immer wieder betont: »Lande nirgendwo, nicht einmal in der Erleuchtung.«

♌

Wie kann ich meine Aufgabe als Vater am besten erfüllen?

Die einfachste Antwort ist, indem du in Wahrheit mit dir selbst bist. In Wahrheit mit sich selbst zu sein, heißt, den *einen* Lehrer, das Selbst, wirken zu lassen ohne das Gefühl eines Ich, welches persönlich handelt. Was ist überhaupt ein persönlich handelndes Ich? Wo ist das Ich, was sich als persönlich Handelnder identifiziert? Finde es. Solange es dieses Ich gibt, welches sich als persönlich Handelnder identifiziert, gibt es Leiden, wird Leiden in die Welt gebracht, und es ist vollkommen gleichgültig, ob diese Handlungen im Dienste von bösen oder guten Vorstellungen geschehen, denn es geht nicht um böse oder gute Ideale. Es geht darum, jede Vorstellung, jeden Gedanken, jeden Ich-Gedanken zurückzuweisen und in der Stille eines nichtdenkenden unpersönlichen Zustandes zu verweilen, denn die Unpersönlichkeit ist die Realität deiner selbst. Alles ist unpersönlich, und wie Gangaji sagte: »Nimm nie etwas persönlich.« Insofern gibt es keinerlei Handlungen, die getan werden könnten, um etwas zu vermeiden, was ohnehin so zu geschehen hat, wie es eben zu geschehen hat. Aber die Versuchung von Idealvorstellungen ist sehr groß, die Versuchung von Vateridealen, von Mutteridealen, von Erziehungsidealen, selbst von spirituellen Erziehungsidealen.

Die radikale Aussage, die ich treffe, ist: In Wahrheit braucht das Kind keinen »Vater« und keine »Mutter«, die das Kind »erziehen«. Was bedeuten Erziehungskonzepte? Sie bedeuten Übertragung der Schlaftrance der Mutter, des Vaters. Das Kind ist selbst immer in Beziehung zum göttlichen Selbst, und diese Beziehung wird nie unterbrochen. Das Kind ist frei. Das Kind muss wachgerüttelt werden, wenn es die Tendenz hat einzuschlafen. Es ist nicht zu vermeiden, dass der Geist durch all diese evolutionären Stufen hindurchgeht, doch wenn das Kind von vornherein in der

Berührung des Selbst lebt und nicht in der Trance der Trennung von Vater und Mutter, dann ist das Kind frei. Sowohl »Vater« als auch »Mutter« als auch »Kind« sind Konzepte, begrenzte Identifikationen aus dem denkenden Geist, die die Realität nicht berühren. Das Kind identifiziert sich nicht von sich aus als »Kind«, sondern diese Identifikation ist das Resultat der falschen Lehren des denkenden Geistes, der sich mit dem Körper und der Mutterrolle oder Vaterrolle identifiziert. Im normalen Falle wachsen Kinder in unserer Gesellschaft ja nicht im Zusammensein mit dem wahren Lehrer auf, sondern im Zusammensein mit allen möglichen falschen Lehrern, die die Trance induzieren. Aber auch diese falschen Lehrer sind alle Instrumente dieses *einen* Lehrers, und es geschieht, weil es so bestimmt ist, und es gibt kein »Warum?«. All das sind Vorgänge, die auf rätselhafte Weise letztlich immer nur dem Erwachen, der Erkenntnis, dienen.

Die einfache Antwort auf deine Frage ist: Es gibt nichts, was du tun kannst, denn *Du* bist nicht der Vater. Es gibt nichts zu tun. Solange du glaubst, dass es in dir »jemanden« gibt, der Kontrolle hat, »jemanden«, der Macht darüber hat, gibt es die Vorstellung, dass es in dir »jemanden« gibt, der etwas falsch oder richtig machen kann, »jemanden«, der seine Aufgaben falsch oder richtig erfüllen kann. Was passiert, wenn die Vorstellung von Richtigmachen und die Vorstellung von Falschmachen in der Stille versinkt? Was passiert, wenn *du* nicht mehr handelst, sondern wenn *es* handelt, ohne dass du weißt, wie? Und ich bin mir bewusst, dass vor diesem Moment von »*es* handelt« eine große Unsicherheit liegt. Nur glaube mir, wenn es in mir »jemanden« gäbe, der denken würde, dass ich Satsang geben müsste, dann würde ich mich auch sehr unsicher fühlen. So aber geschieht es einfach, und es gibt nichts und niemanden, der darüber einen Gedanken verschwendet.

Das Selbst benutzt diese Organismen als Werkzeuge, um dieses Spiel durchzuführen, so wie es eben zu geschehen hat. Der persönlich Handelnde ist ein Gedanke. Außerhalb dieses Gedankens gibt es keinen persönlich Handelnden. Finde diesen Gedanken, den Ich-Gedanken, und verfolge diesen Ich-Gedanken zu seinem angeblichen Ursprung. Finde heraus, wer ist der Handelnde, wer ist der wahre Handelnde? Zu sagen, der Gedanke sei der Motor für die Handlung, wäre genauso, als würde man sagen: Der Strom ist der Motor für das künstliche Licht. Dann bleibt aber die Frage, was der Motor für den Strom ist, was der Motor für den Gedanken ist. Der Gedanke kann nicht der Motor für die Handlung sein, denn es muss etwas geben, was hinter dem Gedanken ist, der Ursprung, der Quell dieses Gedankens. Der Gedanke ist nicht die letzte Instanz. Aber bemerke, wie du – indem du immer wieder auf der Ebene von Gedanken landest – bewusst oder unterbewusst annimmst, Gedanken seien die letzte Instanz. Und das ist die Schwierigkeit, Gedanken als letzte Instanz zu verstehen, Gedanken überhaupt als Instanz anzunehmen. Erfahre dieses Mysterium der Möglichkeit, aus der Gedankenlosigkeit, aus der Stille zu *sein*, und das Paradox, dass alles, was geschieht, nicht in Tumbheit geschieht, so wie der denkende Geist seine eigene Abwesenheit interpretieren würde, sondern erstaunlicherweise ganz im Gegenteil in vollkommener Klarheit und höchster Effektivität. Wenn die Unsicherheit auftaucht, lass sie auftauchen, aber berühre sie nicht, denn die Unsicherheit ist auch nur eine weitere Versuchung, eine weitere Schicht, durch die du hindurchtauchst, ganz von selbst, wenn sie nicht berührt wird. Unsicherheit kommt aus der Angst.

Ich finde es sehr spannend, denn es gibt keinerlei Erfahrung, keinerlei Erinnerung in unserer westlichen Kultur, auf die zurückgegriffen werden könnte in der Frage: Wie ist es, wenn ein

Kind in Zusammensein mit Erleuchtung aufwächst? Gangaji hat einmal einfach auf diese Frage geantwortet: Wenn die Eltern frei sind, ist das Kind auch frei, denn in der Realisation deiner selbst findet keinerlei falsche Tranceübertragung statt. Übertragung, sprich Projektion, kann ja nur aus dem Denken geschehen und aus der scheinbaren Beziehung, die durch das Denken geschieht. Ohne das Verhaftetsein an irgendeinen Gedanken findet keinerlei Tranceübertragung statt, denn es gibt nichts, was übertragen wird, weil es niemanden gibt, der irgendetwas überträgt und niemanden, auf den etwas übertragen wird. Kein Kind. Kein Vater. Keine Mutter.

♌

Man sagt auch, dass der Mensch auf der Welt ist, um zu kreieren. Kannst Du etwas über Kreativität sagen?

Zunächst einmal, wenn du »man« sagst, wer sagt das?

Ich wusste, dass das kommt. Ich sage es jetzt einmal.

Also *ich* sage das nicht.

Was sagst Du denn?

Ich sage, der einzige Grund, warum du hier bist, ist, um zu wissen, wer du *bist*. Wenn du weißt, wer du bist, und wenn *es* sich in allem ausdrückt, was schert dich, was dann passiert? Bemerkst du, dass immer noch Vorstellungen da sind, die irgendeine Kontrolle auf das ausüben wollen, was dann zu passieren hätte, könnte, sollte, dürfte oder müsste? Kreativität ist nichts

Persönliches. Und wie irgendetwas durch dich gelebt wird, darüber brauchst du dir keinerlei Sorgen zu machen. Dinge, an die du nicht im Traum gedacht hättest, können auftauchen oder Dinge, von denen du geglaubt hast, sie würden jetzt auftreten, treten überhaupt nicht auf. Weißt du, es gibt durch dich keine festgelegten Eigenschaften, keine festgelegte Persönlichkeit. Alles, was durch das *Selbst*, durch das Bewusstsein tritt, kann sich jederzeit verändern. Die Persönlichkeit, wie sie durch diesen Organismus im Moment erscheint, kann sich jederzeit verändern. Dass es irgendetwas gibt, was sich nicht verändert, von dem du glaubst, »so bin ich, so war ich und so kenne ich mich«, das ist nur ein Gedankenkonstrukt. Es ist so, als wenn sich dieses »persönliche« Gedankengebäude, das einen Namen hat, in seiner Existenz immer wieder selbst bestätigt: »Ich heiße soundso, ich bin soundso, ich kann das und das, und ich kann nicht…«

Aber was ist Kreativität für Dich? Kannst Du etwas darüber aussagen?

Kreativität ist die Shakti, die in diesem Moment spontan, unvorhersehbar, frisch und ohne jeden Bezug zur Vergangenheit, zur Gegenwart oder zur Zukunft in Erscheinung tritt – ohne Berechnung, ohne Kontrolle, einfach so, ohne dass es irgendjemanden gibt, der ein Interesse daran hätte, es anhand der Art und Weise, wie es erscheint, in Richtig- und Falsch-Maßstäbe einzuordnen.

Okay, aber das Vertrackte ist ja, dass man doch manipuliert. Die Kreativität entsteht, und der Geist denkt sofort: Was mache ich jetzt damit oder wie wird es benutzt? Es ist für mich schwierig, da wirklich in der Unschuld zu bleiben.

Wenn unpersönliche Kreativität einfach aus Freude an sich selbst erscheint und es niemanden gibt, der das für sich in Besitz nehmen muss, niemanden, der jetzt sagen muss: »Das ist meins, das bin ich und das hat jetzt das und das zur Folge, und damit muss ich jetzt das und das machen« – in dem Moment berührst du diese Qualität von Unschuld. Es ist einfach diese Freude am Ausdruck in Schönheit, und diese Freude ist genauso unpersönlich wie Kreativität selbst. Ein Problem taucht in dem Moment auf, wo du aus einem Missverständnis glaubst: »*Ich* bin der Künstler, guck mal, was *ich* gemacht habe. Schaut mal her!« Das ist der Moment, wo du diese Unschuld und die Freude an diesem Ausdruck verlierst und dich wieder verfängst in der Endlosschleife des denkenden Geistes, der alle unpersönlichen Qualitäten dazu nutzen will, seinen eigenen Mangel zu beheben.

Ich stimme dem zu, aber ich merke, wie der Geist sofort wieder anfängt: »Wie soll ich das leben?«

Du *sollst* es eben nicht leben, das ist es. Denn es kommt sofort die nächste Ebene von Versuch, irgendetwas tun zu müssen. Es ist offenbar zu einfach, um es zu verstehen. Es gibt tatsächlich nichts, aber auch gar nichts zu tun. Alles geschieht. Handlungen geschehen. Kreativität geschieht. Produktivität geschieht. Nicht-Tun geschieht. Alles geschieht einfach. Und es gibt niemanden, der das in sein Leben integrieren müsste. Es gibt nichts zu integrieren. Alles *ist* einfach. Wenn du die Vorstellung, dass es irgendjemanden gibt, der das leben müsste, aufgibst, ist es noch einfacher. Da ist niemand, der irgendetwas leben muss. Immer wenn mich jemand fragt: »Ja, wie integriere ich das in meinen Alltag?«, frage ich zurück: »Wie integrierst du den Ozean in eine Tasse Wasser?«

♌

Sind Gefühle Träger der Intuition?

Du fragtest, ob Gefühle Träger der Intuition sind. Es ist möglich, dass Intuition, also mit anderen Worten, Wissen, sich dir als Gefühl zeigt, aber warum Intuition auf Gefühle reduzieren? Es gibt häufig diese Idee, dass es darum geht, »aus dem Kopf herauszukommen«, und darin liegt sicherlich ein Körnchen Wahrheit, aber letztlich kommt Intuition nicht aus einer bestimmten Ebene des Seins, sondern ist in allen Ebenen möglich, d.h. sie kann aus dem Mentalkörper kommen, sie kann aus dem Emotionalkörper kommen oder aus dem Instinktkörper. Du brauchst kein Konzept darüber, wie Intuition zu erlangen ist. In der Stille des Geistes ist Intuition ganz natürlich. Sie kann und braucht nicht geschult zu werden, und es gibt nichts zu tun, um sie zu erlangen. Intuition ist diese natürliche Schau in die Dinge, wie sie sind, und nichts Übersinnliches. Es ist das, was da ist, jetzt und immer, wenn es nicht von irgendwelchen Gedanken und Ideen überschattet wird, die Staub in deinen Augen sind. Dann siehst du klar in das Wesen der Dinge, weiter nichts.

♌

Sieh die Einfachheit des Seins, wenn nichts persönlich ist. Der Handelnde in dir ist derselbe Handelnde wie in mir. Dasselbe *Selbst*, derselbe Handelnde. Es gibt nur *einen* Handelnden, nur *ein Selbst*. Die Vorstellung, dass es irgendetwas gibt, was persönlich ist, dass es irgendeine Form von persönlicher Identität gibt, erzeugt Stolz oder Neid, Überlegenheit oder Minderwertigkeit, mit einem Wort: Leiden. Es gibt überhaupt nichts Persönliches.

Aber durch die Vorstellung, dass dieses Ich ein persönliches Ich ist, welches persönlich handelt und persönlich für etwas verantwortlich ist, entsteht Abtrennung und Leiden. Jeder persönliche Standpunkt muss aufgegeben werden. Denn dieser persönliche Standpunkt ist Interpretation, er ist ein Traum, eine Vorstellung, eine Fata Morgana, nichts weiter. Das, was persönlich zu sein scheint, ist nicht *jetzt.* Was persönlich zu sein scheint, geschieht in der Vergangenheit. *Jetzt* hat nichts Persönliches.

Das ist aber in unserer Kultur nicht gerade leicht, weil der Götze Ego doch ziemlich stark angebetet wird.

Der kollektive Traum ist *dein* Traum. Der kollektive Traum ist nicht getrennt von dem Traum, den du träumst. Es ist dein Traum. Und weil es dein Traum ist, musst du diesen Traum aufgeben. Du kannst ihn nicht aufgeben im Sinne von Tun. Du kannst nur bereit sein zu erkennen, wer der Träumer ist. Aber da du mit dem Traum identifiziert bist, glaubst du, dass irgendetwas persönlich ist. Nichts ist persönlich. Aus der persönlichen Identifikation kommt die Schuld. Schuld ist eine Folge davon, dass du irgendetwas persönlich nimmst. Es gibt keine persönliche Schuld. Und weil es keine persönliche Schuld gibt, gibt es auch kein Karma.

Was auch immer *du* persönlich *nimmst*, welche Handlung du auch immer persönlich genommen hast, sie hat persönliche Konsequenzen zur Folge, also persönliches Karma. Ebenso gibt es, solange es persönliche Wünsche gibt, einen persönlichen Verantwortlichen. Der persönliche Wunsch gibt ja den persönlich Verantwortlichen vor.

Aber *in Wirklichkeit* gibt es kein Karma – kein Karma, keine Konsequenzen, keine Verantwortung, keine Schuld.

Wenn ich diese Vorstellung aufgebe.

Du kannst sie nicht aufgeben im Sinne eines Tuns. Aber du kannst bereit sein zu erkennen, was tiefer ist als diese Vorstellung, tiefer als der Traum eines persönlichen Handelnden, der ja ein Glaube ist. Wer oder was bewegt den Körper, wer oder was bewegt den Geist und die Emotionen? Wer oder was bewegt die Sinne? Wer oder was bewegt die ganze Welt? Wer oder was bewegt Strom? Wer oder was bewegt die Welle? Wer oder was bewegt die feinsten Teilchen?

♌

Was meinst Du damit, wenn Du sagst: Es ist alles Illusion. Mein Körper ist Illusion, meine Empfindungen sind Illusionen.

Es ist wie auf dem Jahrmarkt, wenn ein Magier, ein Meister der Illusion, auf die Bühne kommt und ein Stück vorstellt, in dem der Mensch zweigeteilt wird. Und dir als Beobachter erscheint es real, auch wenn du weißt oder ahnst, dass es nicht real ist. Aber es erscheint real. Es ist eine Illusion. Die Sinne arbeiten auf eine perfekte Art und Weise Hand in Hand. Sie fühlen, tasten, schmecken, sehen, hören und erschaffen den Körper und die scheinbare Zusammensetzung eines realen Objektes. Wenn du einen Sinn nach dem anderen herausnimmst, verändert sich das Objekt vollkommen. Es ist nicht so, dass das Objekt außerhalb deiner Wahrnehmung existiert oder dass das Objekt scheinbar gleich bleibt, wenn sich die Sinne verändern, objektiv. Es gibt gar keine Objektivität. Wie kann es Objektivität geben, wenn es immer ein Subjekt gibt, welches sich der Objektivität gewahr ist? Die Illusion der Objektivität ist in der Wissenschaft über lange Zeit aufrechterhalten worden, aber spätestens seit der Unschärferelation von Heisenberg widerlegt. Die moderne Quantenphysik ist an den Punkt gelangt, wo sie erkannt hat, dass es keine Objektivität geben kann, weil das Subjekt, welches das Objekt beobachtet, durch die Beobachtung selbst das Objekt verändert. Die Wissenschaft nähert sich genau dem, was in vollkommener Subjektivität, in direkter Erfahrung, nachvollziehbar ist.

Wenn die körperliche Begrenzung aufhört, in dem Moment bleibt das, was

ICH BIN.

Ich machte nach meinem Unfall nicht eine Erfahrung von Nichtsein, sondern eine Erfahrung vollkommenen Bewusstseins. In dem Moment, wo ich – wie du sagen würdest – aufwachte, wachte nicht »ich« auf, sondern Bilder wachten auf, so als wenn ein Projektor wieder angeschaltet wird und Bilder ins Bewusstsein geworfen werden. Diese Bilder nennt man auch Bilder, die durch die Sinne erzeugt werden oder Körper, Gefühle und Gedanken. Es sind Bilder, die im Bewusstsein erzeugt werden. In dem Moment wurde mir bewusst, dass diese Welt keine Realität hat, sondern dass sie ein Traum ist.

Glossar

Charakterfixierung
Ein Begriff aus den Lehren des Enneagramms. »Charakter« bedeutet Prägung; Prägung in Zeit und Raum. Ein organisiertes System an unterbewussten Knoten innerhalb eines Ich-Konzeptes (Ego).

Geist
OM benutzt den Begriff »Geist« als Übersetzung des englischen »mind«. Synonym werden u.a. verwendet: Ego, Verstandes-Geist, denkender Geist, Körper-Verstand-Mechanismus. Psyche, Verstand, Intellekt oder Ratio sind Begriffe, die nur eine Teilfunktion eines komplexeren Phänomens widergeben.

Karma
Tat, Handlung, Aktivität. Wird auch verstanden als die Kette von Ursachen und Wirkungen, die sich aus scheinbar persönlich identifizierten Handlungen in der Zeit ergeben.

Kôan
Japanisch. Ein Begriff aus dem Zen. Eine mit dem denkenden Geiste nicht zu lösende Formulierung eines (Zen-)Meisters. Die paradoxe Natur des Kôans hat die Aufgabe, den logischen Geist »kurzzuschließen«, um so tieferliegende Schichten des Geistes zu erwecken, die sich in der Erkenntnis von offenbarter Wahrheit auflösen. In der Zen-Tradition gibt es ca. 1700 traditionelle Kôans.

Lila
Göttliche Tätigkeiten, göttliches Spiel. Das Relative. Das gesamte Universum ist der Schauplatz für die *lilas* des göttlichen Selbst.

Das Spiel umfasst die drei Kräfte der Schöpfung, der Erhaltung und der Auflösung.

No-mind
Dieser Begriff bezeichnet den scheinbaren Widerspruch eines Geisteszustandes, in dem der denkende Geist abwesend ist, ein »geist-loser Zustand« reiner Intelligenz. Er beschreibt den natürlichen Zustand der Meditation ohne einen Ich-Gedanken.

Der *don't-know-mind* ist ein von modernen Zen-Lehrern verwendeter Begriff, der auf den Aspekt der Unschuld des *No-mind* weist.

Samsara
Der endlose Kreislauf von Geburt und Tod, dem der Mensch unterworfen ist, solange er sich nicht seiner wahren Natur von Sat-Chit-Ananda, Sein-Bewusstsein-Glückseligkeit bewusst ist.

Satsang
Sat bedeutet Sein, Wirklichkeit, Existenz. Das, was keinen Wandel erleidet. Sangha bedeutet Gruppe, Gemeinschaft, Gesellschaft. Satsang steht für die Gemeinschaft mit dem Göttlichen, mit der Gegenwart eines Heiligen, eines Weisen, eines Verwirklichten. Letztlich das Erleben des Sat, des Existenzprinzips, der grundlegenden Wahrheit.

Shakti
Die Göttliche Energie. Die grundlegende Schöpferkraft, deren ursprünglicher Ausdruck sich im Menschen in der Dynamik zwischen männlichen und weiblichen Kräften zeigt. Auch: Die Gemahlin Shivas.

Shiva
Die dritte Gottheit in der Hindu-Trinität. Gott der Auflösung alles Vergänglichen, der die Ignoranz und Nichterkenntnis zerstört.

OM C. Parkin

Mystiker, Philosoph und Buchautor, Leiter einer inneren Schule

Er studierte Psychologie, brach das Studium aber nach 3 Jahren ab, da es ihm keine wirklichen Einsichten über die Natur des Menschen vermittelte. Parallel beschäftigte er sich intensiv mit der spirituellen Tradition des Sufismus und dem Enneagramm als Spiegel des Kosmos, insbesondere der menschlichen Psyche. 1990 erlitt er mit 27 Jahren einen schweren Autounfall, überschritt die Schwelle des Todes und erwachte ichlos zu neuem Leben. Kurz danach begegnete er seiner spirituellen Lehrerin Gangaji, die ihm half, seine Wandlung, die die alltägliche Erfahrungswelt sprengte, zu verarbeiten. Sie schickte ihn zu ihrem Lehrer H. W. L. Poonja, einem direkten Schüler von Ramana Maharshi, der ihm den spirituellen Namen OM gab.

OM C. Parkin lehrt seither in Wort und Schrift, z.B. indem er in spirituellen Veranstaltungen (Darshan) Menschen bei ihrer Suche nach Wahrheit und Selbsterkenntnis begleitet. Zudem ist OM C. Parkin Autor einer Vielzahl von Büchern, Schriften und Artikeln. Er hat in den 90er Jahren die erste größere deutschsprachige Mysterienschule der Jetztzeit ins Leben gerufen.

Als Sitz dient seit 2010 *Gut Saunstorf - Ort der Stille*, ein auf seine Initiative im alten Stil restauriertes Gutshaus in der Nähe der Hansestadt Wismar. Als modernes Kloster steht es darüber hinaus als Rückzugsort für Menschen offen, die auf dem inneren Weg sind.

OM C. Parkins spirituelle Lehre, von ihm auch als Innere Wissenschaft bezeichnet, gründet sich einerseits auf die östliche Advaita-Tradition (Lehre der Nicht-Dualität. Bekanntester Vertreter im Westen: Ramana Maharshi), fußt andererseits auch auf westlichen Erfahrungswegen (z.B. Christliche Mystik, Georges I. Gurdjieff: Der Vierte Weg) und auf modernen psychologisch-psychotherapeutischen Methoden. Ziel ist Selbsterkenntnis durch Innere Arbeit, die letztlich in die Erkenntnis der wahren Natur des Menschen mündet.

Gut Saunstorf – Ort der Stille

Das moderne Kloster

Braucht es einen Ort, um Stille zu erfahren? Wo kann ich OM C. Parkin begegnen und der Bedeutung der Ewigen Philosophie näher kommen?

Ein Ort als Einladung

Seit dem Jahr 2010 existiert Gut Saunstorf in der Nähe von Wismar als klösterlicher Ort der Stille um den spirituellen Lehrer OM C. Parkin. Wunsch und Ziel war es, OMs Lehre und Wirken an einem Ort zu zentralisieren und der wachsenden Gemeinschaft eine Heimat zu geben. Hier ist aus der einsturzgefährdeten Ruine eines Gutshauses ein Ort entstanden, dessen Anmut und Stille nicht nur den Mitgliedern der Sangha offensteht. Er versteht sich als Einladung an alle, die Ruhe finden und sich in der inneren Einkehr mit dem wahren Selbst auseinandersetzen wollen. Ein sakraler Ort: Großzügig in seinem Äußeren, zurückgezogen in sein Innerstes.

Das moderne Kloster

Auf Gut Saunstorf realisiert sich die Vision eines geistigen Zentrums, das frei ist von religiösen Bindungen und in dem sowohl westliche als auch östliche Geisteswissenschaften und Therapien gelehrt und angewandt werden. *Die Enneallionce* –

Schule der Inneren Arbeit hat hier ihr Zuhause und Raum für ihre zahlreichen Veranstaltungen und fortlaufenden Gruppen. Hier ist der Ort, an dem der Suchende OM C. Parkin in *Darshan* begegnet. Ob als aktiver Schüler oder als Stille suchender Gast in der inneren Einkehr.

Ort der Stille

Gut Saunstorf als ein Ort des Rückzugs und der Einkehr ist der Wiederentdeckung des inneren Friedens und der inneren Stille gewidmet. Das ganze Haus erzeugt eine klösterliche Atmosphäre, es ist ein heiliger Ort. Wer ihn betritt, öffnet sich für etwas Neues. Er zieht seine Schuhe aus, wird leise, geht achtsam mit Menschen und Dingen um und isst schweigend. Den Rahmen bilden Artefakte aus verschiedenen Religionen, deren Wesenskern die Ewige Philosophie ist.

Hier finden Sie weitere Informationen:
www.kloster-saunstorf.de

Bibliografie – OM C. Parkin

1995 **Mythos Erleuchtung** – ein Interview

1998 **Die Geburt des Löwen** – Dialoge zur Selbsterforschung

2003 **Auge in Auge mit dir Selbst** – Gespräche im Sein

2004 **Donnerschlag und Tempelstille** –
Unterweisungen für jeden Tag des Jahres

2004 **Tod** – HÖRBUCH, Band 1
Vortrag und Darshan-Texte mit 1 CD

2004 **Gott und Teufel** – HÖRBUCH, Band 2
Vortrag und Interview mit 1 CD

2009 **Die romantische Liebe** – Erläutert am Mythos von Tristan und Isolde
HÖRBUCH, Band 3
Vortrag und Interview mit 2 CDs

2010 **Intelligenz des Erwachens** – Die spirituelle Neugeburt des Menschen

2013 **Glück und Leiden**
Vortrag und Interview mit 1 CD

2015 **Angst** – die Flucht aus der Wirklichkeit – Die drei emotionalen
Grundkräfte des Enneagramms der Charakterfixierungen, 1. Band

2016 **Erwachen** – Der Weg in die Wirklichkeit
Vortrag und Dialoge mit 2 CDs

2017 **Das digitale Zeitalter aus Sicht der Weisheitslehre**

2018 **Spirituelle Meisterschaft** – Lehrer und Schüler auf dem inneren Weg

Alle Bücher sind erhältlich bei advaita media – www. advaitamedia.com

OM C. Parkin
Intelligenz des Erwachens
Die spirituelle Neugeburt des Menschen

advaitaMedia,
Hardcover, 544 Seiten
ISBN 978-3-936718-19-5

Intelligenz des Erwachens

Die spirituelle Neugeburt des Menschen

OM C. Parkin ist ein in Deutschland lebender spiritueller Meister, der die östliche Lehre der Nicht-Zweiheit mit westlicher Tiefenpsychologie und Elementen von Gurdjieffs Viertem Weg verbindet. Er steht für eine Spiritualität, die alle Aspekte des Menschseins integriert, und den Menschen dadurch bereit macht, die Frage „Wer bin ich?" zu stellen.

Intelligenz des Erwachens ist ein Lehrbuch zur Erkenntnis des SELBST durch das Gehen des inneren Weges und das Studium der Ewigen Philosophie. OM C. Parkin erläutert darin die Grundlagen des Befreiungsweges, den ein verinnerlichter Mensch jenseits konfessioneller Bindung in diesem Leben gehen kann, um das Wissen um seine wahre Natur zu erlangen. In vier Kapiteln werden die Grundpfeiler dieses Pfades, das Studium des Geistes, das Verständnis des Leidens, des inneren Weges selbst und der Lehrer des Weges, ausführlich dargestellt.

„Dieses Buch beantwortet Fragen, die viele spirituelle Sucher sich stellen; es sind auch meine Fragen. Ich bin aufgerufen, mit offenem Herzen und offenem Geist diesen genialen Ausführungen zu folgen – dann öffnen sich Türen und ich sehe: Es geht um mich! Mein Forschergeist, meine Neugier, mein Wunsch zu verstehen werden belohnt. Dieses Buch ist von einzigartiger Kraft, die im tiefsten Inneren einen Eindruck hinterlässt. Ich halte etwas Kostbares in meinen Händen."

C.W. – eine Leserin

Gangaji
Ein Leben wie Du
Gangaji`s Biographie
aufgeschrieben von
Roslyn Moore

advaitaMedia
Hardcover, 232 Seiten
ISBN 978-3-936718-06-5

Ein Leben wie du

Gangajis Biographie

„Die einzige Geschichte, die es wert ist erzählt zu werden, ist eine Geschichte, die auf das Ende der Geschichte hinweist" sagt Gangaji.

Roslyn Moore, Verlegerin und Schülerin zugleich, wollte dem Koan der „Geschichte ohne Geschichte" auf den Grund gehen. In vielen Interviews mit Gangaji eröffnete sich vor ihren Augen ein Lebenspanorama von der Kindheit in Mississippi bis zur Gegenwart. Sie sichtete Fotos und stellte Material aus Gangaji`s öffentlichen Zusammenkünften mit Schülern und aus Briefen an Poonjaji zusammen. Entstanden ist daraus ein wundervolles Buch über einen Menschen wie Du und ich.

Ein Bericht, der illusionslos zeigt, dass ein erwachter Mensch weder unter einem glücksverheißenden Stern geboren werden noch erleuchtete Eltern haben muss. Eine Lektüre, die uns auf unser eigenes So-Sein zurückwirft. Ein Buch, das uns die Tendenz bewusst macht, nach „besonderen" Menschen zu suchen und sie zu glorifizieren.

Das Buch ist Augenöffner und Legende zugleich. Es beschreibt die einzigartige Geschichte eines Individuums, das die Gnade erfuhr in sein wahres Selbst zu erwachen – und zugleich die gewöhnliche Geschichte eines Individuums, das genau wie jeder andere Mensch zu einer Persönlichkeit heranwuchs und dessen Körper wie jegliche Daseins-Form dem Wandel von Alter, Krankheit und Tod unterworfen ist. Mit entwaffnender Ehrlichkeit und Offenheit erzählt Gangaji von ihren Vorstellungen und Neurosen, von Irrungen und Wirrungen und von der großen Wende in ihrem Leben, als sie 1990 Shri Poonja, ihrem Meister in Indien begegnete. Vorbehaltlos lädt sie den Leser in ihr Leben ein, und er muss erkennen, dass sie ihn in Wirklichkeit zur tiefsten Begegnung mit sich selbst eingeladen hat.

Nichts ist jemals geschehen

Band I und II

Shri H.W.L. Poonja, von seinen Schülern liebevoll Papaji genannt, hat unter den großen advaita-Lehrern des 20.Jh, neben Ramana Maharshi den größten Einfluss auf die Verbreitung des advaita vedanta im Westen gehabt. Erstmalig wird die dreibändige Papaji-Biographie von David Godman auf Deutsch vorgelegt. Der besondere Wert des vorliegenden Werkes liegt in dem großen autobiographischen Anteil und dass Papaji die Texte persönlich durchgesehen hat.

„Papaji ist ein Segen für die Menschheit und dieses Buch öffnet ein Fenster in sein höchst ungewöhnliches Leben. Es strahlt hell und ist voller Humor, Lebendigkeit und Freude. Seine Worte sind radikal, transformativ und erleuchtend. Dieses Buch ist reiner Satsang, ein Führer aus der Dunkelheit der Gedankenwelt hinein in das Licht reinen Bewusstseins."

Samarpan

Papaji
Nichts ist jemals geschehen
Biografie,
David Godman

advaitaMedia
Band I
Softcover, 535 Seiten
ISBN 978-3-936718-33-1

Band II
Softcover, 580 Seiten
ISBN 978-3-936718-41-6

www.advaitamedia.com

Swami Dharma Sumiran
Dialoge im Sein
Unterweisungen eines russischen Advaita-Lehrers

advaitaMedia
Hardcover, 262 Seiten
ISBN 978-3-936718-43-0

Dialoge im Sein

Unterweisungen eines russischen Advaita-Lehrers

In acht Dialogen, aufgezeichnet aus verschiedenen Satsangs, führt Sumiran den Leser in ein immer tieferes Verstehen der Funktionsweises seines denkenden Geistes und zeigt seine Natur auf.

Was heißt eigentlich Meditation? Was passiert in der Meditation? Wer meditiert?

Schritt für Schritt zur Wahrheit. *„Es ist ein Paradoxon, denn: wir identifizieren uns zunächst mit dem was begrenzt ist, und anschließend beginnen wir die Freiheit zu suchen. Wo beginnt Advaita? Beeilt euch nicht zu sehr damit, die Freiheit zu suchen. Versucht zunächst zu verstehen, ob unsere Identifikation mit dem Körper und mit den Ideen Wirklichkeit ist oder ob das etwa nur ein Irrtum unserer Wahrnehmung ist?"*

Plötzliches Erwachen
Stopp Deinen Geist, öffne Dein Herz und entdecke Deine wahre Natur

advaitaMedia
Hardcover, 279 Seiten
ISBN 978-3-936718-38-6

Plötzliches Erwachen

Stopp Deinen Geist, öffne Dein Herz und entdecke Deine wahre Natur

„Plötzliches Erwachen" ist für diejenigen geschrieben, die bereit sind für das Ende ihrer spirituellen Suche. Was ich dir mitteile und mit dir teile, ist die Botschaft meines Lehrers. Es ist an der Zeit, die Suche zu beenden und deine wahre Natur zu erkennen: deine Natur als unsterbliche, leere, intelligente Liebe. Dieses Buch ist ein Übermittler. Indem du es liest, empfängst du diese Botschaft, wenn du nur bereit bist, dein Leiden niederzulegen, um wirklichen, dauerhaften Frieden zu finden.

Eli Jaxon-Bear

www.advaitamedia.com